阮元集

程章燦 主編

揅經室集 下

〔清〕阮元 著

張鑫龍 點校

廣陵書社

揅經室續集

文四卷　詩七卷

揅經室續集自序

元四十餘歲，已刻文集二三卷，心竊不安，曰：『此可當古人所謂文乎？僭矣！妄矣！』一日，讀《周易·文言》，恍然曰：『孔子所謂文者，此也。』著《文言説》，乃屏去先所刻之文，而以經、史、子區别之，曰：『此古人所謂筆也，非文也。』然除此則可謂之『文』者，亦罕矣。六十歲後，乃據此削去『文』字，祇名曰『集』而刻之。昭明選詩，詩歸于文。讀《尚書·洛誥》『周公曰「咸秩無文」』，始知詩之稱『文』自此始，著《咸秩無文解》。又十數年，積若干篇。至七十六歲，予告歸田，以所積者刻爲《續集》，不肯索序于人，秖于此自識數言，以明己意而已。前集所自守者，『實事求是』四字。此續者，雖亦實求其是，而無才可矜，無氣可使，無學可當考据之目。欿然退然，自命爲『卑毋高論』四字而已。

道光十九年歲次己亥，節性齋老人阮元自識。

揅經室續一集卷一

堯典四時東作南僞西成朔易解

《堯典》：「宅嵎夷，曰暘谷，寅賓出日，平秩東作。宅南交，平秩南訛，鄭康成本作「僞」。敬致。宅西，曰昧谷，寅餞納日，平秩西成。宅朔方，曰幽都，平在朔易。」按此經文，春十四字，夏九字，秋十三字，冬十字，有互文見義者，有變文見義者，有省文者，不必定相齊比。經文於夏、秋著「宅南」「宅西」之字，春、冬不言「宅東」「宅北」。秋則「西」字兩見，春則「東」字一見，夏則「南」字兩見，冬無「北」字而兩著「朔」字。夏言「交」言「致」，冬言「朔」言「易」，三時皆言「平秩」，而冬獨言「平在」。

元謂「在朔易」三字主合朔，而即包日食言也。「東作」「南僞」「西成」皆言測日躔發斂，主中氣而言也。作，爲也。「僞」同「爲」，作、爲皆造也，言造曆法也。「成」者，言作爲既成也。今《尚書》作「南訛」，乃東晉人所改。漢《尚書》作「南爲」，或作「南僞」。「僞」與「爲」同，故《漢書·王莽傳》作「南僞」，

《史記》索隱本作『南爲』。今本《史記》作『南譌』者，後人因晉本作『訛』而遷就改之也。南僞者，創爲此曆法於南方也。錢辛楣宮詹云：「《荀子》曰：『人之性惡，其善者，僞也。』又曰：『不可學，不可事而在天者，謂之性；可學而能，可事而成之在人者，謂之僞。』是『僞』即『爲』字也。」元謂此姑勿論《荀子》言性之是非，但以『僞』字而論，是『僞』即《爾雅》『作、造，爲也』之『爲』，而非『詐僞』之『僞』、『譌誤』之『譌』，明矣。《周禮·馮相氏》鄭注『平秩南譌』，宋本作『南僞』，此尤漢時作『僞』之據也。蓋《說文》『爲』訓『母猴』，象形，初義也。後人即假借爲『作造』之『爲』，而或加『亻』旁成『僞』字，此第二義也。又訓爲『詐僞』之『僞』，此第三義也。後人祇知『僞』爲『詐僞』之『僞』，而不知其本是『作爲』之『爲』，故不得不妄改『僞』字爲『譌』、爲『訛』矣。《說文》有『譌』字，『訛』乃俗造也。平秩者，謂日躔分節氣，而次弟出于東，次弟交于南，次弟入于西，羲和設儀器測量，逐日刻記，辯豑之也。辯豑之義，見于《史記》《爾雅》《說文》矣。平，辯也。見《史記》，又見《爾雅》。『秩』本作『豑』，次弟也。《說文·豊部》：『豑，爵之次弟也。《虞書》曰：「平豑東作。」』據此，知《尚書》古文『豑』與『秩』同有次弟之義。《大戴記》孔子言曆有順逆，順逆即南北朝言盈縮之法，亦即今西洋言高卑之法。二分二至，漸爲次弟。一月有一月之盈縮次弟，一節有一節之高卑次弟，一日有一日之交易次弟，所以曰『辯秩』也。辯秩之法最古矣。又案：平秩，《史記》作『便程』，蓋『秩』之『失』聲，與『程』之『呈』聲近也。《詩·柏舟》：『日居月諸，胡迭而微。』『迭』，《韓詩》作『臷』。『臷』字不見于《說文》《玉篇》。《說文》祇有『𡙡』字，《韓詩》當是『𡙡』字也。《說文·大部》之『𡙡』，與『秩』『迭』『程』聲相近，故《詩·巧言》『秩秩大猷』，《說文》作『𡙡𡙡大猷』也。《詩》『胡迭而微』，亦言次弟更相食也。微者，日月食之名，故《詩·十月之交》曰：『彼月而微，此日而微。』微謂光隱匿。《國語·越語》「日月微者」注謂「微者，虧損薄食」，是其義也。據此「秩」「迭」「程」「戴」相通之音義，知「東作」「西成」「南爲」亦復兼測日月之食，不但「朔易」之專主測合朔、日月食矣。非謂春耕秋穫也。如「東作」「西成」「南僞」但言農事，則眂星務農，愚夫婦人皆能之，何用羲和遠出乎？農事別有稷官，豈羲和之職乎？亦豈羲仲但教春耕而不觀秋穫，和仲但司秋穫而不課春耕乎？且朔之極北，不生五穀，所謂「朔易」者，又何農穫可蓋藏乎？《漢書·王莽傳》以「東作」「南僞」「西成」等事爲農事，趙岐注《孟子》「齊東野人」引《書》「東作」爲「農事」，是農事之文始于王莽，非始晉孔傳。又案：《尚書大傳》雖列《堯典》之東、西、南、北，然但言其方位而已，未嘗言「作」「成」二字是農事也。「朔易」二字，伏《傳》、《史記》皆作「伏物」，「物」乃「朔」字，「物」「朔」篆相近之訛。「伏」當如「五星伏逆」「參則伏」之「伏」。「伏朔」者，月伏于朔也。何以明「平在朔易」之爲主合朔、言日食也？朔者，月死盡而未初生，與日但同經度相屰而不同緯度，則爲合朔。若同經度而又同緯度，日、月、人目三者相直，則必日食。日爲月食，以臣迕君之象，屰莫甚焉。「屰」本「逆」字，後世「逆」字行而「屰」字廢，見《說文》。逆，迕也，遇也。此「朔」字造字从「屰」之初意。若解字，當云：「朔，从月从屰，屰亦聲。月逆食日之日也。」許氏說「月一日始蘇」，此後義也。月至三日始生明，若朔日同在緯度，即使子時合朔，亥時亦祇相離十二度，斷不能蘇生明也。又案：古人既造从屰从月之「朔」字，即造从亡、月、壬之「望」字，專言日與月相對望也。望者，月亡，即言月食也。日爲地隔，月不得光，有亡象焉。月食未有不在望者。且「望」从「壬」，凡「壬」「廷」皆有對直之義，故《爾雅》曰：「頲、庭，直也。」此與「朔」義相並。至於人之望人，乃因日月相望之初義而生，爲第二義。「望」「朢」二字皆可假借爲用，不必定分『望』字爲人之望人，曲取出亡在外望其還之義。《説文》所解，非初義也。蓋唐虞以前造曆時，本有定朔、定氣，原非平朔、平氣，因日月食定在初一、月半，而特造『朔』『望』二字，即以爲初一、月半之定名。夏、商後，羲和失職，食不定在朔、望，故周、漢之間，解字者不敢以『食』義專屬于朔、望，而别生『始蘇』『出亡』之義矣。且後世曆法不密，以致前後失朔，尚造『朓』『朒』兩字。古人于『日有食之，不宜有』，『有』字尚从月得義，又何疑于朔、望之不專造兩字，爲日月食之初義哉？但言察朔于北而不言察望于南者，朔定而望亦定也。蓋合朔時刻雖不定何方，而堯命和叔專司合朔者，則在北方，故《書》曰『宅朔方』，《爾雅》曰『朔，北方也』。北固以『朔』名其方者也。經不曰『北易』而曰『朔易』，明是特著此字從日月起義，而以四方爲後起之義也。朔之曰易，亦以日月相易起義也。《説文》引秘書説『日月爲易』，似即古《尚書》説，專指『朔易』之『易』，非《周易》之『易』。人目在下，日在月上，見其交易也。故日月相並爲『明』，月在日下爲『易』。日月食非朔望不定，朔望亦非日月食不定，東西南北里差、時差、交會高下亦非日月食不能同定於一日之間。故唐一行曰：『日月合度謂之朔。無所取之，取之蝕也。』此三言直接堯、舜以上曆法，蓋非蝕即非朔，不朔即不蝕。因蝕造字，因蝕定名，倉頡之學，與羲和同也。春秋日食不在朔無論矣，自漢至隋二百九十三食，而非朔者八十三；唐、五代一百一十食，而非朔者三，自一行以後，始有定準。蓋倉頡之時，日食必朔，定朔、定氣，其法本密，故用日月食之義特造『朔』『望』二字。設堯、舜時日食不能定于朔，堯、舜豈不對此『朔』『望』二字而有愧哉？蓋夏以後，羲和失職，至漢皆疎，隋、唐至宋、元又漸密，以至于今最密，如堯、舜之時。不曰『平秩』曰『平在』者，《爾雅》曰：『在，察也。』此

「在」即「在璿璣玉衡」之「在」，義比「平秩」尤專重也。

是此四段共四十六字，皆言天象實測造曆之法，亦即用日月食四方一齊辯驗之法。交食之驗，有食分深淺，有加時早晚，有起復方位，此非四方極遠設官同時並測，不能相較而準驗。萬世天算皆始於此也。唐開元、元至元、我朝康熙皆分地實測之最遠而準者，豈唐虞之日月星辰遠近交會不及於此？東、南、西由日躔發斂辯秩之，而得中氣之盈，由中氣以校朔數，而作之、爲之、成之也。朔則由合朔之數辯在之，而得朔數之虛，以校中氣，且得日月食相交易之數也。故下文即并四方測算既定者而命之曰「汝羲暨和，朞三百有六旬有六日，以閏月定四時成歲」也。繹此句，則知堯時本是定朔、定氣，以無中氣之月置閏，非如春秋時歸餘于終，及秦、漢皆用平朔、平氣。否則，「朔」字、「望」字何敢必以日月食之義造之？閏月所置何以不曰「定歲終」，而曰「定四時」也？是故堯時有定朔、定氣，原難臆知，而由造「朔」「望」二字及「以閏月定四時」句繹之，則古密周疎，斷斷然也。《周禮》：「馮相氏掌十二月、十二辰、二十八星，辯其序事，以會天位。」鄭康成引《尚書》「東作」「南僞」「西成」「朔易」以爲「序事會位」之注，此鄭氏《書》注未以「東作」「南僞」「西成」「朔易」屬農事也。何也？馮相氏所序之事，斷非農事，是元説似與鄭氏意合也。保章氏掌「日月之變動」，即日月食也。所與《尚書》不同者，曆法在周爲因故，不過辯其序事，志其變動而已。若羲和則是創造曆法之祖，故曰「作」「爲」「成」「朔」也。

「嵎夷」「暘谷」「昧谷」「幽都」，自是地名。「南交」則其初本非地名，所謂「南交」者，亦以夏之日行交出於赤道之極北二十三度半，確爲中國極南致止之處，因此起名義也。交阯北極出地十八度，夏至日午表無北影。『阯』同『止』，同『趾』。其始雖非以地名起義，然後人因此即定爲地名。交阯、日南、交州，皆沿其義而名之也。蓋曰夏至之日交極北止於此南地也。猶『朔』字但因上古專司日月合朔在北，而虞、夏時即名北爲朔方也。《禹貢》曰：『朔南暨。』黄、赤二道隨節氣以成交距，月與日會皆有交道，日月食由于有二交。而今特著南交者，蓋專言夏至日永之黄、赤道交，以定極南致止之位也。『平秩南爲』者，言辯次南方之日纏及日月之交而造曆法也。『敬致』者，即《周禮》『冬夏致日』、《孟子》『可坐而致』之『致』。此言測夏至之日表景至短，北來止此也。冬則與此相反而相比，可省文矣。虞、夏《書》備言置閏、渾天即璿璣、七政、中星諸法，不應于定朔、日食之法竟不一言及之。不知古聖人以日月食爲災異，恐懼修省。然其食也，本有一定之纏度，雖有一定之纏度，而天象示變之時，亦適與人事相應，聖人知之而不詳言之，惟包其事于『秩』『在』之中，而以『朔』『易』二字寓其法。故唐、虞羲和之道，于後世之法無所不包。若天算不密，食不在朔而以爲異，或知食有一定而不懼天象之變，皆非也。《詩》曰：『十月之交，此『交』亦言日月交距。朔月辛卯，日有食之。』『日有食之』四字，自是唐虞以前恒語。『有』字从月，《説文》曰：『日有食之，不宜有也。』此自是唐虞以來相傳之故訓，不然，《堯典》内『有』字何以造从月哉？造字之後，直至周《詩》，始見『日有食之』之句，而孔子《春秋》内，凡『日有食之』，皆用古法書之也。不第此也，凡造字皆有初義，其字見于何代，則其義即起于此代之前。『朔』『望』『有』

三字，固顯然義起于唐、虞之前矣。又如「暨」字，亦見于虞、夏《書》矣。《説文》曰：「暨，日頗見也。既，小食也。」然則此「暨」字从「既」，亦專爲日食而造，言日爲月食，偏見不全也。从「旦」者，即今卯時帶食半見也。「有」字、「暨」字皆日月食，造字之初義也。「有鰥在下」「汝羲暨和」乃假借字用之也。然則許叔重解「朔」「望」二字曷以曲爲「始蘇」「廷臣」之説耶？曰：周、漢以日食爲變異，漢時尤因此多所省諫，故叔重反收「朓」「朒」二字，與《漢〔一〕書·五行傳》合，而不能言朔有定也。又「霸」爲「月霸」，「霸」與「魄」同，月全魄乃晦。《漢書·律曆志》曰：「死魄，朔也。」凡由晦而朔，即爲改革之象，「霸」从革得音且得義，故《易》曰：「天地革而四時成。」《周易》六十四卦，獨以「治曆明時」屬之「革」者，豈非以堯、舜治曆定四時，日月食皆以朔易、月霸爲本歟？《易》曰：「革，己日乃孚。」竊謂「己」者，改也。「改」从己得音得義。革者，改也。此「己日乃孚」之「己」，猶通借爲「戊己」之「己」，故六二曰「己日乃革之」，而九四則直著之曰「有孚改命」矣，「改命」即湯武革命也。「改」从己，「叓」从丙，「革」「改」「叓」皆一聲之轉，故《孟子》曰「日月之食」「及其叓也」。是詩也，可以明《虞書》交朔之義矣。此解乃元多年蓄念，未著于書。甲申歲，貼此經試學海堂多士，無見及此者。乙酉歲白露節，雨足秋涼，始筆之爲篇。

〔一〕漢，底本作「尚」，據文意改。

釋閏

《周禮·太史》：『閏月，詔王居門，終月。』《禮記·玉藻》：『閏月，則闔門左扉，立於其中。』案：此門皆明堂之門也，虞、夏以來之古禮也。然此惟月朔行朔禮時暫居之暫立之，以終一月之政事耳。若竟謂常居之常立之，以終一月，無論郊外明堂非王者常居之地，即城内路寢亦斷無居門終月之事，未可以辭害義也。即居青陽左个、總章右个等，皆謂暫居行朔禮也。明堂分東西南北十二堂个，當於何月後置閏，王即當以其方之門居之立之。明堂之法與曆法相關也。《周禮》惟言閏月王居門中，而不言十二月所居者，已括于『頒告朔』一句之中。鄭氏注此曰：『於文句，王在門謂之閏。』許氏《説文》收『閏』字於『王部』，曰：『餘分之月，五歲再閏也。告朔之禮，天子居宗廟，即明堂。閏月居門中，从王在門中。《周禮》：「閏月，王居門中，終月也。」』案：此許、鄭之説，皆是堯、舜以前之古説。元著《明堂論》，由周明堂月令溯至黃帝、神農。或疑明堂月令乃秦呂氏之説，即使周有此制，而堯、舜以前未必即有十二堂个之制，非也。《禮》逸篇『王居明堂禮』，鄭氏康成以爲殷禮，引之以注《月令》，可見王居堂个門皆上古之制。且《管子》《尸子》《呂覽》《淮南子》等書，或不可据，《尚書·虞書》亦不可據乎？《虞書》曰：『以閏月定四時。』『閏』字始見於此。此明明是王居門中之字，會意，確無可疑。若唐虞以前不以無中氣之月置閏，又無明堂王居門中之制，曷爲倉頡已造此王居門中之字乎？故唐虞以前明堂堂个之制不可考，而可据『閏』之一字以定之。況《虞書》所謂『賓于四門』『闢四門』者，舍明堂更以何門當之？是故虞、夏《書》內，字字皆可考据。即一『閏』字，而古曆法明堂之制皆明矣。余著《堯典東作南僞西成朔易考》，已言及堯、舜時本有定朔、定氣，以無中氣之月置閏矣，以此證之，更合矣。余著《明堂論》，已言郊外明堂與城内路寢有別矣，以此證之，更合矣。黃帝之時，豈不知或主節氣，或主月朔，二者皆可以授民時乎？黃帝、堯、舜則主十二月朔爲歲，以無中氣之月置閏成歲者，彼時羲仲、羲叔、和仲三家必有建議，欲以節氣爲歲，不主朔閏者，堯則考古法而合氣與朔以定之，又合羲和四家之法而斷之，曉諭之，以爲但主辨秩節氣爲歲，不置閏不便于授民時也。必須主平在朔易，以閏月定四時成歲，朔定于月，閏定于朔，始明白使民共見也。今時大、小西洋法皆主節氣爲歲，而不置閏月。唐時《九執曆》已如此。今廣東澳門夷人皆以冬至第七日爲元旦，行賀禮。昔宣城梅氏謂和仲宅西之法，疇人子弟流入西夷，亶其然矣。

明堂圖說

明堂異名同實及上古、中古之分，元于己未歲以前，已著論明之矣。歲庚寅，《學海堂經解》刻成，復取近代諸家之說而驗其圖，皆未能確也。依《月令》，當有八个，而《考工記》惟有五室，斷不相合。戴氏乃除太室而以四室置之外四隅，即名之爲个，而共互之，謂『明堂之左个即青陽之右个，總章之右个即玄堂之左个』。其説過巧，竊有未安。且即如其説，而四隅丈尺猶于經文有不能相合之處。元乃别爲圖，移四室于堂背四隅重屋之下，而以四堂之後八角接之，如此則與經文丈尺合，室爲室，个爲个，不相假借。且于上圓下方重屋之制亦合，即匠人据此築基構木而造之，亦必能成之，非紙上空談也。爰更分析爲十説，并圖以明之。

《考工記》曰：『周人明堂，度九尺之筵，東西九筵，南北七筵，堂崇一筵，五室，凡室二筵。』此經文明白可据，當從此以起度數。東西九筵者，八丈一尺也。周尺約當今尺六寸强，八丈一尺，六折算，當今四丈八尺六寸。南北七筵者，六丈三尺也。當今尺三丈七尺八寸。此明堂南一堂之丈尺。經不言東、西、北三堂者，丈尺相同，舉南可概三方也。城内廟寢亦襲此名曰『明堂』，然惟向南一面耳，而郊外明堂則四面四堂。若云五室全在此南面一堂九、七筵之中，而無三堂，則行諸大禮，斷不能容，斷無是事也。南堂定而三堂亦定矣，舉一反三也。

今定爲收四室于堂背四隅重屋之下，而以四堂之後八角相接之，何所据乎？此於經文無顯据，惟使堂成爲堂，廟成爲廟，个成爲个，室成爲室，在四方則可成王居之禮，在中央則可成祼禮之禮，亦可成重屋之制耳。五室主五行，似當置室于堂之正中，然正中則爲太廟，四太廟之後共以中央太室爲室，而四隅四室。鄭氏注謂『木室東北，火室東南，金室西南，水室西北』者，古説如此，故西堂名總章。赤與白謂之章。白金與赤火合，不與水合，故金室在西南，餘室類此。亞，鐘鼎文每有作此形者。古鐘鼎銘每曰『王格太室』，此形即四堂背五室之形也。

每室四户兩夾囱，乃《考工記》『世室，四旁兩夾窗，白盛』之文。成伯璵《禮記外傳》衍之爲每室四達一室八窗之説。《大戴》衍爲九室三十六户七十二牖之説，即《東京賦》之八達九房之説。此蓋因漢明堂而誤五室爲九室，與《考工》不合也。孔氏廣森《禮學卮言》讀《考工》『世室四旁兩夾』爲句，『窗白盛』爲句，此爲特識。『四旁』者，四堂之旁也；『兩夾』者，左右个也，此个與五室不相涉也。元更謂窗者，凡四面不明之處皆加窗。至于當用幾十窗，不能臆斷。『白盛』者，『盛』義如城如防，此言四面皆用牆如城如防而白之，且多用窗也。《釋名》曰：『城者，盛也。』《爾雅》曰：『山如防者盛。』是其義也。

五室之制奈何？按：四方之堂寬皆九筵，此四堂之背四角相接，是明堂之北距玄堂之南，青陽之西距總章之東，皆九筵也。以此方九筵之地爲太室及四室，每室止用二筵，丈尺恰可相容。凡言『室』者，皆廟屋内劃出之名，非建五小屋于露處之地可名爲室也。然則奈何曰此五室皆當在重屋圓蓋之下？若于太室四角立四大柱，或再倚四堂之背，木室之西之南，火室之西之北，金室之東之北，水室之東之南，立八大柱，如圖中〇者，即柱礎處，《楚辭·天問》《淮南子》皆有八柱之説，則可上載圓屋，并遮五室矣。

重屋上圓下方之制奈何？按：『重屋』見于《考工記》，『上圓下方』見于《大戴記》，皆是古制。此中央九筵之地，假使立大柱出乎四堂背之上，而加以圓蓋之屋，則是上圓之重屋矣。圓蓋須比九筵爲大，乃不霤雨水于五室也。九筵方徑當今尺四丈八尺六寸，約須徑今尺六丈有餘之圓蓋，方能蓋之。至于圓屋之下、方屋即四堂之背之上，必可虛之，以吸日景而納光也。其每一方屋皆有四阿，前阿水外霤，後阿水內霤，內流在堂背與室之間，必有溝水出四角，此最古最大之中霤。而圓蓋之霤又流于四方堂屋之上也。此乃大概爲説耳。假使匠人爲之，即可合丈尺而成之。堂崇一筵，加以堂之棟宇重屋，圓蓋之高約須通高今尺六丈有餘，四堂縱横方今尺二十丈四尺六寸。至于立柱、立牆、梁棟、楹廡、户窗諸制，古匠不傳，難臆撰。然《逸周書》之四阿、復格、重亢、重郎[一]、內階、旅楹、隄唐、山牆等制甚詳，知古時匠氏必有構造之法。今雖不可考，但使今匠爲之，必有暗合古法者，何也？大段不錯，小處不妨以意匠定之也。即如《逸周書》有旅楹之制，考五室重屋四堂八个，非多楹不能成之。旅者，衆也，陳也，衆楹陳列于四方內外也。《詩·殷武》『旅楹有閑』，襲其名也。又《逸周書》有隄唐、山牆之制。今定白盛爲牆者，《釋名》：『城，盛也。』《爾雅》：『山如防者盛。』注曰：『隄防。』《檀弓》鄭注曰『防，形旁殺平上而長』是也。明堂之牆如何築造？經雖無明文，然由此可知四堂之背，周圍有牆，四堂左右，亦皆有牆，如防如城，特有窗户四達，通明通路耳。《明堂位》『達鄉』，『鄉』即窗也。『唐』與『隚』同。《廣雅·釋宮》曰：『隚，隄防也。』《逸周書》有內階之制。今考九階皆在四外，若由堂

[一] 重郎，底本、甲戌續刊本作『重即』，《文選樓叢書》本作『非即』，皆誤。據下文及《逸周書·作雒解》改。

入室平行，則無階矣，曷爲有内階也？意明堂亦如《覲禮》壇制有三成也。或者堂一成，由太廟入至四室之地爲二成，由四室之地入至太室爲三成。是以公玉帶《明堂圖》内有「昆侖」之名，《爾雅》曰「三成爲昆侖邱」是也。《逸周書》有復格之制。《説文》：「格，木長貌。」復格者，其五室重屋八柱四柱之長者兩層相復乎？《逸周書》有重亢之制。「亢」與「抗」同，高舉抗拒也。意爲重屋中有兩重横木在各柱之間者高舉抗拒乎？《逸周書》有重郎之制。「郎」與「廊」同，或堂與室有兩重廊乎？又《大戴禮·盛德》篇，明堂又有「蒿宮」之名，云「周德蒿茂大以爲宮柱」。學者哂其誕，是也。但蒿柱誠誕，而「蒿宮」之名則有自來。《周禮·載師》「以宅田、士田、賈田任近郊之地」，故書「郊」或爲「蒿」。杜子春云：「蒿讀爲郊。」是「蒿地」即「郊地」也。曰「蒿地」者，猶萊田也。明堂曰「蒿宮」者，猶之曰「郊宮」也。宮宜在城内，今在郊，故曰「郊宮」。「郊宮」即「蒿宮」也。乃求其解而不得，造爲蒿可爲柱之説，此皆秦時迂腐博士之所爲，無怪《拾遺記》更衍爲十丈神蓬之説矣。然若因此哂「蒿宮」二字之名亦誕，則又非矣。

程氏瑶田《釋宮小記》述「中霤」云：「古初有宮室時，不過爲廇然之物以覆于上，當如車蓋，或如今之蒙古包。如無柄傘，即古棟宇之遺象。古者明堂圜其上以法天，上棟下宇之初，殆亦圓其上者歟？」此説明堂上圜下方之象最合。然則太室重屋者，最古最大之中霤之制也。清廟者，太室也。若爲圓屋出于四堂之上，則蓋茅輕穩，禮亦宜之。四堂用瓦爲宜矣。

个之義奈何？案：「个」與「介」同。古經、子中每通用。《初學記》引《月令》「个」即作「介」。「个」「介」相同，即是一堂兩旁夾室之義也。《考工記》梓人爲侯，侯有上兩个、下兩个，亦皆具旁夾之形。即廟寢之東西廂、東西夾也。《左傳》昭公四年：『使置饋于个而退。』是非明堂尚可襲名稱『个』，何況明堂乎？

戴氏震曰：『四正之堂皆曰太廟，四正之室共一太室，故曰太廟太室。』此説則甚合。其圖之所以丈尺不合者何也？按：其圖直以明堂之東西九筵分爲三，以其中爲明堂太廟，以東爲明堂左个，即青陽右个，以西爲明堂右个，即總章左个，四面皆如此。如此，則與經文『室二筵』三字不合矣。何也？以明堂三分之一當一室，則明堂左室應寬三筵、深七筵，無論與室二筵寬深之數顯然不合，且是長方之形。若以明堂爲主，則此室向南者寬三筵，向西者寬七筵；若以青陽爲主，則此室向東者寬三筵，向南者寬七筵，何所適從乎？且中央容太室之地，丈尺亦同，不能定矣。

汪氏中《述學》之圖謂明堂秖一面向南之堂，無東、西、北三面之堂，以《月令》爲誕妄不經，非也。閏月，王居門中，見於《周禮》，豈十二月反不著王所居？《禮》逸篇有『王居明堂禮』之名，此篇必在《漢書·志》『《明堂陰陽》三十三篇』之內，今皆亡矣。《呂氏》《大戴》所采古禮，必本于此。餘詳余《釋閏》篇中。若然者，則無論九筵、七筵，尚不抵今大府之大堂，豈成鉅制？試思九階當如何安置？且其圖分九筵爲五，而平列五堂，以五室居五堂之後，乃經文『室二筵』，五室當有十筵，室比堂多一筵，斷不能合也。

王平日所居聽政之路寢曰明堂者，此地之制，準郊外明堂四方之一，襲其名也。郊外明堂，即《月令》之明堂，有四堂、八个、重屋、五室，非城内廟寢也。《洛誥》周公之明堂，即此制也。近代汪氏中《述學》、金氏榜《禮箋》皆以《覲禮》後半段覲諸侯之地秖有門壇無屋，遂謂明堂屋爲妄，非也。洛邑周公之明堂，非壇，乃屋也。《孝經》『宗祀明堂』之『宗』从宀無論矣，『禋』古文亦加『宀』。《周書》曰：『王入太室祼。』使無屋室，王安所入？《覲禮》後段爲門爲壇祀方明者，此乃王巡狩，不定何地盟會諸侯之覲禮也。即東巡岱宗之明堂，亦必有屋，若無屋而惟有壇，齊王何由欲毁之？自古惟聞『明堂』，未聞『明壇』。況《考工記·匠人》所記之明堂，確爲王都郊外之明堂，未可以城内廟寢當之。無論《逸周書》明言『明堂四阿』，《左氏傳》言『清廟茅屋』，顯有屋室，皆在郊外，不能指爲城内廟寢，即《考工》明言『明堂度九尺之筵』『室二筵』矣，復曰『室中度以几，堂上度以筵，宫中度以尋』矣。明此『度几』之室與『度筵』之室不同，『几』爲城中路寢之室，『筵』爲郊外明堂之室也。《儀禮·覲禮》自篇首至于『饗禮乃歸』，此前段乃諸侯覲天子于王都之正禮、常禮也。且歸則歸矣，曷又祀方明乎？其後段自『諸侯覲于天子』爲宫壇、朝日、祀方明以下別爲一事，乃天子出巡方岳及不定何地盟會諸侯之覲禮也。是以秖立門壇，全無堂室，成王盟岐陽，置茅蕝，晉侯覲踐土，作王宫，皆其事也。《國語·晉語》曰：『成王盟諸侯於岐陽，置茅蕝，設望表。』《説文》引作『致茅蕝表坐。』《左傳》僖公二十八年，盟于踐土，朝于王所，晉侯作王宫于踐土，出入三覲。此等覲禮當用《覲禮》後段門壇之禮，後段之禮爲此等事而設也。方明之事，惟有此等覲禮行之。朝日之後，反祀方明，義主盟誓，有如此日月山川也。否則堂堂王都，巍巍明堂，及至大祀之時，秖憑四尺之方明木乎？然則此門壇者，茅蕝之意也。又鄭氏《覲禮》注後段謂『四時朝覲，受之於廟』，此後段門壇謂時會殷同也。此亦有誤。城內之廟，或一二國諸侯來覲，則于此行前段之禮；若時會殷同，應在近郊者，則于明堂行之，即周公明堂位之禮也，此禮無方明；若會盟於遠地及巡方岳不定何地，始用後段門壇方明之禮，必非王在京城近郊之禮也。後段言『拜日于東門外』者，此『門』乃壇之東門，非京師之東門也。

今定四面堂个廟室圖

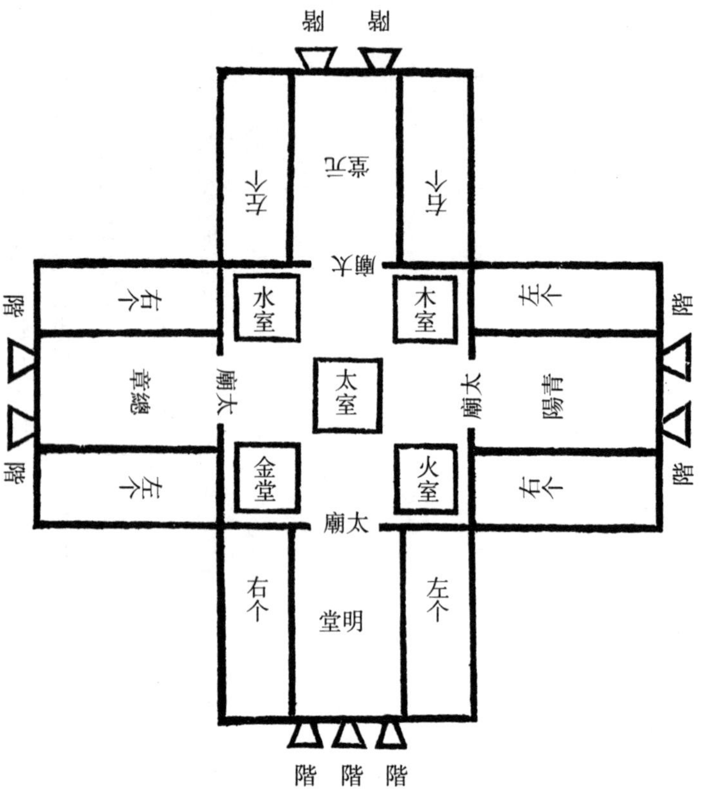

階
階
元堂
右个
左个
太廟
左个
右个
水室
木室
階
階
總章
太廟
太室
太廟
青陽
階
階
金堂
火室
右个
左个
太廟
明堂
右个
左个
階
階
階

今定堂个室丈尺之圖

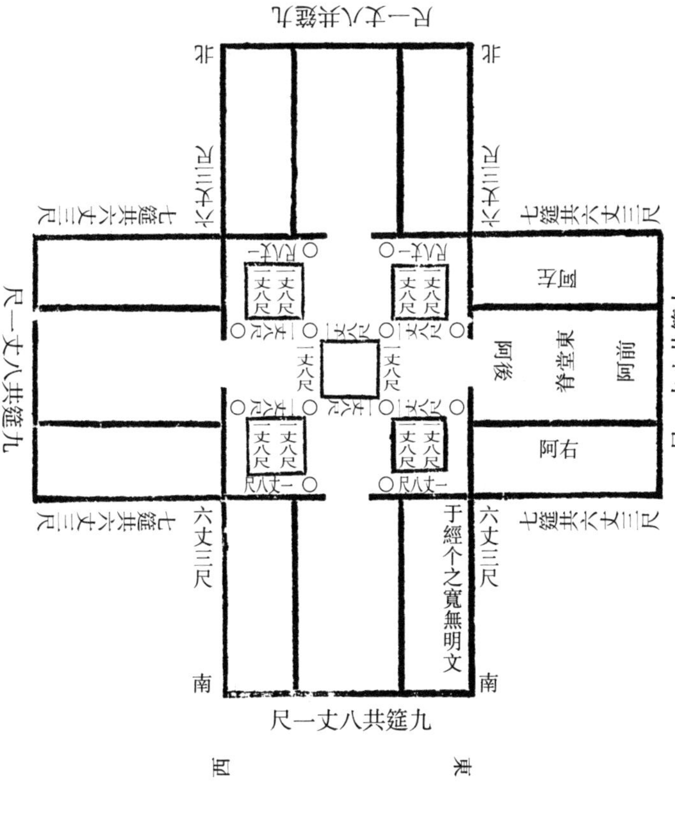

今定上圓下方重屋圖

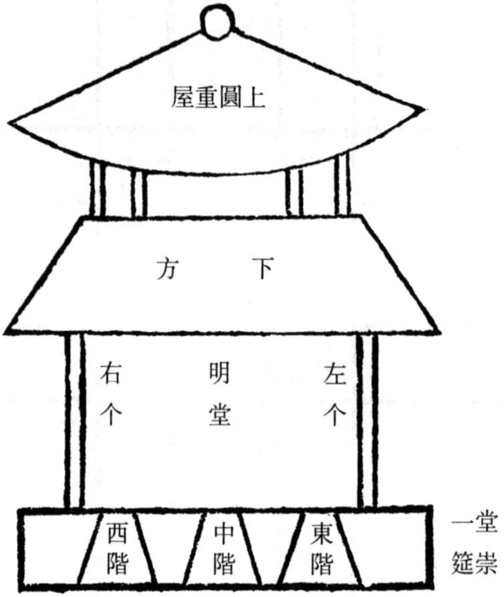

戴氏明堂舊圖

二十户四十窗九階與世室同

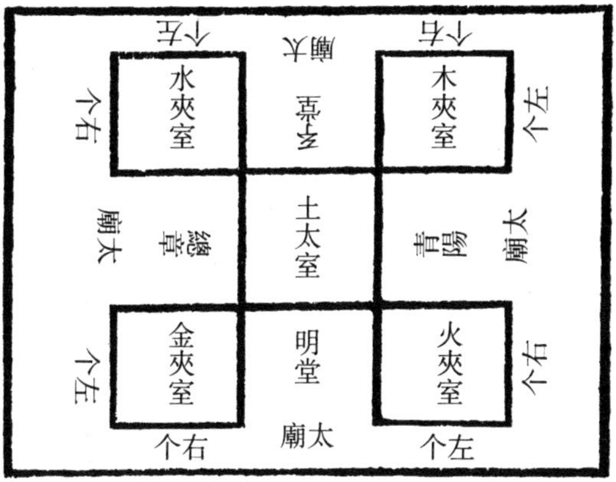

汪氏明堂五室圖

凡室二筵

南北七筵

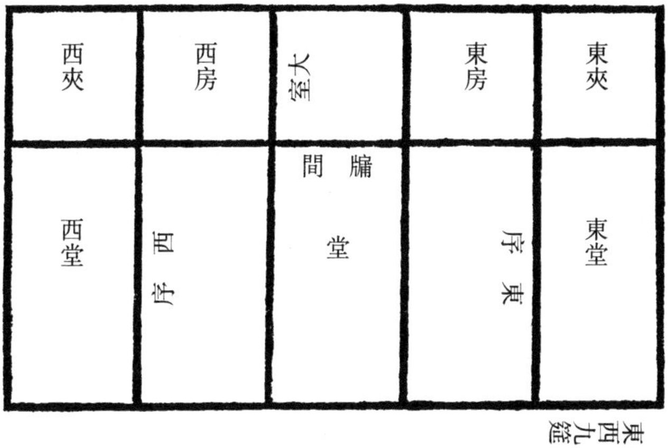

東西九筵

孝經郊祀宗祀説

《孝經·聖治章》之大義有二端：一則孔子以孝祀屬周公其人，專謂洛邑，不屬成王也；一則「宗祀」之「宗」，見于《召誥》《洛誥》《多士》也，乃讀者忽之不察，并《清廟》《維清》《小毖》亦不得其解矣。蓋周初滅紂之後，武王歸鎬，夷、齊既死，殷士未服者多，戰要囚之，未能和睦無怨，不獨武庚之叛也。此時鎬京尚未以后稷配天、以文王配上帝也，各國諸侯亦未全往鎬京侯服于周，故曰『武王末受命』也。末，無也。况成王又幼，有家難哉！于是周公監東國之五年，與召公相謀，就洛營建新邑，洪大誥治，用陟配天之殷禮祀天與上帝，以后稷、文王配之。后稷、文王爲人心所服，庶幾各諸侯及商子孫、殷士皆來和會，爲臣助祭多遜，始可定爲紹上帝，受天定命也。若使武王、成王在鎬郊祀、宗祀，而諸侯、殷士不全來臣服助祭，即不能定爲易姓受天命也。但成王此時不敢來洛基命定命，于是三月召公先來洛卜宅，十餘日攻位即成，惟位而已，各功工未成也。三月望後，周公來達觀所營之位，知殷民肯來攻位，遂及此時洪大誥治，勤于見士，即用二牛于郊，以后稷配天且祭社矣。《召誥》之『用牲于郊』，即《孝經》之『郊祀配天』也。于是始爲周基受天命矣。計自二月至夏，皆功于新洛邑明堂各工，然明堂功雖將成，尚未及配天基命之後行宗祀之禮。于是周公伻告成王，成王命周公行宗禮。《洛誥》之『宗禮』，即《孝經》『宗祀文王于明堂』

之禮也。周公宗祀當在季秋，幸而四海諸侯、殷士皆來助祭矣。十二月，各工各禮，迄用有成，上下無怨，人心大定，爲周禎福而無後患，成王始來洛邑相宅，記功宗之禮，即命以功宗作元祀矣。成王於是時復冬祭文王、武王，但二騂，不祀上帝。又入明堂太室祼，王賓亦咸格，使人共見無疑。仍即歸鎬，命周公後，于洛守其地，保其民。是成王但烝祭文、武，而未祀天于郊、祀上帝于明堂也。此孔子所以舉『配天』專屬之周公其人。孔子若謂：雖以武王滅商之大武，未能受命，臣我多遜，惟周公以孝祀文王配天，始能定命，臣我宗多遜也。此《孝經》『至德要道』『上下無怨』『四海來祭』之大義也。此義久蓄于心，未筆於書。因福補疏《孝經》，于此事引證繁複，囿于舊説，不徹經義，是以説此教之。至于各經可推明此説者，命福引證之。

《尚書·洛誥》曰：『四方迪亂未定，于宗禮亦未克敉，公功迪將其後。』

《多方》曰：『爾乃迪屢不静。我惟時其教告之，我惟時其戰要囚之，至于再，至于三。』

《洛誥》曰：『亦識其有不享。』

福案：此諸侯尚未盡服，殷士民亦屢叛，民未和睦，上下有怨，未行配天之禮之事也。家大人曰：『王氏引之讀「四方迪亂未定」句，「于宗禮亦未克敉」句，「公功迪將其後」句。孫氏星衍《尚書疏》及之，而《經義述聞》不存此條者，自因《説文》引《書》「亦未克敉公功」爲句，未敢破之也。但「宗禮」即「宗祀」，漢人未發此義，故許讀師傳如此，其實王讀是也。此處弟一「未」字指「四方亂定」，弟二「未」字指「克敉宗禮」，明是兩事，故以「亦」字夾于其間。「公功迪將其後」，即「克敉宗禮」也。漢讀未可墨守也。若以「公功」屬上，則於宗禮外又有公功，似非經意矣。」

《召誥》曰：『惟太保先周公相宅。越若來，三月，惟丙午朏，越三日戊申，太保朝至于洛，卜宅。厥既得卜，則經營。越三日庚戌，太保乃以庶殷攻位于洛汭。越五日甲寅，位成。』

福案：此召公先來成位，庶殷肯來攻位。伏生《尚書大傳》：周公『營洛以觀天下之心，於是四方諸侯率其羣黨，各攻位於其庭。周公曰：「示之以力役且猶至，況導之以禮樂乎？」然後敢作禮樂』，即其事也。

《召誥[一]》曰：『若翼日乙卯，周公朝至于洛。則達觀于新邑營。越三日丁巳，用牲于郊，牛二。越翼日戊午，乃社于新邑，牛一、羊一、豕一。』

《詩·思文》曰：『思文后稷，克配彼天。』

福案：此乃周公來祭天以后稷配天之事也。牛二，天與后稷二牲也。

《洛誥》曰：『王如弗敢及天基命定命，予乃胤保，大相東土，其基作民明辟。』

[一] 誥，底本誤作『詔』，據前後文及《尚書》改。

福案：此成王因諸侯、殷士民反側未定，初不敢來洛之事也。『及天基命』者，乘此配天禮成之時，基受天命也。『定命』者，行宗禮定受天命也。

《洛誥》曰：『今王即命曰：記功宗，以功作元祀。惟命曰：汝受命篤，弼丕視工載，乃汝其悉自教工。王若曰：惇宗將禮，稱秩元祀。』

福案：此成王命周公行宗祀之禮之事也。曰『功宗』，曰『惇宗將禮』，曰『臣我宗多遜』，曰『于宗禮亦未克敉』，凡此『宗』字，皆明堂之宗祀也，讀者皆不察之。『功』者，明堂宗祀，工之大者。《詩》『肅肅謝功』『申伯之功』，皆言大工也。用衆急事曰攻，『庶民攻之』『攻位洛汭』是也。工力盛大曰功，『謝功』『申功』『功宗』『功作元祀』是也。

《詩·清廟》曰：『濟濟多士，秉文之德，對越在天，駿奔走在廟。』

《維清》曰：『維清緝熙，文王之典。肇禋迄用有成，維周之禎。』

《小毖》曰：『予其懲而，毖後患。』又曰：『未堪家多難。』

《我將》曰：『我將我享，維羊維牛，維天其右之。儀式型文王之典，日靖四方。伊嘏文王，既右饗之。』

《康誥》曰：『周公初基，作大邑于東國洛，四方民大和會。侯甸男邦采衛，百工播民和，見士于周，周公咸勤。』

《多士》曰：『比事臣我宗多遜。王曰：告爾殷多士，今朕作大邑于茲洛，予惟四方罔攸賓，亦惟爾多士，攸服奔走，臣我多遜。』

《召誥》曰：『其作大邑，其自時配皇天。』

《詩·大雅·文王》共七章五十六句。

《禮記·明堂位》全篇。

福案：此皆周公在洛明堂行宗禮，諸侯、殷士皆來助祭以定天命，即《孝經》所謂『四海之内各以其職來祭』也。大約此時惟周公申明天之命、文王之德，反覆以夏、殷之事誥治之，諸侯、殷士始肯服之，始能成此大禮。《詩》所謂『肇禋迄用[一]有成』者，即『克敉宗禮』，詞氣宛然可見也。否則諸侯、殷士叛服未定，宗祀幾乎不能有成，周家更多難無禎矣。繹《詩》《書》各句，情事可見，故孔子切指『周公其人』。再繹《詩·文王》七章，則全是在鎬，而追言作洛、祭文王于明堂配天之事，其情更見矣。《清廟》之『多士』，即《尚書》之『多士』；《我將》之『將』，即『惇宗將禮』之『將』；『肇禋』即『肇稱殷禮』，初基也。『清廟』即明堂，『維清』即清廟也。《多士》曰『臣我多遜』，又曰『臣我宗多遜』，明明多一

[一] 用，甲戌續刊本作『周』。

『宗』字，必非閒字。孔傳訓『宗禮』爲『尊禮』，殊空也。

《君奭》曰：『故殷禮陟配天，多歷年所。』

《洛誥》曰：『王肇稱殷禮，祀於新邑。』

福案：此可見配天之禮本於殷禮，洛邑新祀實殷禮也。又家大人云：『《詩·頌》之「肇禋」及此「肇稱」之「肇」，皆當即與「兆」同。兆者，壇之營域，即洛郊攻營之位，不當專訓爲「始」。猶《詩》「訪落」之「落」，即「洛誥」之「洛」加「艸」爲「落」，从「洛」起義，義不專于「始」也。《周禮·小宗伯》曰：「兆五帝于四郊。」《詩·生民》曰：「以歸肇祀。」箋謂：「肇者，郊之神位，于郊祀天。」《詩》又曰「后稷肇祀」，箋亦云「郊祀」，箋蓋以《禮記·表記》作「后稷兆祀」爲據也。《書》「肇稱殷禮」，亦言在洛郊爲兆位，舉行殷禮。此時周公未行周禮，故但曰「牛二」，蓋二牛皆白。《禮記·明堂位》《詩·魯頌》「白牡」，即皆守殷禮之遺也。《洛誥》末曰「文王騂牛一，武王騂牛一」，前郊不言「騂」，是白牡明矣。』

《禮記·中庸》曰：『武王末受命。周公成文、武之德，追王大王、王季，上祀先公以天子之禮。武王、周公，其達孝矣乎！夫孝者，善繼人之志，善述人之事者也。』

《召誥》曰：『王來紹上帝，自服于土中，受天永命。』

福案：據此可見鎬京武王未率四海行配天、配上帝之祀，與《孝經》相合。不然，何以孔子必曰『則周公其人』?學者習讀僞《武成》,而不計當年受命之難也。《尚書·大誥》序曰:『周公相成王,將黜殷。』《微子之命》序曰:『成王既黜殷命。』是殷命之黜,在成王、周公之時。殷命未黜,周未能言『受天永命』也。

《禮記·月令》曰:『季秋,大享帝。』

福案:此當是周公初祀明堂之月也。

《多方》曰:『今爾奔走臣我監五祀。』

《洛誥》曰:『公功迪將其後監我士師工。』

福案:《周書》『奔走臣我』凡三見,此『監』字亦非閒字。家大人云:『《文王世子》稱周公居攝,《尚書》無「攝」字,而有「監」字。「監」即監國之義。後儒於此,畧不省之,不知成王命周公監東國洛,見於《洛誥》,即《多方》之「臣我監五祀」也。「監五祀」,即周公居攝之五年也。「臣我監」,即臣我周公也。鄭康成《書注》,戊午蔀五十五年甲申爲周公居攝五年,作《召誥》。劉歆《三統曆》謂作《召誥》在居攝七年。此不知《尚書》「監五祀」,經文中本有明文。鄭氏康成深明曆算,定爲五年,推算《召誥》各日月悉合,然亦未知「監五祀」即居攝五年,此漢以來未發之義也。』

《洛誥》曰:『承保乃文祖受命民。』

《洛誥》曰：『乃單文祖德。』

福案：此兩『文祖』即《虞書》『受終于文祖』之『文祖』，後人解爲『文王祖德』，失之矣。蓋周之明堂即唐虞之文祖。《史記·堯本紀》集解引鄭康成《書注》曰：『文祖者，五府之大名，猶周之明堂。』即此義也。蓋居攝五年，作《洛誥》時尚未立『明堂』之名，猶沿古『文祖』之名，至六、七年制禮之後，始有『明堂』之名也。孫觀察星衍云：『《周書·嘗麥解》：「維四年孟夏，王初祈禱于宗廟，乃嘗麥于大祖。」合之《淮南·主術訓》有神農以時嘗穀祀于明堂之説，則知史所云「大祖」即明堂也。又《曲禮》疏引《孝經》説云：「后稷爲天地之主，文王爲五帝之宗。」此亦郊祀宗祀之古義也。』

《洛誥》曰：『孺子來相宅。戊辰，王在新邑，烝祭歲，文王騂牛一，武王騂牛一。王命作册逸祝册，惟告周公其後。王賓，殺禋，咸格，王入太室裸。王曰：公，予小子其退，即辟于周，命公後。王曰：公定，予往已。王命周公後，作册逸誥。在十有二月，惟周公誕保文、武受命，惟七年。』

福案：此成王冬始來洛之證。此時明堂已成，行冬烝祭禮，祭畢，仍歸鎬，命周公後保洛也。以上證明家大人説《孝經》之『郊祀』即《召誥》之『用牲于郊』、《孝經》之『宗祀』即《洛誥》之『宗禮功宗』也。

宗禮餘説

余既爲《孝經》「宗祀」即《尚書》「宗禮」之説矣，餘意未盡，兹復著之曰：「宗」之爲字也，乃屋下祭天帝，故从宀、从示，倉頡造字之始，指事、會意已定矣。所謂宗，尊也，特其聲義耳。《虞書》曰「至于岱，宗」，「岱」當絶句，「宗」絶句，「柴」絶句。此唐虞以前泰山下本亦有明堂，明堂祭禮本名曰「宗」，「宗」之始也。《虞書》曰「肆類于上帝」，即郊也；「禋于六宗」，即宗禮也。宗禮以配帝、配五帝，故曰「六」，非宗禮外别有六宗也。若以「至于岱宗」爲句，則「至于南岳」曷不曰「如岱宗禮」，而衹曰「如岱禮」？明「宗」字單讀也。《月令》曰：「祈年天宗。」《周書·世俘解》曰：「憲告天宗。」此「天宗」皆指明堂，「宗」乃實字，若空訓爲「尊」，則「天尊」爲不辭矣。宗祭必燔柴，故又特造「柴」字。燔柴必有煙，「煙」从火，垔聲，籀文𡫐，从宀，「垔」古文，此皆與「禋」字同義，故「禋」以「柴煙」爲初義，「絜精」爲後義也，故「禋」之籀文又作「𡪞」矣。周公在洛，所以擬唐虞文祖，造成宗祀之屋，以嚴父配天帝也。明堂宀内祀五帝，即以文王配五帝。五帝即上帝，上帝即天帝。同一燔柴，而宗祀天與后稷配天異者，郊無宀，宗有宀，此爲分别也。周公初成明堂，衹以文王配天，而不及武王。至五年冬，成王始來洛，烝祭歲，禋祀文、武，用兩騂，入明堂太室祼，而不祀天帝，此又其分别也。武王殺紂，不如湯放桀，未盡善也。故義士、殷民、多方多士不服，末能受命，此不必爲武王諱。周公攝政，若不來洛踐阼，親行宗禮，以收天下之心，則天下必不保爲文、武、成王之天下，此不必爲周公諱。惟周公毅然曰：『我之弗辟，我無以告我先王。』且克敉宗禮之後，始名宗曰『明堂』。福案：周公營洛邑時，一則曰『乃單文祖德』，再則曰『承保乃文祖受命民』，一則曰『宗禮』，再則曰『功宗』，不似《孝經》直曰『宗祀文王於明堂』者。此年周公尚未敢作禮樂，未敢改立明堂之名，不得不稱古名于諸侯、多士之前。後人因不知此即明堂，而忽畧『宗』字也。《考工記》曰：『周人明堂。』此周公歸政後之名也。制禮作樂，歸政成王，退就臣位，此所以爲孔子所心悦誠服者也，豈新莽所能假託萬一哉！蓋周公乃文王之子，義士、殷民心服后稷，又心服文王，服文王即服周公，是以『臣我監五祀』『攸服奔走臣我宗多遜』。故周公探其心之所素服者而收其心，多方多士之心既收，然後歸政于成王，然後義士、殷民亦不再反覆矣。否則，周公不踐阼于洛，不敉宗禮，多方多士、義士、殷民曰：『殺我天子者，武王也。成王，武王幼子也。』能西東南北無思不服哉？迂儒既諱周公之踐阼，復飾武王以受命，進退無據，皆非也。

大雅文王詩解

余已謂《大雅·文王》之詩，皆周公宗祀明堂以後之事，令福載入《孝經疏》矣。惟說《詩》之義未顯，傳、箋亦有誤解，兹復解示之。曰『文王在上』，乃宗祀明堂，指文王在天上，故曰『於昭于天』，非言初爲西伯在民上時也。傳、箋皆非。『周雖舊邦，其命維新』，言周之建邦雖舊，迨宗祀明堂、基命定命之後，天命又新，非言新于文王在時也。傳、箋皆非。『文王陟降，在帝左右』，此言文王在明堂，『陟』則天上，『降』則庭止也。至于『在帝左右』，更是明言宗配上帝之事，豈有文王生前而謂其『陟降』『在帝左右』者乎？傳、箋説非。此周公所以示成王及周士、殷士之詩也。『亹亹文王，令聞不已』者，亦言文王令聞至宗祀時猶不已，非生前也。『穆穆文王，於緝熙敬止』者，言文王穆穆陟降，祭者敬其庭止也。周士與文王孫子能同百世，故文王在天亦寧也。不但多周士，而又有殷士『裸將于京』，此指宗祀明堂臣多遜之後，又至鎬京助祭也。『王之藎臣』，此『王』指成王，『藎臣』兼周士、殷士言之也。『殷之未喪師，克配上帝』，此言明堂本是殷禮，殷本宗祀先王配上帝，惟因喪師，故今周文王在明堂配上帝也。『儀型文王，萬邦作孚』，言宗禮克敉，惟以文王之德爲儀刑，萬邦始心服。萬邦心服，始可謂之新受天命也。且上天之載，雖無聲無臭之可尋，然在帝左右之文王，其儀刑萬方作孚，則赫赫在上，故曰『於昭于天』，首尾相應也。此《文王》之詩七章大義，必合《孝經》《尚書》明堂宗禮之義觀之，始大明白也。此詩不及武王一字，伐商之事别以《大明》之詩述之，其旨微矣。

咸秩無文解

《書·洛誥》曰：「周公曰：『王肇稱殷禮，祀于新邑，咸秩無文。』」又曰：「稱秩元祀，咸秩無文。」此兩言「無文」者，謂無詩也。古人稱詩之入樂者曰「文」，故子夏《詩大序》曰：「聲成文謂之音。」又曰：「主文而譎諫。」鄭康成曰：「聲謂宫、商、角、徵、羽也。聲成文者，宫、商上下相應。主文，主與樂之宫、商相應也。」《孟子》曰：「不以文害辭。」趙岐曰：「文，詩之文章。」然則周公祀明堂之時，但秩序祀禮，仍用殷禮；而樂則殷樂詩不可用，周樂詩又未敢遽作，故曰「咸秩無文」也。《周頌》及《文王之什》等詩，皆周公祀明堂歸政後在鎬京所作也。

釋佞

虞、夏《書》無「佞」字，祇有「壬」字、「任」字，「何畏乎巧言令色孔壬」「而難任人」是也。故《爾雅》曰：「允、任、壬，佞也。」此「佞」字當訓「材巧」。至商、周之間，始有「仁」「佞」二字。「佞」从仁，更在「仁」字之後。此二字皆非倉頡所造。虞、夏、商《書》，三《頌》，《易》卦、爻辭，皆無「仁」字。「仁」字始見於《周禮·大司徒》：「六德：知、仁、聖、義、中、和。」故「佞」與「仁」相近，尚不甚相反。周之初，尚有用『仁』字以寄『佞』義者，不似周末甚多分别也。《論語》：『雍也仁而不佞。』可見『仁』『佞』尚欲相兼，『不知其仁』，始言佞異於仁。『鮮矣仁』，非絶無仁，猶之『孔壬』異於『不孔之壬』也。《説文》：『佞，巧、讇、高材也。从女，仁聲。』《春秋》襄三十年『天王殺其弟』，《左氏》作『佞夫』，《公羊》作『年夫』，《國語·晉語》『佞之見佞，果喪其田』，皆『仁』聲之證也。段氏謂『小徐从仁聲』，是也。『巧』是一義，『材』又一義，『柔讇』又一義，『禦口給』又一義。屬文時當用何義，則可以何義釋之。《書·金縢》曰『予仁若考』者，言予旦之巧若文王也。『巧』義即佞也。『佞』从仁得聲而義隨之，故『仁』可爲『佞』借也。古者事鬼神當用『佞』。《金縢》之以佞爲美，借『仁』代『佞』者，因事鬼神也。故《論語》孔子謂祝鮀之佞治宗廟，即《金縢》仁巧多材多藝能事鬼神之義也。所以《金縢》借『仁』代『佞』，可省『女』字也。《金縢》曰『乃元孫不若旦多材多藝』，《史記》以『王發』代『元孫』二字，訓『若』爲『如』，此言武王不如周公也。上文曰『予仁若考』，此『考』字當指文王。『若』亦當訓爲『如』，言周公如文王也。此五句文勢相同，一正一反，緊相對屬，不應下『若』字訓爲『如』，上『若』字訓爲『順』也。不應『不若旦』有所指之人，『若考』無所指之人也。訓上『若』爲『順』，則與下『不若旦』戾異矣。《史記·魯世家》明明以『旦巧』二字代『予仁』二字，此『巧』字即訓《金縢》『仁』字，『仁』讀爲『佞』，『佞』即巧也。非可以《金縢》『考』字越『仁若』二字代『巧』字也。『巧』與『考』本可假借，但此處『考』字實指文王，非『巧』字之假借。江氏聲《尚書集注》以『巧』字抵『考』字而訓之，又知經中『仁若』二字無著，遂謂『仁若』二字爲衍，非也。後世『佞』字全棄『高材仁巧』之美義，而盡用『口讇』『口給』之惡義，遂不敢如《史記》以『巧佞』屬之周公矣。且古人每謙言『不佞』者，皆謙不高材、不仁巧也。《左傳》成十三年『寡人不佞』，成十六年『諸臣不佞』，昭二十年『臣不佞』，《國語·魯語》『寡君不佞』，《晉語》『吾不佞』，皆訓『才』。若『佞』全是惡，豈古人皆以喜口讇、口給之小人待人，而自居於不口讇、不口給之君子乎？是故解文字者當以虞、夏、商、周初、周末分別觀之。虞、夏時尚無『仁』字，何有『佞』字？惟有『壬』字、『任』字耳。其言『壬』『任』者，乃巧言令色之人。自謂能堪當重事，而績終不成，其惡在力不能任，而以巧言令色妄任之。遍考羣經，『壬』字、『任』字無惡訓，《孟子》尚以爲伊尹之聖矣。『孔壬』者，甚自負任也。『而難任人』者，不輕易用自任之人也。《爾雅》之『允、任、壬，佞也』，此『佞』字尚是周初『高材』之義，非惡義。使『允』爲惡，則『惇德允元』又將何説？乃漢人説《尚書》者一概以周末之『佞』義釋虞、夏、周初之『壬』『任』字，恐非也。又《詩》『哿矣能言』『巧言如流』，《左傳》叔向引此美師曠爲能言之君子，叔向説《詩》與周末異，亦此義也。[一]

[一]『詩哿矣能言』至『亦此義也』三十六字，甲戌續刊本作『孫氏星衍古今文注疏云此兩不字當讀爲丕皆語詞事鬼神者謂生而主其祀事非謂死而事之』三十八字。

釋來

來者，麥也，象形，自當以麥爲本義；來至，假借爲後義也。《説文》：『來，周所受瑞麥來麰也。二麥一夆，象其芒朿之形。天所來也，故爲行來之來。凡來之屬皆从來。《詩》曰：「貽我來麰。」』據此，『來』爲瑞麥，則『麥』爲常麥義在前，而『來』爲瑞麥義在後矣。然『麥』从夊，其字由『來』孳乳而生之。來，文也；麥，字也。倉頡造字，『來』先『麥』後，不得云周始有此瑞麥也。況《虞書》曰『鳳皇來儀』，已有『來』字。是『來』字明爲倉頡所造，唐虞以前，有此文即有此物。天所來者，當始於黄帝之時，而后稷、武王時又來耳。二麥一夆，實爲不常有之瑞麥。嘉慶初年，嘉興曾出此麥，傳示至蘇州，錢辛楣先生見之，作文記之，以解『二麥一夆』之象矣。

左傳引康誥解

《康誥》曰：『封。元惡大憝，矧惟不孝不友。子弗祇服厥父事，大傷厥考心；于父不能字厥子，乃疾厥子；于弟弗念天顯，乃弗克恭厥兄；兄亦不念鞠子哀，大不友于弟；惟弔兹，不于我政人得罪。天惟與我民彝大泯亂，曰：乃其速由文王作罰，刑兹無赦。』《左傳》僖公三十三年：『曰季曰：「《康誥》曰：父不慈，子不祗，兄不友，弟不共，不相及也。」」昭公二十年，苑何忌曰：『在《康誥》曰：父子兄弟罪不相及。』案：以上經傳三條，義似相反，周公《康誥》之語甚嚴，有『刑無赦』之文，而臼季、苑何忌之語甚寬，有『不相及』之文。自孔穎達以下，皆未得其解。竊謂《康誥》之意謂：父雖不慈而子則孝，子雖不孝而父則慈，弟雖不恭而兄則友，兄雖不友而弟則恭，如此則可偏罪之，不相及；若茲父、子、兄、弟交相大亂，則應用文王法，刑無赦。觀『兄亦不念』『亦』字，則交亂之意可見。《左傳》之語，乃古人括《康誥》之大義而説經也。《左傳》中引《詩》《書》而爲説者甚多。或疑《左傳》爲《康誥》逸文，非也。《康誥》整齊，必無逸文。即有逸文，亦不至語甚相反，且『不相及』也，文辭亦不類《周書》。《周書》内豈有『相』『也』二字乎？又王符［一］《潛夫論》曰：『堯，聖父也，而丹凶傲。舜，聖子也，而叟頑惡。鯀殛而禹興。管、蔡爲戮，周公祐王。故《書》稱父子兄弟不相及也。』《後漢書·肅宗本紀》：『詔曰：「《書》云：父不慈，子不祗，兄不友，弟不恭，不相及也。」』《鄭志》趙商問《康誥》之説，門内尚寛。此皆漢人用《左傳》説《康誥》之義，非專引《康誥》文也。

［一］符，底本作『充』。《潛夫論》作者爲王符，今據改。

釋訓下篇

余于《釋訓》篇言『順』『訓』二字常相通借，又于《詩》得義同字變之例。後人不知，每每兩解，失古人本義，如昔所舉『裒姒威之』『進退維谷』之類是也。癸未冬，適雷州，偶于肩輿中憶《抑》詩：『無競維人，四方其訓之。有覺德行，四國順之。』知此亦義同字變也。『四國順之』即是『四國訓之』，與上『四方其訓之』無異，詩人變其字爲『順』以書之也。《抑》詩『無競』二句，乃引《烈文》『無競』二句舊文而證之也。若曰《烈文》常謂『無競維人，四方其訓之』矣，果有覺德行，必四國訓之也。『順』即『訓』也，『訓』即『順』也。此詩反覆于『訓行』之義。其九章曰：『其維哲人，告之話言，順德之行。』此『順』字亦是『訓』字之通變，與『四國順之』相同。《左傳》哀二十六年『《詩》：「四方其訓之」』，唐石經、岳本俱作『順』，蓋《左氏》本作『順』，『順』『訓』無異也。夫曰『告之話言』，此明是我以言訓之也。『訓之』即『誨』，諄諄用爲教也。『順德之行』之『德行』，即『有覺德行』之『德行』也。《詩》：『申伯之德，柔惠且直。揉此萬邦，聞于四國。』『揉』即上『柔』字。上『柔』爲『剛柔』之『柔』，下『揉』爲『揉之』，即《左傳》『吾且柔之』之『柔』，加『手』變字也。周人以《詩》說《詩》，自《抑》始。《詩》之訓詁傳，自孔子『故有物必有則』始。《詩》之考證，自《孟子》『由此觀之，雖周亦助』始。又《禮記·坊記》：『《君陳》曰：「女乃順之于外。」』『順』亦『訓』之假借字。宋人以爲諛順，且咎成王失言，此不知僞古文及假借也。

釋敬[一]

古聖人造一字，必有一字之本義，本義最精確無弊。『敬』字从茍、从攴。茍，篆文作『茍』音『亟』，非『苟』音『狗』也。茍即敬也。加『攴』以明擊敕之義也。『警』从『敬』得聲得義，故《釋名》曰：『敬，警也，恒自肅警也。』此訓最先最確。蓋敬者，言終日常自肅警不敢怠逸放縱也。故《周書·謚法解》曰：『夙夜警戒曰敬。』虞翻《易逸象》曰：『乾爲敬。』《易》曰：『君子終日乾乾，夕惕若厲。』《書》曰：『節性，惟日其邁。』日邁者，日乾乾也。《周書》以『無逸』名篇。《國語》敬姜論勞逸之義，爲千古至言，孔子歎之，此敬姜之所以爲『敬』也。欲知『敬』字之古訓本義，試思敬姜之論即明矣，非端坐靜觀主一之謂也。故以肅警無逸爲敬，凡服官之人，讀書之士，所當終身奉之者也。至于孟子論性，有曰『四肢之於安佚也，性也』。年老之人，久勞于事，養神之人，不勤于學，皆樂於安佚。或知安佚不可爲訓也，于是有立『靜』之一字以爲宗旨者，非也。惟聞孔子

［一］本篇甲戌續刊本將單字『茍』及字中部件『茍』皆誤作『苟』。

閒居，未聞孔子静坐；惟聞孔子曲肱而枕，孟子隱几而卧，未聞孔、孟瞑目而坐；惟聞《禮》君子欠伸，侍坐者出，未聞君子瞑坐，侍者久立。蓋静者，敬之反也。年衰養神者，每便于静，乃諱其所私便，而反借『静』字以立高名，則計之兩得者也。雖然，年老之人必不能如强壯者終日肅勞矣，或推古人養老之義，少安之可乎？然孟子曰：『四肢之於安佚也，性也。有命焉，君子不謂性也。』終當以苟攴節之也，此節性之一端也。

雲南黑水圖考

《禹貢》『黑水』有二，一在雍州，一在梁州，名同而地異。甘肅、黑水相隔遠阻，斷不能通。蓋黑水亦晦黑之義。非色黑。海，晦也。故四海之稱，皆荒遠晦黑之義。《禹貢》之『黑水』，亦皆荒遠晦黑之水之通名也。《禹貢》曰：『華陽、黑水惟梁州。』此以東北華山、西南黑水定梁州之域，此句經文顯朗可據，故梁州之域必遠包滇池黑水以南，始合經文。若以今瀘水當之，則梁州祇有四川，不包雲南矣。『淮、海揚州』，二『海』字遠包閩、越，猶此『黑水』二字遠包雲南也。且瀘水即金沙江，即江水之上游。導江雖自岷山，岷山以上禹時未曾别名黑水，猶之導河自積石，積石以上未聞不名河而别有名也。故『華陽、黑水惟梁州』之『黑水』，即是導黑水入南海之黑水。此水近在滇池之南，梁州之域可見矣。《禹貢》曰：『導黑水，至于三危，入於南海。』此經文三句，朗如日星。求入南海之水于滇之南，今有三焉：南盤江，由粵西至粵東入海；禮社江，由交阯入海；瀾滄江，由南掌入海。此三大水既入南海，安得不謂之黑水，而反以不入南海之瀘當之乎？吾固曰：『求導水之黑水不可得，當于入南海之水求之。求三危不可得，雍州三危與導水三危亦名同地異。當于入南海之水上游求之。求華陽黑水之黑水不可得，即于經文「入南海」之黑水合之。』然則今滇南入南海三水上游之間，廣南、開化、臨安、普洱、順寧、永昌六府。非所謂三危歟？考梁州黑水者，自漢以後言人人殊。予惟以經文定經文，餘不必辨矣。又滇省城東北十餘里有黑龍潭，潭上有龍王廟。唐梅在廟東坡上。此潭廟甚古，莫知其始。《漢書·地理志》滇池縣有黑水祠，余謂今滇池上之黑龍潭廟，非即古華陽黑水之黑水祠歟？或者潭東唐梅、宋柏之間，今之三清道宮即漢祠故址，而潭北龍王廟即神祠所遷降者歟？滇池與南盤江、禮社江切近百里，前漢有黑水祠，禮亦宜之。

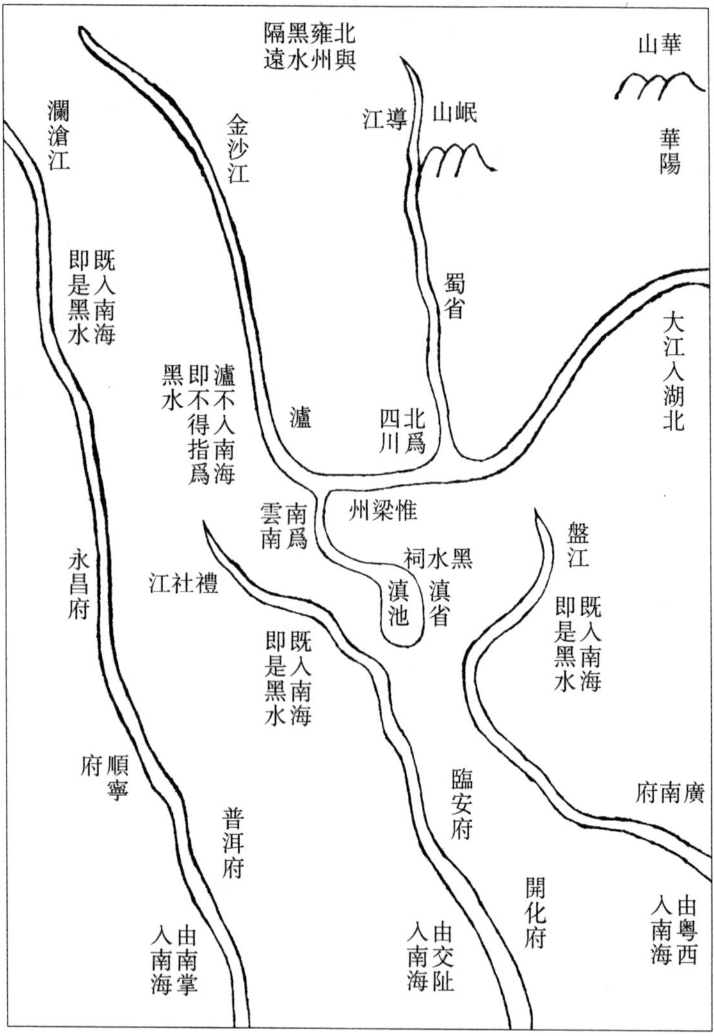
北與雍州黑水隔遠
華山
導江
岷山
華陽
瀾滄江
金沙江
蜀省
大江入湖北
既入南海即是黑水
瀘不入南海即不得指爲黑水
瀘
北爲四川
惟梁州
南爲雲南
黑水祠
滇池
滇省
盤江
既入南海即是黑水
禮社江
永昌府
既入南海即是黑水
順寧府
臨安府
廣南府
普洱府
開化府
由南掌入南海
由交阯入南海
由粵西入南海

中庸說

《中庸》爲子思所作。自『天命之謂性』至『父母其順矣乎』，似《中庸》篇之大義已止于此。自『鬼神之爲德』已下，似别成一篇，與《中庸》無涉。此乃子思專言祖德配天，俟百世之聖人，雖孔子生前不得位，不敢損益三王，制作禮樂，而至誠爲學，治天下之道，能使百世天下人皆齊明盛服，承祭孔子，凡有血氣者，莫不尊親孔子之神，洋洋乎與堯、舜、文、武之配天相同。此子思之微言[一]也。此應别有篇名，但子思明哲保身，不敢明著篇名，而接存于《中庸》篇之後，以授于傳經之弟子門人耳。康成鄭氏注『祖述堯舜』四句，以爲《孝經》《春秋》二經之事。淺人詫之，不知此必子思微言，傳禮之門人述之，鄭氏尚得之于[二]古禮説。孟子曰：『《春秋》，天子之事也。』此説當傳之子思。《漢志》『《中庸説》』，當與鄭説同。[三]《漢書·藝文志》載有《中庸説》二篇，書雖不傳，似分二篇爲説者。[四]

[一] 言，甲戌續刊本作『詞』。

[二] 于，甲戌續刊本作『於』。本卷之中，後文『于』字皆同，不再出校。

[三] 『漢志中庸説當與鄭説同』十字，甲戌續刊本無。

[四] 『漢書藝文志』至『爲説者』二十三字，甲戌續刊本爲小字注文。

詩書古訓序

萬世之學，以孔、孟爲宗；孔、孟之學，以《詩》《書》爲宗。學不宗孔、孟，必入於異端。孔、孟之學，所以不雜者，守商、周以來《詩》《書》古訓以爲據也。《詩》三百篇，《尚書》數十篇，孔、孟以此爲學，以此爲教，故一言一行皆深奉不疑。即如孔子作《孝經》，子思作《中庸》，孟子作七篇，每講一義，多引《詩》《書》以爲證據。若曰世人亦知此事之義乎？《詩》曰『某某』，即此也，《書》曰『某某』，即此也。否則，尚恐自説有偏弊，不足以訓於人。是周時孔、孟之引訓於《詩》《書》，猶今人之引訓於《論語》《孟子》也。試觀孔子最重孝道，孝道推本文王、周公，是故《孝經》引《詩》『孝子不匱』『聿修厥德』，引《書》『一人有慶，兆民賴之』。孟子最重性善，性善推本于孔子，孔子推本于《詩》，是故引《蒸民》『秉夷』『物則』『懿德』，此最明著，人人皆知者也。又春秋時，列國君卿大夫引《詩》《書》者，亦皆明著者也。耐何後儒臆造諸説，以擬聖經。若《法言》以後等書，世人樂講其書，而反荒《詩》《書》乎？元録《詩書古訓》六卷，乃總《論語》《孝經》《孟子》《禮記》《大戴記》《春秋三傳》《國語》《爾雅》十經，此十經中，引《詩》《書》爲訓者，采繫于《詩》《書》各篇各句之下。降至《國策》，罕引《詩》《書》。極至暴秦，雜燒《詩》《書》，偶語《詩》《書》者棄市，動輒族誅殺降，以殺戮爲功德，《詩》《書》所繫，豈不大哉！漢興，祀孔子，《詩》《書》復出，朝野誦習，人心反正矣。子、史引《詩》《書》者多存古訓，惟恐不能盡醇，則低寫一格，附之于後，以晉爲斷。蓋因漢、晉以前尚未以二氏爲訓，所説皆在，政治言行不尚空言也。然此所寫列者，皆古聖賢、子、史已經引出之訓，其未經引證者，若伏而讀之，訓而行之，引申觸類，章句正極多矣。

孝經先王即文王説

孔子作《春秋》《孝經》，皆推本於文王。故《春秋》『春，王正月』，《公羊傳》曰：『王者孰謂？謂文王也。』《孝經》首章曰：『先王有至德要道，以順天下，民用和睦，上下無怨。』此『先王』雖未明謂文王，實亦文王也。《聖治章》言周公『宗祀文王於明堂，孝德無以加，四海來祭』，即章首『民用和睦，上下無怨』之義。《堯典》：『九族既睦，平章百姓，協和萬邦。』堯之舉舜，克諧以孝，此古帝以孝睦天下之道。文王、周公傳之以順天下，故《康誥》：『四方民大和會，百工播民和，見士於周，周公咸勤。』蓋成王時，非周公監洛，多方和睦，多士無怨，孝祀文王，臣我多遜，則周之天命終未受也。《聖治章》大義，開明於此，所謂『開宗明義』也。首章之末引《大雅》曰：『無念爾祖，聿修厥德。』夫《詩》《書》言孝者多矣，何獨引此？此詩即周公明堂禮成所作之樂，引周公、文王之《詩》，以證文王、周公孝德之事，正與首章『先王』相應，更可見章首『先王』爲文王矣。《卿大夫章》『非先王之法服不敢服』，此『先王』亦指文王。若泛言三王，則豈可服夏王、商王之服乎？惟《孝治章》之『明王』、《感應章》之『明王』，始泛言聖王。否則，曷不亦言『先王』，而變其文曰『明王』哉？《孝治章》言『得萬國之懽心，天下和平，災害不生，禍亂不作』，此亦反覆申明首章『民用和睦，上下無怨』之義。自古民之怨秦、怨隋極矣，是以禍亂速作。唐之天寶、宋之新法，亦皆怨而不和，是以災害禍亂。惟民心和睦者，天下必久太平。孔子之言，歷歷明驗矣。余于此經之義，已著之『《孝經》「宗祀」即《尚書》「宗禮」』篇矣，義有未盡，復述之如此。壬辰。

六宗解

自《虞書》內有『禋于六宗』之文，後人求六宗而不可得，人各異說，何止數十家，紛如聚訟。愚謂『禋』乃柴祭之名，『六宗』即明堂之『宗祀文王于明堂，以配上帝』，上帝即五帝，五帝及配帝，非六宗乎？周公宗禮，亦本于虞禮。即方明之六面。明明白白，數言而解。若舍實事求是而別爲亂轅，即數萬言亦不能定也。餘詳《孝經宗祀說》《宗禮餘說》。

日有食之不宜有解

《説文》『有』字在『月部』，解曰：『不宜有也。《春秋傳》曰：「日月有食之。」从月，又聲。』按：此解總有脱錯，《春秋》衹『日有食之』四字，無加『月』字者。若以凡『有』皆爲『不宜有』，豈非反話乎？于心竊所未安。『不宜有』之説，隱公三年，三傳皆無此文，許氏又從何處古書得來？或謂《春秋》凡言『有』，皆不宜有也。有蜚、蜚、星孛，固不宜矣，豈『有年』『大有年』亦不宜乎？況『有』字造于倉頡，倉頡之世，尚無《春秋》。斷非倉頡造此字時，指此示人曰：『有爲月食，皆當用日食之義反説爲不宜也。』如倉頡早以爲不宜，豈『有鰥』『有能』『有常』『有德』亦皆不宜乎？然則當何如？予按：『不宜』之説，解《春秋》已不能全通，斷不能解从月之『有』字。予意曰：『有』所以从月者，月食也。月食爲本義，『有無』之『有』乃假借字，兩不相涉。猶『暨』字本義爲『日頗見』，即今日帶食。而假借爲『汝義暨和』『朔南暨』也。暨，及也，與『有』訓『有無』之『有』同也。『不宜有日食』之説，或亦是先儒之故説，但此似説《詩》之義，而非説《春秋》之義。《詩·十月之交》曰：『日有食之，亦孔之醜。彼月而食，則惟其常。此日而食，于何不臧。』此詩『日有食之』及《春秋》『日有食之』兩『有』字，衹當借訓爲『有無』之『有』，無『月食』本義在内，猶之『汝義暨和』無『日頗見』本義在内。《詩》若曰：月食則尚爲常有之事，日食則不臧，不宜有也。故凡説《詩》及《春秋》「日有食之」，皆當先從《詩》此義，以爲不宜有，不可牽泥「月食」之本義也。《説文》不是衍「月」字，大約許氏尚引有古説而脱錯耳。余昔撰《堯典作譌成易解》，詮《説文》「有」字，猶沿舊説。因反覆思之，不安于心。因求得此義，或有合也。

與曾勉士釗論日月爲易書

書來，因予説日月爲易爲合朔之「辨在朔易」，更發明孟喜卦氣，引《繫辭》「懸象莫大乎日月」，死魄會於壬癸，日上月下象未濟爲晦時。此足以發古義矣。余謂《説文》所引「祕書説」，乃「祕《尚書》説」，日月爲易，專説「便在朔易」，非《周易》之祕説。如是《周易》，曷不曰「祕《易》説」乎？蓋「易」字先見於《堯典》，此字乃唐虞以前倉頡所造，造字時秖有「日上月下之易」之義耳。唐虞之世，識「易」字者心中惟知有「朔易」之「易」，而無六十四卦之《易》。今世讀《説文》「易」字者，心中亦惟當有「朔易」之「易」，不容有《周易》之「易」。後此，文王之《易》則是由倉頡「日月爲易」而起，爲命卦總名之主意。誤以爲《周易》之「易」者，自《參同契》始。蓋以《周易》之道出於日月之易則不誤，若以「日月爲易」四字爲《周易》，則倒誤矣。是故孟喜之《易》，乃《周易》最古之法，由《虞書》而來，有所受之。「七日來復」，非穿鑿也。余且謂革月爲月覇，先王以治曆明時，獨屬之革卦，與來說『未濟晦時』正合。然則文王以六十四卦六日七分之法名之曰易，乃取之於《堯典》，《堯典》本之於倉聖，又何疑哉！曷再詳言而暢發之，以明孟氏之學？《易傳》曰：『變通配四時，陰陽之義配日月。』又曰：『變通莫大乎四時，懸象著明，莫大乎日月。』又曰：『日月相推而明生焉。』又曰：『日月運行，一寒一暑。』又曰：『五歲再閏。』此皆一月二十九日晦夕朔旦，孟、荀、虞之義也。

武進張氏諧聲譜序

隋之韻學定於陸法言、劉臻、魏淵等九人，剖析[一]毫氂，分別黍累，所謂『我輩數人，定則定矣』。即如支、脂、之不同部，今金壇段氏覃精獨得，而陸氏等則本不相混，是何精覈耶？後如孫愐以下，有同自鄶。惟我朝古學振興，言古音者，自崑山顧氏以來，奚止十家？近時金壇段氏分十七部，高郵王氏分廿一部，亦精覈之至矣。嘉慶間，余曾聞武進張編修惠言有韻學書，未見而編修卒。道光中，編修之子成孫，聰穎辛勤，能傳父學，踵成編修之書曰《諧聲譜》，奉以示余。余讀而歎之，歎其識力之超卓精細也。其書分中、僮、甍、林、巖、筐、棨、蓁、詵、干、蔞、肄、揖、支、皮、絲、

[一] 析，底本誤刻爲『析』，今據文意改。

鳩、芼、蔞、岨二十部。惟至韻，王氏分出爲一部，極確。編修不分，成孫不敢分之。然此數十字雖無多，終以分部爲安。此乃于《毛詩》中拈其最先出之字爲建首，加以《易》韻、屈韻，而又以《説文》之聲分從之，犂然不紊，有各家所未及者。其言曰：『今之讀二百六部者，牽引之，分割之，甚無謂也。今故舉而空之，以《詩》求韻，佐以《易》、屈，以韻別部，以部類聲，以聲諧《説文》之字而已。』張氏此説奇而法，審《説文》之聲亦細，足以見未有韻書時之本來部居。譬如造曆者積年日法數十改，及元郭守敬，始一切空之，專以彼時各儀實測天行爲主，不以私意遷就。今于聲韻皆以《毛詩》、《易》、屈、倉、籀爲定，許氏漢人，説此文解此字而已。至于用文之聲而諧之孳之以成字之聲，則倉、籀之時已隱然有韻之部居，較《詩》《易》爲更古矣。亦郭太史之意歟？杜預言曆法『當順天以求合，非爲合以驗天』。吾于韻亦云：『當順字以求韻，非爲韻以驗字。』序而歸之，願是書之行于世也。

詩有馥其馨馥誤椒記

《詩·周頌·載芟》『有椒其馨』，『椒』字乃『馥』字之誤。陸氏《釋文》云：『沈作「俶」，尺叔反，云「作椒者誤也」。』元案：不但『椒』誤，『俶』亦誤也。蓋此經文古作『馥』字。《隸釋》卷八·冀州從事張表碑》引作『有馥其馨』，《隸續》卷十一·膠東令王君廟門斷碑》亦作『有馥其馨』，是漢之經文作『馥』明矣。晉左九嬪《納楊后贊》曰『有馥其馨』，見《藝文類聚》十五。傅咸《答潘尼詩》曰『有馥其馨』，《藝文類聚》三十一。是晉猶作『馥』矣。《説文》：『馨，香之遠聞者。』凡從『殸』之字，皆有外遠之義，故『聲』『馨』皆遠聞也，故與『馥』别。《釋文》沈重作『俶』，尺叔反，馥字切音，《廣韻》《集韻》皆以『房』爲雙聲，『尺』字疑是『房』字之訛。且云『作椒者誤也』，此不知唐以前何時寫書者損滅『馥』字，又損『房』爲『尺』，又誤『叔』爲『俶』，又由『俶』形與『椒』近而誤爲『椒』。陸氏《釋文》云『無故改爲俶』，而不知『俶』乃『馥』切音字之誤冒也。毛傳『椒，猶飶也』，當作『馥，猶飶也』，此蒙上『有飶其香』而言，『飶香』與『馥』同，若是『握椒』『椒椴』之『椒』，傳、箋皆不容無解『椒』之辭，而『椒，猶飶也』爲不辭矣。古祭物、食物似未以椒爲用。此經文明是『馥』字之本證。然非漢、晉四證，則此字無由臆造，永不知其誤而又誤矣。余乾隆間挍石經，未及此，嘉慶間作《挍勘記》，亦未及此，今始明之。歙縣程少農恩澤云：『《詩》「苾芬孝祀」，《文選》注、《一切經音義》引《韓詩》作「馥芬孝祀」。《韓詩》有「馥」字，《毛詩》亦有「馥」字。「馥」字形聲不謬於六書，可補《説文》之遺。』元又謂『飶』『苾』同『必』，義同『馥』，音亦同『馥』，所以毛傳曰：『馥，猶飶也。』『馥』與『飶』同，此亦《詩》義同字變之例也。虙羲即伏犧，宓子賤皆房六切，亦『必』『复』同音之證。丁酉六月。

齊陳氏韶樂罍銘釋

銘中「大樂」凡三見，「舞」字凡兩見，又有「鼓鐘」字，此是以樂舞之事爲重而爲此器銘也。篆十九行，百六十餘字。拓本第六條「玉二」之下、「鼓鐘」之上是「紹」字，甚明白。然則第五條第二字近接「舞」字下，亦是「紹」字，朱本釋「紹」。第二行「于大」下、「命」上亦是「紹」字。「紹」从「系」。《說文》「系」古文从「系」。檢鐘鼎文「司」字「」旁皆作「中」，無作「巾」者。元謂：「紹」即「韶」字也。陳敬仲犇齊，《韶》樂在焉，陳氏世守此樂而修備之。齊莊公時，與陳桓子銘作「洹子」。無宇相悅，非壻即女弟夫。齊景公亦與桓子子彊相悅，子彊引《韶》爲重，以大樂、大舞迓於天子，用璧玉二、壺二、鼎八，有事於南宮，而孔子在齊聞《韶》，有「不圖至斯」之歎。然則齊陳之《韶》勝於魯《韶》明矣。謂「紹」爲「韶」者，舜樂之「韶」字以「召」爲聲，以「音」爲義，此後造之字也。若其先本字，但當爲「紹」。故《禮記·樂記》曰：「韶，繼也。」鄭康成注曰：「韶之言紹也。」此記樂者直破「韶」字爲「紹」字而以「繼」訓之。「韶」訓「紹」，見於《春秋元命苞》、皇侃《論語疏》諸處者甚多。故「韶」「磬[一]」見《周禮·大司樂》。皆後造之字，「招」字直假借而已。見《孟子》《漢書·樂志》《左

[一] 磬，甲戌續刊本作「磬」，誤。

傳釋文》。《左》「《祈招》之詩」亦「祈韶」也。銘中「舞」字凡兩見。元審「舞」上之字皆「夏」字。夏，大也。故「九夏」皆訓「大」，非「夏禹」之「夏」，其篆形兩𦥑而下从夊甚明。「夏舞」猶言大樂，「大韶」對舉耳。非舜樂雜以禹舞也。義與「頌」同，見元《釋頌》篇中。且景公時，樂師亦必深習陳田大樂《韶》之遺法，傳其音律，故作君臣相説之樂之時，即依《韶》爲《徵招》《角招》。即「韶」。又陳氏在齊爲工正，此器制造精堅，亦自不遺餘力。計自舜作《韶》之時至造器之時，一千七百餘年，爲孔子所聞。自齊景公造器之時至今，又二千三百餘年。而此器具在，銘文篆迹可讀可摹。展卷累月，尚知他味哉！大清道光十八年二月癸卯朔，阮元識于節性齋，時年七十有五。[一]壬寅冬，得濟(甯)[寧]州李聯榜孝廉説云：「季札在魯，但見《韶》舞，未聞《韶》樂，故曰『觀止』。孔子在齊始聞之。」此説甚確，得未得有。元謂季札「此之謂夏聲」，「夏」則大大之至也。然則銘中「夏舞」即「大舞」，與「大樂」對舉言之，非要舞，益明矣。李孝廉亦小門生。[二]

余於嘉慶十八年從安邑宋芝山購得齊侯罍，藏於家廟，屬朱椒堂爲弼釋之，作《齊侯罍歌》，廿五年矣。今在京師，又屬吴編修式芬釋之，畧有異同，尚有未識之字，乃並存之。近日卧疾一旬，復

[一]「大清道光十八年二月癸卯朔阮元識于節性齋時年七十有五」二十五字，《文選樓叢書》本作「道光十八年阮元識」八字。

[二]「壬寅冬」至「小門生」小字注文九十字，底本無，據《文選樓叢書》本補。

審之，識出『韶』『夏』二字，乃悔從前作詩時之粗也。

余所纂《積古齋鐘鼎款識》有陳逆簠，罍爲韶樂，簠爲封地。纂曰：『余陳𧻚子之裔孫，作季姜之祥器。』此『𧻚子』亦即『桓子』。《牧誓》『尚桓桓』，《説文》作『狟狟』，可以假『狟』，亦可假『洹』矣。又此簠為季姜，而罍洹子妻孟姜，是陳氏世代多姻于姜，可補三《傳》、《史記》之闕。此簠年近于罍，則文字相近，第四字宜亦是『器』字。

戊戌夏，蘇州又有一齊侯罍拓本寄來京，銘篆與此器大同小異。計彼器十九行一百四十二字，校此少二十餘字。校此多者，『齊侯』下多一『女』字，此器内第四行本有『女』字，非『母』字。彼罍字作『四田墓』之上多『鄀邑』二字。『夏』字，彼作『㝘』，此『鑄爾姜釗』，彼作『鑄爾羕盨』皆甚明白。此『大樂』凡三見，彼秪一見。彼第二行無『大樂宗』等字，『洹子孟姜』則相同明白。至於『紹』字，此凡三見，篆法無異，是『紹』無疑矣；而彼本亦三見，第一字與此同，第二、三則『系』旁作『𤔲』，是『司』字矣。計惟『大司命』一處，于文爲順，當舍此而从彼。至於『舞』字之下，仍以『紹』字爲順，當舍彼而从此。蓋此器誤『大司命』爲『大紹命』，彼本則誤『舞紹』爲『舞司』，當年作篆人粗舛，致有兩失耳。

齊侯罍銘搨本第七條第一、二字是『子蓳』，第八條『子蓳』『夏舞』再見。此兩『蓳』字筆畫甚明白，必是陳氏子之名，未能定之。道州何子貞編修釋爲从黃省之『墐』字，即陳子疆之名，甚確。又得一無疑之字與義矣。子疆『疆』字與『堇』字之義切近明白，是居斤切，凡从某省之字可寄其義，不必定从其聲，特此篆『黄』尚不省，今《説文》『𡋝』，古文作『堇』，古文僅見于此器矣。《左傳》昭二十六年：『平子曰：「必子疆也。」』子疆之名無考，今因此器得之矣。『疆』，《唐石經》作『疆』，宋板誤『彊』。《説文》自『𡋝』字、『畺』字以至『疆』字，相因相次。古人字由名生，罍銘中樂舞者名堇字子疆，無疑矣。或疑《史記》『武子開』『開』即『疆』，非也。『開』从幵聲，且兼會意，在段氏古韻十一部，不能與『堇』聲相涉。『𡋝』字在十三部，居斤切，故瑾、謹、殣、饉、鄞、廑、僅、覲、勤等字从之。以上各字皆巨斤切、居隱切相近之音也。

《説文》『𡋝』字部首之後，次以『艱』字，以『𡋝』爲旁、『艮』爲聲，與『𡋝』同古韻十三部，由此再轉入十四部，則難、漢、歎、嘆等字亦从『𡋝』得聲者也。《説文》『鷬』即『難』字，从鳥，𡋝聲。然則『堇』有『艱難』之音，而『歎』字从『鷬』省聲，『嘆』字从『歎』省聲，其聲一也。其實文、殷、元、寒韻可合，不必曰省。《説文》：『𡋝，黏土。从黄省，从土。古文堇。』蓋土黄黏則彊而治之艱，是以《説文》土黏、色黄、難治、比田、畕、疆各義皆以次連綴于十三篇之後，亦必因其字音義皆近也。然則『漢』字从『堇』，豈非以其土性黏色黄艱治之故乎？余嘗兩次夏渡襄陽，皆當盛漲，漢中府之土隨水奔流，既黄且黏，甚于黄河。因知倉聖造字、大禹名川，皆有故矣。

《史記·齊太公世家》索隱引《世本》云：『陳桓子無宇，産子[一]亹。』然則無宇又有一子名亹，此何人乎？余曰：此乃《史記·田敬仲世家》所謂『無宇卒，生武子開與釐子乞。』亹乃子開之名，開其字也。無宇嫡子書，字子占，見《世本》。又三子亹字子開，薑字子彊，乞釐子也，子彊不諡武也。《史記》曰：『武子開。』杜預《左傳注》曰：『子彊，武子字。』此必是《史記》不誤而杜誤也。『開』與『亹』之義，亦明白切近之至。《詩》：『鳧鷖在亹。』箋云：『亹之言門也。』《後漢書·馬援傳》注：『亹，水流山間兩岸若門也。』然則『亹』即『門』之假借字。麥亹冬即麥門冬。『門』義甚多，詳余《釋門》篇。門爲名，開爲字，猶薑爲名，彊爲字，又何疑哉！

《左傳》昭公二十六年：『冉豎射陳武子，中手，失弓而罵，以告平子曰：「有君子白晳，鬒鬚眉甚口。」平子曰：「必子彊也。」』由予之説證之，則失弓者，武子亹也，即子開，非子彊。《左》但書『武子』諡。白晳者，薑也，即子彊，非諡武。蓋兄弟兩人也。冉豎射子開，識之矣，平子亦知之矣。即使冉豎、平子有言，傳未書之，惟冉豎不識子彊，但言其白晳諸狀，故平子曰：『必子彊也。』若既射武子而識之，是亢之甚矣。又指武子爲『君子白晳』云云，則與下文『謂之君子，何敢亢之』相背，且『有』字文義亦是舍失弓者而別有所指，明射手失弓者一人，君子白晳又一人也。亢之，當

[一] 子，底本誤作『于』，據《史記》改。

之也。《左傳》『以亢其讎』『戎亢其下』『結草以亢杜回』，皆其義，杜注『以公戰禦之』乃因上『私』字望文以生義耳。彼時兄弟兩人情事可見如此。今因考『蒦』『亹』二字之義而得之。乃知杜元凱誤爲一人，經義之失久矣。陳占，字子書。占書猶今人言看書也。故《尚書》曰『明啟刑書胥占』『啟籥見書』。

武子開與子彊，度皆是心存公室之人，銘中既以樂舞御天子，復誓于大司命有事于南宫，必不似鳌子乞收民心，以圖齊國。觀哀十四年陳子逆語闞子我曰：『且其違者不過數人。』然則違者非即開、彊家乎？

陳頌南農部慶鏞又云：『子彊非謚武子，其謚昭子乎？』《左》哀十四年傳『成子兄弟四乘如公』，杜注取『昭子莊』爲成子兄弟，以充八人之數，而《史記·齊太公世家》索隱引《世本》，昭子是桓子之子，成子之叔父，又不名莊。『莊』字疑即『蒦』字之訛，形相近也。『昭子莊』當即『昭子蒦』，亦桓子子無疑。杜氏既誤以『昭子』爲僖子之子，又誤『蒦』爲『莊』。其説沿自服虔，唐孔疏未正其誤，且徇服、杜，誣昭子莊爲成子之子，出于《世本》，而《索隱》所引《世本》無此事也。司馬駮之，知昭子不名莊，然卒莫詳其名，更不知杜氏强以昭子充數。今證以齊罍，得論世知人之助。

馮柳東三家詩異文疏證序

古今義理之學必自訓詁始，訓詁之學必自形聲始。自六書之旨不明，于古人傳授師承求其義不得，反疑古人改文就義，不已慎乎？三家《詩》實先毛公，魏、晉以降[一]，絶學寖亡，其散見于往籍者，千百之一耳。伯厚王氏《詩考》之緝，毛舉大指，未暢厥流，余嘗病之。柳東太史潛揅經史，精邃博綜，實欲突過前哲。其言三家多今文，毛多古文；三家多正字，毛多假借。按之羣書，無不融合。又推原傳授諸儒，有以知其説之所宗，一一派别而諟證之，由形聲而得訓詁，由訓詁而得義理，俾千古微學，一旦揭日月而列星辰，則三家雖亡猶存也。夫自有宋以來，學者類沿于空疎之病，王氏獨能網羅載籍，實事求是，闡發許、鄭之言，顧尚有待于後人之補正。柳東以名翰林出爲縣令，不三月，以親老解組歸，而教授伯厚之鄉，得其流風緒編，益肆力于學，可不謂好學守道者與？曩余在廣州開學海堂，集説經之書爲《皇清經解》千四百卷，而獨缺三家《詩》石經。今于滇中始得見之，爰亟爲編入《續編》，并敘而歸之。柳東尚有《論語》諸經説，何不盡出

[一] 降，底本原作『路』，據甲戌續刊本改。

而觀之也？柳東名登府[一]。

孫恩浩恭校[二]

[一]『柳東名登府』五字，底本無，據《文選樓叢書》本補。

[二]『孫恩浩恭校』五字，甲戌續刊本無。

揅經室續二集卷二

黃河海口日遠運口日高圖說

黃河挾泥沙入海，一歲之中，泥沙多不可量。此泥沙[一]積墊於海口，愈積愈多，愈墊愈遠，攔門沙亦愈推愈遠，蓋必然之勢也。乾隆初年之海口，非康熙初年之海口矣。嘉慶初年之海口，非乾隆初年之海口矣。蓋遠數百里矣。今又三十餘年，而清、黃交會通漕之處，則未尺寸移故地也。然則運口昔日清高於黃，今常黃高於清者，豈非海口日遠之故乎？夫以愈久愈

[一] 沙，甲戌續刊本作空白。

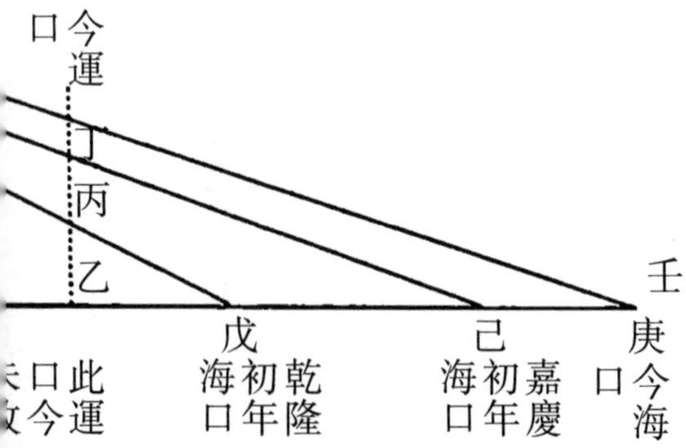

遠之海口行陝州以東之黃水，自中州至徐、淮二府，逐里逐步，無不日加日高。低者填之使平，坳者填之使仰，此亦必然之勢也。而湖水之堰則不能再加高，此亦一定之勢也。如此，而欲數千里平行之黃水，獨在徐、淮一帶獨自刷使深，而且低再仰而出於海口，竊憂其難矣。譬如樓梯斜下十三層，梯脚占地一丈，如乾隆初海口，如戊癸。其第十層離地高三尺。如運口乙。今於梯脚接添三層爲十六層，使梯勢不陡，必多占二尺餘地矣。如今海口，如庚癸。是其第十層離地者，必加高尺許矣。如今運口丁。何也？梯脚占地遠也。『遠』之一字，今言河者皆未言及。私心揣測，聊爲圖以觀之。道光七年記。

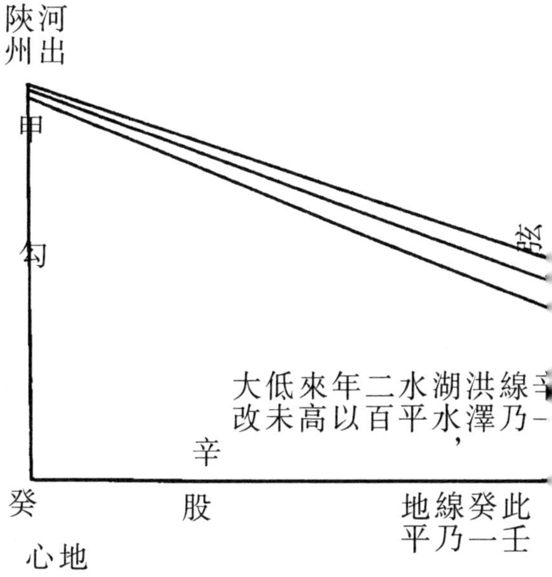

陝州以東河流合勾股弦說

凡水行於山石不平之地，隨地形爲高低也。若黄河出陝州之後，由陝州以至海口，數千里之遠，數百年之久，必平無高低，如弦之直矣。何也？地勢本平，而沙填又久也。故自河南至淮南，海口則日墊日遠，河身必日加日高，低者填之使平，坳者填之使仰，如弦之直，如準之平矣。加以屢次決口，屢次挑爲引河，少有丈尺之高坳者，亦無不平矣。此合乎勾股弦矣。右圖癸庚，股也；甲癸，勾也；甲壬，弦也。股與弦同，此日加日長，而獨欲使丁之弦屈曲低落如丙乙之舊，使乙水仰出於庚，此斷斷不能之勢也。此理易明，人所共曉。尺幅之間此理此數，數千里之遠亦同此理、同此數也。蓋測天測地，未有勾股直而弦曲者，亦未有大股已加長改位，而弦不加長改位者。如戊改庚，乙改丁。

擬儒林傳稿凡例

一、《史》《漢》始記《儒林》，《宋史》别出《道學》。其實講經者豈可不立品行，講學者豈可不治經史？强爲分别，殊爲褊狹。國朝脩《明史》，混而一之，總名《儒林》，誠爲盛軌。故今理學各家與經學並重，一併同列，不必分歧，致有軒輊。

一、各儒以國初爲始，若明人而貳仕於國朝，及行止有可議者，皆不得列入。

一、國朝百餘年來，聖化所涵，學人輩出。天下之大，山林之僻，學者萬千。今僅列百數十人，雖示謹嚴，恐有掛漏。如同館諸友所見者，不妨酌補。

一、次序以顧棟高爲始者，因高宗純皇帝諭辦《儒林傳》奉爲緣起也。此外，則以年分相次。

一、凡各儒傳語，皆採之載籍，接續成文，雙注各句之下，以記來歷，不敢杜撰一字。且必其學行兼優，方登此傳。是以多所褒許，以見我朝文治之盛。至於著述醇疵互見者，亦直加貶辭。此外，私家狀述涉於私譽者，謹遵館例，一字不録。至於各句雙注，將來進呈御覽時，應否删去，候總裁核定。

一、唐曹憲在隋曾爲秘書學士，唐貞觀中，以（宏）〔弘〕文館學士召，不至，即家拜朝政大夫，入《唐書·儒林傳》。元金履祥當宋末襄樊兵急，履祥請以重兵由海道直趨燕薊，莫能用。元德祐初，起爲史館編校，辭弗就，入《元史·儒林傳》。《欽定續通志·儒林傳》：熊禾，宋咸淳進士，寧武州司户參軍，入元不仕；胡三省，宋寶祐進士，入元不仕；馬端臨，宋丞相廷鸞子，蔭承仕郎，宋亡，入元不仕。皆蒙欽定，列入元代《儒林傳》。今查湖南王夫之，前明舉人，在桂王時曾爲行人司行人；浙江黃宗羲，前明布衣，魯王時曾授左僉都御史。明亡入我朝，皆未仕，著書以老，所著之書皆蒙收入《四庫》，列爲國朝之書。《四庫全書提要》内多褒其書，以爲精核。今列於《儒林傳》中，而據實書其在明事蹟者，據列代史傳及《欽定續通志》例也。

一、國朝脩《明史·儒林傳》，末列孔、顏、曾、孟傳者，用《史記·孔子世家》例也。曾、孟、程、朱後人有名而多著述者，未得其人，應俟加訪。

一、滿洲、蒙古、漢軍，凡有學行者，大約皆已登二品以上。其官職未顯者甚少，然亦必有其人。此傳已專屬編修陳公傳經采訪撰集矣，俟爲補入。

一、傳中事蹟年月恐有舛錯，文理序述不免差謬，仍乞館中諸友詳加校對，始爲定稿。元匆匆交出，實未及細審，不可恃也。

壬申八月，漕運總督阮元交出。前在翰林院侍講任内撰稿。

集傳録存

毛奇齡，字大可，又字初晴，蕭山人。康熙十八年，以廩監生召試博學鴻詞科，授翰林院檢討，《四庫書提要》《詞林典故》。充《明史》纂修官。以葬親假歸，得痺疾，遂不復出。《蕭山志》。奇齡少穎悟，明季避兵其縣之南山，築土室讀書其中。盛唐《西河先生傳》。已著《毛詩續傳》三十八卷，既以避讐，流寓江淮間，失其稿。乃就所記憶著《國風省篇》《詩札》《毛詩寫官記》。復在江西參議道施閏章處與湖廣楊洪才説詩，作《白鷺洲主客説詩》一卷。明嘉靖中，鄞人豐坊僞造子貢《詩傳》、申培《詩説》行世，奇齡作《詩傳詩説駁議》五卷，引證諸書，多所糾正。《四庫書提要》、盛《傳》、西河《經集凡例》。暨在史館，著《古今通韻》十二卷進呈，聖祖仁皇帝善之，詔付史館。盛《傳》、李天馥《西河集序》。歸田後，僦居杭州，著《仲氏易》，一日著一卦，凡六十四日而書成。託於其兄錫齡之緒言，故曰『仲氏』。又著《推易始末》四卷、《春秋占筮書》三卷、《易小帖》五卷、《易韻》四卷、《河圖洛書原舛篇》一卷、《太極圖説遺議》一卷。其言《易》，發明荀、虞、干、侯諸家旁通卦、卦變、卦綜之法。是後儒者多研究漢學，不敢以空言説經，實自奇齡始。而辨正《圖》《書》，排擊異學，尤有功於經義。《提要》。先是，奇齡官翰林時，康熙乙丑會試爲同考官，分閱《春秋》房卷，心非胡《傳》之偏，有意撰述。盛《傳》。至是乃就經文起義，著《春秋毛氏傳》三十六卷、《春秋簡書刊誤》二卷、《春秋屬辭比事記》四卷，條例明晰，考據亦多精核。《提要》。又欲全著《禮經》，以衰病不能，乃次第著昏、喪、祭禮、宗法、廟制及郊社、禘祫、明堂、學校諸問答，多發先儒所未及。盛《傳》、《經集凡例》。至於《論語》《大學》《中庸》《孟子》，亦多所考證，而《大學證文》及《孝經問》，皆援據古本，力傳後儒改經之非，持論甚正。《提要》。奇齡之學，淹貫羣書，《提要》。所自負者在經學。數稱東漢人行誼，謂足見人眞性情。《紹興府志》。惟好爲駁辨以求勝，凡他人所已言者，必力反其詞。如《古文尚書》，自宋吴棫後，多疑其僞，及閻若璩作《古文尚書疏證》，奇齡則力辨以爲眞，遂作《古文尚書冤詞》，又刪舊所作《尚書廣聽録》爲五卷，以求勝於若璩。而《周禮》《儀禮》，奇齡則又以爲戰國之書。至所作《經問》，其中所排斥者如錢丙、蔡氏之類，多隱其名，而指名攻駁者惟顧炎武、閻若璩、胡渭三人，以三人皆博學重望，足以攻擊，而餘子則不足齒録，其傲睨如此，《提要》。故不得爲醇儒。沈德潛《別裁集·小傳》。奇齡素曉音律，其家有明寧邸所傳《唐樂笛色譜》，在史館時，據以作《竟山樂録》四卷。及在籍聞聖祖仁皇帝論樂，諭羣臣以徑一圍三隔八相生之法，因推闡考證，撰《聖諭樂本解説》二卷、《皇言定聲録》八卷。康熙三十八年，聖祖南巡，奇齡迎駕於嘉興，乃以《樂本解説》二卷進呈，蒙諭獎勞。聖祖三巡至浙，奇齡復謁行在，賜御書一幅。是時奇齡已歸蕭山故居。越數年，卒於家，年九十有四。無子，以兄子遠宗嗣，盛《傳》、《蕭山志》。遺命勿輯文集。没後，其門人蔣樞編輯，分《經集》《文集》二部。《經集》自《仲氏易》以下凡五十種；《文集》合詩、賦、序、記及他雜著，凡二百三十四卷。《四庫全書》收奇齡所著書目，多至四十餘部。奇齡弟子陸邦烈、盛唐、王錫、章大來、邵廷寀等著録者甚衆，李塨最知名。廷寀、塨自有傳。見本集及《四庫書提要》。邦烈字又超，平湖人，嘗取奇齡經説所載諸論，裒爲《聖門釋非録》五卷，謂聖門口語，未可盡非也。《四庫書提要》。

沈國模，字求如，餘姚諸生。以明道爲己任，入劉宗周證人社會講，歸而闢姚江書院，與同里曾宗聖、史孝咸講良知之學。順治十三年卒，年八十二。初，山陰祁彪佳與國模善，彪佳以御史按江東，一日杖殺巨憝數人，會國模至，欣然以告，國模曰：『亦聞曾子「哀矜勿喜」乎？』彪佳後嘗語人曰：『吾每慮囚，必念求如。』孝咸字子虛，繼國模主姚江書院，醇潔之士多歸之。順治十六年卒，年七十八。沈、史歿，書院輟講十年，縣人韓孔當繼之。孔當爲國模弟子，餘姚學人。又有邵曾可者，師事孝咸，爲學專提致知。《思復堂集》《居易齋集》《紹興府志》。又有勞史者，字麟書，躬耕養親，夜則披卷莊誦，慨然發憤，以道自任，舉動纖悉必依於禮。錢塘桑調元、餘姚汪鑒，皆史門人。調元，雍正十年進士，工部主事，講學暢師説，刻《餘山遺書》，史所著也。調元所自著有《論語説》《躬行實踐録》。鑒有孝行，人呼爲汪孝子。《弢甫文集》《四庫提要》《二林居集》。

談泰，字階平，江寧舉人，官南匯縣訓導。泰博覽勤學，精於天算，得梅氏算學之傳。所著考證經史之書，曰《觀書雜識》二十卷，其算術之書有《測量周徑正誤》《周髀經算四極南北游法》《增補武城〔一〕朔閏譜》《召誥月日譜》《歲次月建異同辨》《春秋歲次考》《三統術推》《一歲食限數交食一月終數》《推漢高九年六月晦》《孝文十一月晦》《孝文元年至七年大小餘》《孝文二年

〔一〕據下文《召誥月日譜》推測，『城』字當爲『成』字之誤。《召誥》《武成》皆爲《尚書》篇名，且《〔嘉慶〕重刊江寧府志》《〔同治〕上江兩縣志》記載談泰著作，亦作『武成』。

五年天正冬至》《靈帝光和元年大小餘》《四分術譜》《劉宋武帝五年天正冬至》。又著《三統術譜》《冬至權度紀畧》《天官書節次斗分辨》《分野辨》《操縵巵言正誤》《圓壺周徑積實祖沖之鬴法辨》《鬴内方非十尺辨》《喪服傳溢説》《五服絰帶數》等書，又著古算書細草十餘事。江藩《談階平遺書敘録》。

桂馥，字未谷，曲阜人。乾隆五十五年進士，雲南永平縣知縣，卒於官。馥與歷城周永年同置籍書園，以資來學，并祠漢經師於其中。取許慎《説文》與諸經之義相疏證，爲《説文義證》五十卷。又著《札樸》十卷、《晚學集》三卷。《印心堂文集》。

錢澄之，字飲光，原名秉鐙，桐城人。《提要》。與嘉興魏學渠交最深。《嘉興府志》。又嘗問《易》於黄道周，其撰《田間易學》十二卷，初從京房、邵康節入，故言數頗詳，蓋黄道周之餘緒也。後乃兼求義理，大旨以朱子爲宗。《易學提要》。又撰《田間詩學》十二卷，謂《詩》與《尚書》《春秋》相表裏，必考之三《禮》以詳其制作，徵諸三《傳》以審其本末，稽之五《雅》以核其名物，博之《竹書紀年》《皇王大紀》以辨其時代之異同與情事之疑信，即今輿記以考古之圖經，而參以平生所親歷。其書以《小序》首句爲主，所採諸儒論説，自《注疏》《集傳》以外，凡二十家。持論精核，於名物訓詁、山川地理，言之尤詳。《詩學提要》。澄之同縣方中通，字位伯，明檢討以智之次子。著《數度衍》二十四卷《附録》一卷，其書有數原、律衍、幾何約、珠算、筆算、籌算、尺算諸法，復條列古《九章》名目，引《御製數理精蘊》，推闡其義。其幾何約及珠算等，大抵裒輯諸家之長，而增損潤色，勒爲一編。《數度衍提要》。又撰《物理小識》十二卷。《提要》。以智博極羣書，撰《通雅》五十二卷，皆考證名物、象數、訓詁、音聲，窮源遡委，詞必有徵。明之中葉，以博洽著者稱楊慎，而陳耀文起與之爭。然慎有僞説以售欺，耀文好蔓引以求勝。次則焦竑，亦喜考證，而習與李贄游，動輒牽綴佛書，傷於蕪雜。惟以智崛起崇禎初，考據精核，迥出其上。風氣既開，國朝顧炎武、閻若璩、朱彝尊等沿波而起，始一掃懸揣之空談。《通雅提要》。中通承其家學，《數度衍提要》。故爲博識，《小識提要》。又撰《浮山文集》。本集。中通弟中履，亦撰《古今釋疑》十八卷，雖不及《通雅》精核，然學有淵源，故不弃陋。《釋疑提要》。

朱鶴齡，字長孺，又字愚庵，吳江人，前明諸生。《四庫書目·尚書埤傳提要》。嘗箋注杜甫、李商隱詩，故所作韻語，頗出入二家。《四庫·愚庵集提要》。入國朝，屏居著述，王光承《愚庵集序》。與顧炎武友。炎武以本原之學相勖，始湛思覃力於經注疏及儒先理學。《愚庵集·與吳漢槎書》。鶴齡著《愚庵詩文集》。《書元裕之集後》云：『裕之於元，既足踐其土，口茹其毛，即無反詈之理，乃今之訕詆不少避者，若欲掩其失身之事以誑國人，非徒詩也，其愚亦甚。』其言蓋指國初居心反覆之輩，可謂知大義矣。《四庫·愚庵小集提要》。鶴齡所著經義，有《尚書埤傳》《禹貢長箋》《讀左日鈔》《詩經通義》。《尚書》斟酌於漢學、宋學之間。《長箋》作於胡渭《錐指》之前，不及渭書，而旁引曲證，亦多剏獲。《讀左》瑕瑜並陳，不及顧炎武、惠棟之密。《詩經》參停於今古之間，於國朝惟用陳啟源説，陳啟源實與之參正焉。陳啟源，字長發，鶴齡同縣人。著《毛詩稽古編》，爲唐以前專門之學。《四庫提要》。

臧庸，字拜經，初名鏞堂。沈默《拜經日記》許宗彥《序》。樸厚，學術精審，著《拜經日記》十二卷、《拜經日記》王念孫《序》。《拜經堂文集》四卷。又嘗輯《月令雜説》一卷、《孝經考異》一卷、《樂記二十三篇注》一卷，又輯子夏《易傳》一卷、《詩考異》四卷、《韓詩遺説》三卷《訂譌》一卷、盧植《禮記解詁》一卷、《爾雅古注》三卷、《説文舊音考》三卷、蔡邕《明堂月令章句》二卷、王肅《禮記注》一卷、《聖證論》一卷、《帝王世紀》一卷、《尸子》一卷、賈唐《國語注》一卷、蕭該《漢書音義》二卷，校鄭康成《易注》二卷，見《遺書》。皆有補於經。王念孫《序》。其輯《子夏易傳》，辨此傳爲漢韓嬰所作，非卜子夏。見《遺書》。庸弟禮堂，以孝聞，大學士朱珪稱之。早卒，朱珪《知足齋文集》。著《説文引經考》二卷。

閻循觀，字懷庭。少孤，其學奉程、朱爲宗，省身克己，刻苦自立，而諄諄致戒於近名，於河津之派爲近。乾隆三十四年進士，吏部考功司主事。著《困勉齋私記》《西澗文集》及《尚書》《春秋説》。《四庫提要·閻集》、韓夢周《墓志》，又《二林居集》。時濰縣劉以貴、梁鴻翥、膠州法坤宏、安邱張貞、益都李文藻、濰縣韓夢周，皆以學行聞。韓夢周，字公復。乾隆丁丑進士，知來安縣。刻意濂、洛、關、閩諸儒之書，著《理堂文集》。

汪紱，江永同縣老儒，一名烜，字雙池。嘗貧困，江西景德鎮畫盌傭焉。紱博極儒經，而以宋五子之學爲歸。因陸隴其著有《讀禮志疑》，乃作《參讀禮志疑》二卷。雖考禮未深，然亦多得經意，可與隴其書並存。紱又著《禮學逢源》《儒先晤語》《周易詮義》《禮記章句》《四庫提要》及《汪氏遺書》。《尚書詮義》《詩經詮義》《四庫詮義》《春秋集傳》《樂經律吕通解》。《朱筠集·墓表》。金榜，字檠齋，歙縣人。乾隆三十七年一甲一名進士，翰林院修撰。《詞林典故》。養疴讀書，不復出，卒於家。榜師事江永，治禮宗鄭康成，采獲舊聞，摭秘逸要，著《禮箋》十卷。五十八年，剌取其大者數十事，爲三卷，寄朱珪，珪序之，以爲『詞精義覈』。見本書。榜雖最尊康成之學，然於鄭義所未衷者，必糾舉之，姚鼐《序》。於鄭氏家法，不敢誣也。見本書。

王鳴盛，字鳳喈，嘉定人。乾隆十九年一甲二名進士，授編修，累官内閣學士，光禄寺卿。鳴盛少與惠棟、錢大昕講經義訓詁，必以漢儒爲宗。所撰《尚書後案》三十卷，專宗鄭康成注，鄭注亡逸者，采馬融、王肅注補之，孔傳雖僞，其訓詁非盡虚造者，間亦取焉。《潛研堂文集》。又撰《十七史商榷》一百卷、《蛾術編》一百卷、《西莊詩文集》二十四卷。見本書。

丁杰，字升衢，歸安人。乾隆四十六年進士，官寧波府府學教授。肆力經史，旁及六書、音韻、算數，長於校讎，于胡渭《禹貢錐指》摘誤甚多。開四庫館，朱筠、戴震皆延之佐校。杰所著有《周易鄭注後定》《大戴禮記繹》《小西山房文集》。許宗彦《丁杰傳》、陳[一]鱣《丁杰墓志銘》。

任大椿，字幼植，又字子田，江蘇興化人。祖陳晉，乾隆四年進士，以通經聞，章學誠《文史通義》、施朝幹《一勺集》。著《易象大意》。《四庫提要》。大椿少工文詞，既乃專究經史傳注。乾隆三十四年二甲一名進士，授禮部主事。《府志》《一勺集》。三十八年，修《四庫全書》，充纂修官，《禮經》裒輯爲多，《提要》多出其手。《一勺集》《弁服釋例序》。五十四年，以郎中授陝西道監察御史，卒年五十二。大椿貧，盡色養，讀書守道義。《文史通義》《一勺集》。素不欲以空言講學，服官行己，無愧古人。汪廷珍《序》。所學淹通於禮，尤長名物，《文史通義》。著《弁服釋例》八卷、《深衣釋例》三卷、《釋繒》一卷、《吴越備史注》三十卷、《小學鈎沈》二十卷、《字林考逸》八卷、《詩集》六卷。《一勺集》。大椿初欲薈[二]萃全經，久之，知其浩博難罄，因思即類以求，一類既貫，乃更求他類。所著《深衣》《釋繒》諸篇，皆博綜羣籍，衷以己意，或視爲《爾雅》廣疏，實《禮經》别記之意，學者能推其意，廣所未盡，以類窮之，可以會經之全矣。《文史通義》。時江北學者李惇、劉台拱、汪中皆繼起。汪中《述學》。李惇，字孝臣，高郵人，乾隆四十五年進士。篤内行，治諸經，於《詩》

[一]　陳，甲戌續刊本無。

[二]　薈，甲戌續刊本誤作『蒼』。

《春秋》尤深，晚通天算。《府志》《述學》。劉台拱，字端臨，寶應人，丹徒縣訓導。幼見王懋竑、朱澤澐之書，始孳程、朱之學，以道自繩。書數、音韻、天文、律呂、名物、理義，理莫不[一]窮考冥搜。事親以孝養，遭二喪，蔬食四年。著《論語補注》《漢學拾遺》《荀子補注》《經傳小記》及雜文，共編爲《遺書》四卷。三《禮》、《詩》、《書》並有纂著，未成書而卒。見《劉氏遺書》，又朱彬《行[二]狀》。汪中，字容甫，江都拔貢生。好古博學，長於經誼，王昶《春融堂集》。於詩古文書翰無所不工。著《周官徵文》《左氏春秋釋疑》，皆依據經證，箴砭俗學。孫星衍《汪中傳》。餘見[三]《述學》內、外篇。《府志》。

孔廣森，字衆仲，又字㢑軒。孔子六十八代孫襲封衍聖公傳鐸之孫，户部主事繼汾之子。《孔氏大宗支譜》。乾隆三十六年進士，官翰林院檢討。年少入官，翩翩華胄，一時争與之交。然性恬淡，躭著述，裹足不與要人通謁。告養歸，不復出。及居大母與父喪，竟以哀卒。《儀鄭堂文·序》。時乾隆五十一年，年三十有五。《孔氏大宗支譜》。廣森聰穎特達，經史小學，沈覽妙解，所學在《公羊春秋》。《儀鄭堂文·敘録》。唐陸德明云：『魏、晉以來，《公羊》久成絶學。』廣森沈深解剥，著

[一]『理莫不』三字，道光刻本《儒林傳稿》作『理若不明』四字，文義爲順。
[二] 朱彬行，甲戌續刊本誤作『朱土彬』。
[三] 餘見，甲戌續刊本作『又撰』。

《春秋公羊傳通義》十一卷，於胡母子都、董仲舒、何劭公條例師法不墜。《公羊通義條記》。其自序曰：『昔我夫子，有帝王之德，無帝王之位，又不得爲帝王之輔佐。乃思以其治天下之大法，損益六代禮樂文質之經制，發爲文章，以垂後世。而見夫周綱解弛，魯道陵遲，攻戰相尋，彝倫或熄，以爲雖有繼周王者，猶不能以三皇之象刑、二帝之干羽，議可坐而化也。必將因衰世之宜，定新國之典，寬於勸賢，而峻於治不肖，庶幾風俗可漸更，仁義可漸明，政教可漸興。烏乎託之？託之《春秋》。《春秋》之爲書也，上通天道，中用王法，而下理人情。不奉天道，王法不正；不合人情，王法不行。天道者，一曰時，二曰月，三曰日。王法者，一曰譏，二曰貶，三曰絶。人情者，一曰尊，二曰親，三曰賢。此三科九旨既布，而壹裁以内外之異例、遠近之異辭，錯綜酌劑，相須成體。凡傳《春秋》者三家，粤惟公羊氏有是説焉。漢初，求《六經》於燼火之餘，時則有胡母子都、董仲舒皆治《公羊春秋》，以其學鳴於朝廷，立於校官。董生授弟子嬴公，嬴公授眭孟，孟授東海嚴彭祖、魯國顔安樂，各專門教授，由是《公羊》分爲嚴、顔之學。方東漢時，帝者號稱以經術治天下，而博士弟子因端獻諛，妄言西狩獲麟是庶姓劉季之瑞，聖人應符，爲漢制作，黜周王魯，以《春秋》當新王云云之説，皆絶不見本傳，重自誣其師，以召二家之糾擿矣。然而孟子有言「《春秋》，天子之事也」，經有「變周之文，從殷之質」，非天子之因革耶？甸服之君三等，蕃衛之君七等，大夫不世，小國大夫不以名氏通，非天子之爵禄耶？上抑杞，下存宋，褒滕、薛、邾婁儀父，賤穀、鄧而貴盛、郜，非天子之黜陟耶？內其國而外諸夏，內諸夏而外四裔，殆所謂「天下之本在國，國之本在家」者，非耶？愚以爲《公羊》家學，獨有合於孟子，乃若對齊宣王言「小事大」，則紀季之所以爲善；對滕文公言「效死勿去」，則萊侯之所以爲正。其論異姓之卿，則曹羈之所以爲賢；論貴戚之卿，又實本於不言剽立以惡衎之義。且《論語》責輒以讓國，而《公羊》許石曼姑圍戚，今以曼姑擬皋陶，則與瞽瞍殺人之對，正若符契。故孟子最善言《春秋》，豈徒見「税畝」「伯于陽」兩傳文句之偶合哉？晉、唐以來，《公羊》《穀梁》皆成絶緒，唯《左氏》不絶於講誦。啖、趙横興，宋儒踵煽，加以鑿空懸擬，直出於三《傳》之外者，淺識之士動爲所奪。其訾毁三《傳》，率摭拾本例而膚引例不可通者，以致其詰。董生不云乎：「《易》無達占，《詩》無達詁，《春秋》無達例。」夫唯有例而又有不囿於例者，乃足起事同辭異之端，以互發其藴。《記》曰：「屬辭比事，《春秋》之教也。」此之謂也。十二公之篇，二百四十二年之紀，文成數萬，赴問數千，應問數百，操其要歸，不越乎同辭、異辭二途而已矣。當其無嫌，則鄭忽之正，陳佗、莒展之賤，曹羈、宋萬、宋督之爲大夫，未嘗不同號。祭伯奔而曰「來」，祭公使而曰「來」，介葛盧朝而曰「來」，齊仲孫外之而曰「來」，未嘗不同辭。入者爲簒，「天王入於成周」乃非簒。出者爲有外，「天王出居於鄭」乃非外。此無他，正名天王，灼然不嫌也。「夫人婦姜」「夫人氏」「夫人孫於齊」，則辭有異。「楚屈完來盟于師」，「齊侯使國佐如師」，則辭有異。衛侯言歸，以成叔武之意；曹伯言歸，以順喜時之志，而或加「復」，或不加「復」，則同辭之中猶有異。此言負芻出，惡已見於伯討；成公出，惡未有所見也。若是之屬，有不勝僂指述者。諸滅同姓莫名，獨衛侯燬名。諸葬稱公，獨蔡桓侯不稱公。諸來稱使，獨武氏子、毛伯不稱使。一難「而」「乃」異，一救而言「次」之先後異，一人之名而「曼」「何」之有無異，一年之内而「糾」與「子糾」異。凡皆片言榮辱，筆削所繫，不可不比觀，不可不深察。《春秋》有當畧而詳，當詳而畧。詳之甚者，莫如録伯姬；畧之甚者，莫如鄭祭仲之事。祭仲權一時之計，紓宗社之患，君子取之，亦「與其進，不與其退」之意焉爾。若《左傳》所載，忽之弑，亹、儀之立，仲循循無能匡救，苟並存其迹，將不可爲訓，故斷至昭公復正，厲公居櫟，取足伸仲之權而止，此《春秋》重義不重事之效也。董生曰：「正朝夕者視北辰，正嫌疑者視聖人。」聖人以祭仲易君，季子殺母兄，皆處乎嫌疑之閒，特殊異二子於衆人之中，而貴而字之，而不名，尚猶有援《左氏》之事以駁《公羊》行權之義者，盍思仲之稱字，正逆知天下後世必有呶呶議仲者，乃大著其善也。孔子之修《春秋》也，至於上下内外之無别，天道人事之反常，史之所書，或文同事異、事同文異者，則皆假日、月以明其變，決其疑。大抵以日爲詳，則以不日爲畧；以月爲詳，則以不月爲畧。其以不日爲恒，則以日爲變；以日爲恒，則以不日爲變，甚則以不月爲異。其以月爲恒，則以不月爲變；以不月爲恒，則以月爲變，甚則以日爲異。將使學者屬辭比事以求之，其等衰勢分甚嚴，善惡、淺深、奇變、極亂，皆以日、月見之，如示諸掌。善哉，自唐迄今，知此者唯趙汸一人哉！推[一]舉其概：「及齊平」「及鄭平」，均平也，而一信一否，月、不月之判也。「郯伯姬來歸」「杞叔姬來歸」，均出也，而一有罪，一無罪，月、不月之判也。「城楚邱」之不嫌於内邑，以其月也。「晉人執季孫行父」，何以別於「齊人執單伯」？以其月也。「晉人入曹」，何以別於「宋公入曹」？以其日也。武宫亦立，煬宫亦立，而知季孫意如之爲之者，以其不日也。諸侯相執例時，始見於「宋人執滕子嬰齊」，則惡而月之。公如例時，襄、昭如楚，則危而月之。會例時，終桓公之篇，悉危而月之，可得謂無意乎？常辭偏戰日，詐戰不日，獨至於殽詐戰而亦日，讀其經曰「辛巳，晉人及姜戎敗秦於殽」「癸巳，葬晉文公」，皆殯之罪，日之而益見。復歸未有言日者，獨衛獻公日，讀其經曰「辛卯，衛甯喜弑其君剽」「甲午，衛侯衎復歸於衛」，諼弑之迹，亦日之而益見。《春秋》雖魯史舊名，聖人因而不革，必有新意焉。春者陽中，萬物以生；秋者陰中，萬物以成。善以春賞，惡以秋刑，故以是名其經。「丙戌」之再也，疑於衍而非衍。「夏五」或無月，十有二月或無冬，疑於脱而非脱。春以統王，王以統月，月以統日，《春秋》所甚重甚謹者莫若此。世俗之説曰：「譏、貶當各就其事，而傳説有先事貶者，有終身貶者，得無乖《論語》『不逆億』之訓，且疾惡已甚乎？」是未知《春秋》之用譏、貶。當事而施者，小過

[一] 推，《春秋公羊經傳通義叙》作『搉』，文意更勝。

惡耳。至其未事而先貶，既事而終絶，則必蹈名教之宏罪，犯今古之極憝，有雖孝子慈孫，百世不可改者。中人之情，固有始善終咎，先後易轍，惟若公子翬之媢桓弑隱，公子招之脅君亂[一]國，充其惡可以至於此極，則平日處心積思，出謀發慮，久已不範於禮義。先師言：「《春秋》，天子之行事也。」向使夫子與翬、招並時立朝，必不待其弑君亂國，蚤已放流之，竄殛之，又何「不逆億」之有？以誅不待教之惡人，而且使之出師，而且使之會諸侯之大夫，是則陳、魯之君無知人之明，以自召其禍也。故貶招於溴，貶翬於伐鄭、伐宋，以戒後世之爲人君者。若曰「有臣如此，則不可以長三軍而使四方」，豈唯決二公子之辠而已？翬，公子也，而弗謂公子。招，弟也，雖弗謂弟，存公子焉。若曰「疎者不良，當絶其位；親者不良，但不當任之，亦勿可失其貴」，此深中之深、微中之微也。俗儒不知《春秋》，病於不能探深窺微。翬在所傳聞之世，訟言貶之。遂在所聞之世，唯一貶於其卒。逮所見之世，隱如疑不得貶矣，然而辭不屬不明，事不比不章。昭公之篇，一曰「隱如至自晉」，一曰「叔孫舍至自晉」，同事而氏、不氏異，氏者賢，不氏者惡，亦因得見端焉。且遂卒而貶，猶夫終身貶也。《春秋》之義，人道莫重乎終始。用致夫人，弗正其始，則終身不免爲篡。成風之含賵、會葬，王弗稱天，則終身不正其爲小君，其於追命桓公亦然。故翬、

[一] 亂，甲戌續刊本作『孔』，誤。

招貶之於始，仲遂貶之於終，皆言乎罪大惡極，足以貫其没世者也。譏、貶、絶不概施，每就人情所易惑者，而顯示之法。人莫知「大夫不敵君」，而後以「楚人」書；人莫知「卿不得憂諸侯」，而後以「晉人」「宋人」書。溴梁以降，大夫交政，未嘗貶也。郤缺之徙義，公子側之偃革，宜若有善焉，轉發其專平、專廢置之罪，而以人書。不寧惟是，又因是以知士匄、公子結專其所可專，得免於貶，雖於名氏之外未有加焉，固已榮矣。鄭襄公背華附楚，賤之曰「鄭伐許」，與「吴伐郯」「狄伐晉」文無以異。至其子衰絰興戎，則正言之曰「鄭伯伐許」，以爲不待貶、絶爾，茀未若狄之之顯也。故襄公書「葬」，悼公不書「葬」。其葬，猶之突也；其不葬也，猶前之接、後之睔而蔡之肸也。《傳》曰：「《春秋》不待貶、絶而罪惡見者，不貶、絶以見罪惡也；貶、絶然後罪惡見者，貶、絶以見罪惡也。」又曰：「《春秋》見者不復見。」皆讀此經之要法也。楚子虔哆哆然自以爲討賊，而取絶於《春秋》，何則？般之弑父已見，虔之誘討難知也。名虔矣，般可以無誅乎？則又見諸絶世子有。絶有矣，蔡之臣子可釋憾於楚乎？則又見諸葬蔡靈公，以爲廬仲其復讎之志。凡義無常，唯時所當。方君義屬固，則般也賊；及君義屬般，則虔也讎。此其比在刺築館、譏猶繹：王姬可以無逆，不可以逆而外之；遂不宜爲大夫，既爲大夫，即不得薄其恩禮。生殺不相悖，天以成其施；刑賞不偏廢，王以成其化。非《春秋》，孰能則之？撥亂之術，譏與貶、絶，備矣。而又曰：「爲尊者諱，爲親者諱，爲賢者諱。」惡如可諱，何以癉惡？聞之有虞氏貴德，夏后氏貴爵，殷、周貴親，《春秋》監四代之令模，建百王之通軌，尊尊、親親而賢其賢。尊者有過，是不敢譏；親者有過，是不可譏；賢者有過，是不忍譏，爰變其文而爲之諱。諱，猶譏也，傳以「諱與讐狩」爲譏，重是也。所謂「父子相隱，直在其中」，豈曲佞飾過之云乎？無駭貶去氏，故「入極」不嫌非滅。承「徐人伐英[一]氏」，則「滅項[二]」不嫌非齊。書「戍鄭虎牢」於下，乃可以成不繫鄭。書「孟子卒」於後，昭公取夫人乃可以不書。其諱文而存實有如此者。於「紀侯大去」，見諸侯以國爲體。於「入曹」，見同姓滅之當救。於公孫會，見司寇有八議之辟。於防、於暨、於處父，見君臣無相爲盟之法。其假諱而立義有如此者。世爭則示之以讓，世詐則示之以信，是以美召陵，高（浤）〔泓〕、霍，而於讓國公子三致意焉。衛子之諱殺也，捷之諱宋也，三亡國之諱亡也，其緣賢者之心而隱惡有如此者，將因其所諱，達之於所不諱。則會稷成亂，以嚴君臣之分；乾時伐敗，以隆父子之恩；子般忍日，以正世及之坊。然乃知祖之逮聞所以爲始，爲將推而遠之，而後得盡其辭，又炳炳彰彰如此。嘗病《左氏》規隨擬議，續經三年，顧云「齊陳恒執其君，寘于舒州」，夫凡伯以天子之使諱不言執，況可加之其君乎？斥言「成叛」，抑非「圍棘」「取運」，

[一] 英，底本作『吳』，據《春秋公羊傳》及孔廣森《公羊傳通義自叙》改。
[二] 項，底本作『頂』，據《春秋公羊傳》及孔廣森《公羊傳通義自叙》改。

内邑不聽之例也。故曰：《左氏》之事詳，《公羊》之義長。《春秋》重義不重事，斯《公羊傳》尤不可廢。方今《左氏》舊學，湮於征南；《穀梁》本義，汩於武子。唯此《傳》相沿，以漢司空掾任城何休《解詁》列在《注疏》，漢儒授受之指，藉可考見。其餘《公羊墨守》《穀梁廢疾》《左氏膏肓[一]》《春秋漢議》《文謚例》之等，尚數十篇，惜無存者。《解詁》體大思精，詞義奥衍，亦時有承譌率臆，未能醇會《傳》意。三世之限，誤以所聞始文，所見始昭，遂强殊鼻我於快，而季姬、季友、公孫慈之日卒皆不得其解。外大夫奔，例時；諸侯出奔，無罪時，有罪月；内大夫出，無罪月，有罪日。功過之别，内外之差，宜然也。何邵公自設例，與經詭戾，而公孫敖之日，歸父之不日，兩費詞焉。叔術妻嫂，《傳》所不信，邵公反張大之，目爲非常異義可怪之論。亦猶《傳》本未與輒拒父，儁不疑詭引以斷衛太子之獄，致令不曉者爲《傳》詬病。此其不通之一端也。七十子没而微言絶，三《傳》作而大義睽，《春秋》之不幸耳。幸其猶有相通者，而三家之師必故各異之，使其愈久而愈歧，何氏屢蹈斯失。若「盟於包來」下，不肯援《穀梁》以釋《傳》；「叛者五人」，不取證《左傳》而鑿造「諫不以禮」之説。又其不通之一端也。今將袪此二惑，歸於大通，輒因原注，存其精粹，删其支離，破其拘窒，增其隱漏，冀備一家之言，依舊帙次爲十一卷，竊名曰「通

[一] 肓，底本誤作『盲』，據孔廣森《公羊傳通義自叙》及何休書名改。

義」。胡母生、董生既皆此經先師，雖義出《傳》表，卓然可信。董生緒言，猶存《繁露》。而《解詁[一]·自序》以爲畧依胡母生《條例》，故亦未敢輕易也。昔韓文公遺殷侍御書云：「近世《公羊》學幾絶，何氏注外，不見他書。聖經賢傳，屏而不省，要妙之義，無自而尋。非先生好之樂之，味於衆人之所不味，務張而明之，其孰能勤勤拳拳若此之至？固鄙心之所最急者。如遂蒙開釋，章分句斷，其心曉然，直使序所注，掛名經端，自託不腐，其又奚辭？」蓋自唐巨儒，惜此《傳》之墜絶，而望人之講明也如是。今殷侑之注已復不存，更以穴知孔見，期推測於千百禩之後，安得有道如昌黎者而就正其失也？鑽仰既竭，不知所裁。』《公羊通義》。廣森又著《大戴禮記補注》十四卷、《詩聲類》十三卷、《禮記卮言》六卷、《經學卮言》六卷、《少廣正負術内外篇》六卷。又喜屬文，著《儀鄭堂駢麗文》三卷，江都汪中讀之，歎爲絶手。《儀鄭堂文序》。

張惠言，字皋文，武進人。少孤貧，年十四即爲童子師。嘉慶四年進士，改庶吉士，充實録館纂修。六年，散館，授編修。七年，卒，年四十二。《大雲山房文集》。所著有《周易虞氏義》九卷、《虞氏消息》二卷。昔惠棟作《周易述》，大旨遵虞翻，補以鄭、荀諸儒，學者以未能專一少之。《虞氏易義序》。漢人之《易》，孟、費諸家各有師承，勢不能合。惠言傳虞氏《易》，即傳漢孟氏《易》矣，孤

[一] 詁，底本誤作『詰』，據何休書名改。

經絕學也。《定香亭筆談》。惠言《虞氏易序》曰：自漢成帝時，劉向校書，考《易》說，以爲諸《易》家皆祖田何、楊叔、丁將軍，大義畧同，惟京氏爲異。而孟喜受《易》家陰陽，其說《易》本於氣，而後以人事明之。八卦六十四象，四正七十二候，變通消息，諸儒祖述之，莫能具當。漢之季年，扶風馬融作《易傳》，授鄭康成，作《易注》，而荆州牧劉表、會稽太守王朗、潁川荀爽、南陽宋忠，皆以《易》名家，各有所述。唯翻傳孟氏學，既作《易注》，奏上之獻帝。翻之言《易》，以陰陽消息六爻發揮旁通，升降上下，歸於『乾元用九而天下治』，依物取類，貫穿比附，始若瑣碎，及其沈深解剥，離根散葉，暢茂條理，遂於大道，後儒罕能通之。自魏王弼以虛空之言解《易》，唐立之學官，而漢世諸儒之說微。獨資州李鼎祚作《周易集解》，頗采古《易》家言，而翻注爲多。其後古書盡亡，而宋道士陳摶以意造爲《龍圖》，其徒劉牧以爲《易》之《河圖》《洛書》也。河南邵雍又爲先天後天之圖，宋之說《易》者，翕然宗之，以至於今，牢不可拔，而《易》陰陽之大義蓋盡晦矣。大清有天下，元和徵士惠棟始考古義孟、京、荀、鄭、虞氏，作《易漢學》，又自爲解釋，曰《周易述》。然掇拾於亡廢之後，左右采獲，十无二三。其所述大氐宗禰虞氏，而未能盡通，則旁徵他說以合之。蓋從唐、五代、宋、元、明朽壞散亂，千有餘年，區區修補收拾，欲一旦而其道復明，斯固難也。翻之學既世，又具見馬、鄭、荀、宋氏書，考其是否，故其義爲精。又古書亡，而漢、魏師說可見者十餘家，然唯鄭、荀、虞三家畧有梗概可指說，而虞又較備。然則求七十子之微言，田何、楊叔、丁將軍之所傳者，舍虞氏之注，其何所自焉？故求其條貫，明其統例，釋其疑滯，信其亡闕，爲《虞氏義》九卷，又表其大恉，爲《消息》二卷，庶以探賾索隱，存一家之學。其所未寤，俟有道正焉耳。見本《序》。惠言又撰《虞氏易禮》《易事》《易候》《易言》《周易鄭荀義》《易義别録》《易圖條辨》《儀禮圖》《説文諧聲譜》《茗柯文集》共數十卷。惠言修學立行，敦禮自守，人皆稱敬之。見《儀禮圖序》。鄉、會兩試皆出朱珪門，未嘗以所能自異，默然隨羣弟子進退而已。珪潛察得之，則大嘉，故屢進達之，而惠言亦斷斷相諍，不敢隱。惠言少爲辭賦，嘗擬司馬相如、揚雄之文。及壯爲文，又效韓愈、歐陽修。善篆書，嘗奉命詣盛京，篆列聖[一]加尊號玉寶。《大雲山房集》。其學要歸《六經》，而尤深《易》《禮》，弟子從受《易》《禮》者以十數。《儀禮圖序》。

孔興燮，字起吕，至聖六十六世孫也。世居曲阜。年十三，嗣其父衍植，封爲衍聖公。世祖章皇帝順治元年，允山東撫臣方大猷之請，飭官崇祀，復衍聖公及諸恩例。衍植因乘傳入覲，上遣官迎勞於邸第，給餼廩甚厚。陛見，班列閣臣，上賜茶及宴，恩禮有加。仍命以太子太傅，襲封衍聖公。二年，賜三臺銀印。四年冬十二月辛巳，卒，遣官祭。凡九諭工部，給資營冢。五年，子興燮襲爵。興燮少凝重端立，臨事剛果有器識，日以恪守先祀爲心。闕里經明季之亂，廟廷圮壞，禮樂

[一]　聖，甲戌續刊本作「駕」。

殘缺。凡衍植所未經修復者，胥新作之。七年，晉太子少保。八年，晉太子太保，賜清漢文三疊銀印。九年、十七年，世祖兩臨辟雍，皆應召率族人陪祀，賜賚優渥。康熙六年冬十一月甲子，卒，遣官賜祭，葬如例。子毓圻，字鍾在。襲封，年甫十一。初入覲，召對瀛臺，進退儀度，悉如成人。八年夏四月，聖祖仁皇帝臨幸太學，如例陪祀。禮成，昭聖太皇太后召見宫中，賜坐垂問家世，命宫人授茶及克食，出，内臣送至宫門外，傳懿旨：『諭從官善輔導之。』嘗預朝，參退，上命由御道行，其荷寵眷之隆如此。十四年，晉太子少師。二十三年，聖祖東巡還，過曲阜，釋奠，如孔林。毓圻因以擴林地、置守衛請，特命賜地十一頃有奇，除租賦，設百户一員，秩視衛守備。二十八年，疏請重修聖廟，上特旨允行，並賜毓圻『詩書禮樂』匾額。四十年，賜毓圻長子傳鐸二品服。五十二年，召第五子傳鉦入監讀書。六十一年，賜廕一子五品官。雍正元年，册封孔子以上五代皆爲王爵，建立崇聖祠。詣京師謝恩，旋卧病，卒於京第。諭遣内大臣奠茶酒，三品以上漢官會弔。及櫬歸，特命皇子、親王率内大臣、侍衛再奠茶酒，行人司司正護送，馳全驛歸葬，謚『恭慤』。世宗憲皇帝聖製碑文曰：『朕惟國家禮重尊師，必顯庸夫後裔；誼隆眷舊，宜誕沛乎殊榮。稽彝典以易名，樹豐碑以示卹。所以廣皇仁、彰聖教也。爾孔毓圻，族高東魯，系本素王。秉性樸誠，荷天家之雨露；持身謙謹，奉闕里之烝嘗。勤職守於五十餘年，承統緒於六十七世。朕誕膺寶祚，篤念前徽，晉五代之王封，昭千秋之祀典。爾感恩入謝，忽遘沈疴；奄逝遽聞，良深軫惻。既厚飾終之禮，復加論定之名。素履允符，曰恭曰慤。於戲！溯泗水之淵源，天章永煥；望梟山之峻峙，雲碣常新。爰示寵施，垂於無斁，不亦休哉。』復命葬日、立碑日加祭各一次，皆異數也。毓圻以弱齡承籍先澤，志殷報稱。故自少至老，敦率禮義，倡明教學，以風俗人心爲己任。工擘窠書，兼通繪事。著《恭紀聖祖幸魯盛典》四十卷、《蘭堂遺藁》二卷。子傳鐸襲。傳鐸，字振路。性恭謹和厚，喜讀書，工文詞，究心濂、洛、關、閩之學，熟於《三禮》，廟堂器物，悉加釐訂。又精律吕書，嘗謂審律在得中聲。雍正二年，世宗憲皇帝幸太學釋奠，例陪祀，以足疾艱拜跪，特命次子繼溥代行禮。是年六月癸巳，孔廟災，引罪疏入，上遣官慰問，尋命大臣督工興建，並允增樂器庫、值房諸處，賜傳鐸『欽承聖緒』扁額。七年，頒世祖聖製《人臣儆心録》、聖祖聖製《文集》《詩經春秋傳説彙纂》《周易折中》《性理精義》《朱子全書》《資治通鑑綱目》《古今圖書集成》《歷代紀事年表》《四朝詩》《全唐詩》《律曆淵源》《音韻闡微》《萬言廣訓》及聖製《朋黨論》《周易本義義例》《啟蒙附論》《日講四書易經書經解義》《性理大全》《淵鑑古文》《康熙字典》《淵鑑類函》《繹史》《佩文韻府》，凡二十七種，俾藏闕里。九年，以病傳爵於長孫廣棨。十三年夏四月，傳鐸卒。賜祭，葬如例。著《三傳合纂》十二卷、《禮記摘藻》一卷、《恭紀世宗修廟盛典》五十卷、《讀古偶志》一卷、《安懷堂文集》二卷、《申椒詩集》二卷、《繪心集》二卷、《盟鷗草》一卷、《古文源》二卷。長子繼濩，字體和，年二十三卒，以子廣棨贈衍聖公。廣棨，字京立。好經術，嫻禮儀。雍正九年，襲封。

明年，以林工告蒇，率族人入謝。蒙諭曰：『至聖先師後裔，當存聖賢之心，行聖賢之事，一切秉禮守義，以驕奢爲戒。且爾年尚少，尤宜勤學讀書，敦品勵行。不但爾一人，凡爾同族之人，皆當共相勸戒，共相砥礪，爲端人正士。爾等果能遵朕訓諭，學問日進，品行純謹，不墜家聲，即所以報國矣。』廣棨頓首謝出，賜予甚優，仍依故事宴於禮部。歸，益勵志於學，顏其所居堂曰『念典』，示弗敢怠也。乾隆三年，高宗純皇帝臨雍，如例入京，上言：『（元）〔玄〕聖後裔東野氏，既蒙列於五經博士，而周公實先師之所誦法，其後人不得與觀禮之列，殊所未安。請一體陪祀。』得旨允行。時初行耕耤禮成，進《恭紀親耕耤田頌》《視學大禮慶成賦》各一首。四年秋，祝釐入京，特命侍仲秋經筵班聽講。明年秋，再預，因奏請著爲令，從之。六年，奏列曲阜知縣孔毓琚不職狀。毓琚亦訐以數事，勘有異辭，詔原勿問，而毓琚抵罪如議。八年春正月辛酉卒，賜卹典如例。著《敏求齋文集》八卷、《詩集》四卷、《外集》一卷。子昭焕襲。昭焕，字顯文。乾隆十三年，上幸魯釋奠，酹酒孔林，並賜聖製詩以榮之，又賜聖製《樂善堂全集》《日知薈説》《唐宋文醇》、十三經、廿二史。明年，頒清漢篆文一品三臺印。十五年，賜聖書孔子廟碑文墨寶。後屢因南巡幸魯，皆不次疊賜墨寶圖籍，不勝紀。四十一年，平定金川，遣官告林頒賞。詣京謝恩，荷寵以郊勞禮，特命攜子入紫光閣宴，恩遇之盛，前古未有也。四十七年，上疏乞休。秋八月卒。子憲培襲。憲培，字養元。四十九年，駕幸闕里，温旨慰諭，訓誨讀書，賜聖製詩。釋奠禮成，賞賚有加。明年，幸太學，頒賜厚渥。五十五年，幸魯還，届八旬聖壽，先後賞賜倍渥。五十八年冬十一月卒。無嗣。遺疏以弟憲增子慶鎔爲嗣，襲封如初。《闕里志》。

孔繼涵，字體生，毓圻之孫。乾隆三十六年進士，户部雲南司主事。篤於内行，《墓志銘》。與戴震交，於天文、地志、經學、字義無不博綜。《墓志銘》。著有《考工車度記》《補林氏考工記解》《句股粟米法釋數》《同度記》及《水經釋地》《紅櫚書屋詩文集》。《墓志銘》。

顔光猷、光敏、光斆，並復聖顔子六十七世孫。光猷，字秩宗。康熙十年進士，翰林院庶吉士，刑部郎中，河東道鹽運使。著《易經説義》。光敏，字遜甫。康熙六年進士，吏部考工司郎中。明律曆句股之數，著《未信編》《家誡》《樂圃舊雨堂詩集》《南行日記》。光斆，字學山。康熙二十七年進士，翰林院檢討，提督浙江學政。光斆莊重，苦志讀書，好沈思，清操訓士，士感之。《顔氏族譜·龍灣户》、李克敬《曲阜三顔公傳》。

常生案：家大人昔撰《儒林傳》一百數十人，乃集各書而成。將成時，即出京總督漕運。後史館中據此爲底稿，畧删數篇，其不删之人，于篇句中亦有所删。然不删者，皆已定爲《儒林傳》。傳爲史館文，即不得刊入私集。至于已删者，即非史文，不妨削去『儒林』之名，而收入私集。故今檢稿，集録爲一篇，收入《揅經室續集》。又案：《漢書》傳經皆著傳經各氏，如《易》有施、孟，《春秋》有嚴、顔是也。漢《易》荀氏、虞氏之學，唐以來鮮有傳授，至惠氏始治之，及張氏惠言始專治虞氏而大明之。漢《春秋》公羊氏，唐以來亦鮮其傳，至孔氏廣森，始專治而大明之，故録其序語，爲表章絶學計也。

重建肇慶總督行臺并續題名碑記

兩廣總督若明韓雍、王守仁，皆駐兵廣西梧州，而廣東肇慶、廣州皆有行臺。嘉靖四十三年，總督吴桂芳因東事重於西事，始移駐肇慶，以行臺爲署，握各營勁兵，爲兼顧之計，誠據形勝也。我大清乾隆十一年，總督策楞始常駐廣州，以廣州之行臺爲督署，肇慶之署爲行臺。臺中久無居人，堂室朽壞，數十年來，更全傾圮。元來此皆瓦礫場，惟石獅、碑礎僅存矣。近年廣東全海肅清，内地安豐，廣西邊徼亦皆綏靖。元屢以簡閲東西官兵，往來肇慶，止宿於閲江樓上。念此間爲兩省扼要地，總督署雖移，而兵不可移。各營將尚皆有署，乃總督於城中無一椽，非政體。道光五年，於舊基重建行臺，惟立門屏兩重，堂室兩重，取可以校武暫駐而已，無多構也。復於堂西開馬射之埒，階上設步射之序，階下可練小隊，東南建『帥』字旗，修復城南礅臺，庶幾體制得宜，而往來均便，且重兵所在，當務其本也。堂前題名碑，自乾隆九年後未續刻，爰書列之，以續前而開後焉。阮元記。

那蘇圖。滿洲鑲黄旗人，由閩浙總督乾隆九年任。策楞。滿洲鑲黄旗人，由廣東巡撫、太子少傅乾隆十年任。碩色。滿洲正黄旗人，由河南巡撫乾隆十三年任。陳大受。湖南祁陽人，進士，由吏部尚書、太子太保乾隆十五年任。阿里衮。滿洲鑲黄旗人，由兩湖總督乾隆十七年任。班第。蒙古鑲黄旗人，由兩江總督乾隆十八年任。楊應琚。奉天正白旗人，廕生，由山東巡撫乾隆十九年任。陳宏謀。廣西臨桂人，進士，由江蘇巡撫乾隆二十三年任。李侍堯。漢軍正藍旗人，廕生，由廣州將軍乾隆二十四年任。蘇昌。滿洲正藍旗人，監生，由兩湖總督、太子太保乾隆二十六年任。李侍堯。由兩湖總督、太子太保、内大臣乾隆二十九年再任。楊廷璋。漢軍鑲黄旗人，監生，由工部尚書乾隆三十年任。李侍堯。由武英殿大學士、昭信伯乾隆三十二年服滿回任。楊景素。江蘇江都人，監生，由山東巡撫乾隆四十二年任。桂林。滿洲鑲藍旗人，廪貢，由四川提督乾隆四十三年任。覺羅巴延三。滿洲正紅旗人，生員，由山西巡撫乾隆四十五年任。舒常。滿洲正白旗人，由兩湖總督乾隆四十九年任。富勒渾。滿洲正藍旗人，由閩浙總督乾隆五十年任。孫士毅。浙江仁和人，進士，由廣東巡撫乾隆五十一年任。福康安[一]。滿洲鑲黄旗人，由御前大臣、太子太保、協辦大學士、閩浙總督乾隆五十四年任。長麟。滿洲正藍旗人，進士，由浙江巡撫乾隆五十八年任。朱珪。順天大興人，戊辰進士，由廣東巡撫乾隆六十年任。覺羅吉慶。滿洲正白旗人，由浙江巡撫嘉慶元年任。倭什布。滿洲正白旗人，由山東巡撫嘉慶八年任。那彦成。滿洲正白旗人，己酉進士，由陝甘總督嘉慶十年任。吴熊光。江蘇昭文人，休寧籍舉人，由直隸總督嘉慶十年任。百齡。内務府正黄旗漢軍，壬辰進士，由山東巡撫嘉慶十四年任。松筠。蒙古正藍旗人，由兩江總督

[一] 福康安，甲戌續刊本作『福安康』，誤。

嘉慶十六年任。蔣攸銛。漢軍鑲藍旗人，甲辰進士，由浙江巡撫嘉慶十七年任。阮元。江蘇儀徵人，己酉進士，由太子少保、兩湖總督嘉慶二十二年任。

英清峽鑿路造橋記

廣東英德、清遠兩縣峽江爲各省通行之要路，自宋嘉祐六年，轉運使榮諲始開峽山棧道；明嘉靖四年，府判符錫曾修；十五年，兵備道吳憲復加修治。國朝康熙初元，平南王重修，歷今百有餘歲，蕪圮極矣。行旅負縴之人，陟傾厓，縋危棧，援竹木，厲水石，莫不履險而畏其隕也。道光五年，元議修通之。乃於閲兵韶州時，往來親督勘丈，于三百七十餘里之中，分爲南、中、北三段。南段自清遠縣白廟起，至英德縣細廟角止，元率鹽運司翟公名錦觀督鹽商治之；中段自英德縣大廟峽起，至新旺汛止，上駟院卿督理粵海關達公名達三率洋商治之；北段自英德箭逕山起，至彈子磯止，廣東巡撫成公名成格率南韶連道衍公名衍慶治之。凡平治道路二萬四千四百餘丈，修造橋梁一百四十五處，鑿厓石，疊棧級，伐竹木，六年秋，工始畢，用銀四萬九千兩有奇。每年冬查勘修補一次，以爲例。時元將往滇池，書此以記其歲月工段，待後人視此程式耳。

例贈儒林郎候選州同知蘭汀林公墓表

公諱閬，字苑西，號蘭汀，江都人。贈榮禄大夫、浙江巡撫、乾隆癸酉舉人閩大田令梅谿公第五子也。梅谿公父諱文璉，爲高郵大學士王文通公之孫壻，蘭汀公繼配亦文通公之(元)〔玄〕孫女也。公幼秉祖父詩禮之教，敦孝弟之行。補江都學生，屢試高等，補廩膳，貢成均。善屬文，尤長駢體，亦善行楷書，與兄霏崖公并以詩翰名于時。年五十有四卒。詩載《淮海英靈集》《江蘇詩徵》。元配吴安人，早歲卒。繼配王安人，有大家禮範，以勤儉相夫，生子悦曾、怡曾。悦曾有痼疾。怡曾幼得母教，讀書能文，補江都學生，復祖父之業，孝養節母，援例受州同知職，故公例贈儒林郎，配例贈安人。王安人壽七十，族戚共稱觴爲祝，遽以疾終。道光五年冬，卜合葬於揚州西山添丁橋北左之原。阮元爲公外甥，怡曾屬元表墓。公生於乾隆己未年，卒於壬子年。吴安人生於乾隆辛酉年，卒於甲午年。王安人生於乾隆丙子年，卒於道光乙酉年。怡曾生子榮慶、華慶、富慶。

平樂府重建至聖廟碑記

平樂府治背山面川，峯巒秀發，宋、元學宫在城外，明遷城外鳳凰山麓，國朝順治、康熙再修建，百餘年多就傾朽。道光二年，知府唐鑑倡議重建，知縣常煜佐之，于是各邑紳士奮興從事，鉅工乃集。改舊正殿爲大成門，而升建正殿于後山高處，是以基廓而地爽，輪奐崇焉。大成殿崇三丈七尺有五寸，廣六丈，輪四丈五尺，臺廣三丈九尺，輪三丈六尺，兩廡崇丈八尺。左名宦祠，右鄉賢祠。改舊尊經閣爲崇聖祠，左尊經閣，右昭文閣。以舊啟聖祠爲明倫堂，泮池、門壁皆徹新之。道光三年，工既成。九月壬午，奉聖賢主入廟。元適以簡閱官兵來西省，丙戌至平樂，官士以修廟事告，元入廟拜瞻，敬且喜焉。夫修建至聖廟乃官吏紳士職誼當爲之事，無所爲譽。惟是時天子承平敷政，四海乂安，兩廣疊出三元，會元狀元，科名鼎盛。元之至此，官稱士民之安仁而好義，士民愛戴長官，惜其去也，留之思之。自元發兵搜山賊之後，各邑民能以保甲自聯，安静無警，連歲農田豐熟，是可慰矣。今而後文官廉明以養民，武官治兵以衛民，士讀經史敦孝弟，修天爵而人爵從之。凡事皆當質諸廟中聖賢而不悖，以明其道，豈以新廟翼翼而計其功哉！官士請記其事，爰書付紳士汪呈玉、關士馨、李直等勒于石。

南昌府同知璧堂徐君傳

君姓徐，名聯奎，字璧堂，號訥齋，浙江山陰人。先世由奉化遷郡城，遂入籍。祖禹謨。父宗元，博涉經史，有文學，以鹽大使借補縣丞，罷官歸，授生徒以自給。君少力學，督學于文襄公拔第一人，入學，試輒高等。督學雷公鋐、竇公光鼐皆賞拔之，食廩餼，舉優行。中乾隆乙酉科舉人，丙戌科進士，引見，以知縣即用，授江西東鄉縣知縣。巡撫吴公紹詩知君名，即擬調南昌縣，君以資淺辭。歲餘，終以人品端方、才猷練達奏調之。乾隆三十六年，擢南昌府吴城鎮同知。四十一年，丁母陳憂。四十三年，服闋[一]，江西巡撫奏取督辦堤工。四十五年，補景德鎮同知，大計卓異，保薦。四十八年，調南昌府同知。四十九年，以俸深部推陞湖北鄖陽府知府，俄因事連累落職。君爲同僚分謗，絶口不辯，恬然歸田，不再仕矣。

君少孤，得母教，堅苦力學，文律深細，無所不到。入學後，迺出佐司道府幕，以其資供孝養，是以吏治明于未官時。及官首縣同知，凡省中重案，多委君審之。大吏章奏，亦每就君屬其稿，故君以一同知歷署吉安、瑞州、建昌、南康、南安、袁州各府事，而署撫州、九江府者再，蓋君之德與才有爲列郡守所遠不及者。乃甫陞一守，即不復仕，命也。君雖精于吏事，而不輕定讞，秉燭披牘，夜分無倦。所至，書大堂楹曰『眼前皆赤子，頭上是青天』。其聽訟皆以平心易氣及人所不經意處得之。

東鄉民甲與乙争山，對簿呈契，君曰：『僞耳。焉有雍正年書券而預避乾隆年御名者？』永

[一] 闋，甲戌續刊本誤作『閲』。

豐生員甲誣乙侵其地，擅毁乙屋，久不理。君詰其據，甲以族譜家塾八景圖説爲證，君曰：『圖内有「大江環左，小江遶右」之語，大、小江亦爾家所有乎？且《滕王閣詩序》有「衡陽之浦」，若藉辭管地，則湖南爲江西所屬矣。』星子民斧荒山柴，村人謂其竊墓樹，毆之，民以斧傷村人手。縣令以罪人毆所捕人折傷，擬絞。君驗契量地，地浮二畝有奇，斧柴者，官地也，減其罪。廬陵民捕獸置窩弓，斃行人。縣令謂已如例設望竿及抹[一]眉索，免其罪。君詢民：『望竿何物？抹眉索何狀？』民無以應，蓋縣胥教之也，論以罪。臨川民李某寓宜昌，時方捕逃兵李某，官以其姓同，執之，擬斬。李某訴原籍實臨川，父母故，惟伯父存。湖北移江西，其伯父畏累，稱無姪。君迹得其父母墓碑，名氏合，移覆，得免死。興安生員之子娶婦，嗔丐者强索食，毆斃之。辭未定，生員死于獄，子告縣令枉其父，曰：『丐死在前月某日，娶婦在後月某日。』君檢舊《時憲書》，後月日不吉，前月日吉，出書示之，詐乃破。上猶民婦曾某氏，夫久出，見河有腐屍，遂控素有仇之廖某斃其夫，獄久不定。君取死者遺物歷檢之，于荷包中得典票，字曰『中姓物』，知死者姓鍾，寫典票者皆省『鍾』爲『中』也。南昌民有殺人于家者，家止夫婦，恃無證，堅不承。君步至其家，搜得男子履四，二大二小，訊有甥同居，拘其甥鞫之，悉得其殺人狀。樂安民甲與乙鬥，甲迎面倒，拉乙髮辮，乙擠

[一] 抹，甲戌續刊本作『沫』。

甲胥死，屢伏屢反。君鞫之，伏如前，然料其必再反，驗乙髮，脱其半，詰曰：『脱髮安在？』乙曰：『獄中薙髮者梳取矣。』詰薙髮人及禁卒，語相符，遂不復反。其他摘奸發伏、盡心無冤者，多類此。

君服官廿餘載，所至興利除弊，治莠安良，修舉普濟、育嬰諸堂，澤及枯骨。去官之日，百姓每奔走哭送。官南昌時，圩堤圮于水，君躬勸富户修築，有漳湖者皆貧農，君捐俸爲倡，市賈從輸，得錢，兩月工竣，萬畝賴之。學宫圮，苦建費逾萬。君倡修，上官難之。君具牘請曰：『所虞捐工之弊有三，官侵、吏擾、董事不實也。今某尚堪自問，亦頗見諒于士民，吏胥不涉手，董事選得人，必無害。』令下，士民樂輸，工成焉。君素廉儉，居官如寒士，官俸外不名一錢。罷官後，無以自給，尚以章奏幕應聘，如秦、晉、豫，皆至焉。元任浙江巡撫，初致之幕友不合意。次年，訪知君在山陰，乃禮聘君，君亦慨[一]然許相助。凡治漕、治災賑、治倉庫、治海盜，多得君之益。且是時元年方三十七，君年已七十餘，每從君問舊事，論世務，多聞老成閱歷之言。元去浙後，巡撫清公安泰、蔣公攸銛亦皆延致之。君年六十後，始舉二子，曰之瓚，曰寅，皆生員。

道光二年，卒于家，年九十有三，誥授奉政大夫。乾隆五十五年，萬壽恩賞，復原階。所著有《筠心堂詩古文》《蘭亭志》《熙朝颶言録》《暢風軒隨録》《宦篋偶存》《西江政畧》《關中紀要》

[一] 慨，甲戌續刊本作『概』。

《中州陵墓録》《晉陽陵墓録》各若干卷。

高郵孝臣李君傳

李君諱惇，字成裕，又字孝臣。先世蘇州人，遷揚州高郵州。祖、父皆以州文學力行善事，司普濟、育嬰堂盡其力，施藥救病，節衣食爲之。君幼，讀書穎異。七歲即知解經，有『神童』之目。十二歲孤。既長，博極羣書，尤邃經傳，與同里賈君稻孫、王君懷祖同力于學，興化顧君文子、任君子田，寶應劉君端臨，江都汪君容甫，歙程君易田，皆學術揅摩，極一時之盛。君以品行爲立身定命之本，事母孝，侍疾居喪，皆盡禮。貌質直寡言，惟講學則盡其辨。乾隆丁酉，試拔貢，學使謝金圃侍郎屬意焉。及試期，不來。詰之，則前一日賈君稻孫卒于泰州試館，君營棺斂事，竟不赴試。學使歎曰：『李生以博學名，而敦行復乃爾，誠今之古人也。』己亥，中式舉人。庚子會試，中式第二。學使彭芸楣侍郎聘主暨陽書院，勵諸生以經學。乾隆五十年，年五十一，以疾卒。子培紫、培碧、培黄、降服培青。君所著書有《羣經識小》《左傳通釋》《古文尚書論》《毛詩三條辨》《渾天圖説》《讀史碎金》諸書，而《識小》八卷，考諸經古義二百二十餘事，事事精確不磨，發前人所未發，元已刻入《皇清經解》。

碧雞臺記

雲貴總督駐滇池之上，節院寬敞，東有宜園，古木時花，爲城中勝境。登東北山臺，已見金馬諸山，松嵐疊翠矣。而滇池北渚及碧雞諸山，皆在西南，不能見也。昔署西南有高樓，登之可以望西南。樓久圮，道光六年，余初到滇，子福構木臺以復其境，今四年矣。木漸朽，遂徹之，而遷其臺于署西北隅廢圃澹泉西南，七丈許。臺以七千土墼疊成之，縱橫上下皆一丈三尺，工樸用省，成之甚易。臺腹以梯旋而上，臺上又立四壁，爲八尺之瓦屋，寬其西南窗，使全攬碧雞、玉案諸山之勝。遠眺滇池，近挹華浦，碧雞關戍如在几案，太華諸寺隱現于華山之麓，朝霞暮靄，風雲變幻，殷雷快雪，湅雨皓月，皆可于臺上收之。舟帆往來，耕犢出入，春稼秋穫，星回火節，亦皆可于臺上遇之。臺成，招幕中賓客落之，議所以爲臺之名。昔李贊皇帥蜀，建籌邊樓，而邊壘一新。然其時滇境非其所有，土番内侵，維州偶降，復陷衆戮。豈若我大清德威外薄，凡韋忠武、李贊皇所焦思竭力遠阻近逼之地，今皆宴然爲郡縣。西南外夷如緬甸、南掌、交阯皆奉表入貢，攸服奔走。余以衰老腐儒，奉使持節坐鎮之，而不必有所更張設施，惟以崇國德威、休養民生爲事。所以政簡身閒，得與賓客登臺，興復不淺也，又安用侈其名而矜之乎？則名之曰『碧雞臺』可已。

揅經室續二集卷二之下卷[一]

王石臞先生墓誌銘

公諱念孫，字懷祖，號石臞。先世居蘇州，明初遷高郵州。高祖開運，州學生，治《尚書》有聲。曾祖式耜，副貢生，貧而行德，以經授弟子。祖曾禄，拔貢生，深于[二]理學。父諱安國，雍正甲辰科會元，第一甲二名及第，官至吏部尚書，謚文肅，國史有傳。公生四歲，即能讀《尚書》，六七歲，文肅公口授諸經，皆成誦，都下有『神童』之目。八歲屬文，十歲讀《十三經》畢，旁涉《史》《鑑》，偶作史論，斷制有識。由是文肅教之以忠恕勿欺、正直持身之道，是公之學行早立於文肅公時。戴東原先生，當代碩儒也，文肅延爲公師。十四歲，文肅歿。公扶柩歸里，童年老成，學與行，宿儒不逮也。服闋，補州學生員。

[一]『卷二之下卷』五字，甲戌續刊本作『卷二下』。

[二] 于，甲戌續刊本作『於』。本卷之中，後文『于』字皆同，不再出校。

高宗純皇帝巡幸江南，公以大臣子迎鑾，獻文册，蒙恩賜舉人。乙未會試，中式，改翰林院庶吉士。既而乞假旋里，謝絶人事，居湖濱，力學四載。年三十七入都，散館，改工部主事，主都水司事，遂精心於治河之道。由今河而上溯歷代治河諸書，古今利弊，無不通究，爲《導河議》上、下篇。上篇導河北流，下篇建倉通運。年四十，補主事，陞營繕司員外郎，製造庫郎中。年四十五，補陝西道御史。明年，擢吏科給事中。又四年，轉吏科掌印給事中。在都前後十餘年，凡錢局諸差及京察外任，皆力辭。俸滿，保送知府，自呈不勝外任，論者嘉異之。

嘉慶四年，仁宗睿皇帝親政之始，公具疏劾宰輔某。是時不乏彈章，惟公疏援据經義，最爲得體，是以特蒙嘉納。疏中正論，至今人猶誦之。是年三月，命巡淮安漕。九月，又巡濟寧漕，盡裁陋規，道路所經，吏治民生皆奏之，蒙聽納施行。十二月，授直隸永定河道，積弊一清。六年夏，大雨彌月，水漲二丈，高出于隄，南北岸同時溢，奉旨革職逮問。尋奉諭：『水漫過蘆溝橋面，不但人力難施，亦非意想所到。王念孫加恩發河工出力，不但免其前罪，尚可酌量加恩。』七年，奉旨督辦河間漫工。秋，賞六品頂戴，暫署永定河道。八年，奉諭：『王念孫于水利講求有素，著加恩賞主事銜，留于直隸。令其周歷通省，遇有關涉水利事，宜悉心紀載，俟一二年後，交直隸總督彙奏辦理。』公乃上總督顔檢書，臚舉畿輔水利章程，顔公據以奏。是年九月，河南衡家樓河決，奉旨隨尚書費淳查看，且籌新漕，奉諭：『王念孫于河務情形熟習，著即馳赴臺莊，隨同吉綸辦理。』

旋奉旨署山東運河道。九年，奉旨給四品頂戴，實授運河道。在任數年，查工剔弊，節帑數十萬。十五年，調直隸永定河道。召見，詢河務甚悉。甫旋任東河帥，請啟蘇家山閘，引黄入微山湖，以利漕運，召入都决其是非。公對『引黄入湖不能不少淤，原非良策，但暫行無礙』，並陳運河情形，皆詔行之。是年，永定河水復異漲，如六年之溢。公自請治罪，奉旨以六品休致，年六十有七矣。道光五年，八十二歲，奉上諭：『王念孫年登耄耋，蕊榜重逢，洵屬藝林嘉瑞，著加恩賞給四品職銜，准其重赴鹿鳴，以光盛典。』十二年正月，公子引之官禮部尚書，以公病，奏給假，蒙賞假，召見垂問。明年，九十歲，且諭以服人葠之方，善爲調養。越數日，病重，諭引之等曰：『吾受三朝厚恩，未能報稱。汝必盡心竭力，以報主知。』且諭諸孫曾服官讀書，以繼世德。遺命畢而卒。學者稱石臞先生。

元于先生爲鄉後學，乾隆丙午，入京謁先生。先生之學，精微廣博，語元，元畧能知其意，先生遂樂以爲教。元之稍知聲音文字訓詁者，得于先生也。先生初從東原戴氏受聲音文字訓詁，遂通《爾雅》《説文》，皆有撰述矣。繼而餘姚邵學士晉涵爲《爾雅疏》，金壇段進士玉裁爲《説文注》，先生遂不再爲之。綜其經學，納入《廣雅》，撰《廣雅疏證》二十三卷，凡漢以前《倉》《雅》古訓，皆搜括而通證之。謂訓詁之旨本于聲音，就古音以求古義，引伸觸類，擴充于《爾雅》《説文》之外，似乎無所不達，然聲音文字部分之嚴，則一絲不亂。此乃藉張揖之書以納諸説，實多張揖所未及知者，而亦爲惠氏定宇、戴氏東原所未及。古音自顧氏、江氏、戴氏皆有考正，金壇段氏分十七部爲益精。段氏之分支、之、脂爲三部也，發前人所未發。先生昔亦同見及此，因段書先出，遂輟作。然先生所分者，乃二十一部：東一、蒸二、侵三、談四、陽五、耕六、眞七、諄八、元九、歌十、支十一、至十二、脂十三、祭十四、盇[一]十五、緝十六、之十七、魚十八、侯十九、幽二十、宵二十一。案之羣經、《楚辭》，斬然不紊。其分至、祭、盇、緝爲四部也，則更顧、段諸家之所未及，陸法言所未析者。先生又長于校讐，凡經、子、史書，晉唐宋以來古義之晦誤，寫校之妄改，皆一一正之，著《讀書雜志》八十二卷，分《逸周書》《戰國策》《管子》《荀子》《晏[二]子春秋》《墨子》《淮南子》《史記》《漢書》《漢隸拾遺》，凡十種，一字之證，博及萬卷，折心解頤，他人百思不能到。子引之，撰《經義述聞》，亦多先生過庭之訓，故高郵王氏一家之學，海内無匹。先生性方正，居官廉直，不受請託，自少至老，澹然以著述自娱。處世接物，善善惡惡，皆出于誠，喜怒必形于色，人有一善一長，道之不已。生平學問之友，久而不渝。早年居鄉，與李君惇、賈君田祖、汪君中、劉君台拱、程君瑶田，以古學相示，極一時之盛。教子幼以朱子《小學》諸書，長以經義。

[一] 盇，甲戌續刊本作「盍」，下一「盇」字同。
[二] 晏，底本誤作「宴」。

嘉慶己未科，元副朱文正公爲會試總裁，引之中式，以五策拔其萃，殿試一甲第三名，授翰林編修。道光八年，引之官至工部尚書，階光禄大夫，封公官階如之。公配吴氏，贈翰林編修鋐之女，孝慈勤儉，相夫教子，動中禮法，贈一品夫人。次子敬之，州學增生。孫八人：壽昌，廕生，官户部郎中；彦和，廣西鬱林直隸知州；壽朋，早殁；壽同，拔貢生，皆引之生。壽山，候選從九品；壽祺，學附生；葆和、葆定，皆敬之生。引之、敬之以道光十三年十二月庚子日，奉公柩葬于六合縣東北鄉東原王廟鎮之南原癸山丁向，請儀徵阮元爲誌銘：

先生之貌，如石之臞。先生經濟，優于河渠。河患未已，乃阻厥謨。天逸先生，使著其書。先生學行，漢之醇儒。忠恕直誠，不飾不誣。古聲古訓，確證精疏。學深許鄭，音邁劉徐。萬卷皆破，一言不虚。續傳儒林，先生首歟。今歲在辰，歸葬于吴。佳城既築，積善慶餘。

疇人利瑪竇傳論

自利瑪竇入中國，西人接踵而至，其於天學，皆有所得，采而用之，此禮失求野之義也。而徐光啟至謂『利氏爲今日之羲和』，是何其言之妄耶？天文算數之學，吾中土講明切究者，代不乏人。自明季空談性命，不務實學，而此業遂微。臺官步勘天道，疎濶彌甚，于是西人起而乘其衰，不得不矯然自異矣。然則但可云明之算家不如泰西，不得云古人皆不如泰西也。我國家右文尊道，六藝昌明，若吴江王氏、宣城梅氏，皆精于數學，實能盡得西法之長，而匡所不逮，至休寧戴東原先生，發明《五曹》《孫子》等經，而古算學明矣。嘉定錢竹汀先生著《廿二史考異》，詳論《三統》《四分》以來諸家之術，而古推步學又明矣。學者苟能綜二千年來相傳之步算諸書，一一取而研究之，則知吾中土之法之精微深妙，有非西人所能及者。彼不讀古書，謬云西法勝于中法，是蓋但知西法而已，安知所謂古法哉？

疇人湯若望傳論

明季君臣以《大統》寖疏，開局修正，既知新法之密，訖未行。聖朝定鼎，以其法造《時憲書》，頒行天下。彼十餘年間辯論翻譯之勞，若預以備我朝之采用者，斯亦奇矣。夫歐羅巴，極西之小國也。若望，小國之陪臣也。而其術誠驗於天，即録而用之。我國家聖聖相傳，用人行政，惟求其是，而不先設成心，即此一端，可以仰見如天之度量矣。若望以四十二事表西法之異，證中術之疏，由是習於西説者，咸謂西人之學，非中土之所能及。然元嘗博觀史志，綜覽天文算術家言，而知新法亦集合古今之長而爲之，非彼中人所能獨創也。如地爲圓體，則《曾子十篇》中已言之；

太陽高卑，與《考靈曜》地有四游之説合；蒙氣有差，即姜岌地有游氣之論；諸曜異天，即郄萌不附天體之説。凡此之等，安知非出於中國，如借根方之本爲東來法乎？蓋步算之道，必後勝於前，有故可求，則修改易善。古法之所以疏者，漢魏之術冀合圖讖，唐宋之術拘泥演撰，天事微眇，而徒欲以算術綴之，無惑乎其術之未久輒差也。至《授時》去積年日法不用，一一憑諸實測，其于天道已能漸近自然，然則由《授時》而加精，不得不密於前代矣。彼西人者，幸值其時耳。使生於《授時》以前，則其術必不能如今日之密。唐之《九執》、元之《萬年》可證也。且西術之密，亦密於今耳，必不能將來永用，無復差忒，小輪之法旋改撱圓可見也。世有郭守敬，其人誠能徧通古今推步之法，親驗七政運行之故，精益求精，期於至當，則其造詣當必有出於西人之上者。使必曰西學非中土所能及，則我大清億萬年頒朔之法，必當問之于歐邏巴乎？此必不然也。精算之士，當知所自立矣。

疇人蔣友仁傳論

古推步家齊七政之運行，於日躔曰『盈縮』，於月離曰『遲疾』，於五星曰『順留伏逆』，而不言其所以盈縮、遲疾、順留伏逆之故，良以天道淵微，非人力所能窺測，故但言其所當然，而不復强求其所以然。此古人立言之慎也。自歐邏向化遠來，譯其步天之術，于是有本輪、均輪、次輪之算，此蓋假設形象以明均數之加減而已。而無識之徒以其能言盈縮、遲疾、順留伏逆之所以然，遂誤認蒼蒼者天果有如是諸輪者，斯眞大惑矣！乃未幾而向所謂諸輪者，又易爲撱圓面積之術，且以爲地球動而太陽静，是西人亦不能堅守其前説也。夫弟假象以明算理，則謂爲撱圓面積可，謂爲地球動而太陽静亦何所不可？然其爲説至于上下易位，動静倒置，則離經畔道，不可爲訓，固未有若是甚焉者也。地谷至今才百餘年，而其法屢變如此。自是而後，必更有於此數端之外，逞其私知，翙爲悠謬之論者，吾不知其伊于何底也。夫如是，而曰西人之言天，能明其所以然，則何如曰盈縮、曰遲疾、曰順留伏逆，但言其當然，而不言其所以然者之終古無弊哉！以上三論在《疇人傳》中，今補録入集。

隱屏山人陳編修傳

陳壽祺，字恭甫，號左海，閩縣人。父鶴書，歲貢生，以文學主講仙遊、龍巖、邵武、泉州、漳州、上杭書院，皆有經法，有詩集數卷。事實詳元所撰《墓志》中。壽祺五歲讀書，易於成誦，舉止端重，性静且敏。成童即淹貫羣籍，一覽輒解。文藻博麗，有六朝、三唐風格。其鄉先生陳秋坪謂之曰：『當以千秋自命，勿争名一時。』年十八，值臺灣林爽文之亂，有《海外紀事詩》，見之者歎曰：『此諸將嗣音也。』洎嘉勇福公平臺凱旋，其參將郭公即壽祺母之族叔祖，屬代撰《上嘉勇公百韻詩並序》，沈博絶麗，一時傳誦，稱爲才子。其序一篇，今刻集中。武進張惠言讀之曰：『擬之燕、許，何多讓焉！』

年十九，乾隆己酉科舉於鄉。嘉慶己未，會試中式，賜進士出身。會試闈中，其卷爲人所遏，元言於朱文正公曰：『師欲得如博學鴻詞科之名士乎？閩某卷經策是也。』遏者猶摘其《四書》文中語，元曰：『此語出《白虎通》。』於是朱文正公由後場力拔出之。既選館職，文正公愛其才，重視之。在都下，以經術文章與同年武進張惠言、全椒吴鼒、歙縣鮑桂星、高郵王引之齊名。辛酉散館，授翰林編修。請歸省親，會元巡撫浙江，延主講杭州敷文書院，兼課詁經精舍生徒。元修《海塘志》，且纂羣經古義爲《經郛》，壽祺皆定其義例焉。

癸亥冬，入都。甲子，典試廣東。丁卯，典試河南。己巳，會試房考，所得多知名之士，張岳松、劉光三其尤也。其衡文嶺南、中州也，二三場遺卷一二萬，盡閲之。在都十年，恬然寡交遊，惟日以討論經誼爲事。同年數人，知而愛之，相待如昆弟。又及見碩儒錢竹汀、段懋堂、王懷祖、程易疇諸先生，故學益精博，中嘗被公卿論薦，京察書上考，擬陪南書房。俄以丁父憂歸，時庚午歲也。

初，壽祺將以是歲逾秋告歸省親，未幾，遽丁憂，星奔痛鉅。乃自悔其在都之非，其所述至令人不可卒讀，時年方四十，即抱退志矣。服闋，陳情乞養母。主泉州清源講院者十年，與諸生言修身勵學，教以經術，多士奮興，一洗空疎之習。嘗正定清源書院先賢祀位，並率諸生增置祀產，以資祀事。奉朱子於東舍，從以先賢之傳道而祀鄉學者，明蔡文襄公、張襄惠公、次崖林氏、紫峯陳氏、紫溪蘇氏、慕蓼王氏、素庵林氏、國朝李文貞公，凡八君子，位左右，扁曰『先覺祠』，爲之記，陷石壁〔一〕間。丁母憂，後終於家居。主鼇峰書院講席者十一年，剙立規約，整肅課程，每月兼課經史文筆。其教士以崇廉恥、踐禮法、研經術爲尚，作《義利辨》《知恥説》《科舉論》以示學者。士始畏其束縛，漸安之，久之，悦服不能忘。公卿間有以名薦者，終不出。計自丁父憂後，養母十年，去官二十餘載，里黨義舉多爲之倡，若省會文昌祠、大成殿廡、明倫堂、恤嫠賑廠、貢院號舍，莫不首其議，與諸同志成之。桑梓利弊，蒿目痗心，往往直陳於大吏，冀獲挽救，雖間攖逆耳之怒，弗恤也。壽祺志在表揚先賢，以漳浦黄石齋先生之孤忠絶學，久欲請祀孔子廟。道光四年，遂偕紳士呈於督撫曰：『明儒漳浦黄公道周，行完忠孝，學貫天人。著述本乎《六經》，節義興乎百世。建言直諫，斥佞黜邪。蒙難捐軀，詠歌弗輟。浩氣足以塞天地，正性足以扶綱常。其德業在梁溪、考

〔一〕壁，底本誤作『璧』，據甲戌續刊本改。

亭之間，其志節在文山、青陽之列，其發明聖學，衛道宗經，大旨與劉公宗周相近。是以榕壇、蕺山，並峙宇内，非獨出處節概兩相頡頏。今劉公既崇祀西廡，請並黄公從祀，以彰名臣之軌範，樹儒宗之圭臬。正人心而維世教，翼聖道而勵貞修，實有光於國家庠序之典。』總督趙文恪公、巡撫孫文靖公韙之，即屬壽祺代撰疏稿。壽祺因謂《明史·黄道周傳贊》稱其所陳，深中時弊，足爲萬世龜鑑；《御批通鑑輯覽》紀其學行，推重於天下；乾隆四十一年，特賜專謚『忠端』。其生平著述尤富，《四庫》採録其書，多至十種，皆闡明經旨，推究治道，而尤深於《易經》《孝經》，其講學恪守朱子道脈。遂本此意成疏稿，督撫會疏，請從祀東廡。明年春，禮部議如所請。秋八月，大吏率文武吏，奉主入祀孔子廟。時方鄉試，鄉士大夫及青衿千餘人相從行禮，其扶翼名教如此。壽祺又以黄忠端公所著《經解》九種及《榕壇問業》，或已著録《四庫》，《經解》雖久經刊行，其餘遺書文集，散見未及進者尚多。於是積十餘年蒐訪之力，購得《易本象》《鄴山講義》《駢枝别集》《大滌函書》，及公門人石秋子、洪思與、莊起濤所撰《黄子年譜》，又得漳州士人藏本海澄鄭白麓中書所編公文集三十六卷、詩十四卷，又假得公季子子平所編公全集原本，校對補遺數十篇，彙成全集，重定目録，輯爲六十六卷，訂以年譜，謀於總督孫文靖公刊布之。《閩省通志》舊志多誤，六十餘年文獻散失，請加纂勒，督撫從之。壽祺乃爲之剏立議[一]例，採訪事實，舉才者分任之，而自總其成。書成而病，以道光十四年春卒，年六十有四。

壽祺解經，得兩漢大義，每舉一義，輒有折衷，上溯伏生，下至許、鄭，靡不通徹。所著有《五經異義疏證》三卷、《尚書大傳定本》三卷、《五行傳輯本》三卷、《左海經辨》四卷、《左海文集》十卷、《左海駢體文》二卷、《絳跗堂詩集》六卷、《東越儒林文苑後傳》二卷，又著《歐陽夏侯經説考》《魯齊韓詩説考》《禮記鄭讀考》《兩漢拾遺》《遂初堂雜録》。元選其《五經異義疏證》《左海經辨》及文集中之説經者入《皇清經解》。壽祺雅慕武夷山水、紫陽精舍，晚年自號隱屏山人，作《隱屏山人傳》。疾時不穀食，卻醫藥，惟日啜武夷巖茗，噉柑柚少許，枕上作絶句云：『夢想仙巖二隱屏，問天應著少微星。人間無此溪山好，便欲乘雲上幔亭。』詞意惝怳，若有所會。子三：喬樅，道光乙酉舉人；朝樞，鴻棣。喬樅等訃來滇，請爲墓誌，元不爲誌，而爲之傳。

論曰：山人以强仕之年，告歸養親，可謂孝矣。親終不復仕，非如羲之誓墓有所激也，恬而已矣。立身於道義之中，而經學博通兩漢，文章雅似齊梁。其學行卓然傳矣。以千秋自命，不争名一時，秋坪之言諒哉！

[一] 議，甲戌續刊本作『義』。

安事齋詩録序

《安事齋詩》，儀徵貴吏部仲符所作也。仲符與元同爲秀才時即相友，以文學齊名。丙午同爲朱文正師所舉，己酉又同進士榜。仲符春試賦得『草色遥看近卻無』，有『碧歸行馬外，青到濯龍隅』句，都下傳誦之。朝考第一，分吏部。由考功主事洊陞正郎，覆校《石經》。考功爲綜覈名實之地，仲符執法不阿，日久怨積，因事爲人所傾，竟戍西疆。未幾賜鐶，恩鑒其無他，許復原職。既而歸鄉養母，吟嘯湖山，故有『況我《南陔》正絜養，不出非爲鱸魚饞』之句。雖友人代納貲爲外道，恬然不復出矣。仲符政治明敏，所仕未展其才。文章壯麗，詞宏而力健，學博而識高，所爲詩，遇忠節之事，纏綿慷慨，見其性情，及用韓、蘇韻，如鞚生馬蹴踏于山磧中，而彎弓奪矟，巧力兼到。甲午秋，公子正元寄遺稿至滇，屬元選訂之。歲寒窗紙，鐙火青熒，拭老眼讀之，淒然于青衿舊侶之久逝也。爲録存大半，釐爲四卷，寄揚州付二弟梅叔梓之校之。乙未冬。

奏車里外域情形摺

奏爲查辦思茅土職滋事始末及外域情形，恭摺奏祈聖鑒事。竊照思茅廳所屬車里土司刀繩武，向其叔土舍刀太康攻鬩，不遵解息，先經奏革，嗣因其不知悔罪投歸，且又勾結猓夷，經弁兵捕拿，復帶印竄逃，現將所遺土職另行擇襲另摺具奏外，臣等伏查滇省沿邊土司，悉係内地籓籬土司之伯叔弟兄，皆爲土舍，各有分管之地，其土司舍目多與外域往來修睦。車里土境在西南極邊，其地約有數郡之廣，全境插入外域，東南鄰於南掌，西南鄰於緬甸，而暹羅所屬之部落戞于臘又鄰其南境。内十三版猛地方分内猛、外猛，各立土弁分理，由土司統率。其中有荒遠悍野數處，即不全服土司，嘉慶八年，經前撫臣奏明有案。刀繩武生甫兩月，即父死承襲，全由伊叔刀太康撫養護理。迨刀繩武及歲婚娶，刀太康退爲土舍，分居外猛，與緬甸鄰近，相與修睦。因緬甸與戞于臘向來不和，南掌又與戞于臘親好，刀繩武不知避嫌，處置失當，偏向南掌、戞夷，適有奸徒播弄，以致緬甸有疑及刀繩武之事，被擄入緬，土境乏人，曾以刀太康暫辦。至道光五年，内地曉諭緬國，始將刀繩武由騰越送回，仍充土司。因其與刀太康積有嫌疑，曾令弁目人等解釋，歸於和好。經前督撫臣長麟等奏明，取結立案。迨後刀繩武因自緬送歸，既身欠緬債，復續欠漢債，被緬目遣人索取，欲向土弁商派，未就，因而輕聽讒言，仇及其叔，遂謂蓄謀害姪，欲逐刀太康，全收外猛之地。於道光十二年冬間，集練向攻，刀太康抵禦，致成互鬩。刀繩武潰回之後，許以割裂猛地，分酬帮附之諸奸，並寄字南掌及戞于臘之屬夷猛南等助兵，未果，刀繩武又妄給猓夷以土弁職銜，擾及内地，且欲請官兵帮助，官不允助，遂縱使所糾之人冒充難民，騷擾内地，人心摇動，非將其褫革，無以弭衅。迨至革後，尚令招諭自投，詎刀繩武又添聚猓夷，始終藐抗，不得不派弁兵攻捕，及至兵到，卡破練散，自行帶印潛逃。是刀繩武先之同室操戈，猶爲可恕，而後之糾結外夷，脅官跋扈，騷動内地，實屬罪無可逭。至刀繩武於互鬨後，以刀太康欺蒙款迹摭飾辨禀，衿民亦代爲投呈請兵，經鎮道委員查明，均無實據，因叔姪互相怨望，衿民亦聽囑慫控，此刀繩武肇衅諱飾及漢奸附和干預之情由也。

臣等查極邊土司舍目，俱當和外安内，爲邊界屏藩。刀太康以極邊土舍，尚知内地法度。此次衅起家庭，由於刀繩武先發，自不能深責刀太康，加之以罪。且暹羅與緬甸有仇，從前緬、戛交攻，即以車里爲兩戰之地，夷民逃散，近年始多安息。刀太康與緬人素和，而於南掌、暹羅未甚款洽。前次戛于臘受刀繩武之唆，曾向刀太康詰責，嗣南掌進貢使目過刀太康之地，刀太康即與之誓水盟和，意將由此通睦於戛夷，是刀太康輯睦外夷，尚爲有術。緬國自乾隆三十年間，屢侵内地，數爲邊患，致興經畧大兵，勞費甚鉅。至乾隆五十三年，緬甸始請入貢。上年進貢，遣使到滇，感仰皇上德威，臣等亦懷柔維厚。南掌上次入貢來滇，亦極馴謹。戛于臘屬於暹羅，近於南掌，今刀太康處於極邊，界於數國之間，先修睦於緬甸，今又與南掌盟和，戛夷與緬爲仇，而與南掌相親，可由南掌而推及戛夷，使緬、戛之隙漸消，則土境亦可無牽擾之虞。乃刀繩武不知遵依前諭，和其骨肉，屢以私忿而先攻舍目，固知其必自蹈於潰裂，是以屢飭解息。假使因其釁觸相争，輕聽土司、衿民之請，偏助以兵，逐滅其叔，則刀繩武不睦於緬，加以戛夷本不忘緬，而緬亦時防戛夷，戛夷終必有事於緬，緬亦必疑及刀繩武黨附掌、戛，豈不遷衅土境，兵連禍結，甚至涉及內地，致有不能收束之勢？是刀繩武之乖謬，追源竟委，何可曲狥，任其僨事？今已褫革所遺土職。刀氏世系寥落，但乾隆年間，前土司刀維屏帶印潛逃，雖投回監斃，亦不准其子承襲，兹若再以刀繩武之子議襲，無論事係違例，而現在各猛土弁尚訐刀繩武之劣蹟，是子踵父習，更恐外患未至，內衅先生，自應照例於親支內，另行選舉。兹據鎮道等查禀，親支內惟刀繩武之父刀太和與刀太康爲親兄弟，土弁目夷公舉刀太康之子刀正綜繼與刀太和爲嗣頂襲，衆情允協，舍此別無可襲之人，則當以邊地安和爲重，未便以叔姪嫌疑，拘泥微節，以致另啟争端，貽誤將來。況刀繩武被革，不投歸待罪，反攜印遠逃，自絕其子之襲，家屬法應另徙，與其伯祖刀維屏如出一轍。今爲其父刀太和立嗣繼襲，以延其祀，此已國恩加厚，無有偏抑，亦經飭令鎮道明白曉諭，以杜潛蹟之漢奸、夷奸妄生雌黄，摇惑生事。此又臣等與鎮道往返飭查，先後酌辦，期於邊地安和、免生各衅之緣由也。前次奏報，因有未經查出情節，尚未詳晰聲敘，兹已事竣，臣等謹將辦理始末各情形恭摺奏聞，伏乞皇上聖鑒。謹奏。甲午。

奏車里土司襲職摺子

奏爲已革土職遠逃未獲，地方安静撤回兵練，另擇襲職以靖邊圉，恭摺具奏仰祈聖鑒事。竊照思茅車里土司刀繩武，輕聽奸徒播弄，屢次集練，先向伊叔土舍刀太康鬨鬭，抗不遵諭解息，甚至脅官求兵偏助，縱夷激衅，内地被其騷動，謬妄不職，當經奏明，將刀繩武土職褫革，如其知悔來投，按其情節酌辦。嗣因刀繩武仍不知悔，帶其隨練，復糾猓夷多人據山札卡，再向招諭，仍不解散自投。經該鎮道斥退猓夷，派令弁兵攻捕。刀繩武卡破練潰，帶印遠逃。又經奏奉諭旨，飭令鎮道委員追踪，緝拿在案。臣等因該處擾亂雖息，民夷多有流離，並[一]令妥爲撫輯，再行次第酌撤防兵。其所遺車里土職，亦速查合例之人承襲去後。嗣據普洱鎮邱奉岐、迤南道胡啟榮、委員林樹恒、錫麟等禀稱，刀繩武攜印不繳，於潛逃後，由沿邊奔竄，分飭兵練追拿，截獲附從漢奸王瀛等數人，刀繩武仍無下落。邊地荒曠，自已遠逃邊外，竄亡之餘，已不能再滋事端，不值令兵練深入外域窮追。其所攜土印，亦難保無失落，且以已革逋逃之人，即使執此廢印，亦屬無用。現在責令沿邊隘目，留心偵查去路，密爲購緝，並諭外域近邊土目，如有逃入，即行拿送，另行禀報辦理。

[一] 並，甲戌續刊本作『亟』。

至土舍刀太康，本有分管之地，刀繩武聽讒猜忌，因與齟齬。前此互鬨之後，刀太康遵諭解息，撤練退回。乃刀繩武結衅不休，頻結猓夷，漫入內境，騷動地方，自加調防兵，震以威勢，並於捕拿刀繩武時，先行斥散猓夷，始就安貼。現查所散猓夷，皆已歸其邊外原住山巢，被脅及逃亡夷民，分別招徠安撫，亦皆復業，料理春耕。除酌留本處防練外，將先調之目練及弁兵一千數百名，並續調之官兵千餘名，於正、二月分起撤回。所遺車里土司世職，查定例：土官緣事革職提問，不准親子承襲，另擇本支叔伯兄弟及兄弟之子繼襲。今刀繩武負罪帶印遠逃，其子例應停襲，以杜後衅。當即諭飭車里所屬十三版猛各土弁人等，秉公選舉。查明刀繩武並無弟兄親支，惟其祖刀士宛生其父刀太和與其叔刀太康二人，太和、太康係嫡親兄弟，止此兩支，此外遠支稀疎，亦多事故，無人可襲。刀太康現有二子，公議以親支土舍刀太康長子刀正綜年已及歲，繼與刀太和爲嗣襲職，且同是刀士宛之親孫，夷衆亦皆悦服，無不踴躍，各具保結。自應即以刀正綜繼襲，俾刀士宛、刀太和之世系不絕，而土境亦有責成，照例將宗圖册結呈報。至刀繩武家口，未便留存邊地，已與續獲漢奸分起解省，聽候照例查辦等情前來。臣等查已革土職刀繩武既因遠逸邊外，追緝未獲，自不值令兵練深入窮追，轉涉紛擾。該鎮道等已責令沿邊隘目偵查密緝，並諭外域近邊土目拿送，俟有無弋獲，另行核辦。現在猓夷散盡歸巢，土夷各皆復業歸耕，兵練撤回內地，甚爲平静，所遺土職應即舉定，以資撫馭。從前乾隆年間，土司刀維屏棄職帶印潛逃，復經投回監斃，其遺職以刀維屏之弟刀士宛承襲，改頒印篆，刀士宛即刀繩武之祖。今刀繩武始而尚係同室操戈，迨後勾結要挾，騷動内地，於革後猶復帶印竄逃，與刀維屏無異。其家屬例應遷徙安插，其子不准再襲，實爲罪所應得。茲經鎮道等飭，據十三版猛土弁公議，以土舍刀太康之長子刀正綜繼與刀太和爲嗣襲職，夷衆悦服，土境亦有責成，是揆之定例，既屬相符，察之輿情，亦皆允洽，臣等另行照例具題。其銅印並請由部另頒，以重職守。至車里極邊遠荒，處處與緬甸、南掌及暹羅、戛于臘接壤，土司新襲，仍令鎮道督飭該應襲土司暨土舍刀太康、各猛土弁等，同心協力辦理，永靖邊藩，不得稍有貽誤，致干罪戾。所有前調兵練應需鹽糧及撫恤等項，均係於滇鹽溢課留備本省邊用項下照案支用，毋庸另行動款。除刀繩武家屬應徙之地並附唆之漢奸等犯確審定擬另辦外，臣等恭摺具奏，伏乞皇上聖鑒訓示。謹奏。甲午。

雲南井鹽記

雲南鹽出於各井，井中滷煎成鹽，某某井行銷某州縣有定額。乾隆以前，鹽由官辦，官以此爲利，運鹽至某縣，某縣分派四鄉，四鄉又分派各莊，無論能銷不能銷，照數繳價，與錢糧無異，因而書役鄉保又加錢價，民不堪其苦。嘉慶初，革除此弊，聽販夫買之，某井銷于某縣，一切官不經手，惟在井收課，民困蘇矣。而又常銷不足額，四川井私及鄰井無課之私充斥，以致額課虧短，官緣爲奸，患不在民，而在官矣。余于道光六年涖滇，即將弊蠹之員參劾數員，風氣頓轉，特用參將曾勝即十二年帶貴州兵赴楚粵剿平八排猺升廣東提督者。署東路曲靖協副將開通迤東雲、貴兩地銷路，曾勝不受私規，文官亦同之不受。又令各井毋以無課之私占有課之地，又飭鹽道秉公管束井官，上下清潔，是以銷如額矣。又一二年，不但足額，而且溢額，每年約多課十萬矣。先是，雲南屢有邊事，自嘉慶初至道光初，總督帶兵出省剿平者十二次，奏案可稽，勞師糜餉，損兵傷生，頗不安静。自余奏『以此溢課請一半歸公餉，一半留備邊事之用』，奉旨獎准之後，各邊豈無蠢動，然旋辦旋平。原摺内云『邊徼廣袤，夷猓紛居，蠻觸相争，事所常有，且恐内夷自衅，牽動外夷，惟在邊員及早相機查辦，所費或不過多。若空手從事，遲誤養衅，耗費轉鉅』等語，至今十年，邊務如騰越野夷出山搶掠，普洱、車里土司争亂牽連緬甸、越南邊亂等事，總督皆未帶兵出省，惟沿邊鎮道府廳得此財力，遵令辦理，徙薪曲突，皆就安平。其餘小衅，旋起旋定，保全生命，更不勝數。余摺内之言，今皆驗矣。丁酉。

太子少保兩廣總督世襲一等輕車都尉贈太子太師兵部尚書敏肅盧公神道碑

敏肅諱坤，字靜之，號厚山，居涿州。涿州盧氏自漢已著。高祖振裔，贈文林郎，甘肅莊浪縣知縣。曾祖大成，祖秉健，父士瑚，本生父士夔，皆以敏肅貴贈光禄大夫。敏肅以乾隆甲寅舉順天鄉試，嘉慶己未成進士，改庶吉士，散館，授職兵部，隨圍木蘭校步射，賞戴花翎，擢湖南糧儲道，廣東、山東兵備道，皆在仁宗朝。

今上登極，由湖北按察使、甘肅布政使授廣西巡撫，調陝西巡撫。南山老林，議者謂易藏奸，不宜墾，敏肅著論，謂此地漢、唐皆開闢，金、元始荒廢，歷舉《漢書》《蜀志》《唐書》《宋史》證之，且舉漢李翕《郙閣頌》爲据，遂加墾治，至今賴之。在陝丁大母憂，小祥後，會回疆有軍務，特旨以行衣陛見，馳驛往甘肅，會總督辦理轉餉。時逆回張格爾據四城，精鋭屯喀什噶爾，滿、漢官兵三萬七千有畸，會於阿克蘇，轉烏魯木齊糧濟之。敏肅上議曰：『烏魯木齊距阿克蘇三十二站，官兵以五萬餘人，計日需糧五百石有畸。糧二石用駝一，需駝二百五十有畸。每站置駝五百有畸，始供一往一還之用，共需駝一萬六千有畸。關内外臺站需駝一萬有畸。烏魯木齊雇駝七千，尚缺二萬有畸，請尅期購撥出關，内地之銀餉、軍火、器械即以此駝運。』又請以伊犁糧由冰嶺運阿克蘇。又議兵馬過沙漠加給草豆，添設民夫，酌給羊茶諸事，凡十一條，皆報可。大兵進勦至凱旋，共撥軍需銀一千一百餘萬兩，轉輸不竭，用無虛糜，敏肅之功也。服闋，補山東巡撫，以回疆平，加太子少保，頭品頂戴。調山西、廣東、江蘇巡撫，陞湖廣總督。

十二年，湖南逆猺趙金隴作亂，敏肅親往督師，密陳湖北提督羅思舉能辦賊。時湖南提督海凌阿已在寧遠之下壪，被猺誘戕，副將、游擊等皆戰歿，新田縣知縣王鼎銘死之，桂陽、常寧諸土猺應賊起，衆號數萬。敏肅抵永州，隨行士卒不滿百，調諸路兵九千有畸，未即至，令堅壁清野，檄將弁各路防堵，迨湖南、湖北兵大集。元亦奉命發貴州兵一千，提督余步雲、雲南副將曾勝率往助之。至獠頭，距賊巢十餘里，會大雷雨，我兵乘勢進勦，賊悉其衆屯於羊泉街，羅思舉等晝夜督將弁及楚、黔兵立泥淖中，仰擲火丸火彈，燒大屋數十，斃賊數千。賊黨趙文鳳乞降，佯許之，攻益急，生擒其子女及頭目數百。金隴易服乘間遯，爲我兵所殺，遺有所負木像，餘賊先後就殲。天子嘉獎之，賞戴雙眼花翎，世襲一等輕車都尉。方捷書之未上也，上命御前大臣户部尚書宗室禧公恩、盛京將軍瑚公松額來視師，未至軍，已蕆事。廣東逆猺趙仔青糾衆數千入楚界，聲言爲金隴復仇，即與欽使率新任提督余步雲、總兵曾勝勦辦，敗之於濠江，又敗之於銀江，擒仔青至衡州，磔於市。廣西逆猺盤均華亦起事，官兵殲之芳林渡，均華爲楚界防兵所執，寘之法。時廣東連山排猺又作亂，官兵失利。欽使奉命率曾勝勦平之。敏肅亦調任兩廣總督。時排猺新定，敏肅編查户口，設猺長、猺目，漢民村寨設練總，改綏猺同知爲邊要缺，教職佐雜改邊俸，報可。越南奸民陳加海與內地遊民馮生疛等在夷洋狗頭山嘯聚，偷入內洋，官兵擊其八船，餘悉平。西洋來粤貿易，暎咭唎國夷人啴嘮嗶違法度，敏肅照例封艙，停其市。啴嘮嗶遣護貨兵船自外洋闌入虎門，我兵礮擊之，輒以礮拒，駛至黄浦。奉嚴旨督辦。敏肅用大船載石横沈水底，復用大木筏塞水面，多設警備，斷入省之路。其後路在老洲岡，復命將弁備大石船，遏其歸，又備草船火攻具脅之。啴嘮嗶諸夷窮蹙，求給牌出口，詞甚懼服，澳門夷商伽啴哈等助之請命，久乃令出虎門。奏入，上嘉諭之曰：『玩則懲之，服則舍之。尚合機宜，不失國體。』敏肅之經濟表見者如此。

敏肅蚤年留心經濟，爲有用之學。自官職方、擢監司、任封疆，所施設不自矜許。細之則案牘法則析及纖微，而曲盡人情，宅心忠厚，不爲苛刻；鉅之則兵革無辟，剗除凶孽，綏服外夷，皆有實效。其餘察吏安民、練兵弭盜、捄災備荒、辟地設險諸政不勝書，宜其上契宸衷，重邀倚任矣。道光十五年八月四日，以疾卒於位，年六十有四。帝深軫惜，贈太子太師、兵部尚書，賜謚敏肅，諭祭葬。長子端黼襲職，幼子端實，孫長生等六人以十七年三月二十日葬於淶水竝上之阡。端黼以大學士揚州阮元爲敏肅己未座師，乞銘神道之碑，并序之。銘乃門下士代作，故不録之。

户部右侍郎管錢法堂春海程公神道碑銘

公諱恩澤，字雲芬，號春海。程氏東晉時有爲新安太守者居篁墩，又遷歙南，代有隱德。曾祖筠，祖步矩，郡生員。父昌期，乾隆庚子賜進士第三人及第，上書房行走，日講起居注官，翰林院侍講學士。母項氏，總兵項樛木女。公年四歲，讀書穎異，齔後經傳皆成誦。尤好讀古書，遇疑意必考問，釋然而後快。鄉先達曹文敏公、金輔之先生皆語學士曰：『此子逾冠，所學不可量矣。』乾隆六十年，學士卒於山東學政任，公甫十一歲，哀毁如成人。及長，補學生員，益博學經史。從外祖學騎射，能挽强力弓。最後乃與淩仲子先生遊，及其閫奥，先生曰：『天人並至，博而能精，將來所成者大也。』内閣中書金應瑊以女妻之。

嘉慶甲子鄉試，中式舉人。居京師，益勤於學，天算、地志、六書、訓詁、金石皆精究之。辛未會試中式，殿試二甲，賜進士出身，改翰林院庶吉士。散館，授編修，充國史館纂修官。道光元年，命在南書房行走，召諭曰：『汝父蘭翹先生品學，朕昔年最敬。汝之聲名，朕亦皆知，宜更守素行。』今户部侍郎祁公寯藻同召見，親聆聖訓，出語同朝，皆榮之。旋奉敕校刻《養正書屋集》。是年充四川正主考。二年，補春坊中允，恭校刻御製詩文初集。三年，放貴州學政，補翰林院侍講，轉侍讀。五年，補春坊右庶子。冬，補翰林院侍講學士。次年，調湖南學政，奉命回京仍在南書房行走，奉詔充《春秋左傳》纂修官，八月，補國子監祭酒。九年，侍母項太夫人疾，其孝有愚過於禮而不告人者。太夫人卒，丁憂歸歙。十一年，起服入京，仍在南書房行走。壬辰，以候補祭酒，未與考差，特放廣東正主考。十二月，命在上書房行走，課惠郡王學。王敬禮師傅，出于至誠。講學爲詩古文書法，皆日有所進，甚相益。上與王論公爲人，有『和而不同』之目。十三年，超擢内閣學士，兼禮部侍郎。冬，充文淵閣直閣事。十四年，授工部右侍郎，兼管錢法堂。十五年，知貢舉，調户部右侍郎，管錢法堂，充殿試讀卷官。閏六月，諭：『程恩澤部務較繁，著無庸在上書房行走。』十六年，復充殿試讀卷官。十七年，充經筵講官。夏受暑，醫逾月，病愈深，遽以七月二十九日卒。明日遺疏奏聞，上嗟嘆[一]悼惜久之，諭曰：『户部右侍郎程恩澤，由翰林洊升卿貳。前在南書房、上書房行走有年，人甚謹飭。辦理部務，克盡厥職。近因感受暑濕，賞假調理，方冀速就痊愈，益資委任，兹聞溘逝，殊堪軫惜。伊子程德威，著加恩賞給舉人，服闋後，准其一體會試。』德威以十八年春奉柩歸葬于歙。

公之學識超于時俗，六藝九流，皆好學深思，心知其意。本工篆法，益熟精漢許氏文字之學。官貴州學政時，與布政司吴榮光同勸士民育栗蠶，其利大行于民；又重刻岳珂《五經》以訓士。

[一] 嘆，甲戌續刊本作『歎』。

及奉詔刻《春秋左氏傳》，與祁公嶲藻共議推本賈、服，不專守杜氏一家之學。平日好士，説士技若己有。典試廣東，期取實學之士，知學海堂曾釗之名，必欲得之。釗久丁憂，公不知也。書榜大失望，然所得佳士亦甚多。出闈後，與學海堂學長吴蘭修等遊白雲山，名士會者數十人，有《蒲澗賞秋》之圖咏。所著述惟《國策地名考》二十卷，已寫定本，其餘多未成書，實不自料其遽折。公詩文雄深博雅，稿亦盈篋，其孤方治喪，待録成卷帙，就有學者擇之，當成佳集。公又多藏書，宋元以來子史雜録博覽强記，金石書畫亦多考訂，苟有叩者，必舉以應。元入京與公居相近，尚以暇相講習。元偶校《毛詩》『有椒其馨』，『椒』字訛，本是『馥』字，其訛久在六朝，罕可相語者，持以示公。公獨深會其意，謂《詩》『苾芬孝祀』，《韓詩》作『馥芬孝祀』。『馥』字，《毛》《韓》兩見，形聲不謬于六書，爲加一證。公又謂近人治算，由《九章》以通《四元》，可謂發明絶學，而儀器則罕有傳者，乃與鄭君復光有修復古儀器之約。又嘗深究《開元占經》，謂道光十五年木火同度，當有火災，人驗其言而韙之。吉地案發，因水之故，曹文正問公：『古有之乎？』公曰：『水齧王季墓，見棺之前和，《吕覽》載其事。』所撰《國策地名考》援狄孝廉子奇爲之助，狄説以夾行書之。如謂孟津在河北，非今孟津縣，亦非古河陽縣；蒲反非舜都，乃衛蒲邑，以嘗入秦仍歸，故謂之蒲反，諸條皆確不可易。公之殁也，年厪五十有三，朝野皆悼惜之。覃恩三代，皆以公官封贈至一品。金夫人以道光元年卒，二年繼娶劉夫人。孫一，名新寵。公于元例稱門人，且仲子先生爲吾友，學術相契，因爲之碑銘曰：

公之爲人，和而不同。厓岸內峻，德氣外沖。兩世內廷，在位靖共。聲名品學，守之惟公。公學之大，啟于淩氏。約禮博文，實事求是。研究經義，及于子史。即以其學，望之于士。嗚呼天命，限公不祿。帝諭飾終，賞延世篤。遺書未定，集之可讀。我銘豐碑，樹之宰木。

野雲山人傳

山人姓朱，名鶴年，字野雲，江南泰州人。世有隱德。幼讀書，工書畫，于畫理尤天性所近。方九歲，爲寺僧作山水小幀，州牧見之曰：『此子當以畫傳。』遇一道士，能前知，語之曰：『僻壤不足以棲子，當入大都，名動公卿。』及壯，貧無以養親，遂以錢八百纏腰，徒步北上，鬻畫以爲旅食。入都後，畫理益精，名譟一時。遂稍有貲，迎二親入都孝養焉。娶劉氏，側室張氏，長子大樹，次大[一]川。道光十四年六月卒，年七十有五，葬永定門外石榴庄。山人雖以藝名，而有孝行，人品特高，外和而內介，無邪僞雜于其間，又喜行善事，放生掩骼，不惜勞費，提掖寒素，曾救人于死，

[一] 大，甲戌續刊本作『子』。

故同時人皆樂與之遊，稱爲端友。元與山人早以同鄉相友善，己巳後數年，曾與山人遍遊都下諸伽藍，至于檀柘。都城東南萬柳堂爲元廉野雲右丞别業，康熙間馮益都得其地，與竹垞諸人常讌遊，山人與翁覃溪先生訪古至此，補栽柳樹，作《訪柳圖》，又與余同遊，有《補柳圖》，蓋亦喜己之號與右丞巧合也。山人除夕必祭硯，故有《祭硯圖》。生平所作之圖甚多，每見同時諸名家集中。翁覃溪、任子田、法梧門、吴穀人、馬秋藥、張船山、顧南雅諸公皆素交也。朝鮮人喜山人畫，且重其人品，有懸山人之像而拜之者。

揚州水道記序

儀徵劉孟瞻明經文淇撰《揚州水道記》，綜《吴越春秋》《漢書·地理志》以下諸書，證明唐宋以前揚州邗溝山陽瀆地勢南高北下。諒哉斯言！非可以今日運河水勢膠固于胸者也。而其尤爲確據者，則在李習之《來南録》云『自淮陰至邵伯三百有五十里逆流』十四字也。今由淮安下揚州之水勢如建瓴，愚者亦知北高南下矣。不知此水乃蓄高堰内水，至一丈八尺之高，堰底古淮身更不知低幾丈尺，始能如此建瓴耳。古淮平流入海，更低于邵伯隄東下河地面，且天長、江都、甘泉諸山湖之水又加入邵伯之水，挾江潮而趨邵伯、高寶、射陽，安得不南高北下？所以《漢志》

云：『江都渠水首受江，北至射陽入湖。』云『受江』，非入江也。云『北至射陽』，可見唐時南高北下也。又其辨證永和、寶曆等年運道通塞，及瓜洲、瓜步水陸變遷，博覽而又有識，故皆精覈矣。凡地理書須以圖明之，此記當分繪古今多圖，孟瞻其更爲之而付諸梓。丁酉九月。

因病求開缺摺

奏爲足疾未愈，氣體日衰，深恐誤公，懇恩俯准開缺事。竊臣腿足患濕多年，近因氣血日衰，精神軟弱，疊經面陳，蒙恩寬諭，倍切感惶。今自入夏以來，濕熱舉發更重，脛間痛癢，艱於步趨。兩次乞假，蒙恩賞假，調理一月有餘，醫治仍未就痊，心神更多委頓。伏思内閣爲絲綸重地，兵部爲戎政總樞，豈容以老病之軀，久瘝職任？計此日假滿，即應恭請聖安，照常行走。惟臣年已七十有五，質同蒲柳，景迫桑榆。近來不但稿案多致健忘，抑且舉止不覺舛錯。臣自顧菲材，受皇上天高地厚之恩，擢用至大學士，詞臣榮遇，倍極優隆，即此身體骸骨，皆非己有，曷敢私圖安逸，自外生成？祇因衰憊情形，時深憂懼，惟有籲求聖恩，俯准開缺調理，庶重任無致久曠，臣心得以稍安。一俟醫治痊可，即當趨詣宮門，叩謝天恩，面聆訓誨。臣不勝惶悚之至，伏祈皇上聖鑒。謹奏。十八年閏四月十三日。

謝再賞假一月安心調理摺

奏爲恭謝天恩事。臣因病軀難以供職，懇請開缺調理。本月十三日，奉上諭：『阮元著再賞假一月，安心調理，欽此。』竊臣年當衰暮，病復纏綿。本愧駑駘，況數齒而加長；自維蒲柳，縱後秋而亦零。乃蒙温諭優加，假期屢展。素餐滋惕，竭蟻悃以難酬；丹詔頻頒，戴鴻慈之逾格。臣惟有專心攝養，尅日醫調。苟病體稍可支持，即銷假以承慈眷。所有微臣感激下忱，謹繕摺叩謝天恩，伏乞皇上聖鑒。謹奏。十八年閏四月十四日。

因老病再請解任休致摺

奏爲假滿病未就痊，仍懇開缺以重官守事。竊臣前因病勢未痊，奏請開缺，仰沐皇上恩施，再行賞假。自閏月以來，多方療治，未能見效，皆因多年濕熱及邊地氣候雜入氣血之内，以致右足筋絡疾痛。若濕滲太甚，則喘急心忡，頹弱之情，支持[一]不住。伏念臣蒲柳衰資，桑榆暮景，健忘恍

[一] 持，甲戌續刊本作『恃』。

惚，遇事模餬[一]。乃因老病之日增，渥荷聖恩之體䘏，假期屢展，慈注就痊，焦灼日深，寸衷憂迫。固不敢辜恩而輕爲離職，更不敢恃恩而弗懼曠官。萬不得已，惟有仰懇天恩，准予開缺休致。此後如醫治仍難輕減，俟秋涼再回籍調理，南中尚有良醫。儻臣骸骨餘生得延殘喘，則此晨昏歲月，悉出自大造生成之所賜矣。爲此瀝情，恭摺具奏，伏乞聖鑒，臣不勝悚惶待命之至。謹奏。十八年五月十三日。

恩准開缺致仕謝摺

奏爲恭謝天恩事。臣因病軀難以供職，懇請開缺休致。本月十三日，奉上諭：『大學士阮元，由翰林洊陟封圻，歔歷中外。經朕簡任綸扉，綜理部務，盡心職守，清慎持躬。前因病請假，復經具摺，籲懇解職。朕疊予假期，俾資調養。茲復奏稱老病日增，醫治未能速效，力請開缺，情詞肫切，若再慰留，伊心恐曠官，轉難調攝，非所以示體恤。阮元著准其開缺，以大學士致仕。加恩賞給半俸，用示朕優待耆臣至意。欽此。』聞命之下，伏地叩首，感激涕零。竊臣班叨槐棘，景迫桑

[一] 餬，甲戌續刊本作『糊』。

榆。久逾致仕之年，本難奉職；況值積疴之後，益恐誤公。乃因老病之纏綿，上荷宸衷之鑒察，准其開缺，予告退休，恩覆幬以如天，心感惶而無地。伏念臣幸遇昌期，深蒙渥眷，備員綸閣，既襄贊之未能；忝任畺圻，復撫綏之乏術。有負裁成於九陛，徒蒙培養於三朝。茲以蒲質衰孱，仰沐楓宸體恤。原銜寵給，仍邀黄閣之榮；半俸叨支，倍切素餐之懼。從此衡茅戀闕，長向念於大廷；或亦骸骨餘生，冀少延於盛世。所有臣感激下忱，謹繕摺叩謝天恩，伏乞皇上聖鑒。謹奏。十八年五月十四日。

回籍日期摺

奏爲奏聞事。竊臣蒙恩，准予致仕，並邀賞食半俸，優示體卹，仍命調攝。臣感沐鴻慈，淪肌浹髓。現在足疾仍未痊愈，右腿出水過多，浮腫酸痛，行步甚難，精神衰弱，及此尚能食息。擬於八月二十七日起身，由水路回籍調理。惟是身離闕下，心向日邊，依戀之情，縈於寤寐。伏念聖主恩重如山，涓埃未報，撫躬循省，萬分不安。所有微臣回籍日期，理合具摺陳明，伏乞皇上聖鑒。謹奏。十八年八月十九日。

謝恩晉宮太保在家食俸摺

奏爲恭謝天恩事。本月十九日，内閣奉上諭：『大學士阮元，敭歷中外，宣力五十年，清慎持躬，克盡職守。前以年邁多病，再三懇請解職，已俯如所請，准其致仕，在家支食半俸。兹據奏明，擇定行期。朕心彌深眷注，著加恩晉加太子太保銜。從兹怡志林泉，善自静攝。俟辛丑年朕六旬萬壽慶辰，届時身體康健，即行來京祝嘏，以慰廑念。欽此。』竊臣猥以菲材，忝居高位。渥承簡畀，受三朝雨露之施；未答涓埃，無一得芻蕘之獻。撫躬循省，時切悚惶。兹以老病纏淹，蒙恩致仕。歸期初卜，温諭重聞。既叨天禄之遥頒，更荷宫銜之特晉。鴻慈疊被，冀蘇病骨於秋風；蟻悃難忘，盻效歡呼於來歲。此日言歸梓里，衡門常被恩榮；他時再覲楓宸，壽寓同伸舞蹈。所有臣感激下忱，謹繕摺叩謝天恩，伏乞皇上聖鑒。謹奏。十八年八月二十日。

孫恩洪恭校

揅經室續三集卷三

荀子引道經解

《荀子》此篇，言知道者皆當專心壹志，虚静而清明，不爲禍蔽，故曰：『昔者舜之治天下也，不以事詔，而萬物成。處一危之，其榮滿側。養一之微，榮矣而未知。《道經》曰：「人心之危，道心之微。」危微之機，惟明君子而後能知之。』元按：後人在《尚書》内解此者姑勿論，今但就《荀子》言。《荀子》其意則曰：『舜身行人事而處以專壹，且時加以戒懼之心，所謂危之也。惟其危之，所以滿側皆獲安榮，此人所知也。舜心見道而養以專壹，在於幾微，其心安榮，則他人未知也。』如此解之，則引《道經》及『明君子』二句，與前後各節皆相通矣。楊倞謂『「危之」當作「之危」』，非也。『危之』者，懼蔽於欲而慮危也。『之危』者，已蔽於欲而陷危也。元謂榮爲安榮者，《荀子·儒效篇》曰：『爲君子則常安榮矣，爲小人則常危辱矣。凡人莫不欲安榮而惡危辱。』據此，則《荀子》常以『安榮』與『危辱』相對爲言。此篇言『處一危之，其榮滿側』，若不以本書《儒效篇》證之，則

『危』『棨』二字，難得其解矣。故解《道經》當以《荀子》此説爲正，非所論於《古文尚書》也。又考《道經》者，黄、老古説也。此等古説，周、漢之間尚多存者，故《大戴記·武王踐阼》篇：「武王問黄帝、顓頊之道，師尚父曰：『在丹書。』」尚父西面，述《道書》之言曰：「敬勝怠者吉，怠勝敬者滅。義勝欲者從，欲勝義者凶。」」然則《荀子》《戴記》所謂『道經』『道書』者，皆黄、老之古説，與今《老子》五千言又少異，且《虞書》尚無『者』字，何況黄帝之時？然則此書亦周人所託耳。

塔性説

東漢時，稱釋教之法之人皆曰『浮屠』，而其所居所崇者，則別有一物，或七層、九層，層層梯闌，高十數丈，梵語稱之曰『窣堵波[一]』。見後魏碑及《妙法蓮華經音義》。唐以來詩文家稱之爲『浮圖』，誤也。此浮圖家之傑構，即今之塔，不可直稱曰『浮圖』。晉、宋、姚秦間，翻譯佛經者執此窣堵波[二]，求之於中國，則無物無文字以當之，或以類相擬，可譯之曰『臺』乎？然臺不能如其高妙，于是別造一字曰『塔』以當之，《説

[一] 波，甲戌續刊本作『坡』。
[二] 波，甲戌續刊本作『坡』。

文》無『塔』字，『塔』字始見于葛洪《字苑》、《玉篇》等書。絶不與臺相混。塔自高其爲塔，而臺亦不失其爲臺。

至于翻譯『性』字，則不然。浮屠家説：有物焉，具于人未生之初，虚靈圓浄，光明寂照，人受之以生，或爲嗜欲所昏，則必静身養心，而後復見其爲父母未生時本來面目，此何名耶？無得而稱也。即有梵語可稱，亦不過如『窣堵坡[一]』，徒有其音而已。晉、宋、姚秦人翻譯者，執此物求之於中國經典内，《經典釋文》所謂『典』者，《老》《莊》也。有一『性』字似乎相近。彼時經中『性』字縱不近，彼時典中『性』字已相近，《莊子》『性』字，本是天生自然之物，駢拇、馬蹄之喻，最爲明顯。《莊子》曰：『繕性於俗，學以求復其初，謂之蒙蔽之民。附之以文，益之以博，文滅質，博溺心，然後民始惑亂，無以反其性情而復其初。』是《莊子》此言『復性』，謂復其自然也。晉人讀《老》《莊》者，最重自然，故與佛所謂『性』相近也。李習之《復性書》之『復初』，則竊取佛、老之説，以亂儒經，顯然可見也。于是取以當彼無得而稱之物。此譬如執『臺』字以當『窣堵波[二]』，而不別造『塔』字也。所以不別造字者，此時中國文人已羣崇典中之『性』字，就其所崇者而取之。且若以典中『性』字之解，不若釋家無得而稱之物尤爲高妙，典中之解『性』字，未盡其妙也。然而與儒經尚無涉也。唐李習之以爲不然，曰：『吾儒家自有性道，不可入於二氏。』於是作《復性書》。

[一] 坡，《文選樓叢書》本作『波』。
[二] 波，甲戌續刊本作『坡』。

其下筆之字，明是《召誥》《卷阿》《論語》《孟子》見余所著《性命古訓》。内从心从生之『性』字，其悟于心而著于書者，仍是浮屠家無得而稱之物。此譬如今人以塔爲西域夷人所居，甚卑屏之，而其所造所居所崇者必以臺，且曰：『此《毛詩》内文王之靈臺，《月令》内高明之臺，皆古人禮法之所構造，吾所居所崇必以此。』及問以『爾臺何形』，則曰：『高妙之至，七級、九級，六窗、八窗，欄杆齊雲，相輪耀日。』嗚呼！是直以『塔』爲『臺』，口崇古臺，而心炫西塔，外用臺名，内用塔實也。是故翻譯者但以典中『性』字當佛經無得而稱之物，而唐人更以經中『性』字當之也。佛經明心而見之物，原極高明浄妙，此與《莊子》復初之『性』已爲不同，與《召誥》《孟子》之『性』更相去萬里。特惜翻譯者不別造一字以當其無得而稱者，而以典中『性』字當之，不及別造『塔』字之有分別也。

復性辨

《莊子·繕性》篇曰：『繕性于俗，學以求復其初；滑欲于俗，思以求致其明，謂之蒙蔽之民。』又曰：『堯、舜始爲天下，興治化之流，澆淳散朴，離道以善，險德以行，然後去性而從於心，心與心識，知而不足以定天下，然後附之以文，益之以博。文滅質，博溺心，然後民始惑亂，無以反其性情而復其初。』元讀《莊子》，未嘗不歎其説爲堯、舜、孔、顔之變局也。彼所謂『性』，即《馬蹄》『天放』也，即所謂『初』也。以天放爲初而復之，此老、莊之學也。唐李翺《復性》之書即本之於此，而反飾爲孔、顔之學，外孔、顔而内老、莊也。内莊已不可矣，況又由莊入禪乎？『文』與『博』，正是周、孔、顔、曾之學。而莊子以爲滅、溺，無以復性之初。然則禪家不立語言文字、儒家借良知爲宗旨，非以莊子此説爲祖乎？周、孔、顔、曾之學，首重文博，後人才力淺弱，不能文，不能博，有復初之一説焉，可以不讀書，日安佚而其名愈高，孰不樂趨之？此亦如六朝佛典太繁，釋家别開禪學，可以不説一切經而面壁見性也。

書東莞陳氏學蔀通辨[一]後

朱子中年講理，固已精實，晚年講禮，尤耐繁難，誠有見乎理必出于禮也。古今所以治天下者，禮也。五倫皆禮，故宜忠宜孝，即理也。然三代文質，損益甚多，且如殷尚白，周尚赤，禮也。使居周而有尚白者，若以非禮折之，則人不能爭；以非理折之，則不能無爭矣。故理必附乎禮以行，空言理，則可彼可此之邪説起矣。如朱子議與趙紘等不合。朱子晚年《與李季章書》曰：『累年欲

[一] 辨，底本作『辯』，據陳建本書題名及後文篇題改。

修《儀禮》一書，釐析章句，而附以傳記，近方了得十許篇，似頗可觀。其餘度亦歲前可了。自此之後，便可塊然兀坐，以畢餘生，不復有世間念矣。』又曰：『熹今歲益衰，足弱，不能自隨，兩脅氣痛攻注下體，結聚成塊，皆前所未有，精神筋力，大非前日之比。加以親舊凋零，如蔡季通、吕子約，皆死貶所，令人痛心，益無生意，決不能復支久矣。所以未免惜此餘日，正爲所編《禮傳》，已略見端緒，而未能卒就。若更得年餘間未死，且與了却，亦可以瞑目矣。』《答應仁仲書》云：『所喻編《禮》如此，固佳。然却太移動本文，恐亦未便耳。老病益侵，而友朋相望，皆在千百里外，恐此日不能成，爲終身之恨矣。』《答葉味道書》云：『《禮》書未能得了，而衰病日侵，恐未必能究竟此事也。』又《答李季章書》云：『國君承祖父之重，康成注、賈疏，其義重備，若已預知後世當有此事者。按：朱子所據者，乃《禮記·喪服小記》『不繼祖與禰』句下孔疏引《鄭志》答趙商之文，故朱子有『向無鄭康成，則此事終未有斷決』之語。《建炎以來朝野雜記》所載不誤。而此書以爲『鄭注、賈疏』，則又涉及《儀禮·喪服傳》『父爲長子三年』句下疏文也。儉人舞文弄法，迷國誤朝，飾邪說以蔽害之，甚可歎也。』又庚申易簀前一日《與黄直卿書》云：『《喪禮》詳畧皆已得中矣，《臣禮》一篇兼舊本，今先附案一面整理。病昏且倦，作字不成，所懷千萬，徒切悽黯。』此朱子一生拳拳于君國大事、聖賢《禮經》，晚年益精益勤之明證確據。若如王陽明誣朱子以晚年定論之說，直似朱子晚年厭棄經疏，忘情禮教，但如禪家之簡静，不必煩勞，不必悽黯矣，適相反矣。然則三《禮》注疏，學者何可不讀？蓋未有象山、篁墩、陽明而肯讀《儀禮注疏》者也。其視諸經注疏，直以爲支離喪志者也。豈有朱子守孔、顔博文約禮之訓，而晚悔支離者哉？此清瀾陳氏所未及，亦學海堂諸人所未言者，故特著之。

學蔀通辨序

道光八年春，粤中學人寄《學蔀通辨》來滇請序。元謂此書《四庫全書目録》載在『子部儒家』，注云『内府藏本』，是此書曾爲内府所藏，而非外省所進也。此書專辨朱、陸異同，推尊朱子。《四庫書提要》曰：『朱、陸之書具在，其異同本不待辨。王守仁輯《朱子晚年定論》，顛倒歲月之先後，以牽就其説，固不免矯誣。然建此書痛詆陸氏，至以病狂失心目之，亦未能平允。』元於東園清暇，重加披閲，遵《提要》之言，手將『病狂失心』等語加以删削而還之。蓋除此所删，則皆表章正學之要言。即有過激之論，無非欲辨朱子之誣。粤中學人，固當知此鄉先生學博識高，爲三百年來之崇議也。

文韻説

福問曰：『《文心雕龍》云：「今之常言有文有筆，以爲無韻者筆也，有韻者文也。」據此，則梁時恒言有韻者乃可謂之文，而《昭明文選》所選之文，不押韻脚者甚多，何也？』曰：『梁時恒言所謂韻者，固指押脚韻，亦兼謂章句中之音韻，即古人所言之宫羽，今人所言之平仄也。』福曰：『唐人四六之平仄，似非所論于梁以前。』曰：『此不然。八代不押韻之文，其中奇偶相生，頓挫抑揚，詠歎聲情，皆有合乎音韻、宫羽者，《詩》《騷》而後，莫不皆然。而沈約矜爲剏獲，故于《謝靈運傳論》曰：「夫五色相宣，八音協暢，由乎（元）〔玄〕黄律吕，各適物宜。欲使宫羽相變，低昂舛節，若前有浮聲，則後須切響。一簡之内，音韻盡殊；兩句之中，輕重悉異。妙達此旨，始可言文。」又曰：「自靈均以來，此秘未覩。至于高言妙句，音韻天成，皆暗于理合，匪由思至。」又沈約《答陸厥書》云：「韻與不韻，復有精粗，輪扁不能言之，老夫亦不盡辨。」休文此説，乃指各文章句之内有音韻、宫羽而言，非謂句末之押脚韻也。即如『雌霓連蜷』，『霓』字必讀仄聲是也。是以聲韻流變而成四六，亦祇論章句中之平仄，不復有押脚韻也。四六乃有韻文之極致，不得謂之爲無韻之文也。昭明所選不押韻脚之文，本皆奇偶相生有聲音者，所謂「韻」也。休文所矜爲剏獲者，謂漢魏之音韻，乃暗合于無心；休文之音韻，乃多出于意匠也。豈知漢魏以來之音韻，溯其本原，亦久出于經哉！孔子自名其言《易》者曰「文」，此千古文章之祖。《文言》固有韻矣，而亦有平仄聲音焉。即如「濕」「燥」「龍」「虎」「覩」「上」「下」八句，何等聲音！無論「龍」「虎」二句不可顛倒，若改爲「龍」「虎」「燥」「濕」「覩」，即無聲音矣。無論「其德」「其明」、「其序」「其吉凶」四句不可錯亂，若倒「不知退」于

「不知亡」「不知喪」之後，即無聲音矣。此豈聖人天成暗合，全不由于思至哉？由此推之，知自古聖賢屬文時，亦皆有意匠矣。然則此法肇開于孔子，而文人沿之。休文謂「靈均以來，此秘未覩」，正所謂「文人相輕」者矣。不特《文言》也，《文言》之後，以時代相次，則及于卜子夏之《詩大序》。《序》曰：「情發于聲，聲成文，謂之音。」又曰：「主文而譎諫。」又曰：「長言之不足，則嗟歎之。」鄭康成曰：「聲謂宮、商、角、徵、羽也。聲成文者，宮商上下相應。主文，主與樂之宮商相應也。」此子夏直指詩之聲音而謂之文也，不指翰藻也。然則孔子《文言》之義益明矣。蓋孔子《文言》《繫辭》，亦皆奇偶相生，有聲音嗟歎以成文者也。聲音即韻也。《詩·關雎[一]》「鳩」「洲」「逑」押脚有韻，而「女」字不韻，「得」「服」「側」押脚有韻，而「哉」字不韻，此正子夏所謂「聲成文」之宮羽也。此豈詩人暗于韻合，匪由思至哉？王懷祖先生云：『《三百篇》用韻，有字字相對極密，非後人所有者。如「有瀰」「有鷕」、「濟盈」「雉鳴」、「不」「求」、「濡」「其」、「軌」「牡」、「鳳凰」「梧桐」、「鳴矣」「生矣」、「于彼」「于彼」、「高岡」「朝陽」、「菶菶」「雍雍」、「萋萋」「喈喈」，無一字不相韻。』此豈詩人天成暗合，全無意匠于其間哉？此即子夏所謂『聲成文』之顯然可見者。子夏此《序》，《文選》選之，亦因其中有抑揚詠歎之聲音，且多偶句也。鄉人、邦國，偶一。風、教，偶二。爲志、爲詩，偶三。手之、足之，偶四。治世、亂世、亡國，偶五。天地、鬼神，偶六。聲教、人倫、教化、風俗，偶七、八。化下、

[一] 雎，底本誤作『睢』，據《毛詩》改。

刺上，偶九。言之、聞之，偶十。禮義、政教，偶十一。國異、家殊，偶十二。傷人倫、哀刑政，偶十三。發乎情、止乎禮義，偶十四。謂之風、謂之雅，偶十五。繫之周、繫之召，偶十六。正始、王化，偶十七。哀窈窕、思賢才，偶十八。其偶之長者，如周公、召公，即比也。後世《四書》文之比，基于此。綜而論之，凡文者，在聲爲宫商，在色爲翰藻。即如孔子《文言》「雲龍風虎」一節，乃千古宫商翰藻奇偶之祖；「非一朝一夕之故」一節，乃千古嗟歎成文之祖。子夏《詩序》「情文聲音」一節，乃千古聲韻性情排偶之祖。吾固曰：韻者，即聲音也。聲音，即文也。「韻」字不見于《説文》，而王復齋《楚公鐘》篆文内實有「韵」字，从音从匀，許氏所未收之古文也。然則今人所便單行之文，極其奥折奔放者，乃古之筆，非古之文也。沈約之説，或可横指爲八代之衰體，孔子、子夏之文體，豈亦衰乎？是故唐人四六之音韻，雖愚者能效之；上溯齊梁，中材已有所限；若漢魏以上，至于孔、卜，此非上哲不能擬也。』乙酉三月，閲兵香山，阻風舟中，筆以訓福。

學海堂策問

『儒』字造字之意何在？儒名始於何代？儒行始於何時？魯孔子時，顔、曾諸賢之儒行所尊尚者何等事？所講習者何等事？其大指何在？當細繹魯國聖賢言行在《孝經》《論語》、大小戴《禮記》諸經經文内者，以求儒之正本大原而釋之。至於荀、楊及漢、唐、宋各家之説，且不必涉及，不必辨論。

自東晉、劉宋至隋兼北朝，其間經史諸學皆是極精極博極明敏之時，南北朝人學力之專之鋭之深，非後人所能窺企。中唐以後人蔑視六朝，不知唐初諸經正義及敕修諸史，無不本於南北朝人，或攘或掩，實存而名亡。後人於南北朝之書，多不能解。即如陸法言等之音韻分部，幸爲中唐以後人所不能解，故未經攘亂。韻學自國朝顧、江、戴、段諸君，始明古法，窮極精力，然皆久在陸法言等所定範圍之中。其餘如三劉、熊、徐等之於經疏，吕忱、李登等之於小學，庾蔚之、崔靈恩等之於禮服，徐廣、臧榮緒、姚察等之於史傳，皆非唐人所能及。唐初人猶讀南北朝人之書，天寶後，知其學者鮮矣。試論而表章之。

今大、小西洋之曆法，來至中國在於何時？所由何路？小西洋即今港脚等國，在今回疆之南，古天竺等處。元之《回回曆》，是否如明《大西洋新法》之由廣東海舶而來？大、小西洋之法，自必亦如中國之由疏而密，但孰先孰後？孰密孰疏？其創始造曆，由今上溯若干年，準中國之何代何年？西法言依巴谷在漢武帝、周顯王時，確否？六朝番舶已與廣東相通，故達摩得入中國。中國漢郄萌已有諸曜不附天之説，後秦姜岌已有游氣之論，宋何承天立强弱二率，齊祖沖之立歲差等法，皆比漢爲密，與明來之《大西洋新法》相合，是皆在達摩未入中國前也。至於唐時，市舶與西洋各國往來更熟。元之《回回法》，明之《大西洋新法》，如是古法，何以不來於唐《九執法》之前？《九執法》又自何來？且西洋又何以名借根方爲東來法也？其考證之。

唐宋人每輕視漢魏六朝人，以爲無足論。無論宋齊疏義，斷非唐以後人所能爲，即如邵公之爲人，絶無可議，其學如海，亦非後人所能窺。《公羊》之學，與董子《繁露》相表裏，今能通之者，有幾人哉？不能通之而一概掃之，可乎？試爲漢何邵公贊。

四書文話序

唐以詩賦取士，何嘗少正人？明以《四書》文取士，何嘗無邪黨？惟是人有三等，上等之人，無論爲何藝所取，皆歸于正；下等之人，無論爲何藝所取，亦歸于邪；中等之人最多，若以《四書》文囿之，則其聰明不暇旁涉，才力限于功令，平日所誦習，惟程、朱之説，少壯所揣摩，皆道理之文，所以篤謹自守，潛移默化，有補于世道人心者甚多，勝于詩賦遠矣。唐宋詩話多，文話少，而明以來，《四書》文話更少，非無話也，無纂之者也。余令學海堂諸生周以清、侯康、胡調德纂之，諸生共議，分二十四門編之，一原始，二功令，三格式，四法律，五體裁，六命題，七程文，八稿本，九選本，十墨卷，十一社稿，十二元鐙，十三名譽，十四考核，十五師承，十六風氣，十七興廢，十八流弊，十九起衰，二十假借，二十一咎毁，二十二談藪，二十三軼事，二十四《五經》文。雖未甚精詳，然已積卷帙矣。録成二部，一存粵東學海堂，一攜歸江南。蓋江南遺文舊説，爲嶺南所無者尚多，俟再令家塾子弟補成之。時甲申冬日。

摹刻詒晉齋華山碑全字跋

嘉慶十四年，余摹刻漢延熹《華山碑》未翦本於北湖祠樓，其右方缺石一凷，全缺者七十八字，半缺者三十三字，因以家藏歐陽文忠公《華山碑跋》墨蹟摹補於缺空處。俄入京師，得見成親王所藏已翦本，雖無碑額題名，而余碑缺字，彼皆未缺，遂借鈎入未翦本缺空處。道光三年，在廣州購端州巨硯材，復摹刻成親王本未缺之字及後銘詞内『民説』二字，同置祠樓。若兩石並搨，遂成全碑矣。好古者以兩搨本翦補，合裝爲一碑可，留歐公書而分裝之亦可。

兩浙金石志序

余在浙久，遊浙之名山大川殆遍，録浙人之詩數千家，成《兩浙輶軒録》，刻之。訪兩浙帝王賢哲之陵墓，加以修護，成《防護録》，刻之。以其餘力，及于金石刻，搜訪摹搨，頗窮幽遠，又勒成《兩浙金石志》一書。爾時助余搜訪考證者，則有趙晉齋魏、何夢華元錫諸君子，許周生兵部宗彦亦多考訂增益，且録全藁以去，匆匆十餘年矣。道光四年，粤中有鈔本十八卷，校原藁，文有所删，鐘鼎錢印之不定爲浙物者，亦多所删。然亦簡明可喜。李鐵橋廉訪澐率浙人之官于粤者校刻之，不兩月而工畢。今而後藏板於浙，印書通行，使古金石自會稽秦石刻以下，迄于元末，皆著於篇，好古者得有所稽，不亦善歟？夏五月望日，書於嶺南節院之定静堂。

宋搨醴泉銘殘字跋

凡六朝、唐人之碑，别有一種筆力，良由製筆之工，尚存古法。今世之筆，特湖州工人所造，便于松雪筆法耳，于北朝、隋、唐之碑直是不合。試細觀此碑筆，當用何等柱豪、何等裹毛，精思巧製，若得此等筆，則古書法不亡矣。

與學海堂吴學博蘭修書

自陸灋言等定四聲韻爲二百六韻之後，唐人作詩賦并窄爲寬，沿至今祇一百六韻矣。以今韻爲今詩文則可，若作古賦詩辭而用今韻，不今不古，識者哂之。至於唐宋以來，獨用、通用，淺人所爲，已鮮依據，或且臆以時俗土音，動輒亂用，直似以元人劇曲之韻擬唐人爲律賦，更不如今一百六韻矣。豈有不明音韻、篆文、訓詁，能上擬相如、子雲者哉？即如昌黎《進學解》韻，臆用無法，世罕知其謬者。然則將奈何？因思古韻之分合，近惟金壇段氏若膺《六書音均表》十七部爲善。如之、脂、支、咍四韻，唐人皆并爲四支合用，孰知羣經、《楚辭》皆斷分三部，絕不相混，《文選》亦分，不通用乎？高郵王懷祖先生精研六書音韻，欲著古音一書，因段氏成書，遂即輟筆。余三十年前即聞此論。然其分廿一部，甄極《詩》《騷》，剖析豪芒，不但密于段氏，更有密于陸氏者。予屢欲并《廣韻》而以古音分部，使便於擬漢以上文章辭賦者取用之，迄未暇爲之。計學海堂中，年兄深揅古音，曷就段氏精審之，而進以王氏之學，定爲古韻廿一部，以羣經、《楚辭》爲之根柢，爲之圍範，庶無隔部臆用之謬乎？或曰：『漢晉文章之韻，已有出此圍範者，奈何以此限之？』答曰：『漢晉文章，齊梁之韻雖寬，而之、支、脂等韻未曾通雜。若學漢晉文辭，而更能謹守此漢晉以上之韻，取法乎上，撥亂韻而反之正，不更善乎？況以今韻一百六韻而并爲廿一部，已寬之至矣。學者亦何憚而不用此韻哉？』年兄試再與堂中林、曾、楊諸子商榷寫定，即如廿一部『至』『質』，須在各韻中將各字提摘而出，而删去彼韻之字。即可在堂中栞板成帙。不過數萬大字，即可嘉惠學古之士。予雖老，亦樂得觀之，且可以分授家鄉子弟矣。庚寅閏月。

虞山張氏詒經堂記

唐人云：『前不見古人，後不見來者。』然則人生所見，數十年耳。將欲使後人見今，如今人見古，傳聖賢之事，記文史之詳，殆非書不可。虞山張氏金吾世傳家學，代有藏書。不但多藏書至八萬餘卷，且撰書至二百餘卷。不但多撰書，抑且多刻書至千數百卷。其所纂箸校刻者，古人實賴此與後人接見也，後人亦賴此及見古人也。是詒經堂、詩史閣、求舊書莊諸地，皆羅列古今人，使後人共見之地也。此於古今人謂之有功，於己謂之有福。夫遺金不如詒經，猶徒爲一家讀書計耳，曷若以書公之天下後世乎？世之有金者，無所不爲，獨不肯用之於書，若是者，謂之無福。若在己無學術焉，則雖有之、肯之，亦無能用之，若是者，亦謂之無福。雖然，福不可擅也。福雖不可擅，而有功以補之，則其得此福而居之也，豈不宜哉？因詒經堂主人求記，而論之如此。

金子青學蓮詩集序

己丑春，子青子以詩集寄滇南。元於東園暇日，往復披讀，如見久別之友，且益慨然於其才與遇也。子青子詩驚采絶豔，宛委沉鬱，兼慕唐之三李而得其神理。長吉短命，而子青則甚壽；義山坎壈且有毁，而子青爲名門之壻，處節使之幕，恬淡不干榮利，有譽於時；太白得入翰林，而子青無官，然太白仙才，固不以翰林重。且今人讀唐人詩者，無不醉心於義山，而於令狐氏，則無聞焉。文章之事，固有不能以位競者歟？子青子何慍焉？子青近年之集，皆客隱於竹西草堂所作也。元，竹西人也，弱冠後，惟持服三年居竹西。計子青子詩之在竹西者，前後數十年，湖山登眺，交遊贈答。讀其詩，憶其地，懷其人，豈能無故鄉舊友之感哉！韻語一函，長江萬里，年如逝水，思切停雲。聊寄數言，解慰此情云爾。

一切經音義跋

齊釋道惠爲《一切經音義》，其書不傳。傳者唐釋(元)〔玄〕應《一切經音義》，其中引證古書，如鄭康成《尚書》《論語注》，三家《詩》，賈逵、服虔《春秋傳注》，李巡、孫炎《爾雅注》等書，極其精博，學者寶之。其中古字古義，皆蓮社慧遠、雷次宗諸人用經典中文字翻改佛經之確據。試問西域梵字經中有用古《詩》《書》《春秋》《倉》《雅》者耶？即如《華嚴音義》内有曰『頑嚚鑽仰，無所適莫』者，有曰『洪纖得所，修短合度』者，觀此而猶不悟一切經爲中國儒者文人之所改易潤色，不亦不慧乎？然而去禪尚遠，禪則惡棄音義如土苴矣。是故釋家爲音義，音義中尚有

《倉》《雅》；禪家爲語録，語録中但有俚言，如柏樹子、乾矢橛，無古文字矣。

石畫記序

古罕石畫，元微之《石硯屏》詩始有『濃淡樹林分』之句。歐陽永叔有山松石屏，蘇子瞻有月石風林硯屏，皆號山石。狄詠有雪林石屏，《清異録》載玉羅漢石屏，皆非滇石。《雲林》《素園》兩石譜，皆艮嶽之類。惟陳眉公《妮古録》有石屏如董巨之畫，名曰『江山晚思』，此或是大理石歟？今雲南大理府點蒼山第十中和峰之腰出文石，明時見重于[一]世者，以大屏、大案、白質黑章爲貴。崇禎時，《徐霞客遊記》親至大理，見浄土庵七尺山水二大石，又云：『第八峰新石之妙，大空山樓間徑二尺者五十塊，俱妙著色山水。』李日華《六硯齋二筆》有云：『環列大理石屏，有荆、關、董、巨之想。』乾隆初，高總制其倬又分雲水、雪月、淺緑、微黄諸目，是著色山水滇中久有之，何罕傳于江湖乎？今之所産，著色者亦多，山民采賣，賴以爲利者千百人。其石色備五采，氣若雲水，較吴裝畫法，更渾脱天成，非筆墨所能，乃造化所成也。余到滇，數年以來，所見不少，已如雲烟過眼。又

[一] 于，甲戌續刊本作『於』。本卷之中，後文『于』字皆同，不再出校。

於到點蒼時，張氏蘭坡爲余親至石屋選買數十幅，間有題詠，或持贈戚友，或兒輩乞去。又蘭坡諸公在省肆買石，各請品題，余擇其得古人詩畫之意者，不假思索，隨手拈出，口授指劃，各與題識，付蘭坡暨姪蔭曾，或鐫或記，半不憶爲誰之石。否則，各石雖有造化之巧，若無品題，猶未鑿破混沌。且記書畫之書雖多，未刱此格。余曾見宋元眞跡數百種，亦未見此格也。其未經余見而不得品題者，更不知幾何，此亦如人才不遇知己，殊可惜矣。昔歐陽永叔、梅聖俞、蘇子美、蘇子瞻、范純甫皆有《月石風林硯屏》詩，吟賞不已，是其意趣遠於俗情。今之石勝於宋石，更惜歐、蘇諸公未見耳。

毘陵呂氏古甎文字搨本跋

曩余在浙得漢晉八甎，聚之一室，爲八甎吟館。後數十年，又得數甎，除五鳳、天册，無甚佳者。歲丙申，四明教授馮柳東通家寄示所刻《浙江甎録》四卷，乃知近三十年浙東西出土古甎之多。丁酉夏，呂堯仙佺孫庶常自其嚴君四明郡署來京，購獲古甎甚多，搨本四册，自漢、吴、晉、宋以至唐、宋，披玩之餘，喜不釋手。古甎自洪文惠始著於録，乾隆間張芑堂亦摹刻于《金石契》中，今呂氏四册，奚翅倍蓰。堯仙于拓本文字考其年歲，合之史籍，古地、古官多所印證，引《檀弓》之『塈周』、《顔氏家訓》之『燒塼』，尤爲精博詳審，且晉宋間隸體，如聚書手在于目前矣。

王著所摹晉帖，余舊守無徵不從之例，而心折于晉宋之甎，爲其下眞跡一等，古人不我欺也。試審此册内永和三、六、七、八、九、十年各甎隸體，乃造坯世俗工人所寫，何古雅若此？且永和九年反文隸字尤爲奇古。永和六年王氏墓當是羲之之族，何與《蘭亭》絶不相類耶？堯仙知古者也，試共商之。

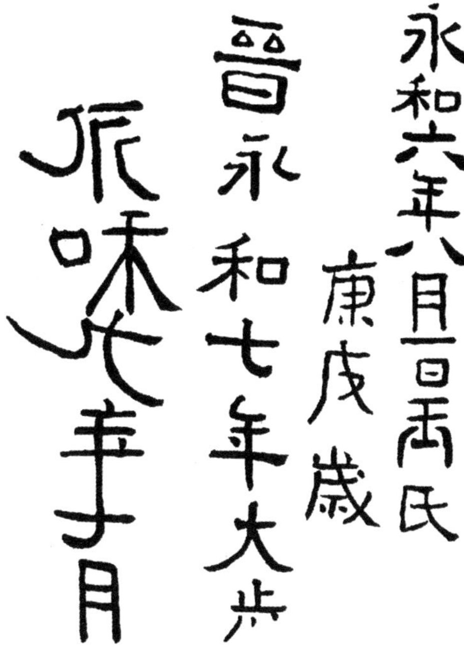

羅茗香四元玉鑑細草九式序

嘉慶間，予得元大德朱世傑《四元玉鑑》三卷進呈聖鑒，蒙賜收入秘書。予以副鈔本屬何君夢華付之李君尚之，畧演其法。李君遽卒，吾鄉羅君茗香士琳乃取此書各段演全細草，又於四草外，演爲《九式》一卷，以盡發朱氏四元之意，精思神解，貫徹古今矣。羅君不但九數精通，抑且六書明徹，文章雅麗，絶似初唐駢體，清才鋭識，愧我相知之晚也。昔元朱松庭嘗遊廣陵，學算者雲集。若松庭見此所演，相悦何如？然則羅君在廣陵，即今松庭矣。

重修滇省諸葛武侯廟記

滇省五華山武侯祠堂中，惟中間有武侯一象，祠亦久不修，漸朽壞矣。余于道光十五年春重修之。余謂漢時從武侯在滇立功者宜從配祀，乃滇廟非蜀廟也，遂增設左右二龕，右塑二象，東面西向，爲漢興寧侯建寧太守廣漢將軍領交州刺史李恢、奮威將軍博陽侯牂牁太守馬忠；西面東向，爲陽遷亭侯雲南太守吕凱、隨丞相南征駐安上縣遥領越巂太守龔禄。又于門塾左右塑三像，北向立，西：封領軍建寧爨習；東：擒降後封御史中丞朱提孟獲、降後封將軍朱提孟炎。改書正中栗主曰『漢丞相南征至滇諸葛武鄉侯位』。乙未二月工畢。

汪容甫先生手書跋

汪孟慈户部喜孫奉其考容甫先生《上謝東墅師書》六紙卷請題識。元展之，有感于師友在昔之情，今五十餘年矣。此内情事，元知之久。昔東墅師督學江蘇，識拔學人，得容甫先生，極賞重之。先生學與文，在彼時交游間，相知者不過劉端臨先生等數人，餘皆不能知先生。先生性眞率，每簡之，以故時人毁之，先生益簡之，不諧于人。會丁酉拔貢之年，自學官以下，無不毁先生于學使前，師曰：『汪中即爲渾沌、窮奇、檮杌、饕餮，吾亦拔之。』先生每有古文章，必呈師，師皆深賞之，且語人曰：『吾之上容甫，爵也。若以學，吾于容甫北面矣。』嗚呼，今有如先生之學者耶？有如師之能識其學、心好彦技者耶？師在上書房，年節例以紙研之類進于御前，每屬先生覔之，故書内云然。書中稱『阮封君』者，先大夫也。元在京官詹事時，先生在揚州，常與先大夫相見。且書内云：『阮門生之父，忠信家諱。人也。』讀之有餘感焉。元于乾隆四十七八年間識先生于揚州，常與凌仲子先生諸人同泛舟平山，先生議論經史，風發泉涌。又曾得見先生校《大戴記》初稿。入京後，遂不相見。及元赴浙江督學時，先生已卒。乃於嘉慶初，得先生《述學》稿，合孔撝約先生、錢溉亭先生三人書，刻於杭州。道光初，又合先生各著作，彙刻入《皇清經解》内矣。元老入京師，孟慈亦常相見。孟慈之學，大得父教，而其不諧于俗，亦畧有父風。但余許之曰『孝』，何也？凡容甫先生所著書内片言隻字，余與孟慈言，孟慈無不析及精微，心知其意，又于先生手蹟，斷箋敝紙，無不寶而尊之若此。子弟之佳，有如此者乎？丁酉九月。

闕里孔氏詩鈔序

《風》《雅》《頌》三百篇，若非孔子于春秋時定之，則必不能全傳于後世。然則百世之詩，皆洙泗教也。伯魚過庭，受學《詩》之訓，且爲《周南》《召南》。然則闕里家庭，世世皆當學《詩》，更爲家教矣。繡峯先生爲至聖七十二代孫，勤學善詩，在大宗近今二百年輯録詩九十餘人，足以見温柔敦厚之風，藹然聚于一門。其間如東塘、撝約諸先生有經史文章著述者，别已專行，此不過采録數篇而已。末録閨秀十餘人。元爲七十三代門壻，亡室《舊經樓詩》亦得采焉，以是爲幸。道光十八年春，繡峯先生以稿本見示，將付梓人，屬序其事，亦祖庭之掌故也。

梁中丞文選旁證序

《文選》一書，總周、秦、漢、魏、晉、宋、齊、梁八代之文而存之，世間除諸經、《史記》《漢書》之外，即以此書爲重。讀此書者，必明乎《倉》《雅》《凡將》《訓纂》、許、鄭之學，而後能及其門奧。淵乎浩乎，何其盛也！夫豈唐宋所謂潮海者能及乎？蕭《選》之文，漢即有注，昭明之時，注者更多。至於隋代，乃有江都曹、李之學，書探萬卷，壽逾百年，且有公孫羅、許淹諸説，是以沈博美富，學守師傳也。唐開元後，有六臣之注。五臣自欲掩乎李注，惟少實事求是之處，且多竄誤雜揉之譏。《文選》刻板最早。初刻必是六臣注本，而單李注本幾於失傳。宋人刻單李注本，似從六臣本提掇而出，是以五臣之名，尚有删除未盡之處。今世通行單李注板本，最初則有宋淳熙尤延之本。尤本有兩本：一本予所藏以鎮隋文選樓者也，一本即嘉慶間鄱陽胡果泉中丞據以重刻者也。我朝諸儒之學，難者弗避，易者弗從。爲此學者已十餘家，而遺義尚多，可謂難矣。閩中梁茝林中丞乃博采唐、宋、元、明以來各家之説，計書一千三百餘種，旁稽博引，考證折衷，若有獨見，復下己意，精心鋭力，捨易爲難，著《文選旁證》一書四十六卷，沈博美富，又爲此書之淵海矣。余昔得宋本，即欲重刻之，且欲彙萃諸本爲《校勘記》，以證晉府、汲古之誤。繼而胡中丞已刻尤本，是以輟作。今又讀梁中丞此書刻本，得酬夙願。即使元爲《校勘記》，亦必不能如此精博也。欣然爲序，與海内共之。

孫恩浩恭校[一]

[一]『孫恩浩恭校』五字，甲戌續刊本無。

揅經室續四集卷四

謝賜御筆福字壽字鹿肉摺子

奏爲恭謝天恩事。道光三年正月二十日，臣齎摺差弁回粵，欽蒙皇上恩賜御書『福』字、『壽』字並鹿肉到，臣當即出郊跪迎，至署恭設香案，望闕叩頭祇領。伏念臣廿載封圻，六旬頹齒，常懼涓埃未效，實慙廩禄虚糜。昨歲入覲天顔，渥邀帝賚；兹復特叨恩澤，倍錫春祺。已賜福箋，珍隨甲鹿；更加壽幅，繪繞雲龍。臣敬念福者，備也，臣何以備宣聖德於蒼生；壽者，酬也，臣何以酬報隆施於丹陛。再臣犬馬之齒，甲子已周，氣力不充，髩鬚多白。悚惶無地，頓忘蒲柳之先衰；平格自天，益凛桑榆之有失。惟勤思職業，仰答國恩。推景福於兩粵東西，兆民有慶；頌聖壽於萬年億秭，南極無疆。所有臣感激欣悚下忱，謹繕摺具奏，叩謝天恩，伏乞皇上聖鑒。謹奏。

祭南海神廟文

惟道光五年三月己亥日，太子少保、兵部尚書、都察院右都御史、總督廣東廣西等處地方軍務阮元致祭于南海神廟曰：五嶺之南，至于海濱。洋洋萬里，迺廣迺輪。祝融正位，實爲大神。惟神之德，順天布仁。惟神之威，如雷發春。內清外晏，無波無塵。風和雨節，年豐俗淳。戈船估舶[一]，息浪通津。遠服夷國，近育粤人。元奉帝命，部伍是巡。舟迴海外，祀事再親。敬將俎豆，祈神福民。尚饗。

節性齋銘

周初《召誥》，肇言節性。周末《孟子》，互言性命。性善之説，秉彝可證。命哲命吉，初生即定。終命彌性，求至各正。邁勉其德，品節其行。復性説興，流爲主静。由莊而釋，見性如鏡。考之姬孟，實相逕庭。若合古訓，尚曰居敬。

[一] 舶，甲戌續刊本作『船』。

蘇文忠公象贊

象摹内殿，蘇齋曾見。嶺南洺山，又逢眞面。古人精神，成書立傳。古人衣冠，夢中頓晛。胡甸切，假「晛」爲「現」，較雅。注目生光，如影如電。

陸宣公從祀廟廡頌

於戲宣公，既文且忠。未嘗講學，實踐在躬。以仁輔世，以義立功。學孟子學，異乎禪宗。請祀孔廟，帝曰當從。

及門吴給事傑奏請從祀，奉旨准行。給事寄册索文，因爲此頌。福謹識。

學海堂集序

古者卿大夫、士皆有師法。周公尚文，範之以禮；尼山論道，順之以孝。是故約禮之始，必重博文；篤行之先，尚資明辨。《詩》《書》垂其彝訓，傳記述其法語，學者誦行，畢生莫罄。譬之食必菽粟，日不可廢；居必棟宇，人所共知。奚更立言，以歧古教哉！

若夫載籍極博，束閣不觀，非學也；多文殊體，輟筆不習，非學也。次困之士，黽勉於科名；語上之儔，詎愚蔽其耳目。率曰乏才，豈其然歟？嶺南學術，首開兩漢，著作始於孝元，治經肇於黄董。古册雖失，佚文尚存，經學之興，已在二千載上矣。有唐曲江，誠明忠正，求之後代，孰能逮之！蹟其初學，乃多詞賦耳。文辭亦聖教也，曷可忽諸。

大清文治，由朔暨南。明都著於因民，離曜增於往代。余本經生，來總百粤。政事之暇，樂觀士業。曩者撫浙，海氛未銷，日督戈船，猶開黌舍，矧兹清晏，何獨闕然？粤秀山峙廣州城北，越王臺故址也。山半石巖，古木蔭翳，緑榕紅棉，交柯接葉，闢萊數丈，學海堂啟焉。珠江獅海，雲濤飛汎於其前；三城萬井，烟靄開闔於其下。茂林暑昃，先來天際之涼；高欄夕風，已生海上之月。六藝於此，發其秀輝；百寶所集，避其神采。洵文苑之麗區，儒林之古境也。昔者何邵公，學無不通，進退忠直，聿有『學海』之譽，與康成並舉。惟此山堂，吞吐潮汐，近取於海，乃見主名。多士或習經傳，尋疏義於宋齊；或解文字，考故訓於《倉》《雅》。或析道理，守晦菴之正傳；或討史志，求深寧之家法。或且規矩漢晉，熟精蕭《選》；師法唐宋，各得詩筆。雖性之所近，業有殊工；而力有可兼，事亦竝擅。若迺志在爲山，虧於不至之譏；情止盈科，未達進放之本。此受蒙於淺隘而已，烏覩百川之滙南溟哉！

道光四年，新堂既成，初集斯勒，四載以來，有筆有文，凡十五課。潛修實踐之士，聰穎博雅之材，著書至於仰屋，豈爲窮愁；論文期於賤璧，是在不朽。及斯堂也，升高者賦其所能，觀瀾者得其爲術。息焉游焉，不亦傳之久而行之遠歟！

謝御賜福字壽字并奶餅乾果摺

奏爲恭謝天恩事。竊臣賫摺差弁回滇，捧到恩賞御書『福』字、『壽』字并奶餅乾果，恭設香案，望闕叩頭祇領。伏念臣散等樗材，弱慙蒲質。值此亥書之歲，仰邀申命之庥[一]。寶墨濃揮，帶九天之露氣；春祺普洽，生一路之星輝。共瞻合璧以成文，恰在五雲之多處。竊惟南郊樂土，地以福名，滇境山居，人多壽者。荷恩來之自北，益物與之皆春。而且珍果連函，瓊酥疊餅。自是澤周外漠，醍醐渥挏馬之香；即看功定西疆，杕杜及櫻桃之薦。臣惟有勤思受祜，切戒素餐。美意延年，冀上承夫天壽；庶民敷錫，勉安鎮於坤維。所有臣榮感下忱，理合恭摺叩謝天恩，伏乞皇上聖鑒。謹奏。

[一] 庥，甲戌續刊本誤作『麻』。

謝賜紫禁城騎馬摺

奏爲恭謝天恩仰祈聖鑒事。道光八年十二月二十三日奉上諭：『雲貴總督阮元，著加恩在紫禁城内騎馬。欽此。』竊臣職效南車，材同下駟。封圻洊歷，愧馬齒之徒增；節鎮久膺，撫駒光而自惕。遭逢聖治，慶澄清於攬轡之前；感激皇仁，勉矍鑠於據鞍之日。兹届覲光而述職，迺蒙錫馬以趨朝。垂慈步履之微勞，榮傳紫禁；曲念筋骸之漸老，寵畀丹綸。恩重戴天，感增行地。伏念臣南滇歸極，既征懷靡及之心；北闕瞻雲，駟伐仰丕成之烈。花門雪盡，蒲桃與天馬同來；玉殿春回，殽核及小輿并載。從此駘銜日警，益矢馳驅；即今駑力時勤，更蒙策馭。半九十里，慎行路晚節之難；蔽《三百篇》，守思馬無邪之訓。所有臣感激下忱，理合繕摺恭謝天恩，伏乞皇上聖鑒。謹奏。

謝賜回疆方畧摺

奏爲恭謝天恩事。竊臣齎摺差弁回滇，捧到頒賞《欽定平定回疆剿擒逆裔方畧》全函。臣當即恭設香案，望闕叩頭祇領。欽惟我皇上駿業光昭，鴻功耆定。纘承謨烈，軒弧炳象於遐陬；綏靖垓埏，姬籙垂型於萬禩。蠢茲張格爾，貳負餘俘，陸梁荒徼。皇上鈞樞默運，神策親裁，迅掃妖氛，生擒渠惡，允宜彙編訓誥，纂輯典謨。五七言首列宸篇，八十卷全羅偉伐。啟丹闈以獻馘，銘紫閣而酬庸。璧水告成，鐵山紀績。其間開十條而授畧，總八校以掄材。知幾其神，罪人斯得。莫不開卷而仰窺祕畫，披函而難測神謀。紹璿圖而歲紀庚寅，功符準部；頒瑶笈而籤標甲乙，恩逮邊疆。臣忝任封圻，遠叨宣賜。仰聲靈於九伐，軍志詳臚；欽宵旰之單心，宸猷式焕。從茲映赤虹於東壁，玉府增輝；歌朱鷺於西陲，金城永鞏。揄揚莫罄，鼓舞難名。所有臣欽感下忱，理合繕摺叩謝天恩，伏乞皇上聖鑒。謹奏。

謝授協辦大學士摺

奏爲恭摺奏謝天恩並請旨赴京叩謝仰祈聖鑒事。竊臣於道光拾貳年玖月拾柒日[一]接准吏部咨開，奉上諭：『阮元著協辦大學士，仍留雲貴總督之任。欽此。』臣跪捧恩綸，伏地叩頭，感悚莫可名狀。伏念臣秉質至愚，受恩極渥。感深愧積，疊蒙高厚之施；任重材輇，未有涓埃之效。

[一]『道光拾貳年玖月拾柒日』，甲戌續刊本作『道光十二年九月十七日』。

道光捌[一]年十二月展覲進京，稍抒戀慕。仰沐恩施稠疊，爲臣所弗克負荷之恩；備蒙訓誨周詳，皆臣所極當服膺之訓。撫衷增惕，循分難安。茲復仰荷鴻慈，欽承特簡，尤寵光之逾格，非夢想所敢期。自顧何修，遽附參知之列；忝叨非分，彌思節使之難。聞命之下，懼歉交深，感激涕零，不能自已。臣近年筋力尚可勉持，惟心力所攝，漸形不足。祗有懇求俞旨，准臣趨詣闕廷，叩覲天顏，虔申謝悃，跪聆恩訓，益有遵循。如蒙諭允，俟奉到批摺後，將應辦各事宜與撫臣伊里布次第商定，循例於起身時，將雲貴總督印務交撫臣伊里布署理。臣無任瞻依待命之至。所有感戀下忱，謹先繕摺叩謝天恩，伏乞皇上聖鑒。謹奏。十二年九月十九。

謝賜七十壽摺

奏爲恭謝天恩仰祈聖鑒事。竊臣於本月初壹[二]日陛見抵京，泥首宮門，叩覲天顏，虔申謝悃。由軍機大臣傳知，欽奉恩諭，以本年臣七十生辰，特加賞賚，當由軍機處頒到御書『亮功錫祜』

[一] 捌，甲戌續刊本作『八』。

[二] 壹，甲戌續刊本作『一』。

匾額一面、御書『福』『壽』字各一方、佛一尊、紫檀嵌玉如意一柄、蜜蠟朝珠一盤、陳設十件、縴絲蟒袍一件、大卷江綢四疋[一]、小卷江綢八件。臣謹叩頭謝恩祗領。伏念臣材同樗散，質本芻微，蒙我皇上高厚殊施，渥邀恩眷，未有涓埃之效，屢加非分之榮。忝任封圻，方懼難勝棨節；驟躋揆席，更慚協贊綸扉。兹因馬齒加增，復荷鴻慈眷注。榮膺懋賞，寵錫奎章。亮功瞻雲日之章，恩輝露湛；錫祜篤臣民之祉，宸翰春生。溥壬林而壽寓同登，綏戩穀而福疇並衍。禮莊嚴之法相，式温潤之瓊枝。貫珠懷記事之勤，藻繡思章身之稱。十賚燦陳于[二]彝鼎，千絲輝映乎(元)〔玄〕纁。凡兹寵錫駢蕃，洵屬非常遭際。心銘温諭，非夢想所敢期；頂戴深恩，矢靖共而勿替。異數出於天錫，七十稔沐幬載之恩；殊榮被及畺臣，萬億齡上升恒之頌。所有臣感激榮幸下忱，謹恭摺奏謝天恩，伏乞皇上聖鑒。謹奏。

[一] 疋，甲戌續刊本作『匹』。
[二] 于，甲戌續刊本作『於』。本卷之中，後文『于』字皆同，不再出校。

謝授大學士摺

奏爲恭謝天恩事。臣於道光十五年三月初三日接准吏部咨開，奉上諭：『阮元著補授大學士，管理刑部事務，伊里布現在啟程來京陛見，阮元俟伊里布回任後再行來京供職等因。欽此。』臣即恭設香案，敬捧綸章，望闕謝恩，伏地九叩，感悚交切，莫可名言。伏念臣江北庸材，維揚下士。叨居館職，洊陞卿貳之班；繼領封疆，復荷連圻之任。國恩重受，備霑天地雨露之優；聖澤未酬，實無尺寸涓埃之效。已忝參知之秩，留司外鎮於邊陲；兹膺簡用之仁，晉授平章於綸閣。臣既愧素無才識，未能仰贊昇平；復將懼此衰愚，何以勉承策馭。且以持衡邦瀵，綜理秋官，麗比甚繁，折中須慎，愈覺撫衷而增惕，皆非夢寐所敢期。惟有奮勵精神，攝持心力，倍加謹慎，冀無負逾格之寵光；矢竭朽庸，庶常沐垂慈之恩眷。臣遵俟新督臣伊里布回任後，即行交卸起程，趨赴闕廷，跪請聖安，虔申謝悃，敬聆訓示。所有感激下忱，謹先繕摺叩謝天恩，伏乞皇上聖鑒。謹奏。

十五年三月初五。

教習庶吉士謝摺

奏爲恭謝天恩事。本月初六日，奉硃筆：『著阮元、穆彰阿教習庶吉士。欽此。』竊惟桂林獻策，芸館儲英。藹藹吉人，見此時之多士；雝雝鳴鳳，期他日之良臣。宜加繩尺于長材，俾琢圭璋于完璞。臣學荒舊業，智竭頹齡。重荷聖恩，命司教習，悚惶丹地，榮耀木天。身到瀛洲，寶書森于玉署；選成文賦，鬱雲起乎翰林。辭貴立誠，非徒摛藻；士先尚志，豈獨雕龍。我皇上聖學淵深，天章炳曜。取士已極其慎重，披文尤致其精詳。臣疊荷恩施，屢司衡鑒。知簡拔眞讀書之士，庶澄習爲有用之材。敢不竭力有成，虛衷共濟。奉聖人之教以爲教，咸求玉琢金相；程學士之文以爲文，各勵春華秋實。所有臣感激下忱，謹繕摺恭謝天恩，伏乞皇上聖鑒。謹奏。

緬甸進奇異花象賦 庚戌館課[一]

若夫滇海西流，孟山東轉。戞里人遥，嘉良路緬。松巒隔徼而溪多，香象渡河而水淺。瑶光

[一] 甲戌續刊本無此篇。

星散，彩分玉餌金蕉；雍由調來，貢勝紈牛露犬。

原夫緬人之處南荒也，蒲甘達萬里之關，猛密有五城之擅。漢初則撣國時通，唐代則驃民互戰。強如饕餮，堯階後舞於三旬；竄比蛛蝥，湯網疏逃於一面。昔者懵酋恃險，尚久覆於帡幪；今茲孟隕款關，乃自投於荒甸。

於是重譯而朝，奉琛以進。其表瀝誠，其辭效順。千金鑄塔，願梯七級以徠歸；四象充庭，更獻五花之奇儁。貢匪白牛燀羝，出於大夏周頭；物高巨麈乘黃，來自白民謖慎。

爾其性馴彌善，色麗尤奇。白賁拂菻之潔，青參陀國之釐。試教牽出，伽那雜文斑駁；爭看驅來，羅我交彩陸離。毛駓毛騢，卑彼驪黃之色；文炳文蔚，美於虎豹之皮。

於是通以象胥，傳由驛騎。金沙江隔，即爲飲鼻之區；銅壁關分，半是藏牙之地。昔聞大食，無今花樣之奇；舊説文單，遜此花紋之異。圖燕異色，來蠻煙瘴雨之鄉；斗應七星，比威鳳祥麟之瑞。

金鉤初試，罽韉始加。彤庭耀彩，玉陛呈華。立仙仗以葳蕤，色映星旌羽葆；駕輅車而容與，光分翠蓋芝葩。陋晉人南越之馴，載以黃門鼓吹；笑唐世御樓之舞，駝來金葉蓮花。

蓋惟我皇上開壽宇於無疆，闢坤輿於極廣。未嘗勞我羈縻，莫敢不來庭享。故雖邈爾遐陬，亦自呈其花象。此日木邦金齒，已似乾陀；他時阿瓦瀾滄，更通南掌。

況乎元會則四國齊朝，震疊則兩番内附。巴勒布驗風受吏，獻其貝葉梵經；暹羅斛識海來王，表以南金大璐。何如六牙千葉，别具奇姿；不數林邑梁山，徒充常賦。祝聖人之壽，億年延曼羨之祥；觀上國之光，萬里展西南之路。

右乃大人官庶常時館課之作，久逸其稿。乙未教習庶常，始從館賦中録出補入。況督滇時，緬甸又進馴象，奏襲車里土司之職，使緬甸、南掌相和，南掌亦進馴象。西南展路似有豫兆，故應補録入《續四集》。祜識。

紙頌

自今溯古，所由千載如見者，書耳。書以紙爲之。忠孝勇節之人，或不知文字，而其人傳，紙傳之也。學儒才士，則能自傳之，且代人傳之。百年千年，積之於紙之中，後人之欲知古[一]者，窺而得之，如見古人，古人亦得以與後人見。雖詩集小説，亦若親其言貌，覩其神情。然則自漢以來，惟賴此紙，相引勿替矣。愚夫愚婦，秪在世食粟數十年耳，不知書也。鉅工大商，秪在世求贏數十年耳，亦不知書也。仙佛尚空虚，然其言其名，亦賴紙也。故吾曰：紙爲

[一] 古，甲戌續刊本誤作『占』。

貴。乃頌之。

赫蹏以後，乃有蔡倫。與竹泰遠，與帛墨鄰。二千餘年，製腊日新。刻木印字，其用更神。若無此物，罕見古人。若無此物，世多愚民。筆墨相寄，爲世奇珍。一堂之寒，得之則温。一牖之暗，得之則明[一]。

孫恩光恭校[二]

[一]『一堂之寒得之則温一牖之暗得之則明』十六字，底本無，據《文選樓叢書》本補。

[二]『孫恩光恭校』五字，甲戌續刊本無。

揅經室續四集卷五　文選樓詩存第十二

癸未　男福注

道光癸未正月廿日余六十歲生辰時督兩廣兼攝巡撫印撫署東園竹樹茂密虛無人蹟避客竹中煮茶竟日即昔在廣西作一日隱詩意也畫竹林茶隱圖小照自題一律

萬竿修竹一茶罏，試寫深林小隱圖。豈得常閒如圃老，偶然兼住亦廬吾。傳神入畫青垂眼，攬鏡開奩白滿鬚。二十餘年持使節，誰知披卷是迂儒。

福兒汲得學士泉煮茗作詩因再題竹林茶隱圖中

酒中有至樂，恨我絶不諳。近歲作茶隱，聊以當沈酣。禺山到鹹海，已是珠江南。怕汲斜水斜，《元和志》：『邪階水，今名階水，出縣東百三十里。』《太平寰宇記》：『南齊時，有邪階縣，後改爲正階縣。』《廣東通志·山川畧》：『邪階水出始興縣東南邪階山，水有別源曰巢頭，重嶺衿瀧，奔湍相屬，祖源雙注，合爲一川。』戒酌貪泉貪。《廣東通志·山川畧》：『石門水，一名貪泉，出縣西三十里平地，即晉廣州刺史吳隱之飲水賦詩處。』忽聞學士泉，輕與雲相涵。《廣東通志》：『學士泉在番禺縣北七里。明天順中，學士黃諫謫廣州，品其井水爲嶺南第一。』福汲取稱之，山泉輕於井泉，此泉又輕於山泉。滴墨辨眞僞，此泉貯白磁碗中，醮墨滴入，墨沈而不散，以試他泉，則浮散者多矣。符調得一擔。松柴與石𥑮，煮試來吾男。茗投龍井葉，咀味清且甘。諸孫與杯勺，可抵飴弄含。七椀喫不得，賒飲可及三。耶律楚材詩云：『盧仝七椀詩難得，諗老三甌夢亦賒。』先生非醉吟，《白太傅集》有《醉吟先生傳》，大人性不善飲，而生辰與白公同日，故癸亥撫浙時有《正月廿日四十生辰避客往海塘用白香山四十歲白髮詩韻》詩一首。隱几何醰醰。此時竹林下，蝶化羅浮蠶。

癸未四月住閱江樓閱肇慶八營官兵

霝角叱仙羊，觸石成一峽。西江千派來，受此兩山夾。連舟穿峽行，遮眼峰疊疊。雙塔指高要，平聲。佳氣滿城堞。登此閱江樓，輕帆卸雲葉。

茲樓夫何如？四樓合爲一。南挹端江清，北列星巖七。東海多曙霞，西巖隔紅日。雨捲重簾來，雲穿衆窗出。即此是崧臺，況已隣石室。《廣東通志·山川畧》云：『石室在高要縣北五里，南北二門，名爲崧臺。』按：石室山，唐天寶六年改爲崧臺山，爲七星之一，即定山也。

曉出崧臺郊，八營勒嚴陣。列纛五色翻，中權鼓角振。勢湧秋潮來，聲雄午雷震。百粵控東西，兵力重此郡。練彼膽與心，道在使之奮。

奮勇復選材，翌日如臨敵。雲中圭頂山，《肇慶府志》：『白沙岡，即今所稱龜頂山，在高要縣西八里，秀拔高聳。』視彼若堅壁。分路競先登，騰躍攻且擊。時平無戰爭，將士少閲歷。何以身先之，勤習比運甓。大人新諭督標八營將弁，於常操之外，在圭頂山下又練奮勇一陣，不須量度地勢，到處可宜，能合能分，隨時變動，專以上衝捷便爲先。

樓居夕頗暇，五宿在端州。憑闌弄江月，四山涼若秋。豈徒閲軍實，兼以成清遊。興來暫自樂，遠慮還多憂。綢繆語諸將，又放出峽舟。

宿閲江樓

正當山水奔騰處，更有高樓抵浪回。初夏暑風出羊峽，三更皓月滿崧臺。行隨石磴層層轉，卧使簾窗面面開。爲惜珠江太繁俗，海珠樓上有誰來。廣州靖海門外珠江中流海珠礟臺，激流特起，上有樓閣，甚雄麗。

羚羊峽峽東即端溪研洞今有水不令開鑿

五羊仙人來何處？必從此峽騎羊去。萬羊化石埋紫雲，石角無痕著巖樹。端州研匠巧如神，水洞磨刀久迷路。詩硯皆無迹可尋，非仙那得知其故。

福兒隨來端州住閱江樓數日呈詩文一卷因[一]題其卷首

西樓行吟南樓坐，東樓晚飯北樓卧。一家終日住樓臺，微之詩少香山和。犢兒隨我弄筆來，我豈長公爾非過。《坡公年表》：『紹聖元年，坡公在當塗縣，謫授寧遠軍節度副使，惠州安置，獨與幼子過八月度庾嶺，十月到惠州，寓居合江樓。』漫將小集學斜川，《宋史·蘇過傳》：『過家潁昌，營湖陰水竹數畝，名曰小斜川，自號斜川居士，有《斜川集》十卷。』喜得溪山助吟課。惜爾兄弟皆未來，縱有詩情遠難作。試將此卷寫與之，方

[一] 因，甲戌續刊本誤作『題』。

識端州此樓大。此樓高借石磯，分東西南北四樓，四角又有抱樓，合通爲一大樓，與滕王閣、黄鶴樓、岳陽樓、合江樓、烟雨樓結構皆不同。題成推研笑滄浪，嚴滄浪論詩云：『盛唐諸人唯在興趣，羚羊挂角，無迹可求，透徹玲瓏，不可湊泊。』峽口羚羊挂雲破。

廣州城西荔支灣荔林夾岸白蓮滿塘即南漢昌華舊苑也諸兒遊此折荔歸來題圖一首

海珠臺外珠江灣，夾岸萬樹荔子丹。偶然小艇撥荷去，緑杉野屋圍闌干。紅雲低壓白蓮水，論園買夏邀人看。劚枝不用縱猿摘，蘇詩《食荔枝引》云：『惠州太守東堂，祠故相陳文惠公。堂下有公手植荔枝一株，郡人謂之將軍樹。其高不可致者，縱猿取之。』歸來勸我還飽餐。是時積雨浄暑氣，甘漿迸齒尤清寒。黄蕉白藕且相避，案前堆滿玻璃盤。緑苞倒挂小香鳳，《廣東通志》：『挂緑荔，紅殼，上有緑一線，或在肩，或在腹，以增城沙貝所産爲上。』按：粤東有翠羽小鳥，俗名倒挂鳥，即所謂桐花鳳也。此蓋以鳥喻之耳。冰珠探出鮫宫丸。《廣東通志》：『凝冰子，日中照之，内外洞徹，核在内半明半滅，亦名水晶球。』連枝帶葉插簾户，譬在林下垂團欒。新圖一幅寫幽浄，我亦著眼生喜歡。何時我可棹船去，清遊歎息何其難。

五月廿七日内子生辰復避客獨遊荔支灣憩擘荔亭歸示福祜孔厚即用前寒韻加删韻按：此時猶未有唐荔園之名。

荔支灣中水幾灣，荔支仙成十萬丹。我獨棹船出江關，穿林拂葉來河干。羊城六度荔子殷，昌華故苑今纔看。赤霞絳雪何斕斑，就樹頗有遊人餐。柴門草閣見青山，雨餘五月江深寒。野塘荷氣清如蕑[一]，白菡萏摇翡翠盤。亭林静寂泉幽潺，況有黑葉垂晶丸。皆荔支名。夏遊得隱荔樹間，春遊竹裏吟檀欒。歸來寫詩自解顔，爲此枉駕眞古歡。大人自注：《文選·古詩十九首》：『良人惟古歡，枉駕惠前綏。』若非避客來偷閒，爾亦歎我清遊難。

堂院中用竹木架成平臺與簷齊爲夏夕趁涼之所秋即拆之

偶用杉爲架，還將竹作簃。平鋪杉白板，密縛竹青皮。梯曲巡簷起，欄疎借柱支。檐低登易及，柱近倚何危。向晚追涼去，看霞啜茗時。藤牀圍茉莉，蠟炷護玻璃。判事猶披牘，餘閒合詠詩。

［一］蕑，甲戌續刊本作『簡』，誤。

星河天湛湛，海月夜遲遲。小有樓臺趣，兼於筆硯宜。好從尋樂處，聊以養吾衰。

道光癸未狀元爲廣東吴川林召棠報至粤越華粤秀兩書院院長同稱喜復用三元詩韻一首

文運三元西粤開，幾年連向粤東來。七千里外頻聞喜，八十年中間出才。嶺海番禺承舊第，乾隆四年狀元莊滋圃先生爲番禺縣籍。吴川水月起高臺。吴川有水月臺。諸君説我多桃李，五管春風見六回。近科瓊山探花張岳崧、南海探花羅文俊、歸善會元吕龍光、廣西三元陳繼昌及今吴川狀元林召棠，皆大人門生所取之士也。

道光辛巳恩科兼攝廣東巡撫監臨事和德文莊公乾隆庚寅監臨試院中舊扁詩韻題甲子浙闈試院煎茶詩卷中

珠江試院藥洲旁，又看茶煎第一綱。大人甲子在浙監臨鄉試，與潘芝軒、盧南石兩主試倡和試院煎茶詩。是科多得人，今提調雷瓊道費公丙章即是科貢士也。三榜連元期兩省，前科西省三元陳繼昌出大人門生門下。五傳登第喜同堂。大人己酉出文莊公門生門下，辛巳廣東主試陳殿撰沆、傅編修綬又皆出大人門生門下，上溯文莊爲五傳。清風滿座隔簾影，明月照人聞茗香。一十八年成老輩，放闈還到少年場。

右詩爲辛巳秋作，刻集時刪去，詩中『三榜連元』本指陳三元也。乃廣東辛巳得解元周燧，壬午得會元呂龍光，癸未得狀元林召棠，説者以三榜連元，竟眞兩省如期，先爲之兆，而此三元亦皆出門生門下兩省科名，洵爲盛事，福爰請補録於此。

督署西堂木棉

絳綃高向半天垂，十丈難攀最上枝。木棉名攀枝花。因在堂西宜夕照，若生嶺北更多詩。清陰勿翦百年後，濃色常留三月時。有此紅雲能捧日，牡丹那得染臙脂。嶺南無牡丹，盆烘者有之。

題海印閣《廣東通志》：『海印閣在城東南沙洲，明萬曆中建。』今之新閣，蓋沿舊名之也。

誠齋榷使達三新構高閣，正當海印石《粤中見聞》：『海印，潛石也。半出波際，上有京觀樓，雉堞四周，與海珠、浮邱相望，隱隱若三台象焉。』之北，可以遠眺，因名之曰海印閣，書其扁。

珠江雨後復炎蒸，傑閣初成快共登。窗納白雲山一角，帆收黄浦浪千層。頓除豪氣涼停扇，爲看禪光暮却鐙。高倚闌干提海印，蓮花池外問南能。

不浪舟小坐 節署二堂之東，定静堂之南，有軒五楹，南北敞窗，修狹似船，故舊名如此。

莫訝牽船上岸居，絶無波浪一舟虚。夾窗全借蕉榕竹，攤几惟留筆研書。静坐豈能忘世慮，清吟方算是公餘。若將綠影當秋水，比似珠湖可得如。

坡公謂嶺南涼天佳月即中秋不以日月爲斷癸未中秋天涼月佳續其句成一律

涼天佳月即中秋，況到中秋宿雨收。清露滿城涼滿樹，海光當面月當樓。得閒心氣如雲淡，向老年華似水流。風景安恬波浪静，使君原是泛虚舟。

楊桃

楊桃一名五棱子，色黄，有五棱，八月熟時，其味似合橄欖與蔗而共嚼之，未熟則但酸澀。可代橄欖入茶，且能解瘴。

荔支生嶺南，漢唐名已大。味豔性復炎，尤物豈無害。誰知五棱桃，清妙竟爲最。試告知味人，味在酸甜外。

重九夜過端州

雨後秋風尚未涼，半輪斜月認重陽。濃濃雲氣瀼瀼露，到處山田晚稻香。

過平樂

凍雨洗截壁，殘雷殷遠山。時當九秋後，人在萬峯間。晚稻已再熟，溪漁偏獨閒。喜看民氣静，餘意慰諸蠻。《廣西通志·諸蠻傳》云：『平樂猺散處林麓，貯粟巖竇，男女服飾與桂林獞同。』

癸未秋閲兵粤西道出灘江

灘江爽氣照秋開，閒倚篷窗暮色催。日影倒騰峯頂去，晚涼平貼水邊來。野漁舟小藏巖洞，古堠烟清護石臺。且向萬山深處宿，夢隨殘月四更回。

陽朔舟中

桂林陽朔峰千萬，萬石林中水瀉灘。灘，《漢書·地理志》作『離』。『蒼梧郡』注云：『有離水關。』『零陵郡·零陵』下注云：『離水東南至廣信，入鬱林，行九百八十里。』石架琅玕立不律，屏開翡翠吹參差。美人濃點青螺黛，學士驚題碧落碑。《唐國史補》：『絳州有碑，篆字，與古文不同，李陽冰見而寢處其下，數日不能去。碑上有「碧落」二字，人謂之「碧落碑」。』《廣川書跋》云：『李漢謂此碧落觀也，故以爲名。』削盡坡陀不依傍，亂生頭角分高卑。遍求異地絶此景，幻出尋常非所思。畫與未遊人共看，是何邱壑太離奇。

清灕石壁圖歌

府江《九域志》：『蒼梧有桂江。』《一統志》云：『一名府江。』即大灕水也。陽朔大磜汛，陽朔，縣名。《廣西志》：『大磜汛，上至黄蹄塘十里，下至黄埠塘十里。』下二里許有畫山，載在《通志》。截壁約高三十丈，寬如之，其西面平直如削，可中懸繩，淡黄色，上有青緑痕，天然如畫家皴法，具巒頭層疊之形。目不明者見之，以爲眞山，不知其平直也。明目者見之，以爲摩天巨幅之畫也。因在畫旁書『清灕石壁圖』五大字，五字長二丈餘，舟中視之，猶嫌其小。又寫『道光三年阮元題』七字，刻於石，直是上古巨圖，今始題款矣。

天成半壁丹青畫，幡然高向青天挂。上古何人善畫山，似與關荆門名派。此派渾同後世皴，造物翻師唐宋人。認作名山反如假，審爲古繪竟成眞。縱橫量去成千尺，五丁直削平無迹。古絹依稀染淡黄，巒頭重疊分青碧。清灕一曲繞山流，來往何人不舉頭。六年大人自丁丑冬制兩粵，迄今六年矣。久識奇峰面，五度丁丑秋，大人任兩湖總督，往湖南閱兵，八月二十八日衡州途次，奉旨調補兩廣總督，即赴新任，遂取道全州入廣西界到廣東，路經陽朔一次；戊寅十一月，往廣西查辦藩司富綸案并閱兵，經過陽朔一次；庚辰七月，往廣西查辦灌陽會匪案，往回經過陽朔二次；今年九月，往廣西閱兵，由平樂到桂林，經過陽朔一次。取道柳州、南寧、潯梧回廣東，前後五度。來乘讀畫舟。石渠寶繪幾千卷，天上雲烟曾過眼。乾隆五十六年，大人在南書房修纂内府各書畫爲《石渠寶笈》，先後賜趙孟頫《無量壽佛》、元人《戲嬰圖》、宋人《貨郎圖》等，名跡亦甚多。何幸湘南《漢書·地理志》「零陵」下注云：「陽海山，湘水所出。」按：灕水亦出零陵，此「湘南」謂湘水之南，韓昌黎詩「蒼蒼森八桂，兹地在湘南」是也。《漢志》長沙國有湘南縣，在衡山西北，與此「湘南」異。見此山，眼福如今還不淺。山旁刻石擘窠書，鑒賞標題始自吾。後人來看道光款，傳出清灕石壁圖。

題崑崙關策騎圖

巡過龍賓龍州，賓州也。龍州即今之柳州柳城縣。又入邕，州名，即今南寧府城，秦桂林郡。《唐書·地理志》：「邕州本南晉州。」晝將秋色代初冬。一關路阻分雄鎮，百里陰森盡古松。頗有雲山宜策騎，久無夜宴似征儂。時平正恐軍心惰，注目西南十萬峯。邕州西南即廣東欽州之西北，西有十萬大山接交阯界。

藤鼓

藤爲明韓襄毅平大藤峽賊時所斷截，中空，冒爲鼓，在肇慶府鼓樓，至今以爲更漏之鼓。鼓長五尺，圍丈五尺，或當時不止一鼓，今惟此存耳。

武仙大人自注：『峽在廣西潯州府武宣縣，即唐武仙縣。』歷千載，乃産此巨藤。峽夾右江水，國朝胡南藩《潯州左右江考》云：『粵有三江，並匯于梧。匯于潯者二，南曰左江，北曰右江。右江之源，一曰融江，一曰龍江。』一藤橫可絙。晝沈夜浮渡，《潯州府志》：『大藤峽岸有藤，大十圍，横生過江，日沈水底，夜浮水面，渡賊而南，以通龍山八寨。』妖由亂人興。誰其斷藤者？桓桓韓中丞。斷藤復段截，造鼓示創懲。中空冒以革，圍量丈五繩。釁以老猺血，十里聞鼜鼜。皋陶不用木，《考工記》：『韗人爲皋陶。』鄭司農云：『皋陶鼓木。』坐令鼙弗勝。陽明來駐節，應歎見未曾。軍門復東徙，大人自注：『總督初駐廣西梧州，繼遷廣東肇慶，今又駐廣州。』鼓在端州仍。譙樓數百載，聲壓峽九層。大人自注：『峽内舊險有九層樓。』江鼉響與答，山魅應且憎。我今過潯南，斷藤峽在縣南三十里。訪峽由思陵。大人自注：『思陵山在峽之西南。』猺明南海鄺湛若《赤雅[一]》云：『猺名拳客，古八蠻之種，以南窮極嶺海，迤邐巴蜀。藍、胡、槃、侯四姓，槃姓居多，皆高辛狗王之後，以犬戎奇功，尚帝少女，封于南山，種落繁衍。』又云：『居思娥，隱貴縣南七十里居思岩。』犽《柳州府志》云：『犽女，黑齒黥面，而繡額爲花草蛾蝶之狀，嫁則自荷傘，戒徒聚族數十人送之。』狼《粵西偶記》：『狼人者，亦古槃瓠之苗裔，粵西諸郡處處有之。潯州狼自(宏)〔弘〕治間因大藤諸峽亂，從黔中調來征剿峽中，遂戍[二]焉。』狑《赤雅》云：『雕題高髻，狀若猩狒，散居莽中，不室而處，飢拾橡薯，射狐掘鼠，蠭蠹蚳蝝，甘生如薺，卉衣鳥言，重譯四姓。狑外曰狙，其風罔聞，意《莊子》所謂狙公云？』

[一] 雅，底本誤作『稚』，據甲戌續刊本改。
[二] 戍，底本誤作『戊』，據甲戌續刊本改。

獞，大人自注：『獞，仄聲。山民有此數種，不皆猺也。今猺頗馴，有盜匿猺中者，猺縛獻焉。』福案：《赤雅》云：『冬編鵞毛，夏衣天葉，持飯掬水，以禦飢渴。緝茅索綯，伐木架楹，人棲其上，牛羊犬豕畜其下，謂之麻闌。子長取婦，別闌而居。』與民不犯淩。峽中無伏莽，野燒宵如鐙。土民耕古寨，有産亦可恒。裹鹽柳子厚柳州詩：『青箬裹鹽歸洞[一]客。』與賣桂，大人自注：『猺中産桂，名猺桂。』此外非所能。東歸過舊府，復訪此鼓徵。大昕郡樓上，諸將同來登。治平聲更和，淵淵江水澄。

粵西

四千里路粵西還，衹過東邊一半山。大人自注：『粵西幅幀周五千餘里，總督衹到東半耳。』襲職土司小封建，大人自注：『四十六土司，官皆世襲，有狄青時者，有韓雍、王守仁時者。』射生巖峒古夷蠻。鎮兵脛走鉛爲瓦，大人自注：『兵之練捷足者，以一斤鉛爲二瓦，分縛兩脛。』猺婦肩傭銀作鐶。大人自注：『猺、獞婦人能負重。』富不甚饒貧不餓，乞兒少見路途閒。大人自注：『今年米十數錢一斤，行數千里，衹見乞兒三四人，較數年前大不同。』

[一] 洞，柳宗元《柳州峒氓》詩實作『峒』字。

由粤西入粤東

每悵官居少静緣，難將清興寄林泉。即今山水朝朝换，權作園池處處遷。終日小輿看竹坐，幾回虚枕壓溪眠。一邱一壑如相傲，可是珠湖射鴨船？孟郊詩：『不如竹枝弓，射鴨無是非。』大人四十歲時，曾畫《珠湖射鴨小照》，《珠湖分詠》詩内有『射鴨船』。

將由肇慶往雷州至新興河頭水最清淺

沙明石白浄潺湲，一尺餘波路百灣。水性本清休咄怪，客情相賞即高閒。行吟有興方成句，坐卧何時不對山。寒雨會須添淺漲，虚舟我復海邊還。

由高州望欽州書示兒輩

海角天涯《輿地紀勝》云：海角亭在廣[一]州合浦縣。元范椁有《海角亭記》。天涯亭在欽州東門北畔臨水，宋陶弼有《登天涯亭》詩。望可哀，古賢多少不能回。七千里外櫬曾返，大人撰先曾祖《行狀》：乾隆初，太府君任廣東欽州營遊擊，病足，二十四年十月十六日卒于任所，櫬歸自欽州，入揚州城治喪。六十年餘孫竟來。乾隆二十四年至今道光三年，爲六十四年。家計百年自清白，國恩五世受栽培。先曾祖以三品官封贈二代，大人以一品官封贈三代兼蔭子。後人有慶先人德，文武科名豈易哉。

過電白温泉題僧壁二律

山光橫電白，《隋書·地理志》「高涼郡·電白」下注云：「梁置電白郡，平陳，郡廢。又有海昌郡，廢入焉。」地脈出温泉。《廣東輿圖》云：『熱水山在縣西三十里，下有泉湧出，熱如鼎沸。』《粤中見聞》云：『熱水山上有石牀，長二丈餘，廣七尺，刻「浴沂石」三字，浴温泉畢，多卧其上。』一水自功德，上池常浄圓。大牙大牙塘汛屬陽江鎮。今再

[一] 廣，疑爲『廉』字之形近誤刻。『海角亭』見《輿地紀勝》卷一二〇《廣南西路·廉州·景物下》。

到，大人自注：『泉在大牙郵舍東。』彈指又三年。庚辰十一月，大人自廣州由陽江巡視高、廉、雷、瓊時曾經此，于今三年矣。庚辰有國服，故無詩。僧説天台寺，浙江天台山萬年寺也。遥遥省舊緣。大人自注：『泉上僧習鴻云嘉慶初曾見余于天台。僧又曾到五臺、峩嵋見雪。』此間大雪節，花放小桃枝。況有温泉氣，渾如春暖時。昔僧曾白脚，踏雪上峩嵋。我亦憶殘臘，冷泉亭外詩。大人庚申、辛酉兩年臘月在浙，有入靈隱祈雪、遇雪詩。

雷州道中

海南長至似中秋，氣暖風清雲霧收。西海夕陽東海月，大人自注：『硇洲吳川爲東海，圍洲夕陽爲西海。』中間一道是雷州。

題頤道堂詩集卷首

及門陳雲伯文述宰江都，多惠政。開伊婁河、建彩虹橋以便民，又監濬儀徵運河。癸未夏，江水爲菑，拯衈更力，頌聲遠聞。旋丁外艱去官，與吾乙丑年在浙賑菑丁憂相似也。偶閲其集中《過文選樓》詩，有『我是春風舊桃李，種花還得傍門牆』之句，續成一律題之。

種花還得傍門牆，滿縣春風憶故鄉。逮駕一橋同召伯，水通兩邑勝河陽。拊災似我昔巡浙，奉諱如君今去揚。江北部民留不住，門前桃李即甘棠。

雨脚

斷虹消盡薄雲遮，雲外穿來日脚斜。向晚欲晴晴未得，又飛雨脚不成霞。

孿經室續四集卷六　文選樓詩存第十三

甲申　男福注

省城詩社之詩有刻本見獵心喜擬作二首

紅梅驛探梅十三元韻

消息梅花又幾番，半關驛路認開元。聖朝丹荔無飛騎，此地紅林有舊根。十月早濃銅嶺色，一枝遥寄夕陽痕。九齡祭使曾停頓，無復鶗音萃墓門。

羊城鐙市九青韻

海鼇雲鳳巧瓏玲，歸德門前列彩屏。市火鑾賓餘物力，豐年羊穗復仙靈。前年火災，洋市甚損。今年復盛，年穀亦豐。月能徹夜春先滿，人似探花馬未停。見説瀛洲雙客到，書窗更有萬鐙青。時狀元林召棠、探花羅文俊皆歸里。

西齋

督署西南隅有老屋五楹，時虞其傾，然稍搘之，擇其中二間埽除之，尚可坐也，於是名之曰西齋。齋之北，植四柳樹，又牆北、牆東皆有老榕，橫廕數丈，百餘年物也。齋南地廣七丈、輪八丈，右有二楮樹，相倚而生而交相讓，所謂讓木者，非歟？讓木南築甎臺，高三尺，方丈許，花晨月夕，頗可坐。臺南一畝地，盡種菊。臺之東南，又築一臺，高二尺，方二丈，此臺與樹遠，無翳，更得月矣。舊牆相圍，不加粉飾，自有蘿薜纏之。牆之内，以竹爲籬，使露葵、扁豆、牽牛子施之。臺東北之隙地，多紫薇、桂、荔、槿、蕉之屬。齋西廊外又有地二畝許，結一小亭。亭南有小井，周植弱柳十數株，柳下皆爲田，以種雜蔬，早韭、晚菘、紫茄、赤莧之屬，頗供剪摘。偶于暇時過此，課花看月，煮茶烹蔬，頗清静矣，惟不能酒耳。

古人洛園詩，花竹秀而野。惟野乃有情，繁麗胡爲者？西齋本老屋，搘拄此頹廈。薜荔上緣牆，榕楮低遮瓦。墾治數畝田，所妙在聊且。端溪七研山，名向星巖假。福以端溪大研石七凷，立爲小山，題曰『小七星巖』，並識曰：『此七石皆自端溪研洞外來，洞外之石爲研則粗，立爲列巖，以肖端州之星巖。』令老研工刻于第七石。蔬學老圃鉏，籬似村農社。色宜秋菊淡，香可茉莉冶。公餘看灌園，井汲畦水瀉。行廚有眞味，采摘供菜把。我本不能酒，一飯却杯斝。我不解絲竹，花木亦陶寫。埽逕暑氣清，門静設行馬。石壺注甘泉，新茶注苦檟。有茶坑研石，福鑿爲茶壺，『茶』本作『荼』，《爾雅》曰：『荼，苦檟。』觀槿朝日升，折葵夕露下。晚來待明月，鐙燭涼欲灺。雖非杜曲閒，差比平泉雅。樂志詎在多，安寄足瀟灑。

唐荔園

紅塵笑罷宴紅雲，二百餘載荔子繁。十國祇知漢花隝，晚唐誰憶咸通園。咸通嶺南鄭節度，風流曾見詩人言。《文苑英華》曹松《南海陪鄭司空遊荔園詩》云：『荔支時節出旌斿，南國名園盡興遊。亂結羅紋照襟袖，别含瓊露爽咽喉。葉中新火欺寒食，樹上丹砂勝錦州。他日爲霖不將去，也須圖畫取風流。』曹松陪遊老文筆，丹砂濕濕霞軒軒。前此英詞接扶荔，曲江一賦傳開元。《張曲江集》有《荔支賦》。荔香曲破妃子去，貢騎不復馳中原。後此年年荔支熟，那堪屈指巢與温。黄巢、朱温。桑田有改荔林在，隱巖得地皆唐恩。茉莉不强牡丹勝，《清異録》：『南漢每見北人，盛誇嶺海之强。世宗遣使入嶺，館接者遺以茉莉，文其名曰「小南强」。後鋹面縛到洛陽，見牡丹，大駭，有縉紳謂之曰：「此名大北勝。」』昌華廢苑成荒村。方今承平嶺海盛，夷賓十倍唐崑崙。《舊唐書·林邑傳》：『林邑國在交州南千餘里。自林邑以南，皆卷髮黑身，通號爲崑崙。』《玉海》：『王方慶都督廣州，廣州南海舊有崑崙舶市，外區珠琲，秋豪無所索。』貢獻屏絶尤物賤，百蠻共仰朝廷尊。節使公餘但緩帶，荔灣一任開園垣。士民競赴半塘社，廣東荔支社，以食多者爲勝，勝則稱荔支狀頭，少則罰飲酒數大白。家家畫舫傾芳罇。燕脂林外立白鵠，芙蓉塘底飛文鴛。所惜遊談但南漢，何曾買夏唐園論。蘇東坡《荔支詩》云：『買夏欲論園。』劉家暫竊枝與葉，豈知本是仙李根。曹詩巋然見文苑，古園不泯因詩存。喜從新構得陳迹，社詩千首題園門。近日民間詩社有《唐荔園詩》，累至千餘首。詩人精魄自千古，一亭便可乾與坤。更向夢徵追老杜，試擘重碧輕紅痕。杜工部《宴戎州楊使君東樓》詩云：『重碧拈春酒，輕紅擘荔支。』今南海邱氏荔園，即唐荔園也，有擘荔亭。

唐荔園記　男福

廣州城西荔支灣，舊謂劉漢昌華苑，福謂不然。蓋植荔非十餘年不實，實矣非數十年不繁。僞劉僭竊，龑乃大侈。計龑至鋹，僅廿年耳，而紅雲宴已特聞，則荔林非始於劉可知矣。《文苑英華》有唐曹松《南海陪鄭司空遊荔園》詩云：『葉中新火欺寒食，樹上丹砂勝錦州。』所謂南國名園，已具紅雲之勝概，然則昌華紅雲，即因荔園故址爲之耳。曹松者，《唐詩紀事》以爲舒州人，字夢徵，學賈浪仙爲詩，天復初，年七十餘，始及第。松遊廣州作詩，當在天復之前，咸通之間，距鋹宴八十餘年矣。唐末，鄭氏鎮廣州者，一爲從讜，一爲愚。從讜節度嶺南，在咸通末年。愚鎮嶺南兩次，在從讜前後。兩鄭皆拜平章，其年與松皆相合。然從讜滎陽人，愚即嶺南人。松詩有『他日爲霖不將去』之句，則司空爲從讜無疑。又考《唐書》表、傳，從讜節度嶺南，在咸通十三四年，至廣明元年節度河東，始加檢校司空。松詩題『司空』者，文人詩藁從後改寫，亦往往有之，愚固未嘗檢校司空也。夫以唐咸通詩人唫宴之地，豈不甚可傳，乃獨使劉漢首稱之，何可哉？近年荔支灣中有南海邱氏所構竹亭瓦屋，爲遊人擘荔之所，外護短牆，題曰『虬珠圃』。福惜唐迹之不彰也，因更名之曰『唐荔園』。蓋以文人所遊，樂有古迹，迹之最古者，當溯而著之矣。

種沙摩竹于西齋

大人自注：『沙摩竹，根蟠節大，翠緑可愛，一年生三番筍，節上復生小筍。種者斷竹留節，橫埋于地，活即生筍，三年後高二三丈，蓋大而易生之竹也。《太平御覽》引《嶺表録異》名「沙摩竹」，今土人則稱爲「馬尾竹」。』

沙摩大竹如玉碧，一夜雨雷抽一尺。猫頭《桂海虞衡志》：『猫頭竹，質性類筋竹。』陳師道詩：『秋盤堆鴨脚，春味薦猫頭。』初破土花肥，籜龍頓礙風林窄。久看老節成拱把，那復高枝許扳摘。年來種竹瘦可憎，得此蒼筤一當百。我昔小隱深篁中，道是人家非我宅。此齋忽挺十百竿，青士緑卿竹名也。左右席。一椀[一]淡黄茶正涼，五月輕紅荔初擘。若教穡事報平安，聊可笱心近泉石。他年儻有山公來，定識林間曾阮籍。

題小瑯嬛畫付福兒

乾隆五十七年，孫淵如年伯爲家大人題篆扁曰『小瑯嬛仙館』，家大人刻《詩畧》時，删去『小』字，今轉以有『小』字之館名并畫賜福。

金碧霞城護洞天，竟名此地小瑯嬛。我家經室但迂叟，何處石樓成列仙？舊榜偶因朋友贈，新名預兆子孫傳。謏聞祇似伊家記，不願兒曹説茂先。

修廣州城及城北五層樓工成

山如海上駕金鼇，跋浪騰雲勢太豪。霸氣欲銷千里遠，神樓須壓五層高。古人頗盡經營力，

[一] 椀，甲戌續刊本作『碗』。

來者何辭匠作勞。聖代年逾周代久，此城永不有陀囂。樓明初建，云以厭霸氣者。

西洋米船初到以前關使者慮短税，不肯行，家大人力行之。

西洋夷船來，氈毹大人自注：『即呢羽毛。』可衣服。其餘多奇巧，價貴甚珠玉。持貨示貧民，其貨非所欲。田少粤民多，價貴在稻穀。西洋米頗賤，大人自注：『僅有内地平價之半。』曷不運連舳。夷曰船税多，不贏利反縮。免税乞帝恩，大人自注：『余奏免米船入口船及米之税，仍徵其出口船貨之税，蒙允行。以後如米船倍來，則關税仍不短。』米舶來頗速。以我茶樹枝，易彼島中粟。彼價本常平，我歲或少熟。米貴彼更來，政豈在督促。苟能常使通，民足税亦足。以後凡米貴，洋米即大集，故水旱皆不饑。

題杭州詩僧嘯溪詩卷

杭州南屏壑庵，有僧廬在竹林最深處，詩僧小顛居之。余昔在杭，嘗遊其間。小顛能詩傲物，與一時名流相接。余題其室扁曰『七代詩僧精舍』。蓋小顛以上居此者，皆詩僧，至小顛七代矣。或曰詩傳七代而無名，今余名以『七代』，豈以後將失詩傳耶？余爲之憮然。余去杭後，小顛没，其弟子嘯溪復能詩，不失其傳。嘯溪昔來粤，爲羅浮之遊。甲申又至，并以詩一卷相示，余因題其詩卷。嘯溪以後，永傳詩弟子，則余詩爲公案，而『詩鐙』二字亦成故實矣。

漫將衣鉢説南能，七代詩傳百代僧。鐘後月前明不斷，南屏深處一詩鐙。

乙酉

正月二十日學海堂茶隱

癸未春，大人兼攝撫篆，嘗于生辰避客撫署東園竹林中，有《竹林茶隱》詩。甲申冬，闢堂于粤秀山以課士，取《拾遺記》何邵公『學海』之意，以名其堂。今乙酉生辰，又來避客，煮茶于此。

又向山堂自煮茶，木棉花堂外大人植木棉花十餘本。下見桃花。堂中諸生植桃花百餘株。地偏心遠聊爲隱，海闊天空不受遮。儒士有林真古茂，文人同苑最清華。六班千片新芽緑，可是春前白傳家。白香山茶詩云：『緑芽千片火前春。』温庭筠《採茶録》：『樂天有六班茶。』大人生辰與香山同日，故末句云。

三水縣行臺書院新成停舟登三十六江樓

樓爲道光四年正月建，大人名之曰『三十六江樓』，并撰《記畧》云：『廣東三水縣江上行臺，建自前明嘉靖間，彼時兩廣總督駐梧州，而肇慶、廣州亦皆有行署。三水行臺在肄江之北岸，魁岡墱之南，浮石之西，爲廣州、肇慶往來適中之地。此地據西北兩大江會合之處，距海非遠，山水沈雄，地氣靈秀，門上有樓，可以遠覽，爰名其樓曰「三十六江樓」。蓋謂北江所匯者九，湞江、始興江、墨江、錦江、翁江、麻江、滙江、政賓江、蒼江也；西江所匯者二十七，北盤江、南盤江、龍塘江、思覽江、牂柯江、柳江、灘江、鬱江、潯江、西洋江、洛青江、馱蒙江、黄龍江、橘江、茘江、藤江、繡江、横槎江、邕江、秋風江、賀江、新江、白馬江、金城江、緑甕江、蕉花江、武陽江也。』

滔滔三十六江流，齊到行臺古渡頭。學海迴瀾動浮石，《三水縣志》：『縣東偏在肄江，相傳石中舊有寶鴨，隨水浮沈，後爲外國貢客鑿去。』魁岡《三水縣志》：『在城東南，形如圓珠，舊名龜岡，後改魁岡，建墱其上。』佳氣起高樓。久無羽檄催傳箭，爲採風詩暫泊舟。手把新書時《學海堂集》甫刻成。授多士，風帆送我又端州。

乙酉春宿端州閲江樓四夜

端州四度閲兵來，大人戊寅十月巡閲肇慶督標兵，越庚辰、癸未、乙酉，凡四閲。今日春光晴後開。著眼無非好山水，高眠難得此樓臺。窗前嵐氣涼如雨，枕底江聲隱似雷。迴憶昔遊何處勝？衹曾一榻卧天台。庚申，大人有《宿天台上方廣寺》詩。

乙酉春夏間屢登粵秀山甜坐學海堂因題

夙好在詩書，高情屬雲岫。峩峩粵臺山，盡啟南海秀。層巖三疊成，學海堂在山中層，啟秀山房爲上層，至山亭又在上。古木百年茂。此巖谷間本有老樹數百株，緑榕、紅棉之屬，交柯接葉。堂成，諸生等又栽雜花數百株。堂開古木中，木讓乃肯構。就其山麓稍平之地爲堂，堂向東南，芟木數株，乃讓出堂基。堂前獨宏敞，山海得奇覯。坐堂中遠見百里，山水重複，上雲下海，三墖參差，風帆葉葉，隨潮從獅子洋來。堂後倚碧岑，清樾密雲覆。翳薈與繁柯，夾蔭堂左右。海月出黄昏，新涼滿晴晝。山水湛清華，動静驗樂壽。炳焉有文章，壯麗復沈厚。山房在翠微，精舍頗不陋。到此林更深，軒户殊氣候。最高結笠亭，望遠又明透。隨山爲繚垣，萬緑圍一囿。堂房易於新，樹石難此舊。何由新耳目，還以古籍授。

賦得中秋上弦月得『中』字。書院課士作。

酉月平秋色，生明月正中。二三分漸滿，八九夜當空。桂魄猶藏半，銀河恰在東。房心剛掩映，箕斗欲朦朧。縱未全開鏡，眞如已挂弓。玉弦邊鬥角，銀箭漏敲銅。珠海宵潮減，羊城瑞采融。壽星南極近，祝嘏萬方同。

西齋有欹廊將傾徹而新之且安茶竈

揩起欹廊得五楹，破牆修好著茶鐺。却從樸畧粗疎處，聊寄消遥澹定情。柳徑不因邀客步，菊田還爲種花耕。依稀耆舊鄉祠外，棖觸秋懷是弟兄。大人自注：『慕陳兄議拓小圃於北湖耆舊祠西，未成而卒。』福案：慕陳伯，諱嗣琳，今年夏卒。

西齋茶廊坐雨

西齋静似野人家，小坐常宜散晚衙。廊接五楹排雜樹，窗開兩面見秋花。風須颯颯涼纔透，雨縱瀟瀟聽不譁。好使樵青燒石硃，嫩黄閒試六安茶。大人喜啜六安州茶。

遊花田翠林園

茉莉開初歇，秋田菊又黄。林巢生翡翠，池渡野鴛鴦。埋玉香成土，栽花土亦香。何須問園主，自看碧篔簹。

泊舟峽山寺登飛泉亭回憩玉帶堂晚飯

朝京還過此，病足已三年。稍得秋風健，重來峽寺前。扶笻登截壁，跂石聽飛泉。一飯惟閒坐，何庸肉食禪。

老蚌珠光研研石中有石紋圓暈數層莫知造物之理鐫詩代銘

千年老蚌化爲石，中有珠光暈圓白。南海方諸生古魄，弄霏更向淮南夕。太極圈成點《周易》，研中物理煩君格。

余屢過羅浮山下皆未入山誠以地方供帳俗習牢不可破減從逕行殊爲無謂弓刀小隊更非所宜乙酉冬閱兵惠潮六過此山亦惟遥看山色而已

六次羅浮山下過，不曾去問鐵橋津。祇因俗吏能留我，未免名山屢笑人。胡蝶聊同故園夢，梅花豈向達官春。轉因天界三峯遠，離合烟雲更有神。

惠潮海邊四詠

薯畦

花蔓滿寒畦，甘瓜地中結。俗名地瓜。穰穰抵晚秔，緜緜勝生𤓰。秋冬之薯，收抵晚稻。

鹽塥

漉沙鋪萬池，搆白何皎潔。冬海暖如春，聊以當南雪。粵鹽由曬而成，其灰池俗名爲『塥』。

蔗林

高蔗若蘆林，霜譜甘且白。海外多棉花，有無正相易。兩粵不種棉花，棉花皆自西洋來，而蔗田、糖霜出海者甚多，交易相等。

榕村

村村有大榕，一榕蔭數畝。愛此村中人，冬温夏無暑。嶺南多暑，春秋皆熱，多借其陰，即冬日偶寒，亦足禦風。

乙酉仲冬望日閲碣石鎮水陸兵全海肅清夜看海月

我看月圓幾百回，何曾看月海上來。也曾兩度涉滄海，月黑水深雲不開。碣石南邊無石處，再欲南行行不去。樓船直跋岸根來，馬足驚濺浪花駐。東海蒼茫月已高，西海朦朧日初暮。此時冬半暖如秋，碧海青天汗漫遊。萬里絶無山礙目，三更況有月當頭。當頭月照山頭碣，海光如鏡潮如雪。今夜天空水亦澄，昔年氛惡常侵月。風伯曾令交阯平，水仙終在温州滅。漫言清晏不揚波，一萬犀軍還荷戈。月當盈處常愁缺，如此滄洲傲若何。

過豐湖書院

行過豐湖上，如遊隱士鄉。橋通釣魚艇，山抱讀書堂。竹影皆依水，蕉陰亦滿牆。幾人來寓此，足以散清狂。連次主講皆致仕者。

過寒婆徑

泉石清涼雲霧深，非風非雨氣蕭森。世人春夢知多少，須向寒婆逕裏唫。

揭陽策騎

海潮吐霧山含烟，近山遠山青氣連。日色欲出猶未出，扁舟已渡揭溪前。溪前沙路緣山脚，竹外山桃破紅萼。衰翁久不據唫鞍，一鞭聊抵閒行藥。大人自注：『余自崑崙關策騎後，今數年矣。』

題嚴厚民杰書福樓圖

厚民湛深經籍，校勘精詳，因昔人云：『書不飽蠹魚，不經俗子誤改，書之福也。』因以名樓。

古書有古義，後人每未詳。俗子作聰明，何妄下雌黄。少見多所怪，以不狂爲狂。石經在開成，據宋已改唐。今石經『願車馬，衣輕裘』，『輕』字等處，皆後人妄添，幸碑跡可見。孰知據明監，更改金陀坊。大人自注：『乾隆間，奉敕摹刻岳板《五經》，甚盛典也。余校石經時，見其誤字反與明監本同，大疑之。及訪之，始知原摹不誤，後爲武英殿校刻之人所倒改也。』嚴子精校讐，館我日最長。校經校《文選》，十目始一行。大人自注：『世人每矜一目十行之才，余哂之。夫必十目一行，始是眞能讀書也。』人有讀書福，書福人亦康。書樓畫爲册，樹石雜縹緗。北齊勘書圖，今復見錢塘。厚民比古人，遵明其可方。勘書圖始于北齊。遵明謂齊儒徐遵明。

揅經室續四集卷七　文選樓詩存第十四

丙戌　男福注

丙戌春，余爲粤西閱兵之行，六月移節滇黔，九月到滇，十二月復有開化閱兵之行。是年水陸行一萬數千里，得詩數十首，爲一卷，録寄揚州，題曰『萬里集』。

漱珠岡萬松山上建漢楊子祠

舊聞丁卯許家詩，南海雪飛東漢時。五鬣長松今萬樹，我來應建孝元祠。楊孚，漢議郎，嶺南學人之最古者。

焚香

嶺氣已鬱蒸，海氣復鹹濕。城居嶺海間，那不愁厭浥。況是春氣早，細雨洩雲汁。久坐尚無聞，所苦出復入。拂茵醭已浮，攬衣腥更襲。年來脚受病，頗困行與立。礎蒸脛同潤，簾霉鼻惡吸。快掇薰爐來，爇炭呼火急。海南香尚多，價賤用易給。速結初試拈，沈水亦可拾。斑輕飛鷓鴣，涎重起龍蟄。遂使一室中，燥氣滿相裛。且讀葉香譜，莫緖脚氣集。

自陽朔溯桂林再題陽朔奇峰圖卷

九曲灘如折坂登，灘江山勢又崚嶒。夜來墖造萬千級，西去城增十二層。員嶠方壺隨地起，側峰橫嶺向空淩。荆關董巨多名筆，如此離奇彼未曾。

粵西舟次題周夢巖學使評梅山館圖周編修作楫，江西泰和人，小門生。

山館超然遠俗塵，翰林且置畫中身。要知疏野高閒趣，纔是清華貴重人。花在故鄉思快閣，泰和有快閣，見黄山谷詩。圖隨官舫過昭津。平樂有昭津。林泉鼎鼐休誇説，儘把寒香詠好春。

題潘紅茶封使富良江使槎圖

越南列藩服，接粤西南陲。江山既修阻，人物亦安熙。嗣王新襲位，請命國乃治。帝錫以誥敕，天書焕文詞。皇皇天使節，特命潘公恭辰，廣西按察使。持。浮槎富良江，嗣王肅威儀。恩波沐浩蕩，雲樹增華滋。憶昔卅年前，新阮謂光平入覲時。華髮被繡服，我曾及見知。乾隆間，阮光平入覲，大人曾見知之。其子謂光纘益不肖，其臣盜乃爲。連年入閩浙，擊伐勞我師。庚申夏六月，我乘風擊之。船盜全喪失，其國遂更衰。光纘昏庸益甚，其巡海總兵四員駕船礮來閩、浙爲盜，嘉慶初年所謂艇匪是也。嘉慶庚申六月，大人乘風縱兵擊之于浙海松門，船盜沈溺，死數千人，總兵四人溺死者二，獲總兵倫貴利，戮于杭，總兵耀，斬于台，餘皆就獲，片帆無返者。帝擲所獲四總兵印文及敕以責光纘，光纘上表謝罪，其國由此大衰。舊阮起農耐，收復其舊基。阮光平爲新阮，今越南老王阮福映乃黎氏時舊阮。栽培與傾覆，帝德皆無私。名藩列南服，新政善創垂。嘉慶時舊阮滅光纘，帝即封農耐舊阮名福映者爲越南國王。今所封王乃舊阮王嗣子名福晈。嗣王亦恭恪，請命不敢遲。洸洸潘使者，説禮還敦詩。文明耀桂海，温肅兩得宜。試看此圖内，江水何瀰瀰。一槎天上來，南極星辰披。濃花復細雨，待立滄海碑。

桂林東郊耕耤田

粵西春比粵東遲，禁火餘寒入古祠。石壁嵐光生翡翠，水田天影凍玻璃。因知桂管催耕雨，也似江南布穀時。好是農安邊徼静，一郊新緑轉青旗。

沿紅水江至遷江縣宿東軒春月甚朗十年中三宿于此皆見明月因題曰寓月軒

一江瀉紅浪，四山森翠微。薄暮入巖邑，小駐停勞機。行館正春暖，東軒猶夕霏。茶盤雜藤蒟，瓦盎香薔薇。樹晚杜鵑響，廊暗扁蝠飛。清風甫移榻，皓月來款扉。光迎粉壁滿，影入朱闌圍。蠻中烟晦易，月色晴霽稀。三度此寄宿，徹夜皆清輝。呼童舉書燭，豪墨試一揮。

行過遷江古之瘴鄉今雖瘴少然氣候殊不齊

非霧非烟山氣，半晴半雨雲光。風勢或凝或散，天時乍暖乍涼。行過沙路石路，間有草香藥香。莫少莫多茶飯，勿單勿厚衣裳。

閱邊

襲土州官静守邊，山猺耕讀亦安然。今斷藤峽内外猺村全入保甲爲民，猺民有讀書者。由來盛世恩威久，遠勝前朝寇亂連。細雨春波出藤峽，閒雲落日望思田。如今若問岑家事，拜職孤兒十六年。前明岑氏世代禍亂，岑猛、蘇受之事，雖經陽明親定，旋定旋亂。今田州岑錦本遺腹孤兒，十六歲，大人題請襲職，無争者。

啜茶

葉暗桄榔孔雀飛，萬山潛蟄起春雷。蠻江新漲緑如酒，此水能無飲一杯。

邕江舟中

邕州古巖畺，據江以爲塹。五管此最遥，按部駐亦暫。勾當軍事畢，江船欲東帆。論程尚逾千，計月已盈三。十萬大硯山，兩岸排成磡。參差誰位置，玲龍匪雕鑿。絶似金錫鎔，猝投寒水蘸。遂使天工成，不受人力欠。空洞能藏舟，通罅亦繫纜。巖怪心屢驚，穴多目費瞰。屏列滴蒼翠，深青或揚紺。吾鄉得其一，唫者必泛濫。歎此奇峰多，蠻荒自埋陷。屈指古畫家，未見亦可憾。歸途抵勝遊，已足係思念。況有木棉花，千樹極紅豔。野廟鷓鴣啼，深林苦竹暗。落日西山平，春風一江澹。

得復初齋全集邕州舟中讀之即寄野雲山人

我初聞蘇齋，翁公方綱。是聞凌氏說。凌氏仲子學于蘇齋，乙巳、丙午間，在揚州。及我入翰林，公秉學使節。山東我代公，大人授山東學政，接公任。石帆亭上別。居杭又數年，公詩自緝綴。寄來前數集，刊校始于浙。刊成庋靈隱，書藏由此設。兩家詩卷中，言此頗親切。我重入翰林，此事遂中輟。蔣氏來嶺南，後集續刻鍥。礪堂相國爲公門生，督粵時，又刻其後集。六十有六卷，十七集臚列。暮年續一集，四卷李所擷。公小門生李彥章又刻其末集四卷。去年洛陽紙，棕墨新印刷。於是復初齋，詩乃全無缺。書藏與朝鮮，寄去情勿竭。憶昔庚辛間，袂與野雲挈。紅塵足不到，常向蘇齋謁。談經兼論詩，金石緣亦結。石墨書樓中，摩挲遍碑碣。有時坐詩境，清言落玉屑。有時石畫軒，山雲贈怡悅。

東郊古寺遊，拈花聽僧偈。壬秋潞水詩，柳向亦園折。丙冬復相見，暖室畏寒雪。爾時公漸衰，則亦嗟大耋。公遽歸峨嵋，遺集今悲閲。集中惠我詩，一一字不滅。十卷《金石録》，小印爲我劌。欽州竟無書，詩筆從此絶。大人以宋槧《金石録》十卷寄公題識，公作詩並刻寄小印，且云：『欽州魚山馮氏家有全帙，可借摹刻之。』訪於欽州，無此書。公此詩後，祇有《銅尺》詩一首，遂絶筆。好古久同心，敢比老彭竊。鑾江春夜船，老眼一鐙瞥。

祭馬伏波將軍廟畢放船下横州大烏灘

百里奔流抱山轉，山麓磯頭抗神殿。棉紅榕緑江春深，溪澗香毛鼓鐘薦。羣舟敲鉦齊下灘，架櫂挾篙如待戰。怪石如林堆水面，水與石争浪花濺。灘底埋山不可見，惟見沸騰亂渦漩。灘師昂然坐船頭，指點從容色不變。四時水石猜高低，總避石鋒尋水線。櫓枝一撥柁捩鳴，折出龍門灘下石隙之名。激如箭。水强舟弱舟自摇，摇動篷窗作寒顫。津吏送我似自愁，我喜下瀨飛橈便。灘遥石盡春江平，躍鯉猶驚掠波燕。廟中藏伏波將軍小印，伏波不止馬一人，但印則眞漢物也。

潯州道中

鷓鴣天氣半晴陰，野路荒江取次吟。新漲緑齊芳草岸，夕陽紅助木棉林。雲歸蠻洞開還合，春入猺邨淺復深。差比陽明多逸興，思田行過又邕潯。

過端州羚羊硯石峽

千里青山百道舟，合流一峽在端州。會齊萬派清泉眼，潤透三巖膩石頭。靈障磨開天不惜，慧根鑿破爾應愁。羚羊有角成何迹，莫向詩禪捉摸求。

三月晦日立夏節過端溪

木棉花過看桐華，潯州滿岸木棉，梧州滿山桐花。一路桐華看到家。萬疊青山千折水，好春才去即天涯。

定静堂前手種荔支今夏結子頗多積雨甚涼甘漿欲迸學白沙就樹噉荔法噉之

東堂栽荔已三年，雨後甘漿曉最鮮。就樹噉鮮原有法，不妨竟學荔支仙。那堪七日馬鞍馱，一日離枝變已多。如此須臾眞不離，色香與味問如何。

奉命移節滇黔濱行拜天后宫

自我領封疆，初出即籌海。浙粤東復南，于今十七載。目覩鯨波平，扶桑發鼂彩。交南與泰西，國威動眞宰。至誠雖感神，自懼晚節改。頓首湄洲宫，庶幾寡尤悔。

檢書

十載居嶺南，積書數十架。兹爲南詔行，安得全棄卸。戚友可以别，此事豈能罷。損之又損之，已勞四牡駕。兒曹復好事，豐碑載泰華。余請篋雙碑以行。滇池雖控夷，内政頗清暇。正宜理陳編，青鐙坐清夜。思書若無書，未免動嗟訝。彼鮮藏書家，一瓻安所借。琴鶴欲相隨，莞爾可辭謝。

劉樸石彬華何湘文南鈺謝里甫蘭生胡香海森張棠村業南李繡子黼平諸書院院長暨學海堂學博生徒皆有圖詠送別題答一律

幾年嶺表慮先深，得暇纔遊儒士林。講學是非須實事，讀書愚智在虛心。汲投淵海古修綆，氣盛衣冠朋合簪。此後懷人各何所，半看圖詠半登臨。

別醫者范素菴濬

四年病脚氣，兩足殊支離。豈無千金藥，豈無三世醫？柰此濕與熱，兼之勞且衰。不劇已爲幸，安能有痊期。君恩念老臣，移節居滇池。彼間不寒暑，貂葛無所施。彼間不卑濕，高燥如京師。即使自乞郡，亦惟此地宜。范氏送我行，遠過端江涯。爲言相別後，當是去病時。

避暑

路出蒼梧中，節氣過大暑。川途已苦熱，況復日當午。近岸得茂林，籬落成小圃。修竹高逾樓，老柚密如户。可識緑陰中，幽翳勝棟宇。願涼風暫清，計日暑將處。西山暮起雲，挂帆向前浦。欲添溪上波，須聽今夜雨。

舟過廣西陸河謁分水神廟

峩峩海陽山，一源分兩溜。南與南海通，北與湘湖湊。陸河三十六，設牐不使漏。我來欲溯之，涸逢庚伏後。安能陸盪舟，來朝馬將走。俄看風轉帆，油然雲出岫。涼雨漫天來，入夜遠且透。漲發大榕江，津吏啟河竇。壓水舟尺許，水今二尺厚。若到天平閒，勢易轉河右。山靈更示奇，巧待入陡候。烏雲天際垂，復令秋雨逗。又聞四月旱，禱雨得神救。古祠林樾清，平野稻花秀。我今逾嶺脊，順流行更驟。回首謝山靈，豈非得顯佑。

泊舟浯溪登廈亭

桂舟下湘水，又來著浯溪。欲試兩脚力，故尋十載蹊。蠟屐漸相得，廈亭殊可躋。漫叟舊祠宅，野衲重招攜。嘉慶廿二年，大人過此，題名壁石。亭外有次山祠宅，舊僧尚在。再讀《中興頌》，還拂山谷題。碑頭走螺蠡，臺角鳴蟾蜍。高林暑猶熾，截壁日易西。安得涑雨洗，待看湘雲低。

湘江村舍

湘山如翠黛，湘水如碧玉。巖下有居人，林深不見屋。落落百尺松，陰陰萬竿竹。竹密一徑空，照見人皆緑。況有流泉聲，清泠比琴筑。如此山居幽，其人定無俗。笑我坐篷窗，秋陽正相曝。

泛湘川過南嶽得雨

三湘水鬱蒸，衡山降雲雨。直將嶽頂寒，下洗人間暑。嶽頂甚寒，大人昔八月登，加小裘。[一]剛風激低雷，涼氣落平楚。餘電熥殘夜，曉烟沍前浦。天北暫放晴，明霞半軒舉。時於金碧中，恍惚覓峋嶁。峋嶁不可見，朱陵秘靈府。昔登祝融峰，纖雲捲秋宇。今來苦炎熱，秋陰蓋天柱。或雲或不雲，各如所願與。

日出洞庭湖

日出洞庭湖，蒼茫坼楚吴。星河隨夜去，雲夢入天無。曉色非南海，鄉心比具區。秋帆向沅浦，猶恐失東隅。

［一］『嶽頂甚寒大人昔八月登加小裘』十三字，底本無，據甲戌續刊本補。

夜泊

新秋沅水上，向晚泊輕航。岸草萬蟲響，山松纖月涼。心依清夜永，夢繞楚川長。北斗天邊近，遥遥思帝鄉。

八月七日又泊

愛此秋船月，清光逐夜添。特移欹几燭，盡捲壓窗簾。露氣沈沈浄，風漪細細恬。絶勝官閣裏，煩熱閉深嚴。

過會同

近夜中秋月，沅州與靖州。山圍百巒静，月照五溪流。黔水連疆去，吾家舊績留。昔年受降處，八十六回秋。乾隆五年秋，先曾祖征苗，由沅進兵，十戰皆捷，降者數千人。

沙岸坐月

秋月明如晝，江沙白似霜。停舟催晚飯，登岸坐新涼。地喜離卑濕，途非慮阻長。惟思各兒女，五處共清光。計此時伯兄在京，福行至桂林，季弟行至贛州，叔弟及妹在揚州。

過黃平登飛雲巖再用壺中九華韻

羅浮海上合雲峰，又逐天風向遠空。已掠桂梧過嶽麓，又飄蘭芷入黔中。雲能化石山形覆，石復成雲水氣通。惜未東巖看瀑去，祗聽幽澗漱玲瓏。

過清鎮安平縣

山阻舟車廢，谿深阡陌長。莜花秋雪白，稻葉晚雲黃。穀賤農翻拙，蠶興織已忙。教民栽橡栗，竟欲抵柔桑。今秋稻大熟，有一根雙穗者，長六尺，一石米僅值數百錢，因舟車不便，不能遠出也。近年鎮遠、貴陽一路，仿遵義橡葉飼蠶之法，廣興絲織，民計少饒。

重九日登黔西老鷹崖

朝朝盡繞青山走，已有文書到心手。忽然直上老鷹崖，驀想今朝是重九。老鷹摩霜下晴空，危巢即在懸崖中。此間祇許飛鳥過，何年人跡西南通。百丈一盤，十丈一折。愈折愈高，且盤且歇。負牽雙引竹輿竿，石火迸生馬蹄鐵。衰翁頗羨據鞍人，廿里高崖竟登越。大人自注：『馬伏波據鞍，年六十三。余今年六十三，雖不健，然可稱翁矣。』登高難遇重九時，重陽難得登高詩。今朝無意巧相併，作詩應寄家人知。此間峰巒遠比嶺南大，節候未較江南遲。皇華一洗園圃氣，野菊挂崖開瘦枝。

雲南督署之東園亭館花木之勝爲歷任所未有心念此間宜有鶴未幾日忽飛一白鶴來翌日又有一鶴盤旋空中鳴聲相呼薄暮並集於園月餘遂馴且能舞矣作來鶴篇

我入滇池數千里，載萬卷書非得已。不將一鶴伴琴來，多恐禽軒累行李。宜園亭館清如仙，周遮竹地梅花天。閒堦十丈草如席，惜少皐羽來蹁躚。忽聽園中發清唳，亭邊横落車輪翅。一鶴適從何處來，老叟灌園詫奇事。一鶴忽來已詫奇，翌日又得一鶴隨。嗟我念鶴鶴豈知，鶴來隨我誰使之？胎仙識我是清俸，肯來啄料兼催詩。我詩昔未向鶴吟，今與爾同萬里心。羽帶點蒼山上雪，夢入瀾滄江水深。風和對舞百花下，露寒相警青松陰。如此園林如此鶴，屈指廿年無此樂。惟憶春明仙蝶來，修書未了秋花落。昔大人在京，有仙蝶來園中。

栽花

前輩栽花樹，留香與後來。我來百年後，樹更四時栽。人縱相隨老，花還不斷開。世臣與喬木，此意在官梅。

滇園煮茶

先生茶隱處，還在竹林中。秋筍猶抽緑，涼花尚鬧紅。名園三逕勝，清味一甌同。短榻松烟外，無能學醉翁。

雲南督署宜園十詠

仙館曇雲
昆華仙館粉匾無款，在園東北，前有曇花一株，高覆玲石，大人以紙書『琅嬛仙館』匾加於木匾之上。

曇雲覆曇花，曇花護仙館。雲蒸曉露香，花散春雲滿。我無仙釋情，怡雲亦蕭散。終朝趣事心，暫許對花懶。

虛齋香雪
仙館西古梅多處，名香雪齋。

有梅齋已清，況是梅皆老。繁枝滿覆檐，苔根亦合抱。得雪香極清，無雪香更早。春深階下晴，落素不可埽。

南軒賞雨
雨春軒，在池南射棚北。

春雨何處來，春雲起昆海。隨風過南軒，天意實瀟灑。安得坐佳士，品詩索眞解。我縱不醉吟，玉壺杏花買。

山房貫月房在池東，如船，東西皆窗。

我家貫月船，千里淩滄江。船不到滇池，山房抵小艭。明月隨我來，夜夜貫入窗。窗西曲池水，印月得一雙。

花棚序射軒南有棕棚，爲閲射之地，名觀德圃，有古梅。

昔在杭州時，西園曾射鵠。三十有二年，此懷頗棖觸。兩臂亦已衰，彎弧力不足。惟呼健兒來，花棚看飛鏃。

蔬圃畝香箭圃之南，杉林之東，關廟之西，有閒地數畝，以爲蔬圃。

種菊成老圃，種菜成家園。新霜壓肥緑，清妙殊雞豚。短鋤親手劚，煮以佐晩飱。試語知味者，其香尤在根。

石彴觀魚雨春軒北，香雪齋南，有池有石橋，養魚。

濠梁説魚樂，機鋒法始開。固知鬥狂禪，本自清談來。獨遊石池上，悠然得所哉。欺方乃君子，非道枉庸材。

宜亭來鶴宜亭，在仙館南，觀音海天閣西，多古柏，有高十丈者。大人九月涖滇，十月八日，忽飛一白鶴來。次日薄暮，又一白鶴盤旋空中，與先鶴鳴相應，亦落於園中。皆甚馴，月餘能舞。

翩翩雙白鶴，飛來亦何奇。頓使虛庭前，松柏增清姿。我來看鶴舞，鶴亦聽我詩。鶴固宜此園，園得鶴更宜。

竹林茶隱大人在粵，繪《竹林茶隱圖》，乃撫署園也。今則園竹數千竿，茶隱更宜。

山隱在粵西，竹隱在粵東。今遊滇水園，所隱將毋同。閒步玲石逕，静坐深篁中。茶烟藏不得，輕颺林外風。

陑嶺怡雲與春樓東，仙館北，有土山，登之，可望四圍遠近雲山。大人築石臺、石几於山上。『陑』音『虹』，見《漢書·地理志》，即滇中銅山也。今省城北山，皆稱陑山。

嶺上多白雲，雲豈爲我白。我情自與怡，持之亦無迹。石臺覽四山，悦性永晨夕。自署曰雲翁，不復分主客。

閱邊兵至開化

重鎮初逢昭代開，明以前皆未置郡縣。巖疆三面萬山回。江流盡向南交去，至交阯界百三十里。驛馬惟從北路來。東南西皆走交阯路也。阿雅維摩沿里寨，今各里皆宋、元、明阿雅龍氏、維摩沈氏之舊地，城南即有瘴。儂人㚟子異衣裁。儂、㚟、獛、玀等數十種，相隔一村即殊衣異俗。可知上國恩威遠，此地猶高節使臺。

夜坐

静閟寒城已二更，節樓西畔月斜明。遠山夜色沈沈碧，百八鐘聲萬里情。

孳經室續四集卷八　文選樓詩存第十五

丁亥　男福注

宜園

梅花如屋竹如門，管領春光是此園。石徑不須倚笻杖，共來扶我有雙孫。

正月廿日雪晴煮茶于竹林中題竹林茶隱卷

滇南才過立春節，已覺春光齊漏泄。忽然一夜北風來，捲落漫天玉花雪。我不見雪已八年，頗似故人成久別。今日東園雪滿林，翠柏青杉枝欲折。況是梅花四十株，冷玉寒香同冱結。年年茶隱竟成例，快雪時晴日光熱。竹林春氣透浮筠，洗出檀欒綠尤潔。玉川老婢來煮茶，梅瓣雪泉試同啜。借問一日得披圖，靜坐幽篁自怡悅。

命和原韻　男福

春雷早已催時節，陲嶺雲蒸復雨洩。雨餘天氣轉春寒，忽將夜雨飛成雪。此景教人憶故鄉，若憶嶺南又殊別。東園梅老花正繁，花放隨枝勢盤折。雪花梅花成萬枝，一片香光氣團結。竹林又遇煮茶時，拾取松枝竈初熱。一雙白鶴不避烟，也識茶香最清潔。我家茶隱自年年，兩弟今年未隨啜。親顔喜付與諸孫，黄果如飴共甘悦。黄果形如粤中之橙，香色味亦相似。

倚松書屋春祭齋居

屋前梅樹老於我，窗後支牀皆古松。晚階仍煮六安茗，早飯特剪東園菘。西山朝來有爽氣，太華省西南大山，名太華。夜碧聞清鐘。衰翁終不悟道妙，惟將戒慎持温恭。

仙館花臺欲栽牡丹價貴遂栽蜀葵

十户中人賦换花，此情曾動樂天嗟。何如多買葵花種，終歲傾心向日華。滇中蜀葵自正月開至臘月。

月來政簡頗耽滇園之樂詩以自警

舊遊無此好樓臺，頗識前人費度裁。一百餘年人遞去，八千里路我能來。風亭月榭參差見，仙館神祠次第開。止水恰容魚活潑，閒階儘彀鶴毰毸。騁懷端在春三月，涉趣何妨日幾回。笻杖試攜鏗翠石，菜鋤親把劃蒼苔。鶯流燕蟄誰先到，棠芾桃夭合共栽。山磴看山收畫本，竹林隱竹伴茶杯。抱書孫至還教拜，擘紙詩成不用催。適意如斯籌遠否？此翁未是鎮邊才。

摘蔬

摘我園中蔬，古人詩可味。譬如齩菜根，其香滌腸胃。我園春菜多，綠畦隔花卉。每看家僮鋤，亦課園丁溉。折腰手親摘，傾筐盈且塈。呼兒共晚餐，使識蔬筍氣。一家肉食者，遠謀問能未？豈可對陶詩，不自慙其貴。此以澹性情，非復計惠費。若云拔園葵，在今亦無謂。

南雲行

仰看雲在天，未辨行遲速。今日穿雲跨嶺行，豈知疾過奔馬足。平地風氣清，吹雲天上行。今日披雲動涼氣，始知風在雲中生。山不見路惟見雲，桃花梨花近不分。北雲壓山烏欲雨，南雲映日紅氤氳。下山直自雲中落，雲中之人輕似鶴。翩然可是隔仙凡，悵望山頭挂雲脚。我聞仙人乘雲兼御風，仙家幻術安能通。不如安坐南雲下，笑指此雲稱老翁。

上巳日東川道中

導江已説岷山遠，更遠岷山路萬重。青海波瀾皆是雪，金沙雲氣尚疑冬。大江正源自青海入雲南爲金沙江，行數千里，始會岷江之水于敘州。行春我到東川外，佳節誰教上巳逢。若把此川當曲水，一觴流去是巫峰。

過以濯河

行過山巔又水涯，山桃紅褪柳抽芽。連村萬樹堆春雪，都是梨花頻果花。河在會澤縣。

閱黔西威寧鎮兵

烏撒接烏蒙，皆歸郡縣中。山高森白石，氣冷遲春風。寒食常多雪，桃花也自紅。古人誰在此，故實竟空空。

可渡橋夜月

橋東峻坂石突兀，橋西行人蹬出没。一樓窗外萬山深，風弄溪聲洗春月。春月竟是山中多，百夷安樂春氣和。蠻花飛落山村坡，兒女吹笙跳月歌。橋在威寧、宣威二州滇、黔分界處。

回省看宜園新緑

竟將萬緑換千紅，衹在離家半月中。清氣勝於花爛漫，午陰比似屋帡幪。不嫌牆角山光隔，更許橋頭水色同。惟有兩般難並緑，一雙白鶴一皤翁。

詠雙緑蝶

羅浮仙蝶若捉一蝶來，則其雌雄雖遠，必夜來相從。福于東園得巨蝶，全嫩緑色，大如掌，移之西書齋籬上，是夜，忽又有一緑蝶來相從。東園去西齋數百步，中隔數堂，其踪跡頗似羅浮蝶，滇人云鄉來未之見。

雙雙來巨蝶，踪跡似仙家。妙色頻婆果，前身萼緑華。滕王圖未備，烏足葉猶差。見《莊子》。疑是鬱棲化，裙腰一道斜。諸書中言蝶，罕言緑色者，惟《酉陽雜俎》言秀才顧非熊見鬱棲中壞緑裙幅化爲蝶。

綴家書後

寄知曾在嶺南人，萬里滇池也送春。兩月晴多初望雨，終朝風起不生塵。饑蚊飛蟻全無跡，夾帽重棉未離身。爽塏已瘳雙足疾，況於松鶴日相親。

頻果

有花曰優鉢，有鳥曰頻伽。詰屈聞梵音，便覺奇可詩。頻果乃大柰，滇産尤珍嘉。首夏已堪食，季夏皆如瓜。甘鬆若棉絮，紅緑比玉瑕。或豔稱頻婆，其言出釋家。譯語爲相思，《採蘭雜記》：『果稱頻婆，華言相思也。』豈是思無邪？何以竊梵言，呼我果與花。因思譯性者，謬恐千里差。

孟夏草木長

孟夏草木長，莽莽滿一園。翳林高百尺，密蔭圍青垣。樫柳垂絡索，覆瓦遮前軒。新篁放萬葉，稠緑蓋石門。池上開紫薇，池邊多樹薐。雜葵備五色，爛漫花正繁。養魚有止水，縱鶴無近樊。園北雙古柏，森然在高墪。登臺坐石几，四山雲氣翻。策杖過南圃，籬落成野村。鷺巢樹枝穩，密脾蜂韻喧。瓜田引修蔓，菜畦灌香根。摘蔬供晚飯，獨樂靜無言。試衍陶公詩，可與陶公論。

滇南小暑節

滇南五月氣猶清，雲重爲陰輕復晴。非夏非秋别成景，不涼不熱最怡情。棉衣休用蒲葵扇，花院全無竹葦棚。六十三年慣炎暑，幸將高爽快生平。

閲盤龍江登雄川閣望滇池

曉出碧雞坊，盤龍江路長。四山青過雨，萬畝緑分秧。水利村村足，天時日日涼。滇池環傑閣，登眺滿華陽。

小暑節賞菊

棉衣頗耐午陰涼，瓦盎花開老菊黄。不是石欄紅菡萏，錯將小暑認重陽。

滇南伏日

中伏新秋兩不争，薄棉衣服過三庚。華山昆海風纔暖，冷雨輕雷氣又清。九夏竟無炎熱苦，四時常得暑寒平。遥思殿閣微涼處，笑我如懷獻曝情。

立秋日敬一堂晚坐

天書爛漫懸中省，畫戟清森繞節堂。暑雨已晴秋月轉，紫薇花外桂花香。

西臺

節院致爽軒，軒扁爲福嘉勇公所題，西南昔有錫樓，用白錫當瓦當板，甚華麗，登見西面碧雞、太華諸山，且見平田耕穫。今樓已無存，福兒用木架板爲方臺，畧施梯欄，費一流銀，遂還舊觀。秋日登臨，致有爽氣。

吾遊惜未登太華，却到華陽碧雞下。晉《華陽國志》兼滇、蜀也。金馬山在省東，碧雞山在省西。碧雞山接太華山，西嶽岐嶒名可借。省西南大山名太華。城裏深居隔山色，可使高梯木成架。金碧岑樓再構難，架木省工更廉價。問名終是四方臺，《爾雅》曰：『四方而高曰臺。』無瓦非樓亦非榭。滇池六月常棉衣，爽氣朝來不知夏。登臺萬丈列蒼巖，遠見層坡近平壩。『壩』字見丁度《集韻》。滇人呼嶺路皆曰『坡』，凡平土皆呼曰『壩子』。琳宮樵徑皆分明，華浦青青繞禾稼。城西滇水村名曰『近華浦』。吾衰尚可屢登陟，不覺欄桄怯腰胯。把酒閒邀賓客歡，攀花莫使兒童怕。臺旁有紫薇花。拄頰剛逢報早秋，聞鐘竟可連清夜。臺南一里即鐘樓應更鼓。《晉書·王徽之傳》曰：『直高視，以手版拄頰云：「西山朝來，致有爽氣。」』《詩品》曰：『太華夜碧，人聞清鐘。』黑水粱州雲外流，倒挽銀河半天瀉。甲兵洗淨殪天狼，弧矢星明向西射。時回疆初平定。

登西臺

登臺終日見昆華，滇人稱滇池曰『海』，或曰『昆海』，并太華山則稱曰『昆華』。恰好樓臺住一家。玉嶺西橫皆是翠，彩雲南現半成霞。千村綠稻眞秋色，十里清滇是海涯。更比樂天州宅壯，惜無元九寄詩誇。元微之《以州宅夸於樂天》詩云：『四面常時對屏障，一家終日住樓臺。』

以藜爲拄杖

養得青藜出短牆，削成拄杖等身長。扶人石徑去行藥，攔鶴松亭來啄糧。早歲校書曾秘閣，老年飲酒未家鄉。籬邊更待葫蘆落，挂向枝頭學道裝。

中秋宜園鐙月

小園蝶夢記秋亭，辛未在京，寓阜成門内之上岡，屋後小園有太常仙蝶來，大人名園曰『蝶夢』。又是滇園夢蝶醒。樹静花涼秋淡沱，鐙紅月白意瓏玲。頗來鄉思摇銀燭，共寫詩心入紙屏。更現中庭香墖影，似偕夢得上栖靈。揚州平山佛寺後堂，有唐時栖靈墖故址，白香山有《與劉夢得同登栖靈墖》詩。

暮登西臺看碧雞山色

夕陽山外沈，暮色起山内。似有烟氤氲，亦非雲靉靆。初見青出藍，繼復螺染黛。凝碧已詫奇，生翠亦可愛。更如紫電光，劍鋒著霜淬。碧雞玉案邊，隱隱有關塞。天成巨屏障，濃色疇能績。

坐待明星生，巖穴共昏晦。

巡西邊曉發

西風曉起拓邊樓，省城西樓名。霜氣初來雨氣收。繞過昆池三十里，碧雞關外萬山秋。由滇省城西三十里至碧雞關，關在碧雞山之凹山，峙滇池西北。

重九日登禄豐之鰲頭峰得伊莘農中丞寄贈登鰲詩即答

浪花卷出青鰲頭，大人自注：『昔登天台山頂，有此句。』舊句曾記天台遊。大人昔撫浙時，戊午、庚申、甲子三年皆有天台詩，此句乃戊午舊句也。今來青鰲頭上立，一覽六詔邊關秋。遠山疊若大波起，鰲足不動淩滄洲。去年黔山過重九，老鷹崖上吟詩走。在貴州普安廳阿都田驛西南五十里。詩如健翮但鏖風，那解情憐菊花酒。今年鰲背宜亦詩，我詩未得君先之。揮毫直似釣鰲手，一餌飛過昆明池。我與老鰲共霜節，君亦與鰲成久别。君昔曾收渤海綸，伊公任山東巡撫，以憂去官。我衰喜解南溟熱。會當回首謝詹何，策馬蒼山看秋雪。

住大理閲兵三日看點蒼山

《通志》云：「在大理府城西三里，郡鎮山也。自北而南，緜亘百里。《漢書》謂邪龍、雲南，「山似扶風太乙之狀」是也。蒙氏僭封爲中嶽。層青接漢，疊翠排空，陰崖積雪，盛夏不消，山腰抹雲，横如玉帶。雖林阻谷奥，無猛獸毒蟲。」

峩峩點蒼山，蒼翠極可愛。平列十九峰，峰之中，特尊者名曰「中峰」。中峰之北，爲觀音、爲應樂、爲雪人、爲蘭峰、爲三陽、爲鶴雲、爲白雲、爲蓮花、爲五臺、爲蒼琅、爲雲弄；中峰之南，爲龍泉、爲玉局、爲馬龍、爲聖應、爲佛頭、爲馬耳、爲斜陽。諸峰劍簇，有似岱宗，人莫有能躡其巔者。峰各一溪，蜿蜒東注，爲十八溪。峯峯染螺黛。兩峯夾一溪，十八溪爲界。溪流遠近不一，中峰下者爲中溪，其北曰桃、曰梅、曰隱仙、曰雙鴛、曰白石、曰靈象、曰錦、曰芒涌、曰陽、曰萬花、曰霞移，其南曰緑玉、曰龍、曰青碧、曰莫殘、曰葶蒖、曰南陽諸溪。林樾矗浮屠，嵐靄罩闤闠。何幸見此山，心目多所快。其一在于雲，終年生靉靆。有時冠峰頂，不動鎮相蓋。有時束山腰，飛白若長帶。有時競出岫，棼如擘絮碎。四山皆無雲，獨此雲常在。其一在于雪，山頂雪最大。冬春雪未奇，六月白何怪。我來九月中，夜雪積嶺背。皚皚亦終日，不畏秋陽曬。其一在于泉，山罅分流派。磊落歸百橋，清泠漱鳴瀨。穿城爲渠塘，灌田作溝澮。家家可流觴，處處響水碓。其一在洱海，東望氣沆瀣。葉榆成巨浸，南北兩關隘。必有千頃波，始與此山配。海光開月鏡，恰共屏山對。蒼屏百廿里，我來坐屏内。地因高乃寒，山在西易晦。三宿未及登，亦足攬勝概。唐宋諸詩家，罕到此邊塞。遂使古大山，寂寞經屢代。笑我兩鬢霜，吟到萬里外。所遊天下山，曾陟嵩衡岱。大人于甲寅、癸亥二年有登泰山詩，戊辰有登嵩山詩，丁丑有登衡山詩。壯闊有過之，雄秀此無賽。寄詩未遊人，聊以當清話。他時濃設色，一卷好圖繪。

麗江雪山一名玉龍山，十峯崔巍，經年積雪。若在洱海邊北望，上關低缺處可見之。

上關山缺處，北望何茫茫。天低雪山出，白影交青蒼。

天生石橋在大理府城西南三十五里。洱河下洩，絶壑深塹，石梁跨之，兩巖激水濺珠，宛如梅綻，人呼爲『不謝梅』。

洱海靜且澄，出橋即橫決。落漈九曲谿，翻雲復堆雪。

南詔殘碑在大理府太和縣，名『南詔德化碑』，撰文爲南詔清平官鄭回，書爲杜光庭。字多剥落，仆地已久，土人呼爲『磨刀石』。乾隆五十三年，王蘭泉先生昶宦滇時，訪得于縣南二十里大道之側，載入《金石萃編》，跋尾稱：『是碑在大曆元年，碑文約三千八百字，今約存八百字。』福又得蘭泉先生昔未釋出四十餘字。家大人云：『唐以前碑字猶是北周、北齊遺法。』『王』『主』二字，三横皆齊。『日』『月』二字，寬而不窄。以此較北朝碑，眞相合矣。

文章與書法，確是唐賢派。上溯東爨碑，此碑在曲靖府陸涼州之東南二十里貞元堡，立荒阜之上，有碑額、碑陰。額作篆字，云『宋故龍驤將軍護鎮蠻校尉寧州刺史邛都縣侯爨使君之碑』二十四字。使君姓爨，名龍顏，建寧同樂人，即今曲靖府陸涼州也。碑文、碑陰殘蝕，字甚少。字體方正，在楷、隸之間。文爲同姓人道慶作，句法亦古，得漢碑遺法。立于劉宋孝武帝大明二年，較南詔碑尚早三百一十一年，且甚完善，爲滇中最古之石。餘詳福撰碑之跋尾。大人曾親書題跋，刊于碑正面右下方無字隙處。**古法尚不壞。**

建極銅鐘在大理府太和縣城西北蓮花峯下三塔寺中。作上下兩層，每層六面。上層每面高二尺五寸餘，廣二尺二寸餘。下層每面高一尺三寸餘，廣一尺七寸餘。上層鑄金剛、智寶、大輪、妙法、勝業、慧響六波羅密像，下層鑄增長、大梵、廣目、多聞天王及天主帝釋、持國天王六像，末有『維建極十二年歲次辛卯三月丁未朔廿四日庚午建鑄』廿二字款識，已見于《金石萃編》。蘭泉先生云：『建極十二年，蓋南詔世隆年號，在唐爲懿宗咸通十二年也。』

我欲聞古音，撞鐘百八杵。唐樂久銷沈，此音足千古。《唐書·南詔傳》曰：『天寶初，遣閣羅鳳子鳳伽[一]異入宿衛，拜鴻臚卿，恩賜良異。貞元五年，異牟尋遣弟湊羅棟入獻地圖、方物，請復號南詔，帝賜賚有加。明年夏，册異牟尋爲南詔王，以祠部郎中袁滋持節賜黃金印。異牟尋率官屬北面立，跪受册，享使者。有笛工歌女皆垂白，示滋曰：「此先君歸國時，皇帝所賜龜茲音聲二列，今喪亡畧盡，唯二人故在。」』

古哀牢

萬里哀牢外，高秋駐馬時。彩雲連百濮，《蜀都賦》：『東有巴賨，緜亘百濮。』黑水下三危。元老曾經畧，神功屢創垂。漫言平定易，輕視此西陲。

[一] 伽，甲戌續刊本作『枷』。

渡瀾滄江鐵索橋

康熙御筆『飛虹彼岸』四字在樓上，與諸葛祠皆在橋東岸，大吏過者先拜祭。

宸翰仰高樓，飛橋祭武侯。金繩橫水上，鐵索鎖山頭。險是天成塹，行如浪顫舟。鐵索十六條，長各數十丈，橫懸江上，加板成橋，行者動搖。西南通一線，走徧禹梁州。永昌府西怒江即黑水，乃《禹貢》極西之地。

宿永昌池館流泉樹石湛然清華名之曰小蘭津并詩示鎮府諸公

莫言傳舍爲他人，漢郡無如此最眞。府治平暢，東漢立郡，必在此地。郡名沿東漢至今不改者，此亦最確。勒石先題古柳貌，《後漢書》：『明帝時，哀牢王柳貌内附。』引泉應號小蘭津。《華陽國志》云：『孝武時，通博南山，渡瀾滄水，人歌之曰：「漢德廣，開不賓。渡博南，越蘭津。渡瀾滄，爲他人。」』治功頫首思張翕，《漢書·明帝紀》：『永平元年，姑復夷復叛，益州刺史發兵討破之。後太守巴郡張翕政化清和。』政事從頭學鄭純。《華陽國志·士女總讚》云：『純字長伯，郪人也。爲益州西部都尉，處地出金銀、琥珀、犀象、翠羽，作此官者，皆富及十世。純獨清廉，毫毛不犯，夷漢歌歎，表聞三司，及京師貴重多薦美之。明帝嘉之，乃改西部爲永昌郡，以純爲太守。在官十年卒，列畫頌東觀。』今日昇平同在此，一池秋水十分春。

漾濞溪道中《通志》云：『在蒙化府城西北一百八十里。其源有三：一出大理浪穹縣罷谷山，由鄧州洱海流入府境，爲漾水；一出吐蕃可跋海，由雲龍入府境；一出劍川，繞點蒼山後入府境，爲濞水。二水合流，至府西南爲備溪江。』

收回雷霰長虹見，揭起雲峰白雪鮮。記取點蒼山背路，初冬時候夕陽天。

漾濞合江上看月

點蒼山背亂峰堆，漾濞雙流轉百回。雲水萬重山萬里，一輪明月總追來。

遊黑龍潭看唐梅二律

千歲梅花千尺潭，春風先到彩雲南。香吹蒙鳳龜兹笛，影伴天龍石佛龕。玉斧曾遭圖外劃，驪珠常向水中探。祗嗟李杜無題句，不與逋仙季迪談。

鐵石心腸宋開府，玉冰魂魄見蘇詩。古梅花。邊功自壞鮮于手，仙樹遂歸南詔家。白香山《新豐折臂翁》詩言宋璟不賞邊功、楊國忠貪邊功、鮮于仲通喪師南詔事。今日太平多雨露，當年萬里隔烟霞。老龍如見三滄海，試與香林較歲華。

余不能飲最多一杯而已滇園梅花盛開不可無酒命釀白糯數日即熟花下欣然小酌仍不能醉詩以自嘲

遠遊吾得渡瀾滄，惜未隨花入醉鄉。萬蕊已成香雪海，一缸宜釀玉浮梁。咏唫大可思何遜，慷慨如將傲杜康。畢竟先生眞醉否，深杯還是淺相嘗。

梅園晚景

園林薄暝鳥初眠，繞屋梅花香悄然。月色淡黄花淡緑，半朦朧處是春烟。

宜園三壽詩

壽石

玲石立一峰，刻字在明代。園宅有廢興，此峰故常在。石壽幾千年，勒字三百載。石南刻字云：『萬曆七年柏亭。可教、可賢仝立。』二可乃沐藩家寺僧也。

壽柏

柏亭始明代，亭前有古柏。壽逾三百年，翠高六十尺。高六丈，蔭一畝。昔植老僧廬，今森節使宅。

壽梅

園中多古梅，數百年之壽。春花正縟繁，苔身更堅瘦。若較龍潭梅，彼老此尚幼。香雪齋前古梅十餘株，雖皮老腹空，用柱掮立，而花尚繁。箭亭旁一大株，三大幹，根有鐵束，不知爲何年所束。乃今皮殼厚大，反包於鐵之外，鐵可見者厘十分之三。

除夕園庭之花齊見者梅桃杏山茶玉蘭海棠木瓜櫻桃馬纓春蘭薔薇木香迎春水仙長春報春蜀葵十餘種

此地可名妙香國，『妙香國』見佛典。俗以雲南即妙香國，見《通志》。此時可似百花居。《海國見聞録》：『海外有島，百花最茂，名曰「百花居」。』家鄉事事皆堪憶，惟有羣花比不如。

戊子

定光寺看紅山茶花

定光寺裏紅山茶，紅光不定摇朱霞。古卉那肯在城市，南野獨立枯僧家。登樓看花及花半，尚有半出樓簷牙。高柯難見更引領，濃豔極賞翻咨嗟。青琅玕葉雜翠玉，紅珊瑚樹增丹砂。挺立巨幹若壯士，嬌凝蒨影羞吴娃。英雄兒女各有説，蘇東坡、王梅谿山茶詩皆曾稱爲『兒女花』。維摩色相皆無遮。世間桃李苦代謝，老樹不自知生涯。惟知寒山多雨雪，一寒一度生寶華。龍潭北望頗不遠，相期應是唐梅花。

上元登西臺望月

皓月照昆海，元宵登眺來。雲山繞城郭，鐙火上樓臺。年熟民皆樂，春晴漏勿催。遥知深夜裏，游客踏歌回。滇俗：上元前後三日看鐙月，人滿街，大府發令箭巡護，三更令箭始回城閉鑰。今年年豐月朗，遊人更多。

和女[一]蘿亭東園花月

驚蟄滇池尚未雷，東園已見雜花開。月從金馬坊邊出，春向五華山外來。却爲芳林常秉燭，元宵後，梅花已落，桃、杏、梨花、蘋果花、木香皆開。不妨清夜再登臺。感時兩地成遥憶，鳳沼輕冰江北梅。

[一] 女，甲戌續刊本作『文』，誤。

出西城十里遊龍門山海源寺寺建於元平章，明沐氏重建。

滇南二月初三日，頗似江南上巳天。曉色照人出城郭，春風引我到林泉。玲峰峭壁龍池外，疎竹濃花佛閣前。紫辛夷、牡丹並開。隨處輕爐吹活火，近時茶隱又經年。

倚松書屋齋居

齋居小屋意從容，卧聽茶聲起看松。窗外露寒雙立鶴，城頭風定二更鐘。掩書頗似學僧靜，拙政還當愁我慵。爲憶選樓齋宿處，春花滿院月溶溶。

同李文園學使棠階遊太華山憇太華寺

華嶽五千仞，峻嶒上金天。若與滇池較，池在華嶽巔。池上有高山，名借太華傳。華陽勒《國志》，地括南中滇。梁州與黑水，自古西南連。顛縣昔漢郡，太華居西偏。城中看西山，蒼翠隔野烟。春風得閒暇，勝侶邀一賢。出城載茶榼，適野敲唫鞭。松杉閟巖壑，雲水開天淵。拾級入古寺，樓殿逾百年。寺南敞虚堂，萬頃何茫然。浩浩天外浪，稜稜草際田。雙墖辨遠郭，片帆識漁船。山外壁更峭，方削不肯圓。搔首或落雁，登頂難采蓮。石室雖可攀，未許希夷眠。我無攝生術，神昏力衰孱。爲語瀛洲侶，安能從羽仙？惟當隨滇流，乘槎歸日邊。

水地大勢，陝華州約略與蜀夔州相平，乃重慶敘州江遠而高仰逾千里，金沙江又高流入敘州江，滇池又高流入金沙江，共數千里，是滇池高於華頂明矣。若乘船出滇池口，入金沙江，又入蜀江，入漢江，沂淮渡河，竟可直達天津矣。『太華』之名，不知起於何代。以《禹貢》『華陽梁州』及常璩《志》推之，此山名爲太華極宜。顛縣即滇縣，見《漢書·志》。太華山山半之寺起於元代，大建於康熙時，其木石皆范總督承勳毁吴逆故宅運去者。范公有《太華紀勝》文，刻大理石嵌西堂壁上，石巨盈丈，眞瓌材也。寺中有明沐藩世代像，亦有范公像。

仙館東新開二方石池一栽荷一養魚池上栽蘋果樹二株梨二株并於園南栽橡養山蠶以爲民先

牆東荒地手親鋤，砌石栽花二月初。兩樹甜梨兩樹柰，一池香藕一池魚。纔教園客來烘繭，也看家兒學著書。除却煮茶兼解字，更應何事算公餘。

牡丹一枝開極大

花大如盤放樣新，一枝何止十分春。高扶浩態恐成醉，勃發豔紅疑是瞋。玉鏡暈開香氣力，紫泥催足暖精神。惟憐南詔詩家少，莫道天涯無麗人。

梅花蜜

園中梅花盛開，至兩月之久。二月蜜房已滿，割之，是梅花所釀也。

春半園花殘，蜂釀可收拾。呼童開其房，蜜脾垂數十。一脾穴滿百，蜂頭何戢戢。蜜房片片，側垂如脾，窩孔側列于脾，蜜含孔内。甘露頷可含，黄粉翅能翕。蜂含花露于頷下，沾花黄于翅股之間。瑩如冰壺清，白若玉膏濕。計彼冬春間，花稀寒不蟄。惟有百樹梅，衙衙採之急。蜂一日有兩衙。割脾留半臺，蜂王所居有臺，割蜜須留其半。割少則蜂惰，割多則蜂饑。淋漓注且挹。梅花香與魂，全與蜜爲入。甜味翻銀匙，萬花歸一吸。

老鶴

爛漫齊開紅躑躅，樹杪咿啞飛屬玉。何如老鶴静無聲，卓立蒼苔看修竹。

登西臺看耕種

平野浸清滇，環城百頃田。喜逢新雨後，剛是種秧前。横笛遥村犢，抽帆小港船。碧雞山色緑，低與稻畦連。

東園初夏

初夏尚清和，東園日日過。雙池涼氣合，三徑緑陰多。瘦鶴常隨步，幽禽各占窩。引飛新燕子，亂㕮野鸚哥。莧染臙脂飯，蠶收栗繭蛾。奇花現優鉢，鮮果結頻婆。嫋嫋風抽筍，琅琅雨打荷。窗深時可卧，琴在不須歌。攜幼還扶杖，看山更上坡。但逢娱意處，休問老如何。

近華浦大觀樓新立石柱水誌

雲影天光四面青，高樓欄外比滄溟。滇池浄拭琉璃界，華嶺平開翡翠屏。欲使萬村同水利，先教丈石立淵渟。浦前刻碣題名處，遠想焦山《瘞鶴銘》。滇池之水，涓滴皆到焦山入海。戊子立三石柱，一在金牛寺，一在近華浦，一在昆陽州海口，以驗夏秋漲水之尺寸，而知環滇州縣農田之深淺及海口之通塞。

晚飯於福兒書齋登西臺觀稼是日剪得七種園蔬桂花紫薇同開

西齋晚飯比山家，六月棉衣不用紗。七種自挑園内菜，一甌同飲竹中茶。摘來青李兼蘋果，開滿紅薇又桂花。城外稻田似城裏，高臺闌外即昆華。

東園夏日

東園積雨半歸池，密樹陰陰日影遲。蒼鼠避人啣柏子，紅魚浮水唼蘋絲。幾層石磴登臨處，四面雲山坐看時。杖得青藜隨步穩，不妨竹笠向風欹。

早衙散後掩園扉，氣候温涼驗化機。蜂蒞四時香不斷，繭蛾五月破還飛。釀花成蜜供丸藥，據樹歐絲著絮衣。喜是郊原栽稻畢，橡林又報野蠶肥。
方塘砌石接平沙，白藕栽成看水華。落日曬香宜晚飯，曉涼收露點春茶。闌邊雨過翠痕響，竹裏風來紅影斜。就此課孫知雅訓，花名菡萏葉名蕸。
菜圃斜陽小屋晴，綠杉林下晚風清。豆篷瓜架隨人坐，瓠葉茄花礙足行。素飽宜知藜藿味，忘機可聽桔槔聲。閒來頗愛灌園叟，除却肩鋤無世情。

咏滇南景物

人以緼袍兼伏臘，六月、臘月皆可著棉衣。花無月令開循環。四時花不斷，且午日開菊、桂，中秋開山茶、水仙，除夕春花亂開，千瓣碧桃，結桃滿樹，盆中梅花、蘋果皆結實。不是春秋亦佳日，別有天地非人間。

重九曲靖道中

邊地西風早見秋，今年重九又東遊。登高佳處競鞭馬，待穫閒時多卧牛。驛路正當千里遠，農田全是十分收。黄花縱好不相賞，飽看黄雲到貴州。

白水河看瀑

有如此白水，未及上翠微。高谿瀉鳴瀨，湍激不可磯。如驅萬鷺羣，鶴鶴鼓翅飛。及其落深潈，百丈開晴霏。又如千疋帛，裂擲天孫機。境更夜郎遠，奇僻與世違。太白所不到，自古唫者稀。詩人若相賞，不惜濺征衣。

貴州省城水南新構小閣正對溪山余名之曰翠微閣并書扁

水南小閣題名後，一段林巒未可忘。黄葉多時有霜氣，翠微空處即秋光。眼前畫意任舒卷，溪上詩情誰短長。莫怪闌干人倚久，勾留清景是斜陽。

鎮遠行臺在鎮陽江上江即㵲水也後倚石屏山東横大石橋橋南岸即中元洞洞之上又有一亭東向川途余題扁曰上元亭

鎮陽江外四山青，擁列懸崖石似屏。曉起遲看東嶺日，暮來少見北垣星。當關蘭錡嚴兵衛，登岸牂柯證《水經》。爲愛橋南巖洞好，憑高題出上元亭。

沅江緑蘿山

緑蘿巖勢頹，懸藤釣沅渚。漁詠幽谷中，浮響若鐘虡。明鏡澈清潭，風籟傳空浦。酈氏注《水經》，足跡未到楚。何以接靈均，妙出湘沅語。子厚永州文，安能及斯古。

清浪灘

沅灘最是清浪大，四十里中石坎坷。兩山亂石原連根，豈計奔流從此過。清沅千里趨洞庭，鼓浪直攻山石破。疊石若梯狹若門，直下如舂漩如磨。石當因水有撼摇，水亦因山多折挫。水石相通舟始來，第一舟應莊蹻坐。我待下灘心氣平，不敢恃强亦無懦。灘聲已遠新月低，擲筆鐙窗漸思卧。

武陵舟中食蟹

武陵水落晚泊舟，漁家簖裏多螃蟹。十載不嘗郭索味，紫螯入手橫霜秋。桃花米飯洞庭酒，尖團何擇應兼收。監州與蟹別憎愛，符竹那許橫行求。計我管地已無蟹，粤、滇、黔皆無蟹。況所監者將百州。思量必有少卿在，更恐空惹坡公憂。蘇詩『欲向君王乞符竹，但憂無蟹有監州』，用錢少卿語也。

荆州渡江

遠帆一片指荆州，雁陣斜飛過我舟。身在江天渾不覺，怕人尋句正登樓。

南陽道中早飯

黍穈麥餅晚菘根，月店霜橋飽復温。何苦貴官誇貴食，更將海燕壓雞豚。

狐裘

一白狐裘廿四年，南邊天暖久相捐。今朝河朔當風雪，温厚何曾減却前。

戊冬述職賜賚蕃庶紀恩四首

賜紫禁城騎馬一[一]

紫掖朝天日，恩教策馬來。未能多矍鑠，何敢少虺隤。曳履星垣近，鳴珂玉漏催。小輿還命坐，帶子散朝回。次日，又命坐小椅轎以代馬。時伯兄户部郎中、叔弟刑部郎中。

[一] 一，甲戌續刊本無。

乾清宮面賜福字二

錫福蒼生筆，丹砂金繪箋。御前敷禹範，頂上戴堯天。御筆書『福』畢，跪受，内監捧『福』字從頂上過。春滿璇宫裏，香依玉案前。傳宣加壽字，恩意在延年。又加賞『壽』字一幅。

賜御筆出門見喜春帖子三

玉尺裁春帖，祥雲繞筆花。喜從天上至，恩近日邊加。吉語傳中禁，龍光拜一家。春明門外路，誰道是天涯。

賜黄辮荷包四

若若荷囊帶，黄如御佩同。包含太和氣，摇曳早春風。品勝金魚紫，光分戟火紅。幾回拜優賜，依戀玉階中。

彊經室續四集卷九　文選樓詩存第十六

己丑

雪夜曉行擬楊誠齋

夜雪迷路曉勿馳，具茨不見歧中歧。驛卒獨捉老馬騎，爲我覓路行逶迤。皓然大塊白玉版，我以輪蹄雕琢之。又忽匝地成巨紙，細行草稿來題詩。題詩直到黄河岸，横阻渾流望洋歎。河南河北白茫茫，一道金繩分兩半。

溯沅水源入黔

一夜漫山雨，三篙上水船。已交寒食節，不是冶春天。歷歷幾千里，匆匆將半年。江南好烟景，想到杏花前。

黔大定以西古羅施鬼國也穀雨過此牡丹處處盛開

魏紫鞓紅洛下姿，東風吹放滿羅施。郵亭院落皆雙盎，茅屋人家也數枝。滇水未能賞春色，黔山頗不負花期。小瓶旁插肩輿裏，一日看他四五時。

由七星關入烏撒

七星岩外七星關，幾輩詩人到此間？難得知名似寒士，少經題句是邊山。三春霜雪行冬氣，山高氣寒，穀雨後到威寧城，見霜見霰乃常事。百丈峯巒抗冷顔。留此一詩破荒寂，羌無故實問烏蠻。

東園夏日

春花未及看，及看夏初花。四月，東園曇花、榴、葵皆盛開。樹結蘋婆果，田生哈密瓜。出京帶哈密瓜種，種之十日即生。抽絲成繭邑，時養橡蠶，爲第二年，又成繭。割蜜散蜂衙。蜂脾歷八月未割，夏初割之，蜜老緑色，芳香尤濃。倦向此園卧，便如歸我家。

大理石小屏方尺許宛然設色山水巧合天際烏雲二句詩意

天際烏雲含雨重，欲畫此情筆誰弄？樓前紅日照山明，此景兼圖更難共。何期大理點蒼山，石畫天生出巒洞。黑雲日影分五層，雨意相含補其空。雲中斜罅漏日脚，一片紅光向山送。奇景能傳玉局書，幻詩早入君謨夢。巧匠裁石妙使縱，若使橫裁便無用。蒙段何知蔡與蘇，造物天然遠相中。嵩陽萬里有古情，青眼相看是清供。此詩此石誰後先，會向蒼巖較唐宋。

伊中丞過東園蔬飯見示一律即和原韻

園如谷口有山橋，客似濠梁同見招。風裏筍梢抽筆直，雨餘荷蓋瀉珠搖。迴廊隱隱茶烟颺，行竈青青菜把饒。共此籌邊多少事，苦心却不是詩瓢。

滇南風景

萬里西南地，人間別有天。三春不歸雁，秋深，有雁率向西南飛去，春不見歸，或由瀾滄、土番北歸，或入緬甸，則未必能歸矣。六月未鳴蟬。天凉，蟬極少，六、七月滿城緑樹，不聞一蟬。便面涼停扇，深衣夏亦緜。冬暖，不用爐炭。五、六、七月無一日離緜衣。却嗟唐宋客，詩句少相傳。

登西臺

每是登臺必解顔，平疇遠接碧雞關。鵞黄鴨緑新秧地，眉翠鬟青過雨山。趁市船來漁舍外，近華樓在浦雲間。耕耘已畢農歸臥，喜得民閒官亦閒。

大暑節桂花初開

終朝涼雨不聞雷，北户何曾肯暫開。今日節時交大暑，開窗爲放桂香來。

秋祭東園齋居詩四十韻

余正月廿日生辰，與白樂天同日。余四十歲時，曾和香山四十《白髮》詩韻，今匆匆廿六年矣。香山有六十六歲詩，又是年落二齒，有《落齒辭》[一]，似老年一關鍵也。清夜翦鐙，作詩自忖。

我昔年四十，曾和白傅詩。白年六十六，有詩言其衰。七十欠四歲，白樂天句。我亦如其時。我昔知命年，目力先差池。今復十餘載，晶鏡屢改移。今眼鏡用七十歲老光。髮白雖少半[二]，大半白其髭。今年耳所聽，亦覺收聲遲。我嫌人語低，聵聵將在兹。白公於是歲，二齒落有辭。我幸卅餘齒，全在無所隳。居粵八九載，濕氣注四肢。詩云微且尰，脚氣殊難醫。入滇氣涼爽，左足去其疵。右足尚有病，夏來加藥治。近亦可半愈，兼以息身疲。園中有山臺，藜杖閒可搘。廐中有紫騮，遊山偶一騎。仲秋多祭祀，齋宿今其期。東園好亭館，雜樹交秋枝。鐘鳴鶴聲静，清夜因自思。我無白公才，我比白公羸。今亦六十六，官重非分司。白公每乞分司閒官。年齒與禄位，不圖至於斯。老妻攜季子，歸守墓與祠。服官有二子，效力居京師。滇南宦最遠，今惟仲子隨。仲子文筆拙，經義微能窺。疏經成十卷，時福兒《孝經義疏補》初成。閱之頗解頤。貲郎任子間，所執或不卑。聚者固相慰，遠者歎相離。健亦勿侈樂，衰亦毋心悲。君門隔萬里，昔人常嗟咨。我君令臣喜，去冬賜御筆

[一] 按：白居易此詩原名《齒落辭》。

[二] 半，甲戌續刊本作「年」。

『出門見喜』春帖子。喜氣盈須眉。春明門外路，豈是天之涯。惟念老態具，精力將難支。安可龍鍾叟，頽然籌邊陲。然不籌邊陲，偷安又何爲？爲此齋居夕，自省復自疑。尚其式古訓，亦且力威儀。大事在於祀，惟福養以之。《左傳》『養以之福』，俗本譌爲『養之以福』。

中秋壔鐙

月中壔影又懸鐙，丈六支提九節青。一夜忽看造阿育，二分無賴照棲靈。花明滇上昆華館，秋滿江南福壽庭。萬里清輝共迴首，天邊風露度疏星。

以八月十六日爲中秋

雨餘昨夜無明月，三五佳時空上樓。忽計今宵月纔望，正該十六作中秋。凡中秋十五無月而望在十六者，正宜以十六爲中秋。

秋園

秋園策杖繞山行，更比春園氣候清。到處閒花皆有色，許多幽鳥不知名。白梨紅柿攀枝摘，甜菜香茶共竈烹。案牘判完還把卷，夕陽澹似老人情。

暮登東臺

西臺遥對碧雞關，更看東臺金馬山。秋日有情此城郭，夕陽無限好峰巒。未能酒飲須茶飲，縱不朝閒可暮閒。石上席猶清坐久，朱霞照我得酡顔。

題伊莘農中丞不倚圖

古人曾有言，地上即是天。惟天爲足倚，此外何取焉？有莘特立人，不倚更不偏。宛然中規矩，折方周亦圓。所佩有緩急，在韋亦在弦。賦性得骨力，可與立與權。如此無所倚，已五十餘年。開圖識生面，但坐草芊芊。除彼室與户，去其車與船。不著屏與几，勿傍林與泉。是曰强哉矯，豈非賢者堅。道光七八載，曁我居清滇。閒心共覓句，苦意同籌邊。我少本無倚，況復今華顛。即此恃天處，竊欲相比肩。題詩即言志，晚節皆勉旃。

以園中柿芥餉莘農中丞見謝長篇因亦以詩相酬

既不能爲田舍翁，毛錐長劍誰雌雄。不如治事有清暇，可以老圃兼老農。東園古柿高五丈，二三千顆垂秋紅。淩霜摘落去其澀，甘脆與梨争異同。秋來北地寄菜種，入土即緑成晚菘。蔓菁香芥潑生辣，咬根得味亦禦冬。東鄰西鄰并薄瀹，傾筐送去田家風。幕掾分嘗牙將笑，兩家氣味皆冬烘。果然牙齒嚼清慧，已有長句來詩筒。君遷入賦亞平仲，元修有菜吟蘇公。君不見，吾家閒地尚數畝，新栽小麥青茸茸。好待明年作餅餌，隻雞斗酒相過從。試將野叟茅屋趣，納入戟轅園圃中。

曉坐後院石壇

侵曉石壇上，居然農圃間。晨光銷落月，霜氣肅邊山。野趣蹔相借，閒愁難盡删。不知南去雁，何處北飛還？

東臺待月

東嶺生明月，悠悠照遠村。天光澄碧落，山影接黄昏。頗不負今夕，祇因遊此園。歸來行竹徑，相送似柴門。

霜降日暮登臺看西山

霜氣初嚴雨氣衰，碧雞峰色碧參差。況當落日餘霞後，正是塗金刷翠時。堆起佛頭見華頂，磨開銅鏡照昆池。子安山紫潭清句，付此方成絶妙辭。

大理石屏四時山水歌

己丑冬，又見大理四石，縱横皆一尺外，巧如畫幅。第一横幅，春山睡緑，湘烟疊疊，其痕宛然有欲銷之意，用子厚句題之曰：『烟銷日出不見人，欸乃一聲山水緑。』此『湘烟春霽』也。第二方幅，横嶺連峰，沉陰黝緑色，下有雲起，上有雨來，用許渾詩意題之曰：『溪雲初起，山雨欲來。』此『夏山欲雨』也。其三立幅，特立方峰，右連緑嶺，天飄雨脚，雲落峰腰，亦用丁卯詩意題之曰：『殘雲歸太華，疎雨過中條。』此『華嶽秋晴』也。其四横幅，石紋如坡公雪浪石，青白相糾，酷肖風雪江流、寒磯激浪之勢，即用坡公句題之曰：『畫師争摹雪浪勢。』此『寒江雪浪』也。

南雲石幅天生奇，奇乃造物爲畫師。烟雲雨雪各有態，高山流水分四時。造物筆墨何手持，何年穴山爲畫師？豈獨勝於畫師畫，更得巧合詩人詩。子厚漁翁句久讀，不料此詩在山腹。湘烟裊裊銷成痕，暖透春山割新緑。夏雨欲來垂雨紋，山下滃起溪中雲。雨雲山色漸不分，風聲颯颯如可聞。詩人行過潼關道，華嶽秋高晴更好。殘雲疎雨中條山，繪出江南許丁卯。又聞東坡雪浪石，蜀江畫師留白脈。東坡《雪浪齋銘序》云：『余得黑石白脈，如蜀孫知微所畫，石間奔流，盡水之變。』可如此畫飛寒濤，風雪江頭浪花白。孫太古，冬景。米襄陽。夏景。洪谷子，秋景。趙子昂。春景。世間絹素易漫漶，不若石畫能久藏。天工豈借人智力，妙手偶得天文章。詩情畫意破石出，驚天逗雨吟點蒼。

過開化天生橋題名刻石

大道何平平，到此已萬里。誰知坦途下，横貫巨川水。谿深岸愈高，絶壁水面起。惟此兩壁巔，相接復相抵。此橋眞天生，百步平若砥。橋邊勿駐足，亦勿俯而視。臨深知其危，奔流浩無底。問水何所歸，百里即交阯。諭蜀馬相如，題名難到此。

戲答家人

非但養心兼養目，高年遠宦少看書。家人勸我言如此，我答家人意可如。豈有劉伶聽戒酒，祇應輪扁老攻車。此中也有長生法，不用三仙飽蠹魚。

坐月壇坐月

坐月壇邊夜色遲，梅花香動影交枝。直從茅屋黄昏後，坐到參旗掛月時。壇旁結茅屋一間。

新造擡礮演成速戰陣和伊莘農中丞韻

聖武征西速戰平，楊家演得陣圖成。楊宫保遇春練擡礮速戰陣，收平回部，此力居多。今余在滇仿造此礮，教成此陣。礮不逾五十斤，肩負而放，五礮成一連環，能捷而及遠。傳來雷霆千聲礮，抵過弓刀一萬兵。目準手靈燃火急，步齊肩負轉環輕。治兵頗可終朝畢，還共敦詩入詔城。

報春花

滇中報春花，弱草也。葉類江南之虎耳草而無白紋，其穗高不逾尺，花五瓣，小如珠翠之盤，色在淺紫、紅翠之間。不畏霜雪，冬初即開，凡抽穗至三即交春矣。近時翡翠玉中有一種紅翠色者，女衣綾布中亦有比其色者，皆名曰報春花色。

翠應淡于羽，紫亦淺于薇。遠比西夷玉，新宜少婦衣。石邊自荏苒，雪裏長芳菲。報春何足論，耐得送寒歸。

大理雪浪石屏用蘇公雪浪石詩韻

大理石片如方立幅之畫，一波翻白突起，似有磯激于其中，波上迸起浪花，浪花外水紋又成黝綠青白色數層，皆具飛濤走雪之勢。昔坡公云：『余得黑石白脈，如蜀孫知微所畫，石間奔流，盡水之變。』《畫鑑》云：『孫知微《水石圖》，一石高數尺，湍流澈注，飛濤走雪。』今此石頗似之，應亦名之曰『雪浪石』，置香雪齋中。

太行石畫如雲屯，人巧不到天工尊。花石綱殘汴河凍，雪浪齋破寒雲昏。蘇公久別此石去，尚留銘字埋荒村。黑水梁州玉斧劃，別有大理開國門。孫知微死八百載，點蒼山裏招其魂。畫家粉本入石骨，詩人魄力通天根。飛濤向天學雲白，古雪窖地變玉痕。片片幻出洱海浪，定州一卷非所論。況此翻瀾激磯石，屏立不用蘇齋盆。齋前梅花亦香雪，目擊雪子吾道存。

冬至後連得大雪

風暖滇池冬不寒，同雲難見彩雲間。忽飛冰雪鋪千里，直洒來牟飽百蠻。火熱石鑪憐蔀屋，滇人少棉衣，寒則于屋內石阬燃薪爲暖。時平鐵甲解邊關。歐陽永叔《雪宴》詩云：『須憐鐵甲冷徹骨，四十餘萬屯邊兵。」登臺更向園林去，放眼遥天萬玉山。

百樹松杉凍壓枝，竹梢垂葉釣清池。即今玉圃攜筇日，去歲黄河渡雪時。路有鴻泥已陳迹，家如琴鶴半輕隨。況當香雪花初拆，合請皤翁坐詠詩。

山海棠

滇山中有大樹，名山海棠，冬至前開花，交春方謝。其花葉皆似海棠，蒂亦垂絲，而濃密過之。霜雪滿山，紅林獨盛，偶買連枝，插瓶彌月。此花富民縣多，昆明縣少，余使花奴移買穉者，植之署中。

何來冬嶺樹，道是海棠枝。萬卉彫零日，此花穠豔時。淩雲垂鄂不，傲雪濕燕支。桃李春風耳，歲寒誰與詩？

臘八日園梅有開者

雪後雲陰意冷清，閒隨雙鶴繞園行。梅花有性真天放，得到開時便縱情。

園梅半開

霜雪風寒理亦齊，幾枝曲直任高低。林中香性誰知得？我道梅花似馬蹄。詩中不妨戲用玄學，説明是玄便不妨，總不可外儒而内玄。

月夜遊園

己丑臘月十四日霜雪之後，南風減寒，嚮晦月出，清景朗澈，遂乘椅輿出香雪齋。池上林梅初開，仙館牆東，臨池小憩。雜樹葉脱，月光在粉壁、池水之間，明潔如畫。復由茶隱亭過宜亭而南，止于射圃，閑田遠敞，得月更多。緑杉影直，雙鶴静立，老梅南枝，向月耀白，城鐘已動，坐賞良久。復回仙館，登北山石臺，東望城中，萬屋鱗次，城外金馬諸山，羅列楚楚。山外流雲横亘，似霞非霞，天宇空碧，肅而不寒。坐待參昴既高，與月同轉，始由山後而返。何地無月，何人不得月，若不記之，則此景付之太虚矣。

夜園月境幽，登臺境更闢。梅月守静虚，雲山廓清白。我見王輞川，近臘愛月夕。我見蘇東坡，月影玩竹柏。我無裴與張，但與月主客。後之視今者，或如今視昔。

東園殘臘

幾曾孤負好年華，如此園林聽放衙。三徑有苔皆步鶴，一年無日不看花。籌邊心力營巢鵲，送臘時光赴壑蛇。除却雷塘庵外雪，未應春雨更思家。

庚寅

正月八日遊西山花紅洞法界寺

邀遊古巖穴，更在西山西。遨頭策驄馬，山足指碧雞。松柏鬱遠翠，榆柳含新荑。壑底響泉筑，嶺邊㳚雲梯。石門謝康樂，林間孔稚圭。轉折見厓洞，指點尋招提。旃檀嚴梵像，蕙櫋拜御題。寺殿有聖祖御筆『萬里傳經』四字。參天玉蘭立，拂殿紅茶齊。歸途視每俯，平野望弗迷。太華列屏障，滇池明玻璃。偶然共遥集，聊復遵故蹊。出山已蹉午，落日春風低。

正月二十日偕劉王二叟竹林茶隱

三人二百五十歲，隱入竹林同所憩。舉甌啜茗作壽朋，少破從前獨遊例。桐城壽者百四齡，談笑游行嗑甘脆。自言弱冠入滇池，眼見乾隆平緬裔。浪穹老年七十九，手披經解講六藝。時《學海堂經解》初刻成，寄到滇，共一千四百卷，與王叟講其概。此乃門中古桃李，却並尚書紅杏麗。雨春軒前，古杏盛開，軒扁乃乾隆癸未年書。杏在扁前，亦百年樹矣。南中地暖纔立春，已似山陰欲修禊。時花香葉青春深，時梅已殘，桃、李初開。緑篠新篁夕陽霽。兒輩燒松烹洱茶，竹亭爐烟風細細。園東竹中有茶隱亭。羊求三徑寂無聲，惟有林間鶴清唳。香山七老今得三，疑我年者使之計。《左傳》曰：「疑年，使之年。」

滇中有百四歲劉壽叟者，名廷植，桐城人。步履、目光、齒力皆健，鬚髮未全白，如六十許人，語音高而善笑。叟於壯年在迤西見大何首烏，重百餘斤，購得之，剖吸白漿，目光頓明，精神增健，由此得長壽，無他異術。家大人曾仿唐人《何首烏傳》作《劉壽叟傳》。又有家大人己未門生王樂山大令者，名崧，榜名藩，浪穹人，年七十九，學問淹博，爲滇中老宿，總纂《滇省通志》，精神、步履亦强健。福乃於庚寅正月二十日邀劉、王二叟在宜園陪家大人遊坐，福侍茶爲壽，三壽共二百五十歲。唐白香山初爲七老會，其中尚無百餘歲者，家大人生辰與白公同日，七老、九老，再俟諸他日。福謹記。

立幅雪浪石屏高一尺六寸，寬一尺三寸。再用坡公雪浪石七律韻并鐫字曰琅嬛館仿蘇公雪浪齋孫知微畫法

畫仿眉州復定州，宛然濺雪激奔流。摹成水法有藍本，捲出浪花皆白頭。石脈千年磨不滅，江波半幅翦來收。誰能挽得狂瀾住，詩力蘇齋抵萬牛。

西宅後有紫薇二株葺其後屋題曰紫薇花院

西堂後屋似閒衙，收拾荒園可住家。山頂平横青玉案，正西玉案山。檐牙齊列紫薇花。千枝瓊樹看成碧，一片卿雲半是霞。須與民間共疴癢，莫將官様負清華。《羣芳譜》：『紫薇，名怕癢花。』梅堯臣詩：『薄膚癢不勝輕爪。』陸游詩稱紫薇爲『官様花』。

紫薇花院後圃坐月壇

卅丈花垣一丈壇，石欄啜茗晚盤桓。風知少女微時好，月向上弦圓後看。園東有古柏二株，望後

見月便遲。竹柏兩人影閒暇，星河萬里指闌干。且休久戀金波色，清露之中邊氣寒。

澹泉

紫薇花院後，最西北有井如眢，發其覆石，汲之，濕二丈之綆。其脈由陑山來，由五華山出，水甚清白，無鹹苦之味，然亦不甘，蓋甚澹矣，名之曰『澹泉』。

汲得無波井，其深如古潭。由來上池北，穴出五華南。澹欲生虚白，清何計苦甘。曾陪隱之酌，似此又焉貪。

署西木臺將朽遂拆之遷於澹泉西南七丈許用七千土墼疊爲方臺名之曰碧雞臺

草草荒園起一臺，不勞民力不傷財。兩層白紙餬虚牖，四壁黄坭疊大坯。寒重壓簷飛雨雪，春深繞屋走雲雷。縱横方丈尋詩地，那值文人苦費才。

排闥誰何到此臺？碧雞山特送青來。兩三峯向研池立，四十里將屏畫開。踈雨晴時霞甃罨，夕陽沉後翠成堆。登臨更比東臺近，阮眼相看日幾回。

水照青天似鏡臺，不因城市染塵埃。汪汪千頃涵清濁，采采中央詠溯洄。金馬山前多佛樹，黑龍潭上有唐梅。何如細讀《王褒[一]傳》，縹碧光中節使來。『縹碧雞』見《西京雜記》王褒文。

半是公餘可上臺，坐看耕種到星回。滇俗以六月廿四日爲星回節，以松炬祀田祖，登臺望之，明若繁星。不言不動知風自，生魄生明記月哉。柔遠惟思鄭純法，籌邊休用贊皇才。衹今一片滇池水，唐宋何人得見來。

食家園新麥麵

後圃閒地多，偶種數畝麥。春來抽穗芒，有浪深二尺。園丁攜月鐮，刈之付磨石。霏屑出重羅，無以比其白。今年餅餌香，舊臘雪霜汁。快此麥秋風，黃雲滿梁益。

[一] 褒，底本誤作『褒』，據《漢書》改。下一『褒』字同。

東園夏日

園池長夏樹扶疏，待到閒時意自如。爲試輕艭去尋鶴，但拋香餌不鈎魚。老年可得惟加飯，結習難除尚著書。俗客何來詩客少，使君家似野人居。末用杜牧之句。

蜀葵花

蜀葵春早是滇池，夾路當階復滿籬。五色各爭高一丈，萬花分與占千枝。牡丹極豔何曾久，秋菊能黄又惜遲。惟此向陽開不斷，芳菲接到雪梅時。滇葵春半已開，直到冬末，一穗初殘，數穗復起，計花之久而繁，無過此者，余栽之甚多。花有紅、紫、黑、白、紺五色，其紅色又分大紅、桃紅、粉紅三色，惟無黄色，讓與秋葵耳。

紅藜杖

青藜杖數枝，三年矣。丹漆之，名曰『紅藜』，欲象唐之赤藤。

老龍拔鬚電搜壁，南詔蠻藤如血赤。昌黎唫罷香山唫，韓昌黎有《南詔赤藤杖》詩，白香山亦有《南詔紅藤杖》詩。萬里雲天隔梁益。我持節往六詔南，欲覓此藤無處覓。園中自有老藜根，斫取數枝握青碧。三年未免色模餬，半染苔痕半手澤。忽加丹漆華而堅，榔櫪横擔五六尺。太乙吹火紅照人，不許珊瑚鬬玉石。皤翁攜此東園來，一笠圓棕雙蠟屐。勁莖踈節輕于藤，皓鶴驚紅避長策。而今那有異牟尋，頗可扶藜傲韓白。

夏登碧雞臺

六月滇池上，登臺引興長。郊原酣雨氣，水木泛雲光。尚覺棉衣薄，全將羽扇忘。昔年泰山頂，似此得清涼。

野鶴羣

六月廿六日，有野鶴爲羣，盤飛于宜園林杪，與園鶴相和而鳴，久之，向南飛去，數之，恰十雙也。園丁云：此鶴與園鶴朱頂者無異，滇中多有之，久晴將雨則入澤，久雨將晴則入山，秋田既熟，羣飛損稼，農人逐之捕之。雲南舊志惟有灰鶴，無白鶴，蓋習見野鶴耳。野鶴毛色不甚鮮白，宜園鶴初來，亦不甚白，養之逾歲，始全皓潔。滇鶴與余鄉淮海之鶴無異，惟自嗉以下一尺頸全黑，不似淮海鶴乃黑、白二色相糾轉也。
忽驚林杪白紛紛，廿鶴盤飛自結羣。濕羽昆池嫌滯雨，振翎華麓快晴雲。高吭引和清相應，衆翅摶風颯可聞。能舞終憐園内鶴，褊褼肯向鮑參軍。

題碧雞臺

不難終日住樓臺，難得臺從古跡開。山在益州雞縹碧，節持漢使羽毰毸。二千年上神光在，五色雲中翠影堆。若是倚樓橫塞雁，王褒[一]還攧洞簫來。

大理石屏正面立看合疎影横斜水清淺背面横看合暗香浮動月黄昏

疎影暗香交水月，若教作畫頗難工。誰知和靖詩心在，透入蒼山石骨中。清淺倒垂枝掩映，

[一] 褒，底本誤作『襃』，據《漢書》改。

黄昏斜倚氣朦朧。妙從不甚分明處，兩面縱横覓句同。

九日登西臺

九日登臺近更宜，豐年佳氣滿昆池。直從緑雨鋪成後，看到黄雲捲盡時。拙政無如觀穫樂，新炊端可望烟知。白杭一石銀纔兩，穀賤傷農是謬詞。

翡翠玉效樂天樂府

古有驃國樂，今有驃國玉。翡翠玉來緬甸，緬甸即唐驃國。朝廷不寶之，此玉入流俗。色不尚白青，所貴惟在緑。炫以翡翠名，利欲共争逐。佳者比黄金，價更倍五六。滇關駝玉來，麤皮皆碌碌。貪緑在皮中，若可見其腹。或以千金享，或判卞和足。及剖乃異色，今多淡紅色、青蓮色，即報春花色。幾于抱玉哭。或見緑一斑，喪斧少償贖。若得緑一拳，即能潤其屋。緬夷賴爲利，斵之彼窮辱。此貨走東南，狥之意殊惡。貴賤有何常，好尚誰反覆。所寶若青紅，緑璞成賤璞。

西行閱兵憩雲南縣青華洞

青華古洞最清華，水木分明又一涯。湖墅羣飛朱頂鶴，是日，有鶴數十隻飛旋水上。滇人不名曰鶴，但呼之曰『朱頂紅』。郵亭濃發白崖花。縱來遊客難尋穴，洞有水阻。可有詩人此住家。但使琴堂非俗吏，必耽元狩舊雲霞。雲南立縣，始漢元狩。至于彩雲見於白崖之説，不見於古書。

點蒼山書所見

睡醒榆川夜雨殘，曉來積雪滿蒼巒。早霞西掩青爲蓋，初日東升金作盤。雪嶺不知何處去，火雲忽變作奇觀。赤城紅燒烟消散，玉嶂依然白氣寒。

過蒼山第十五峰下登楊升庵寫韻樓又至大雲堂外觀龍女花

十五峰前洱水涯，舊樓還是野僧家。楚雄垂柳不堪折，折得一枝龍女花。升庵過楚雄，作《垂柳篇》。龍女花惟此地有之，高數丈，花似單瓣白茶花，稍大而韻勝之，皮色亦相似，惟葉長而不脆，或山茶之別種歟？

重修承華圃教場閱武

省城内五華山西有校場，即前明沐氏之柳營，今名承華圃，其堂有康熙辛卯年舊扁曰『景武堂』。庚寅冬，重新之。周築土牆三百六十丈，留取土之坎以爲荷池。堂後存古柏四大株，餘樹皆朽。今栽新柳數百株，加以雜花。此地閱小隊官兵，演連鐶擡礮最便。

柳營舊是沐家場，今日重修景武堂。坐榻頗宜依大樹，射屏還與種垂楊。池邊共遂爲鵝願，階下還凝畫戟香。旗偃梅花軍士散，吟鞭歸去又斜陽。

臘月十四夜遊宜園

殘臘月將滿，月下宜有梅。古梅三十樹，衝寒香半開。梅邊宜有鶴，雙鶴立老苔。與梅夜相守，不覺清鐘催。宜亭竹柏影，參差接東臺。試問此園境，豈不宜我來？扶藜復行樂，去年此夜，游園有詩。獨往無人陪。斯時思所宜，宜于漉新醅。雅欲學古人，對月引一杯。白墮不我醉，白鶴不我猜。梅花再百臘，我亦古人哉。

大理石擬元人四時山水小幅

仿名家四時山水小景四幅，石質皆堅滑如玉。其一高五寸五分，寬一尺，上方緑色横山，起伏有情，下有烟霞，青紅二色，勢亦起伏，題曰『春谷烟霞』，仿趙鷗波設色也。其二高八寸三分，寬七寸五分，中横赭色山，似有暑意，山上烏雲横流，鬱然含雨，題曰『夏嶺蒸雲』，擬高房山染法也。其三高八寸三分，寬七寸五分，下有坡樹，中隔溪水，水外山村，色雜黄駁，具霜林之趣，題曰『秋山黄葉』，摹黄子久筆也。其四高九寸八分，寬五寸五分，主峰中立，皴染無多，而積雪甚厚，峰外雪氣滿天，題曰『寒峰曉雪』，用倪雲林簡筆也。

點蒼山裏石，畫繪皆天生。乃不曰天生，翻云人畫成。子昂與子久，二難何可并。房山力淳厚，倪迂多逸情。既謝縑楮質，豈許丹青争。春谷霞彩暖，夏嶺烏雲横。秋村有黄葉，冬雪曉未晴。設色尚非異，神韻入妙精。筆跡不可求，渾脱疑且驚。我縱各題品，未足揚其名。此物自不朽，造化詩無聲。

擘經室續四集卷十　文選樓詩存第十七

辛卯

承華圃爲校武場重修之後隙地甚多且有流水使花奴居之種花果

笑指清溪百種花，此間即是汝生涯。陸魯望《賣花翁》詩：『笑指生涯樹樹花。』紅桃白李初栽樹，細柳新蒲盡發芽。方朔縱來能幾度，王戎雖好莫專家。秖須贏得他年説，買夏探春近五華。

東園祠壁畫十二月花神像

正月梅，二月杏，三月桃，四月優鉢曇，五月榴，六月荷，七月紫薇，八月桂，九月菊，十月山茶，十一月山海棠，十二月蠟梅又加牡丹花王，閏月靈芝。山海棠似垂絲海棠，由富民縣移植之。靈芝大如扇，去年産於香雪齋後院。

譜出羣芳是喜神，素卿圖裏又朝眞。本爲花國妙香國，合現官身女子身。廿四番風半弦月，十三圓閏兩頭春。石榴皮澀梅枝老，書畫皆當問道人。

樹老園深合有神，冥冥煙氣列羣眞。妙將畫譜分仙譜，笑指花身即應身。諸品有情皆示相，一年無日不生春。千紅萬紫東風面，可識寒香是主人。持梅者貌近余。

甆盎牡丹盛開列置坐右

揅經小室紙窗虛，老共名花一室居。笑異青蓮拈亦可，意同紅杏鬧何如。留香荀令濃薰坐，作記歐家雅著書。莫道春光不相稱，任將華髮對花梳[一]。

壓案花光豔豔明，繞牀花韻暖風輕。硯中綺語春休洗，几上有彫牡丹石皮子硯。鐙畔天香夜更生。貴客獨饒書卷氣，美人靜遏管弦聲。不襌不伎亦君子，莫矯恒情諱愛情。

[一] 梳，底本誤作「梭」，據甲戌續刊本及本詩所押韻部改。

點蒼中峯圖石屏

蒼山平列十九峯，峯峯黛色參天濃。惟第十峯居正中，最高常與雲霞衝。此峯右坳産畫石，丹青幻出山千重。世間雲山畫不了，且能自畫眞形容。上峯下巒合古法，皴染一變成南宗。豈非荆浩傳關仝，放筆直掃青芙蓉。

大理石五色雲屏

鼇足既立還補天，有五色石可以鍊。石破天驚秋雨晴，彩雲流作雲南縣。雲南縣，漢元狩置，舊志以爲因彩雲現。漢元狩雲入蒼山，二千餘年看不見。雲化爲石無處尋，石若爲雲亦能變。五丁夜半踏天來，割取彩雲持一片。是雲是石渾不知，紅緑青黄雜爲絢。雲中君兮在雲中，冠劍切雲采衣袪。前驅望舒後飛廉，旗節虬螭擁雷電。靈連蜷兮曷歸來，歸極蒼山睨眞面。爛然立作四尺屏，配我端溪三尺研。此石贈陳雲伯，雲伯有和詩、謝詩。又來函云：『寒家不能世守，遂嵌置嘉定震川書院書齋。』道光十三年正月十日，雲南五色采雲現。

雪浪石屏第三幅

走雪飛濤浪花濺，孫知微畫世罕見。洱海波翻漾濞灘，石畫忽然開片片。坡公詩句在定州，萬里神工爲詩錬。黑質白脈纏兩面，雪浪奔騰復回轉。石可言詩素爲絢，奇妙獨到水中淀。蒲家活水慈壽院，亦能瀉跳盡水變。此爲雪浪第三圖，入水不濡非紙絹。可惜坡公未曾見，持與蘇齋問眞贋。

《清河書畫舫》有孫知微《水石圖》，即坡公雪浪石所擬也。蘇公《畫水記》謂蜀孫位畫奔湍巨浪，盡水之變。又在大慈寺院看蒲永昇仿知微畫活水廿四幅。

題仇池穴小有天大理石屏用杜工部詩韻

正面横皴，山崖不多，中留一洞，極爲清楚。背面畧如畫家開障之大鈎，大鈎之下即清虚絶無皴染，及迎日光、鐙光照之，則山形多現於夾層之中，洞影透漏於虚鈎之下，頗非簡筆，眞老杜詩所謂『萬古仇池穴，潛通小有天』也。《茅君内傳》云：『王屋第一洞天曰小有清虚之天。』即老杜所云『小有天』也。昔坡公在揚州得英石，因杜詩名之曰『仇池石』，享爲希世之寶。此石似更得老杜詩意。

點蒼雲裏石，王屋洞中天。杜老仇池意，茅君福地傳。穴山潛見日，磨玉潤生泉。萬古清虚境，來吾尺硯邊。

梨花雲石屏伊莘農石

梨花雲，夢中路，春山都是梨花樹。石中花樹半雲遮，王仲初詩在何處？曾記西山遊戒壇，羅睺嶺下花漫漫。白雲緑樹尋詩去，店舍無煙多曉寒。關山路遠月相送，幾度梨雲含雨重。今日點蒼山裏雲，畫出春遊舊時夢。君亦春明思故園，滇衙花石冷如村。吟詩同似潁州路，春月溶溶深閉門。

仿王晉卿煙江疊嶂圖石屏用東坡韻

玉斧劃出六詔山，點蒼萬里空雲煙。汴京應畫河嶽色，馳情江外何爲然？晉卿疊嶂古名繪，山頭遠樹煙中泉。蘇詩與畫共南渡，竟使半壁撐山川。宋絹色褪似粉本，傳流當在宣和前。煙雲變幻七百載，鍊石遠補西南天。良工磨琢使平滑，奇景突見清且妍。翠嶂出没水煙裏，呼龍種玉耕煙田。此石毋乃畫所化，款題道光十一年。似雲非雲是煙氣，浮青籠碧松娟娟。嶂巔皆似有遠松排點。紙窗静對繼以夜，鐙影透石娱清眠。晨光穿漏宿雲解，又似縹渺營邱仙。坡公是時在翰林，又題王晉卿藏畫，有『縹渺營邱水墨仙，宿雲解駁晨光漏』句。我來洱海八千里，詩畫與石生三緣。月石風林在何處？月石風林屏，東坡贈小范者，皆有詩。且和坡公此一篇。

題花隖夕陽遲石畫研屏

新雨緑兩山，中有尋花路。一路雲漫漫，詩人自來去。我愛杜彦之，若在花間住。桃李與棠梨，亂撥雲中樹。山坳木筆多，紫色含煙霧。疑是輞川人，自畫辛夷隖。丁度《集韻》『隖』有去聲。風日故有情，光景妙於暮。遲遲夕陽色，默默林花趣。嗟此一片石，幻出古詩句。我欲買春山，惘然在何處。

五色杜鵑花

滇中杜鵑花樹有盈丈者，同一紅色，分淺深三四種，又有紫、黄、白三色。

處處山花鬧子規，啼紅深淺萬千枝。誰知花鳥多顔色，紫燕黄鸝白鷺絲。

梅子黄熟摘置研旁其香更幽於花

夏雨園林梅子黄，摘來清味比花長。却從芍藥荼[一]蘼後，又作人間一段香。

石雲圖方石屏

洱海十九峯，雲氣出其穴。温則合爲雨，寒則霏成雪。即使爲綵雲，變化同一瞥。異哉石中雲，舒卷自怡悦。石可使雲生，亦可使雲結。終未散於風，千年不磨滅。

［一］荼，底本誤作『茶』，據甲戌續刊本改。

青山白雨硯屏

縹渺營邱水墨仙，青山白雨疊雲煙。分明又見《宣和譜》，雨脚曾題僧巨然。

題仿小米山林小石屏

坡陀小樹緑陰肥，一角秋山是翠微。雲氣襯空攢點濕，化工也學米元暉。

登西臺觀栽秧畢

水木共明瑟，巖岫交清蒼。獨有平疇中，清淺含輕黄。知是滇池邊，農户皆分秧。耕種亦已畢，稼穡兹爲良。懷新足雨氣，餐秀浮風光。時見戴笠人，牽牛茅屋旁。豈知登臺者，憑檻遥相望。民情静如此，吾意亦倘佯。

詠藜杖椶拂木塈靈芝

宜園無華飾，樸質如山村。青藜以爲杖，削枝握其根。椶葉爲拂子，可以助清言。老樹朽自枏，斷之以爲塈。可以臨池坐，可以置石盆。忽然有靈芝，如槃産後軒。采之供硯側，綠黏松柏痕。園中皆自有，外求戒其煩。吾室安於陋，吾道乃可尊。

雲臺圖石屏

山以雲臺名，多不計其數。吾足跡所到，已有三五處。此有雲有臺，又有登臺路。著色皴老蒼，尺幅傳董巨。阮翁亦一山，與石固同趣。

題烏林雷雨石屏

天欲雨，山模餬，長林葉黑雲氣烏。大米小米高尚書，合其筆力爲此圖。右角雨脚蓋日脚，左角雲重墨亂塗。石背翻手忽動色，潑墨有似頭所濡。風雨撲地鵬落翅，雲頭狂卷龍追珠。此中必有阿香車，請君屬耳聞雷乎。天生石畫出葉榆，與楚雷鐘皆可雩。余藏楚夜雨雷鐘宋拓本，雩時每陳於家。語爾片石毋豪麤，泰山觸處方合膚。

和伊莘農中丞龍雨圖石屏歌

誰探驪珠得詩早，夢得引盃眞絶倒。一時元白懷古情，罷唱不復尋龍爪。孫位潑墨畫葉龍，五爪怒攫生雨風。古人詩畫各不朽，淪入點蒼文石中。石中墨龍飛上天，畫龍不畫龍身全。青山白雨走雷電，惟見雙掌拏雲邊。益州邪龍如太乙，中有丹青萬枝筆。但須畫爪勿點睛，惟恐僧繇一龍失。秪今雷雨昆明池，六月著手寒龍皮。石翻不見兩龍爪，惟見雲頭兩脚下壓長慶詩。

蕉林天影小硯屏

零陵庵中書緑天，點蒼山裏藏畫仙。仙人畫蕉先畫影，説與凡工渾不省。遮頭高葉最老蒼，葉邊日色浮輕黄。青如遠山緑如水，幾層濃淡涵天光。吴小仙，學此幅，硯側小屏一片玉。紙窗畫影看不足，更向鐙前照空緑。

嶧陽孤桐石屏

萬古弄石者，《禹貢》開其宗。此畫有鉛氣，峯右多黑松。是眞可詫之怪石，況有離琴灑瑟之孤桐。主峯絶似嶧山峯，披皴畧與梅花道人同。桐身孫枝老更緑，蒼然特立秋色中。魯南嶧山隔萬里，乃有蒼洱文石爲化工。山靈讀經又讀畫，丹青幻出人無功。今當立我書硯側，聽我萬壑彈松風。

大理石宋柏圖用杜工部古柏行韻

畫宋柏圖，圓障逕一尺八寸半，正面右有柏身，轇轕偃蹇，枝葉無多，襯以雲氣；背面則枝葉繁多，影濃陰重矣。

黑水漢祠森宋柏，南詔蒼山劖文石。石中柏影八百年，幹老陰濃三五尺。潑成翠瀋唐梅驚，琢出蒼虬龍女惜。圓障翻爲兩面圖，雲破枝回月輪白。眉山兄弟來潁東，畢宏韋偃泣幽宮。醉翁松石畫何在，虢山過眼雲煙空。豈料今日滇水上，更貌古柏爲屏風。埋骨難期石不朽，論心還是詩有功。笑余書卷常充棟，萬里舟車已愁重。更題此石將如何，夜静月虹若爲送。君不見，孔明廟柏幾回種，唐碑字蝕閣羅鳳。千年古木化炊煙，石鼓曾爲舂米用。

唐梅、宋柏皆在昆明黑龍潭。余考《漢志》，昆明有黑水祠，即黑龍潭歟？蘇子瞻、子由過潁州，歐陽永叔以虢山松石屏令賦詩，大蘇詩有『我恐畢宏韋偃死葬虢山下，骨可朽爛心難窮。願公作詩慰不遇，無使二子含憤泣幽宮』之句。龍女花古樹，惟大理有之。

野鸜哥

園林緑羽日紛紛，舌弄娵隅是野羣。千里相投作蠻語，門前多少郝參軍。

大理石仿古山[一]水小册十六幅歌

仿古山水小册二册，各八幅，八直八横，皆以七寸半、四寸半爲度，就景題名，克肖詩畫，各能精妙。八直幅：一《翠峰霞影》，仿小李將軍法，太白《廬山謡》：『翠影紅霞映朝日。』二《夕陽花隖》，仿黄鶴山樵，杜彦之詩：『花隖夕陽遲。』背面倒看亦得『柳塘春水漫』之趣。

[一] 山，底本無，據甲戌續刊本及本詩詩序補。

三《湘烟漁曉》，仿方方壺，柳柳州詩：『烟銷日出不見人，欸[一]乃一聲山水緑。』背面有日未出、烟未銷之意。四《山紅磵碧》，仿輞川著色，退之詩：『山紅磵碧紛爛漫。』五《天際烏雲》，仿大米法，蔡君謨《夢中》詩：『天際烏雲含雨重，樓前紅日照山明。』背面青緑甚鮮，而畫不入格，故不選。六《夕陽沈緑》，仿鷗波設色，魚玄機詩：『夕陽沉沉山更緑。』七《峰陰凝紫》，仿高房山渲染，少陵詩：『紫閣峰陰入渼[二]陂。』亦兼取王子安『烟光凝而暮山紫』意也。八《寒峰縹渺》，仿營邱水墨，陸魯望詩：『左右皆跳岑，孤峰挺然起。』因思縹渺稱，乃在虛無裏。』坡公詩云：『縹渺營邱水墨仙，浮空出没有無間。邇來一變風流盡，誰見將軍著色山。』八横幅：一《江梅春渡》，仿黄子久著色，用粉點梅花，杜必簡詩：『梅柳渡江春。』二《烟江疊嶂》，仿王晉卿卷尾一段，晉卿和蘇詩：『晴雲漠漠曉籠岫，碧嶂溶溶春接天。』背面倒看更得烟江之趣。三《杉林茶焙》，仿范華原密林法，皮鹿門《茶焙》詩：『九里共杉林。』杉林，焙名也。四《石壁烟虹》，仿夏禹玉劈法，張燕公詩：『石壁淡烟虹。』背面合『返照入江翻石壁』之景。五《窗納遥青》，仿曹雲西，孟東野詩：『開窗納遥青，遥青新畫出。』六《雲

[一] 欸，底本原作『款』，甲戌續刊本作『欵』，俱誤，據柳宗元《漁翁》詩改。
[二] 渼，底本作『美』，據甲戌續刊本及杜詩改。

深采藥》，仿梅花道人，賈浪仙詩：『衹在此山中，雲深不知處。』七《翠微黄葉》，仿郭河陽，和靖詩：『村落飄黄葉，人家濕翠微。』八《雙峰立雪》，仿馬一角，東坡《雪》詩：『試掃北臺看馬耳，未曾埋没有雙尖。』

點蒼石畫畫者誰？造物不以心爲師。模山範水有古意，半出唐宋詩人詩。詩中妙景即畫本，唐宋元畫成派支。小李大米馬一角，房山鷗波黄大癡。水墨雖變金碧法，吴裝設色今方滋。研磨丹赭擣青緑，匀和粉墨調燕脂。石髓如泥任摶[一]造，更如學杜得骨皮。化工心力在於此，餘事付與人間爲。但見匠人割取怪石出，問以詩畫瞠不知。化工得意囅然笑，文章天成乃爾偶得之。煙銷日出柳州句，山紅磵碧昌黎辭。雙尖白雪埋馬耳，夕陽緑黛吟蛾眉。集此小册十六幅，宛然手筆新淋漓。石可共語索題句，幅幅幼婦韓陵碑。既爲特健之古藥，亦非宓機之絹絲。反惜古人不見此，收藏鑒賞今何遲。君不見，洱海蒼山中有詩畫窟，一經拈出多神奇。我所不見更什百，拙工横割尤可悲。所以自古才人恨不遇，畢宏韋偃死猶發巧思。若使歐蘇選石如選士，世間佳器應無不遇時。

永叔蓄松石屏，令東坡賦詩曰：『我恐畢宏韋偃死葬虢山下，骨可朽爛心難窮。神機巧思無所發，化爲煙霏淪石中。』

[一] 摶，底本誤作『摶』，據甲戌續刊本改。

古來畫師非俗士，摹寫物象畧與詩人同。顧公作詩慰不遇，無使二子含憤泣幽宫。」

題相送柴門月色新石屏

先乃圓幅，損邊改爲方幅，不足尺。畫看無多痕迹，上有淡痕兩道，似兩岸夾一溪，下有淺烏痕一道，似山非山。及迎日光、鐙光照之，則烏痕變為木柵，高寸許，横竟幅。柵門外之光明，眞是月色一溪，兩岸朦朧，向江而去，溪中黑斑又似舟帆，故以杜句題之，詩境湧出矣。

紛紛月色滿柴門，杜老詩情細與論。不料照人能白石，竟如送客過黄昏。清溪兩岸灣成影，野艇孤帆遠著痕。何日暮天秋水外，得扶衰叟詠江村。

屢年年豐民安辛卯秋仲民間願祝聖壽懸燈結綵亭臺相望十日之久又值秋試遊者如雲爲向來未有之盛因紀一律

民心祝聖壽，帝德被民夷。石米錢千箇，滇中市斛，隨處不同，約計粗米百斤值千錢耳。三坊燭萬枝。昌丰遊皓月，歌吹滿滇池。試覘眞消息，路旁無乞兒。

暮登碧雞臺

暮登碧雞臺，西山碧如玉。霜後嵐氣清，斜陽明水木。曾見分秧時，卅里平疇緑。轉眼穫黄雲，村村已春穀。半年好晴雨，天意憐蔀屋。歸來治夕飧，一盂新米粥。

霜降芋田收芋

去年種蹲鴟，入土深一尺。其上覆以土，更種小來麥。麥熟拔數斛，餅餌香可炙。夏時芋發苗，入秋酣雨澤。霜降掘其根，纍纍綴千百。曬煮佐晚飧，膩若玉肪白。風味似田家，錦里先生宅。

爲林小汀表弟怡曾，爲兵馬司指揮題繞緑來青書屋兼以青緑山水滇石寄之

有官小試執金吾，軟紅塵裏乘鋒車。車前列卒持鞭呼，又聞柏臺臺上烏。此君掉頭仍讀書，横治山色青其廬。廣陵最好西山色，横山青青治山碧。我昔曾爲山裏行，雅愛山中好泉石。結茆更宿溪上村，況近古莆外家宅。鐵山相國王文通公君外家，墓田松柏横山遮。牛眠卜此豈無意，所

以谿上題梅花。謂外祖榮禄公。書來告我新園小，收得西山山色好。我選滇石遠寄將，畫出西山若天巧。秋田稻熟兒能文，排闥青來緑將繞。君家山色閱人多，寄言我又垂垂老。

作石畫記並題

畫家能寫景，妙與詩情通。人力不能到，始識天有功。北宋號山石，幻出月與松。歐蘇共題賞，畫法擬畢宏。今之點蒼山，石畫生中峯。第九峯腰。溯畫所自出，五色生山龍。今紅緑透明者，出龍王廟洞内。昔惟白與黑，今更緑且紅。分巒及開障，著色皆南宗。雲霞絢采采，水月交溶溶。霜樹渲其秋，雪林染於冬。畫梅女字枝，畫樹點翠濃。畫雨極雨勢，兼挾雷以風。或耀金碧色，或示希微踪。蘇《題松石屏》詩：『上有希微踪。』或仿董北苑，或摹米南宫。近可及馬夏，遠或成浩仝。品畫各静妙，寫句尤巧工。透光借鐙照，滑澤塗蠟烘。碌碌或如玉，星星眞有銅。石内或磨出銅星，灼灼可見，各色皆銅氣也。小屏立硯北，大幅懸牆東。收藏鬱林船，江夜月貫虹。吴裝非古派，其時值段蒙。何以石畫法，皆與吴裝同？蘇黄作詩時，大理已緘儂。何於唐宋句，曲盡其形容？滇少詩畫友，得友在石中。舊交久零落，歎息感於衷。豈無新交遊，自顧嫌龍鍾。宜此特健藥，書畫之佳者，名曰『特健[一]藥』。與之相磨礱。更如與談理，點頭對生公。我固愛石友，石亦依雲翁。

題大理石雪林石屏用蘇黃雪林石屏韻

晴雪浮白煙，紫樾猶含陰。飛飛玉田氣，森森翠柏林。皓色透石背，林影相與深。蘇黃若驚見，奇妙添詩心。

雪林石硯屏第二再用蘇黃韻

此石以淡墨襯出白雪數峯，雪景分明如畫。

夜雪滿山野，曉色猶沈陰。北風撼松雪，雪落森翠林。遠峯立羣玉，寒意分淺深。何能日無事，聊娛匪石心。

[一] 健，底本誤作『建』，據前詩及《法書要録》改。

小方兩面石硯屏

正面題「浮嵐暖翠」，較黄子久圖無皴染之迹，背題「鷓鴣天」，合「雨昏青草湖邊」詩意。

畫家無此好峯巒，權作丹青一嶝看。著手翠痕殊不冷，沾衣嵐氣未曾乾。始知山裏神仙巧，應笑人間筆墨難。名蹟漫題黄子久，苦吟還想鄭都官。

論石畫

古今諸畫家，各自具神理。染煙復染雲，畫雪亦畫水。至於日月情，能畫者罕矣。惟此點蒼石，畫工不得比。如「日觀峯」「烏雲紅日」「月中山影」「相送柴門月色新」諸幅。峯巒天水間，空氣須遠視。即使遠可視，無迹誰能指。滃然似渲漬，渲漬難到此。脱化有眞神，渾融成妙旨。若畫没骨山，門逕從此啟。宋元虛妙處，唐人已難擬。此石更妙虛，(元)〔玄〕著超超耳。始歎造化奇，壓卻〔一〕絹與紙。

〔一〕卻，底本誤作「郤」，據甲戌續刊本改。

壬辰

壬辰春園梅盛開有畫者貌我爲采芝選石揩柏扶梅四圖

一采芝

香雪齋後，丑、寅、卯三歲生三芝，皆大如團扇，其色緑。

高齋北廊外，三歲生三芝。緑受梅雨潤，堅得松風吹。采之思止止，虚室吉祥時。

二選石

年來頗愛大理文石，衆石雜陳，以能合詩畫之意、有色澤者入選。

我心詠匪石，惟石可以轉。文石出天工，棣棣我所選。譬如古畫圖，入手頗能辨。

三揩柏

督署二門外有古柏兩行，西北一株，上已槁而旁出一枝，拗垂有勢，惟慮風摇雪壓，舊以木揩，余易以鐵，永愛惜矣。

古柏科上槁，計已數百年。一枝垂夭矯，何以全其天。鍛鐵搘拄之，其壽可以千。

四扶梅

香雪齋射圃古梅皆百年外樹也。其腹空墲，而花頂尚繁，玩其生氣，皆由皮膚上行而出於枝，虞其折也，皆扶以柱。

古梅半朽墲，繁花生皮膚。譬如年老人，會須與杖扶。我亦扶紅藜，并梅同一圖。

遊黑龍潭者采唐梅一枝來

耳鼻有聲臭，聲臭安能長?隨風即消散，歲月空茫茫。昨有今已無，何况溯李唐。滇中有唐鐘，我得聞鏗鏘。滇中有唐梅，我得嗅芬芳。計我耳與鼻，好古非尋常。一枝浸研水，氣味千載强。世少百年鼻，花有千載香。

茶隱日作

杏花春雨梅花落，又見桃花接杏花。處處東風無不到，年年物候未曾差。病餘須是閒看竹，飯後還宜淡煮茶。屈指古稀甚相近，衰軀可得卧京華。

辛卯南掌國貢馴象到省臺已屆寒冬留至壬辰春始令北行行時又到臺前辭行

南掌茫茫古越裳，《禮部則例》云：『今南掌國即古越裳。』朝天萬里願梯航。譯來水象皆編字，蠻觸無争誓水長。譯曰：『掌者，象也；南者，水也。彼中多水象，因以名其國。』去秋入貢，到邊與邊外部落奠水歃牛盟誓，以後相和不相蠻觸，亦佳事也。南掌貢表及呈總督文書不用紙，皆用蒲葉。番字字横行，蒲似木柹，長尺寬寸而圈之，盛以如塔之漆木器。是時鑾儀衛正需添象。

馴象高頭跨錦鞴，象高六尺餘，象奴錦布衣。碧雞坊下萬人看。分明各有花名字，領隊相呼服貢官。象各有名，如此次麻罕玩、麻罕克等是也。

特向轅門報象來，轅門應爲象雙開。欲從遠省趨閶闔，先到行中書外臺。象入城，先禀到，後始歸象房，遲日再到堂跪見。

貉隸原能與獸言，象胥還向象前翻。立行跪拜皆能聽，可把人情與象論。象奴有番話，令之行止則行止，令之跪拜則跪拜，且可有勸諭之言，象皆能聽之。行至北地過渡等事，象奴每令之止而索賄，今諭送象官嚴禁之。緬甸亦貢象，其象之言又與南掌象言不同。

巍巍馴象入門徠，貢使夷奴次第排。向上能行長跪禮，青茭糯飯食當階。象來見余，入門至大堂下，行長跪禮，賞之以糖草糯米飯，即在階前以鼻卷食之。

象産炎方未見寒，遠行總要保平安。中州風雪須教避，似解人情亦喜歡。

豈獨懷柔到遠人，此心柔象象皆馴。楚南一路鶯花地，送爾行看上國春。予奏象生南方，畏乍寒，請春暖始行。

花象曾看貢上京，翰林詞賦早年成。乾隆五十四年，緬甸國貢花象，時予在翰林，曾作賦一篇。今詩送爾春明去，好侍鑾儀永太平。象負寶瓶，取『太平有象』義。

余因女蘿之卒自四知樓遷住致爽軒有柏石

致爽軒外列茂林，卧榻窗前森古柏。蒼皮絜取十六圍，直立苔身六十尺。老梅根下亂石中，刷出玲瓏作盆石。其高半尋重十鈞，其穴可穿已逾百。我坐軒外如老僧，以石爲主我爲客。他年此石閲人多，弄石幾人如米癖。桐杉甘露寶晉齋，此柏黔寧沐藩宅。督署舊基不可考，但行列老柏，皆數百年物，似沐藩地也。日暮聊吟《古柏行》，樹大由來皆愛惜。

軒扁爲福嘉勇公所題，『心念致爽軒』乃米元章寶晉齋西軒之名，有上皇山八十一穴之異石，今豈似之？日暮無悰，閒步林下，得一石，高五尺，重三百餘斤，運置軒前老梅石盆中。剔其穴，通貫者百餘穴，大者貫以梅條，小者貫以繩線，繩曲不能穿者，以壺水灌之，則串注四出。是此石之穴，多於米石，且米石如椀容指者，未必皆通也。米石百夫運，此則四夫舉之。軒窗前古柏，圍八尺，高八丈，比米軒新植之桐杉復何如耶？

再詠致爽軒前百玲瓏石用蘇公壺中九華韻

西軒柏下列奇峯，風雨雕鎪月嵌空。小有天居大有上，《茅君内傳》。九華石在五華中。節署在五華山麓。穴皆可貫扶梅過，曲不能穿注水通。應把朝來看山笏，拂袍還拜百玲瓏。

再用山谷壺中九華韻

飛來峯不能飛去，雲竇清虚雪竇空。石乳欲尋丹井畔，冰心還在玉壺中。曾聞仙客三山遠，秖笑迂儒一孔通。白日黄雞休與唱，使君本不聽玲瓏。

健忘

健忘有病藥休嘗，老去中懷難自强。公案煩勞心少力，早年記誦學全荒。本無蕉夢鹿何夢，不但筌忘魚亦忘。誦帚誦苕何所昉，可知此意出蒙莊。

松雲身

茯苓重三十斤，形如小兒，一根直貫而苓抱之，眞所謂抱木茯神也。予名之曰『松雲身』。

古松將千年，其根當有神。化爲長壽苓，其形頗似人。一根貫頂踵，抱木斯爲眞。滇雲所凝結，可號松雲身。

仿李成寒鴉圖即歐公鴉石屏

《畫譜》載李成《寒鴉圖》，久稱名蹟，乃石畫亦有此景。六一居士蓄虢山石屏似多，而鴉石屏居其一，歐公詩曰：『晨光入林衆鳥驚，腷膊羣飛鴉亂鳴。穿林四散投空去，黄口巢中飢待哺。雌者下啄雄高盤，雄雌相呼飛復還。』我今此石屏亦似營邱之畫，六一詩又似爲此屏而題，豈今蒼山之鴉石屏即歐公之鴉石屏耶？非仙畫那能如此？

我慕集古六一翁，家有石畫諸屏風。已屬東坡吟石松，更自題出鴉盤空。營邱寒鴉圖最好，虢山仙人得其稿。何年畫入石屏中，故遺歐陽以爲寶。今時復遇蒼山仙，繪出寒鴉釀雪天。恨不得獻歐公前，泥公再與詩一篇。金石跋，牡丹記，古人玩物各有志。我題蒼山百石屏，詩畫情深亦佳事。更題山月石屏中，世有歐蘇知此意。

四更山吐月石畫硯屏

北宋有虢山月石屏，歐陽永叔、梅聖俞、蘇子美皆有詩，蘇子瞻又以月石研屏、涵星硯贈范純甫，亦倡和有詩。《東坡志林》又云：『月石屏，眞者必平。』然則彼時有贋而不平者。此石山雲蒙籠，彎月初上，非弦非眉，余以杜少陵『四更山吐月』句題之，不謂之四更不可也。

兩山揖主客，讓立虛其中。煙雲不分明，夜色寒滿空。夢醒看山影，有月生於東。不知夜何其，但見彎月弓。擬弦則未滿，比眉乃又豐。若是三更夜，當與弦相同。若是五更盡，眉將細朦朧。四更山吐月，杜老句恰工。何以蒼山仙，畫與杜句通？闇然尺幅裏，赭墨情渾融。清輝出峯上，稍有輕雲籠。月石必有詩，雅意思醉翁。古今師友間，誰復如坡公？還思星硯側，月石雙屏風。

題林屋洞天之橫石研屏

此石爲橫幅綠山，山石有洞，洞内白雲，洞左青雲，山左之上有紅色繁林，背則低山一抹，平波無際，山頭綠點似萬松濃翠，畫法雅近房山。前之林屋小屏則是大癡，不能相假。

包山洞口白雲封，洞外青雲色更濃。紅照夕陽千樹橘，唐時洞庭采貢橘，太守親往，詩舫歌船最盛。翠堆高嶺萬株松。小屏已見題公望，橫幅還教擬克恭。奇絶蒼山畫仙筆，似曾到過莫釐峰。

樹林石硯屏

古無石畫，唐思黯、文饒所蓄，多太湖英石。樂天自蘇歸洛，亦惟太湖石兩片而已。惟微之有《石硯屏》詩曰：『磷磷石屏上，濃淡樹林分。』似有畫意，亦不知何山之石。

我耽石畫如耽酒，得畫便如盃索詩。兩片太湖吟白傳，一屏林樹問微之。若言坐石能醒處，是我題詩欲醉時。留待後人分去看，泥誰佳句泛誰巵。

浮嵐暖翠天際烏雲兩面石畫屏

君謨夢去詩仍在，流入坡仙長卷內。有詩有帖卻[一]無圖，紅日烏雲誰敢繪？黄鶴山樵畫翠嵐，酷似鷗波染螺黛。餘情更畫畫之背，雨重山明雲靉靆。縑楮收藏認宋元，可憐過眼皆雲煙。不知一片蒼山石，畫夢還傳幾百年。

天台應真圖石屏

此石之右，仿佛有羅漢象，遠視更明。《天台山賦》曰：『應眞飛錫而躡虛。』此屏捐置昆池

[一] 卻，底本誤作『郤』，據詩意改。

太華山太華寺。

雨後晴雲如擘絮，緑嶺青巖半流露。山下飛泉衆壑深，山上霞標破紅霧。翠屏忽見應眞來，不識三幡在何處。

點蒼山中畫仙人歌

我謂點蒼山裏有畫仙，畫仙之妙勝畫禪。眞宰上訴玄又玄，毛錐下擲山爲穿。丹青水墨成山川，變幻雨雪揮雲煙。幅幅皴染色澤鮮，大小册幅佳者千。仙人成仙在何年？唐宋以後明之前。如謂吾説或不然，何以宋元各家畫法天然全？吾見王齊翰，吾見展子虔。其畫古拙劇可憐，那如董巨趙黄相後先。石中畫筆神而圓，若非仙力何能焉？滇山寶藏鑄貨泉，誰題六法誇一卷。獨有仙人鍊石蒼山眠，得以文章妙手成其天。訪仙不見非無緣，眼前畫石皆偓佺。此山少遇唐宋賢，不以詩傳以畫傳。我來選石滇館邊，手記眞蹟成一編。君不見，大癡伯雨昇仙仙，黄大癡、張伯雨皆有昇仙之説。當有仙風道氣通琅嬛。

題重修暴書亭册

聞道嘉禾丙戌秋，暴書亭子又重修。果然李杜文章在，還見江河萬古流。

拜竹詩龕馮氏登府。以《暴書亭外集》寄滇，並重修《暴書亭册》索句。計嘉慶丙辰予修亭之後，今三十餘年矣。昔見亭廢而址猶存，村民云：『若有以一鋤犯址者，即病。』余修亭，乃用四石柱，柱刻各詩詞。予生平不作長短句，惟此亭《和竹垞百字令》韻二闋刻於柱。丙戌重修搨來，仍舊柱也。『先生歸矣，記江南春雨，扁舟初泊。自種垞南千个竹，老讓嬾雲閒托。繭綫牽魚，弓枝射鴨，足伴填詞樂。畫圖長在，肯教蹤跡零落。今日水淺荷荒，巖低桂蠹，殘址難斟酌。何處牆邊樓影小，曾展芸窗風幕。儒老乾坤，書懸日月，莫自悲亭壑。重摹橫卷，遠山還染三角。』嘉慶元年秋試畢，嘉興得觀曹秋厓《竹垞圖》，屬周君采巖摹寫一幀，並録竹垞老人自跋及同時諸和作，即和百字令原韻題後，以邀和者，十二月十二日書於琅嬛仙館。『南垞荒矣，問書船潞水，何人停泊？經卷詩篇零落後，魂夢向誰棲托？把酒能招，披圖相慰，畢竟歸來樂。結成亭子，我今重爲君落。才見五馬行春，雙鳧漾水，攜晝同斟酌。尚有孫枝桐葉在，護爾秋風蓮幕。疊石栽花，引牆圍竹，依舊分林壑。者番題柱，夕陽休礪牛角。』元既摹《竹垞圖》，和詞題卷，復屬伊太守湯安、司令尹能任、何令尹際昌重建暴書亭，立四柱以鐫文筆，嘉慶二年秋再至嘉興，適當落成。太守復得其後人，授以館穀，且爲畢婚，皆佳事也。因復和此詞，書於卷後。男祜録存。

和香山知非篇

我不能飲酒，又不能悟禪。七十不知非，何以學樂天？晨興頗不早，日色臨檐楞。盥後一餐飯，早衙鼓吹傳。文者説案牘，武者籌遠邊。散衙日已午，退食何蕭然。老僧居大寺，食肉而烹鮮。握筆判事畢，餘墨因詩研。聊策赤藜杖，看竹復煮泉。有鶴亦有松，有魚亦有蓮。静無客共話，倦就榻可眠。身有閒適時，心旌皆如懸。迴思數十載，浙粤到黔滇。籌海及鎮夷，萬緒如雲煙。役志在書史，刻書卷三千。計刻《十三經注疏》、《皇清經解》、江浙詩選及師友各書約三千卷。百事攝于[一]心，心力懼不堅。勞勞成健忘，智慧不及前。七十原當衰，諱疾將蹶顛。自誤安足論，誤政有重愆。安得如白傅，分司閒若仙。是時方自憂不勝封疆重寄，俄拜協辦大學士之命。癸巳春，入覲謝恩，面陳衰老健忘，乞留京補簡缺。旋命典會試，出闈，仍命總督雲貴。

[一] 于，甲戌續刊本作『於』。

癸巳是年有兩期喪，無韻語。[一]

孫恩山恭校[二]

[一]『是年有兩期喪無韻語』九字，甲戌續刊本無。而下接《悲長子常生》詩一首，詩正文六十字，注文一百七十三字，其詩及注云：『惟妻與長子，禮皆三年喪。（見《左傳》《儀禮》。余兼二喪，三年不與絲竹之宴。）可憐諸孫子，倏已將大祥。觀察兼臬事，畿輔稱其良。（常生官清河道，裁陋規，清驛路。殁後，永平府士民請祀名宦祠。格於父官三品以上不准舉之例。）至尊甚憐惜，謂其材尚長。（余以妻及長子喪面奏，上爲動容曰：「爾夫人自然年老也，是人家常事。爾兒子可惜，他是個材料。」並問病狀。因奏是瘢疹，誤於參黃之故。）太傅爲我勸，謂勿太感傷。（曹太傅前年失長子，因勸余曰：「入内閣多損長子。」歷數滿、漢諸公皆然。此亦奇矣。）骨肉歸鄉土，命也不克常。（延陵季子葬子，曰：「骨肉歸復於土，命也。」祇可讀此自寬。昔余命其名曰「常生」，豈即不常之兆耶？）』

[二]『孫恩山恭校』，甲戌續刊本無。

揅經室續四集卷十一　文選樓詩存第十八

甲午

題彩瀛仙府閬水花峯大石屏

此屏正面爲海水，波瀾上有兩層山，凡六十峯，峯多彩色，右山麓似有兩人立而語。前一詩，自謂也。背面亦有水波，上有一峯，峯有花樹倒垂，坡上似有一人立而看花，亦有彩色。後一詩，悼亡也。

絶似雲麾設色鮮，瀛洲列屋盡神仙。不知可有閒庭館，静掩花龕待樂天。

本是仙源第一家，壇邊紅杏水邊槎。奈何早向西池去，獨立瑶峯看落花。

對景題兩石屏

遠嶺蒼松蕭寺，晚煙黄葉村莊。嶺外秋陰尚重，村前半有斜陽。
平抹半江秋水，横皴三疊松巒。驀見點蒼仙畫，妙於南宋欽山。馬遠。

題點蒼山畫仙人石畫象

仙之人兮多如麻，誰知點蒼山裏有畫家。人間山水畫不盡，並畫雨雪煙雲霞。更將片石自畫像，吾忽得此詫且嗟。仙人雙目睛炯炯，體胖衣博如袈裟。手抉石髓白如玉，丹青六法相紛拏。能役甲丁使出力，縛束魑魅皆無邪。石後負肩一力士，宛然韡袴兼鞸靫。又有一人摭掌立，頂上冠似青蓮花。最後小鬼具手眼，似亦助力非揄揶。此乃仙人現身處，豈争董巨荆關誇。若非神巧能造物，安得鍊五色石如皇媧。

點蒼山石具四代畫法，百種色澤，故余謂非仙人不能。此石方不滿尺，中有一老人，遠望則面長多鬚，外向，或似右睨，近視則成仰面左側向石之象，手抉白石，似作畫者。兩目炯然，有黑白睛，有口鼻，鬚不長而白，髮遮右耳，頭有軟巾，垂於肩，體胖，而衣深皆綠色，膝以下在青雲中，手色白，手之下似有丁甲小神，欹肩抵石，兩韡及後衣甚明晰，其後又似有鬼神者二。

亟寶藏之，以誌奇幸。

題雙仙畫石圖研屏

誰剖蒼山白石開，丹青點染費仙才。畫仙更覓詩仙助，並跨[一]青鸞紫鳳來。

改造與春樓

滇署宜園北之與春樓，康熙戊辰范公承勳建，樓前香雪齋，乾隆癸未建。樓爲齋屋林樹所遮，罕登眺者。道光十三年，樓欹壞，東架更朽。十四年秋，余修正之，改造東架，向東且高之。於是盡覽城東金馬諸山，且避西風，看夕照，迎皓月，賞雨雪，皆成勝境矣。西園碧雞臺，昆華皆可望。東園有北樓，林屋相蔽障。我改樓左楹，轉之使東向。城郭猶周回，雲山忽空曠。登樓縱目時，此懷與之放。

[一] 跨，底本作『誇』，據詩意及《石畫記》改。

十尋雙古柏，久在樓東旁。登樓不相見，柏亦徒面牆。今茲東閣開，當面森清蒼。一榮而一枯，未免傷中腸。子山賦枯樹，安仁乃悼亡。

樓雖名與春，未與春相遇。今茲向青陽，始將與春赴。山郭明朝暉，羣山雜雲樹。昔人未了情，留與我來悟。一百五十年，此間亦有數。題小聯曰：『東向起樓臺，看晴雨得宜，雲山無盡；上層安几研，使文章皆静，風月常清。』

露筋神祠

祠在邵伯西岸，余家祠墓在甘泉僧度橋，橋值祠西，與祠隔湖水二十餘里，霽時立珠湖草堂，可東望而見也。元早年家居及歸揚督漕，常拜祠下。近年侯官李蘭卿觀察彦章修神祠，徵詩，敬賦一律。

貞跡記高郵，崇祠更建樓。碑文傳海嶽，祀典著邗溝。隔岸近鄉井，分風扶漕舟。庇民兼利運，神牐接湄洲。湄洲乃天后故里，漕舟過露筋祠即上天后閘。

雪浪第四石

方徑二尺一寸，下方有黝緑色石磯，磯上則驚濤白浪，如聞喧聲。此雪浪第四圖矣。

亂石起伏成蒼磯，清流忽觸踊水機。狂瀾怒激雪花白，軒然大波磯上飛。此是雪浪第四石，更歎巨幅如門扉。立屏欲傲蘇學士，妙繪又見孫知微。高山流水縱有志，喧搏如此琴難揮。雪窗静玩畫水理，乃覺骨重神寒聲正希。此石留滇省海心亭壁間。

冬日昭通道中

一年農事最關心，較雨量晴直到今。今日金沙江上路，麥苗尖小似秧鍼。

乙未

大西洋銅鐙

予於道光初在廣州以銀一斤買得大西洋銅鐙。用之，蓄油於上瓶而下注於横管，横管之末，安爲鐙炷，螺旋之，其光可大可小。其油攝而不漏，輸而不滯，花燼甚少，不勞翦撥。其螺旋之巧，非筆舌所能述也。今十餘年不用燭矣。洋舶頗售此鐙，惜知而買用者少，詩以譽之。

泰西之人智，製器巧且精。鐙表最利用，其次銅鐙檠。高秪一尺許，譬如人立擎。屯膏於首頸，一臂伸且平。手指撚棉炷，輸膏使火明。首臂通手指，不洩亦不盈。無煙不翦剔，其光靜且清。勝於巨燭燄，一炷澈五更。照我十餘年，不使老眼盲。足酬秀才時，鐙火火熒青[一]。

題降魔圖石畫屏

方尺餘，中立一佛，袖手披袈裟。左立一魔，毛面竪髮，手中撒花。花向左斜墮，而反著魔身面者皆紅斑。《水經注》：『阿難在耆闍崖，降天魔波旬。』吴道子有《降魔圖》，故蘇詩曰：『應似畫師吴道子，高堂巨壁寫降魔。』

古佛獨立金剛沙，説法曾答庵提遮。魔女來試手撒花，禪智不動持法華。忽然鬇髮變野叉，神力隔石開耆闍。反風吹花向魔斜，魔身魔面紛紅葩。降攝海地鵬怖拏，歸山袖手披袈裟。吴裝道子唐名家，畫仙即可金仙耶。此石與祜。

[一]『火熒青』三字，《文選樓叢書》本作『青熒情』。

命和作　男祜

蒼山文石割且磨，空花變幻雲煙多。掃空破幻具法相，金沙洗出眞頭陀。般若堅定石不轉，放眼忽地來天魔。魔力摧壞不可測，欲施雄健先妍和。葉榆水上寶華爛，娟娟妙舞成青娥。散花不著花自落，立見煩惱消三摩。須臾變態作恐怖，百千頭臂撑嵯峨。豈知雄妍本一色，天女便是阿修羅。精誠入石復出石，向壁作畫非蹉跎。山靈曾學吴道子，題詩必索蘇東坡。況神力指衆香國，名山處處溯釋迦。一片石付法眼藏，魔兮爾奈阿難何。

偕文相國孚奉使易州有詩見投即答一律

廿載論交契，多從奉使時。曾同山西、河南、廣西兩次讞案。飲同晉源水，棲共桂林枝。東閣初聯步，西山復並馳。高懷兼雅度，吟和雪窗詩。

丙申

丙申正月廿日茶隱于[一]城南龍樹寺題癸未竹林茶隱小像卷中

入都憶昔廿三歲，屈指於今五十年。北闕恩光思不盡，南城景物看依然。春初又作茶中隱，地僻休邀竹外賢。秪是披圖還攬鏡，老臞那似六旬前。

過衍聖公第見舊時手栽雜花盛開

春風如此是榮華，四十年前借住家。拚取莊周盆内水，洗開眼淚再看花。

萬柳堂僧覺性折花相遺云是余所栽者

老僧折送好花來，道是昔時余手栽。數十年前舊桃李，春風秖有幾株開。己未門生，今惟湯冢宰、

[一]于，甲戌續刊本作『於』。本卷之中，後文『于』字皆同，不再出校。

史大司寇、貴大宗伯、白大廷尉、毛副憲數人。

每奏事到園輒於前一日宿集賢院頗可清夏

北沼園新緑，高軒敞集賢。晚涼初吠蛤，夏淺未鳴蟬。已秀連畦麥，初栽出水蓮。柳陰遮落日，選石坐清泉。

丁酉

正月二十日獨遊萬壽寺

似此招提境，何殊隱竹林。重來清遠地，陶寫樂哀心。計我分衰壯，一身成古今。風前七松樹，還作老龍吟。

余于辛亥、壬子間，與宗室瑶華道人、蓮筏方丈在此作詩。寺有大白皮松七株，蓮筏號『七松樹下老人』，七松如故，而今方丈乃蓮筏五代徒矣。

仲夏辦八旗軍政宿集賢院八日之久

春花落去緑陰涼，午影何妨到曲廊。拓起虚窗閒坐久，薰風吹送棗花香。
北園老樹擁虚亭，樹外西山晚更青。飛盡柳花無覓處，眼前換得一池萍。

夏日雨晴題霞天急雨石畫硯屏

近嶺蒼蒼夏木叢，遠山罩日映霞紅。一天急雨飛騰後，半面斜陽變幻中。風掛白痕尚銀竹，雲收翠影欲紗籠。世間無此丹青手，石畫方屏是化工。

阮公墩

余在杭時濬西湖，曾於湖心積葑成堆，數十年後之濬者加積之，杭人呼之爲『阮公墩』，又栽桃柳，近又建亭。題圖一絶句。

三十餘年老葑堆，小亭花柳幾時栽。一墩自向西湖出，不似王家争得來。

快雪時晴石畫硯屏

今年天早寒，初冬雪已快。三夜白盈尺，及晨寒氣殺。開軒天乍晴，朝陽滿窗曬。忽憶時晴帖，合此石中畫。摩挲雪林圖，玉煙透光怪。狄家古石屏，詩留山谷派。晉帖及蘇題，一段好詩話。若更評丹青，應下米顛拜。

石屏上有翠林，下有雪氣，左方又有初陽，紅色照日透明，雪氣盎然。昔狄詠有雪林石硯屏，東坡詩有『風花亂紫翠，雪外有煙林』之句，山谷和詩亦有『翠屏臨研滴，明窗玩寸陰』之句。此石余既刻『雪林』二字擬之，又摹『快雪時晴』字於上方，翠林畫意酷似東坡詩意。丁酉十一月三日雪晴玩題。

戊戌

後齊侯罍歌

昔嘉慶乙亥作《齊侯罍歌》，所釋銘文鮮發古義。今戊戌初春，福兒拓取新本來，玩之，識出此器爲韶樂夏舞而作，已快意矣。何編修紹基又識出『董』字，必子疆也，甚確。余因此又推《左傳》『武子』即《史記》『武子開』，即《世本》之『亹』。『亹』『門』通借，『門』名『開』字也。杜注誤開、疆爲一人也。亦快意。因效蘇東坡《石鼓歌》『有』字三十韻作《後歌》。

我家廟藏齊侯罍，其篆三田下無缶。陳桓孟姜及南宮，知是作者孝父母。『洹子』『孟姜』字，極明白，定爲陳田之器。我昔歌詩列衆器，祝鼎虢鐘戉虎卣。廿四年來吾老矣，還向家鄉重搨取。茶煙一榻觀古文，當年識出韶夏否。戊戌識出『大樂韶夏舞』，『韶』即銘中『紹』字也。陳田歸齊磬樂傳，應習虞簫成以九。孔子適齊方作韶，謂御驅車郭門趨。倉苟切。孔子至齊，韶樂方作，至郭門，一兒挈壺，行端心正，孔子謂御車趨之。見《説苑》。銘中二玉又兩壺，將毋一兒挈壺走。在齊太師學三月，《史記》作『學之三月』。『子語魯太師樂』，而在齊則學之太師。正是此罍鑄成後。韶夏綴舞迓天子，齊侯知禮命姜婦。大義雖見銘文中，未問鑄者爲誰某。事湮世遠那得知，計歲二千三百久。道州門人忽來説，𦳝篆兩見許部首。《説文》『堇』爲部首，从古文之『𦳝』省。桓之子𦳝造此器，必子疆也名未朽。何氏謂『𦳝』省爲『堇』，『畕』『疆』《説文》相次，黃黏疆土也。我乃豁然大稱快，酌彼罍宜飲之酒。我思亹也爲子開，冉豎射之已中手。《左傳》昭二十六年『武子』無名，《史記》曰『武子開』。余謂《世本》『亹』與『門』同，子開，名也。別有君子不敢亢，白皙鬒鬚眉甚口[一]。元凱誤合爲一人，兄弟不分混美醜。杜氏《左》注誤合開、疆爲一人，所以解此

[一]『白皙鬒鬚眉甚口』下，《筠清館金石文字》卷二録此篇有雙行小注『何氏謂此子疆名𦳝極確』十字。

段皆誤。余謂射手失弓者，亹子開也；君子白晳者，董子疆也，即鑄器人也。我因開疆分辨之，美又善也臣節守。豈有作詔而犯上者。誓大司命爲何事，必感育嫣保忠厚。《銘》中言『誓于大司命』。開孫御鞅不黨恒，能諫簡公擇左右。鞅爲亹孫，見《索隱》引《世本》。鞅諫田監，宜擇左右，簡公悔不聽，見《史記》。戾哉惟乞及子常，兩代犯君施釜斗。『釜斗』見《史記》。童子心正行尚端，君子豈非仲尼友。肉味不知鳳不至，請討陳恒麟獲藪。此罍世世子疆家，秦漢以來誰授受？《春秋》《論語》在此罍，雷回回兮雲亦糾。直至大清逢道光，始有人爲古人剖。如聞齊侯作徵角，如闞孔牆識蝌蚪。吟想鬚眉如畫圖，左不云乎君子[一]有。會須君子鼓鐘來，鐘鼎之間此眉壽。『鼓鐘』『眉壽』『八鼎』，皆銘中語。

予告歸里敬遵恩諭怡志林泉謹賦十韻

徵禮當懸車，載恩還泛舟。槐陰已退影，柳質先知秋。新霜發潞水，小雪歸揚州。健僕扶病足，鄉人瞻白頭。廟序拭鐘鼎，墓道披松楸。護暖卧經室，延曦開選樓。卻[二]掃愼清儉，余于嘉慶

[一] 子，底本誤作『予』，據詩意及《筠清館金石文字》改。

[二] 卻，底本誤作『郤』，據甲戌續刊本改。

九年奉諭『阮元有守有爲，清儉持躬』，今年兩奉『清愼持躬』之諭。散帙閒校讐。舊刻之書有誤，暇可校改。性節今勉彌，志怡誠逸休。繩床得静坐，籃輿偶負游。出城即緑野，林泉非遠求。余家珠湖草堂久没于水，城宅無一圃，野無一堂，惟城外桃花庵、谷林堂、雙樹庵等處尚可以椅轎負遊，僧不拒客，則無異我之緑野也。

歸田後仲嘉弟呈珠湖漁隱圖請題

將軍釣游地，舊在草堂東。爾我同踪[一]跡，原隨一短篷。珠湖草堂乃先祖釣游之地。
自余去湖後，不見甓社珠。惟有青天月，照我無時無。
我偶一歸里，試放射鴨船。此船付與弟，曬網菱湄邊。余昔督漕過揚，有《珠湖射鴨圖》。
自我去嶺表，弟終理釣竿。三十六陂外，菰蒲秋水寒。
道橋復相見，草木生光輝。出處偶相校，軒因題夕霏。余昔出京便過北湖，題祠旁書屋曰『夕霏軒』，用宋人『行沙弄夕霏』句也。
洪湖屢泛濫，白浪没珠陂。爾縱躭漁隱，飄泊亦可知。

[一] 踪，甲戌續刊本作『蹤』。

連年湖水淺，笭箵魚蟹多。不買竹林醉，月明張志和。

蘭泉蒲褐老，三泖有漁莊。我曾慕湖曲，斯言久不忘。昔王蘭泉先生有《三泖漁莊圖》，余題有『暮年若許歸湖曲，學畫漁莊到七圖』之句。

君恩浩如天，許我怡林泉。隨爾北湖去，烟波娱暮年。

四十年名士，於此多詠題。喜有書數卷，叢話擬苕溪。此圖自秦小峴、顧千里以下，題者數十人。弟躭書卷，著有《瀛舟筆談》。宋胡仔有《苕溪漁隱叢話》。

揅經室再續集

文五卷　詩三卷

揅經室再續集卷一

鎮江柳孝廉春秋穀梁傳學序

《六藝論》云：『穀梁子善于經。』蓋以其親受微言于子夏，最近于孔子也。公羊與穀梁同師子夏，而鄭氏《起廢疾》則以穀梁爲近孔子，公羊爲六國時人。然則『善經近孔』四字，固此傳之確評矣。世之治經者，多治《左氏》《公羊》，于《穀梁》慢之，故余整齊百家，爲《皇清經解》千五百卷，于《左氏》《公羊》皆有專家，于《穀梁》無之，必每欿然。道光十六年，始聞有鎮江柳氏學《穀梁》之事。二十年夏，柳氏興恩挾其書渡江來，始得讀之。知其專從『善于經』入手，而善經則以屬辭比事爲據，事與辭則以《春秋》日月等各例定之。發憤沈思，久乃卒業。余甚惜見之之晚也，亟望禮堂寫定，授之梓人，補《學海》之闕文，與海内學者共之，是余老年之一快也。興恩爲余門生之門生，貧而好學，鎮江實學敦行之士也。

釋眞

『愼』字从眞。《説文》：『眞，从𠤎，从目，从𠃊，𠃊所以乘載之。』余足病不能行，近造一椅如𠃊形，使二人舉下二足，使二人扶上背，雖登舟、登北湖樓梯，皆甚輕便。此欲如眞人之成仙乎？抑如儒者之誠愼乎？《五經》皆無『眞』字，然如《説文》中愼、闐、顚、鎭、塡、瑱、顛、趰、嗔、蹎、謓、瞋、縝、稹、窴、滇、瘨、寘、驙、轒、鬒等廿二字，皆从『眞』得聲，不得以爲無也。段氏懋堂謂『經內如用「眞」字，似皆以「誠」字抵之』，是也。而所以不用『眞』字者，愚謂仙人之義，儒家之所不語歟？《倉頡》本有此字，似各經文有心不用而刪之，而不能盡刪从聲之字歟？朱文正師云：『《説文》匕目爲艮，七目爲眞，此道家仙人古説存于周秦時，俟達者詳説之。』

薛子韵説文答問疏證序

甘泉薛氏傳均，字子韻，深于許氏文字之學。元未及見其人而早卒于閩，實爲可傷。所著《説文答問疏證》一書，元到揚州始得見揚州再刻之本。所疏證者精確不磨，而辭亦簡潔，惜乎學優而命嗇也。其書據錢氏叚借之字而加證之。元按：薛氏名傳均，字子韻，即以『均』『韻』而論，蓋確有見于『均』之叚借矣。叚借始《周禮》鄭注。元竊謂《說文》有『□』字，从言，匀省聲，籀文『□』不省。鐘鼎文有『□』字，从□、□。『□』字界乎『言』『音』之間，『音』字本出于『言』字而含一耳。此二字無別，乃『韵』之正字，而『□』尤古，即《說文》『□』下重文之籀文也。《鐘鼎款識》內有《楚曾侯鐘》，此鐘篆文拓本出于北宋，至南宋王復齋得此搨本，彙裝入《款識》，册內宋元人題跋甚多，此册今藏余家，眞爲三代古篆，下籀史眞跡一等。楚篆內有『楚王韵章□曾侯乙宗彝』之句，『韵』篆爲『□』形。錢獻之釋『韵』爲『能』，謂『能』爲『熊』，乃楚君之姓，章爲名。然細審之，迴[一]非『熊』字，而『章』名之上又無從加一『韵』字，或楚王名有二字曰『韵章』耶？『□』字之形，界乎『言』『音』之間，『匀』字非『月』、非『肉』，亦明白之至。夫《說文》所無之字，若確爲鐘鼎所有者，《說文》本云『郡國山川往往出鼎彝』，謂之前代古文。『□』字形聲不謬，漢時蘊土未出，不能責許氏以未見，更不能因許氏未見，即謂之鄉壁虛造，蔽所希聞。況《說文》已收『□』字，特未審察耳。因薛氏名與字及《疏證》叚借之書，聊書此一條以商之二劉君，楚楨、孟瞻。何如？如以爲可，則段氏《音均表》直應書爲《音韵表》，薛氏號亦直書『子韵』，特不可書从員之『韻』耳。

[一] 迴，底本作『迥』，據甲戌續刊本改。

節性齋主人小像跋

此圖爲予七十歲小像，其景則雜取余《集》中『選石』『采芝』『來鶴』『扶梅』之意而爲之者也。余講學不敢似學案立宗旨，惟知言『性』，則溯始《召誥》之『節性』，迄于《孟子》之『性善』，不立空談，不生異説而已。『性』字之造于周召之前，从『心』則包仁、義、禮、智等在內，从『生』則包味、臭、聲、色等在內。是故周、召之時，解『性』字者，樸實不亂。何也？字如此實造，事亦如此實講。周、召知『性』中有欲，必須節之。節者如有所節制，使不逾尺寸也。以『節』字制天下後世之性，此聖人萬世可行，得中庸之道也。《中庸》之『率性』，『率』同『帥』。猶《召誥》之『節性』也。故《中庸》曰：『天命之謂性。』『性』即『命』也。又曰：『君子居易以俟命。』《易》曰：『窮理盡性，以至于命。』《論語》曰：『不知命，無以爲君子也。』皆此道也。余略有解釋於此，書於圖後，以示家塾而已。至于各義，已詳余《性命古訓》篇中。壬辰孟春。

虞、夏《書》內無『性』字，『性』字始見於《書·西伯戡黎》、『天性』。《召誥》、『節性』。《詩·卷阿》。『彌性』。古『性』字之義包於『命』字之中，其字乃商周孳生之字，非倉頡所造。从『心』則包仁、義等事，人非仁義無以爲心。从『生』則包食、色等事。人非食、色無以生生。孟子曰：『動心忍性。』若性但須『復』，何必言『忍』？忍即節也，即宋人所言『氣質之性』『義理之性』也。『天命之謂性』，性即命也。『性』字最爲淺近明實。自唐人以禪性爲《詩》《書》之『性』，以『性』爲靈、明、静、覺，當復其初，諱言食色，而空言義理。自此以後，言性者愈深遠而愈歧，愈虚高而愈晦矣。故余講性，以淺近明實爲主。若言性而不易曉，惟極靈之人始能知之，非天下古今同然之道矣。嫌東原、易田兩君之説猶言之難，而人不易曉。又據《魏書·釋老志》《一切經音義》，而識破晉宋間人以儒書之文筆、老莊之性理翻入佛經。又據唐李翺《復性書》，識破唐以後以禪宗之『性』翻爲儒説，全改《詩》《書》之『性』。故余曰：『吾惟知《尚書》《毛詩》《論語》《孟子》而已，他説不暇言之。』

《中庸》：『天命之謂性。』性有味、色、聲、臭、安佚，又有仁、義、禮、智，又有福、壽、考終命、惡、弱等在内，凡此皆天所命也。故性即命，命即性，性、命又皆即天也。《中庸》此一句，最爲包括簡明。

《論語》：『死生有命，富貴在天。』此二句簡明之至。『命』與『天』可互文以見義，譬如曰『死生在天，富貴有命』也。然則天與命固同，天命與性亦同也。

『夫子之言性與天道』『五十而知天命』，此『性』即『命』也，猶之曰『天命』也，此實言人之死生、富貴也。天道即天命也。孔子五十而知天命，天不使孔子得位爲東周，但以教傳萬世也。今人淺術，尚能推人之命，豈孔子不能知之？孔子能知之，而罕言之，故曰：『不可得而聞也。』天道不但言人之死生、富貴，即世之治亂亦在其中。

《詩》曰：『俾爾彌爾性。』《書》曰『考終命』。性即命也。彌性，即終命也。『窮理盡性，以至于命』，言修身以俟不貳之壽。彌，終其年歲也。

『窮理盡性，以至于命』，窮即盡也，理即天理。『天理滅矣』四字，見於《禮記》。反觀其不可滅之物，即知所謂理者，非空言之也。

《書》曰：『不虞天性。』又曰：『我生不有命在天。』此即『不虞天命』也。此恃天之初命，不慮天之改其命也。《詩》：『天生烝民，其命匪諶。靡不有初，鮮克有終。』天命可改之證也。畏天命者，恃天命有定，不求之，則不畏也。爲惡，則天改命，故可畏也。爲善，則天亦可改永命也。

釋謂

《毛詩·摽有梅》：『迨其謂之。』《爾雅》：『謂，勤也。』言出力助勤之也。元云：《詩》『命彼後車，謂之載之』，又『召彼僕夫，謂之載矣』，言令彼後車出勤助之力而裝載之，與《爾雅》同，非但口召命之也。若以『謂』爲『命』，則已曰『命彼』『召彼』矣，豈非又命之、召之乎？近讀《鳧鷖》詩『福禄來爲』箋『爲，猶助也』，元云：此『爲』字與『謂』字無異，出力之助與『迨其謂之』『謂之載之』相同，言公尸出力，福禄勤助也。《行露》詩『謂行多露』，此亦當訓勤。露豈不行？

已勤行多露矣。又《蒹葭》詩「所謂伊人」凡三見，今人解詩似未白露時已屢說有此人，而白露時上下在水從之，從之之人即先言之人，或賢人，或懷人，《詩傳》不應絶無所説。元昔言《摽有梅》「迨其謂之」，《緜蠻》「謂之載之」，《出車》「謂之載矣」，《隰桑》「遐不謂矣」，此四「謂」字皆當訓「勤」。此詩「所謂伊人」之「謂」亦當訓「勤助」。求水中、葭中之人，與「心乎[一]愛矣，遐不謂矣」同，較空指此人爲箸實。此亦實事求是也。甲辰霜降日，書于長蘆菴東洲草廬。

[一] 乎，《文選樓叢書》本作「手」，誤。

揅經室再續集卷二

續疇人傳序

向疑《八線表》及《八線對數表》字數在一二百萬已上，且盡數目之字，非有文義可尋，而字體微芒，細碎叢密，保無寫刻之譌。緣從屢求句股所成，無由讐校，近見羅氏茗香以乾隆間明氏捷法校得《八線對數表》一度十三分二十秒正切第五字『〇』誤作『一』，又六度四十一分十秒正切第五字『〇』誤作『六』，又十二度五十分正弦第六字『七』誤作『五』，又十六度三十二分十秒正切第七字『九』誤作『〇』，又四十二度三十二分四十秒正切第九字『五』誤作『四』，可見西人之所能者，今人亦能之也。羅氏又因讀《四元玉鑑》，於如像招數一門有所會通，更取明氏捷法，御以天元，知密率亦可招差。其弧與弦矢互求之法，與《授時曆草》之垜積招差一一符合。且以祖氏之《綴術》失傳已久，其法厪見於秦書，即《大衍》之連環求等遞減遞加，亦與明氏捷法相近。爰融會諸家法意，爲撰《綴術輯補》二卷，纂續微言，興復絶學。古人之名，亦從兹不朽，爲功匪淺。

明氏爲乾隆初滿洲人，其《割圜密率捷法》，海内無刊本，與元朱松庭《四元玉鑑》等書，皆出在嘉慶初《疇人傳》成之後，兩家之書又皆大有裨於曆數。在昔聖人治《易》畫象，獨於《革》卦，一則曰『治曆明時，取諸革』，再則曰『天地革而四時成』。夫日三月成時，月三日成霸，『霸』之義，从月亦从革，《説文》：『革，更也。』故術家因之，隨時修改，以求合於天行。自古以來，所以有七十餘家之術，而授時歲實之上考用長、下推用消，黄赤大距之古大今小，歲差之古今不同，皆其明證。非古人之心思才力不逮今人，亦非古法之疏不若今法之密，蓋迫於積漸生差，術以是見疏耳。漢洛下閎謂《太初術》八百歲當差一日，亦本取『革』之義。自西人尚巧算，屢經實測修改，精務求精，又值中法湮替之時，遂使乘間居奇。世人好異喜新，同聲附和，不知九重本諸《天問》，借根昉自天元，西人亦未始不暗襲我中土之成説成法，而改易其名色耳。如諸輪變爲橢圓不同心、天變爲地毬動是已。元且思張平子有地動儀，其器不傳，舊説以爲能知地震，非也。元竊以爲此地動天不動之儀也。然則蔣友仁之謂地動，或本於此，或爲暗合，未可知也。西法之最善者，無過八線，然舍表無以布算。苟如羅氏以密率招差，是其法亦無異乎元朝《授時曆草》，更安知《八線表》不亦由於此乎？世之學者，卑無高論，且因八線對數以加減代乘除，競趨簡便，日習其術，罔識其故，致古人精詣盡晦矣。夫爲數之道，首在《虞書》，辨氣朔之盈虚，課日月五星之遲疾，因時制宜，即孟子所謂『苟求其故』，此亦實事求是，最大最難者也。枚乘《七發》曰：『孟子持籌而算之，萬不失一。』此漢人亦必有所本，前傳未列孟子，應否補列，請思酌之。

方今聖世，六藝昌明，佚書大顯。後有疇人，思欲復古，將見大衍爲考古之根，天元爲開來之具，綴術爲五星之用，招差爲八線之資。合大衍約分、天元寄母、綴術求等，招差纍積，又爲後學之權衡，斯又宋元來復見之各書所亟宜甄録而表章也。元少壯本昧於天算，惟聞李氏尚之、焦氏里堂言天算。尚之往來杭署，搜列各書，與元商撰成《疇人傳》。今老病，告歸田里，更爲昏耄，又喜得羅氏茗香論古天算有如此。羅氏補續《疇人》，各爲列傳，用補前傳所未收者，得補遺十二人，附見五人，續補十九人，附見七人，大凡四十三人，離爲六卷，次於前傳四十六卷之後，統前傳共成五十二卷。容有挂漏，俟再續焉。又宋元間算法，所指太極、天元、四元、大衍等名，皆用假判眞，借虛課實，以爲先後彼此地位之分别耳，非如道學家言，確有太極天地之道貫乎其中。至術數、占候及太乙、壬遁、符讖之流，則尤明曆明算者所不屑言也。前傳凡例已詳析之，兹更不及之。道光二十年夏四月。

誥授光禄大夫經筵講官户部尚書晉贈太子太保謚文安何公神道碑銘并序

公諱淩漢，字雲門，亦字仙槎。先世青州益都，宋南渡至道州，爲東門何氏。十二世泰來，明萬曆拔貢生，授南京蒙城縣知縣，升貴州普安州知州。繼兄子其諤爲嗣，廩生，充國子監生，鴻臚寺主簿。子鳴鳳，廩生，鼎革之際，臨貢堅辭，有《默齋詩集》。子之淳，增生，公之高祖也。曾祖藎，生員，娶趙氏。祖志儀，廩生，娶周氏，子三：長文統，季文繡；次文繪，字章五，廩生，爲公之父。三代皆以公貴，贈光禄大夫、工部尚書，一品夫人。章五公娶鄭太夫人，生子二，公其仲也。

公幼慧，能盡孝敬。章五公以學行伏一時，公禀庭訓，恒跪而受讀。九歲，應童子試若成人。年十六，州、府試皆第一，補附學生。家極貧，連丁内外艱，困苦思自振拔，益勤於學。夜不能具鐙燭，恒然松枝自照。讀經書必兼傳注。食餼後，文譽日起，從學者自遠至。嚴立課程，至今其鄉學者謂：『吾州經師、人師，自公後無能繼者。』嘉慶六年，充辛酉科選拔貢生，明年，朝考一等，爲吏部七品小京官，文選司行走。有雜職官被議鐫級，聲明乾隆某年有恩詔加級，或以無册可稽駁之。公曰：『册雖毁，恩詔固在也。』冢宰韙其言，許之。九年，應京兆試，中式舉人。十年，成進士。殿試卷進呈，名列第四。睿皇帝謂『筆墨飛舞』，拔置第三，賜及第，授翰林院編修。十二年，充廣東鄉試副考官。明年，散館一等，充順天鄉試同考官。累充文穎館、國史館纂修、總纂、文淵閣校理、咸安宫總裁、武英殿提調。十九年，升國子監司業，轉左春坊左中允，充日講起居注官。升司經局洗馬，轉翰林院侍講侍讀、右春坊右庶子。二十四年，充福建鄉試正考官，升國子監祭酒。

今上登極，覃恩得廕一子。時已命次子紹業爲兄淩灝嗣，令得四品廕生，以慰兄心。昌陵奉安，派扈駕大臣，隨入地宮。道光二年，充山東鄉試正考官，留督學政，轉翰林院侍讀學士。每試日，静坐堂皇閱卷，胥役悉閉置一屋，不少假。嘗入奏云：『場中多一查弊之人，即多一作弊之人。』又云：『臣以爲防弊之道，苟挈其要領，無事煩苛。』奉硃諭褒許甚渥。歲試時，通諭各屬生員於來年科試年貌册中，自行填注誦習何經，以便考校，故所取乙酉科拔貢生，多治樸學者。試院中種竹數百竿，忽産蓍六莖，數日高七八尺，因顏曰『瑞蓍書屋』，並爲之記。四年，轉通政使司副使。五年冬，差滿入都，派稽察右翼宗學。六年春，補授順天府府尹。時前尹朱公爲弼，無被議事而調任府丞。公蒙特擢，召對時，有『人品學問，朕所深知』之諭，蓋在帝簡中久矣。甫莅任，即立内號簿，飭屬訊案，每月按簿催結，得無留獄。八年元旦，逆回張格爾就擒。上以公於協剿回疆之吉林、黑龍江官兵由京進發，彈壓静謐，支應妥速，兩次交部優敘。順天所屬州縣，擢至四路同知，更無升途。公以人材須鼓勵，會大名府缺出，與直督熟商會奏，得旨『以西路同知辛文沚補授』，遂開此例。

京畿獄訟繁多，自府縣收理各案外，由刑部、都察院、提督府奏交咨送無虚日。公盡心研究，大要以罪疑惟輕，務歸仁厚。如宛平縣民張文恭等，曾習天主教，改悔免罪，漏繳經卷，蔓累多人；涿州民果三毆死白兑兒，棄屍大清河，三載無獲等案，一則援例減等，一則奏請暫行監禁。惟於兇盗案件，謂宜懲一警百，如拏獲奪犯傷差窩賊馬七等，拏究兇惡棍匪王殿臣等，皆從嚴訊辦。府廨後有廢園，就蒔花竹，爲退思之地，顔其亭曰『佳晴喜雨快雪之亭』，志無忘民事也。十年，立春日循例進春，上召問：『春牛顔色起於何時？』公奏：『《月令》稱出土牛，並無顔色，宋時頒行《土牛經》，支幹各色略與今同，始於仁宗景祐元年。』其博洽强記，多類此。七月有旨：『命大阿哥祭孝穆皇后陵寢。』公以大雨時行，橋道難恃，面奏請改派親王大臣，上深然之，即改派。尹兹五年，地方綏静，命盗各案甚稀，聖心倚注，久任不遷。是年，復調吉林、黑龍江兵征臺灣彈壓，予優敘如前。八月，授大理寺卿，仍署府尹事。十一年，署兵部右侍郎，授都察院左副都御史，升工部右侍郎，兼管錢法堂事務。署禮部左侍郎，充浙江鄉試正考官，留督學政。重經解，訪優行，試事整肅，士習益醇。廨有桃李門，元督學時所署也。公補植桃李數百株，蔚然成林。長興學附生葉大成丁降服憂，有增生缺出，公咨禮部略曰：『例載「爲人後者，爲其本生父母齊衰不杖期」。注云：「仕者解任，士子輟考。」《學政全書》載：「廩增生遇降服喪，不許應試，無庸出缺。」至廩增缺出，是否敘補，例無明文，致歷來辦理參差。夫官員降服，已無升補之班；士子降服，猶循敘補之舊，於例本未畫一。且親喪固所自盡，降服已屬抑情，若復使之敘補，一如無服之人，於情亦有未安，應請核准通行。』是時又特命公偕督臣程祖洛，審訊山陰會稽紳幕、書役勾結舞弊一案，研究月餘定讞，擬在籍臬司李澐褫職，餘犯軍流有差。帝嘉明允。十三年春，調補吏部右侍郎，兼順天府府尹事，命即來京供職，時歲試未終也。公益靖共爾位，和而不同。如吏部原議《捐賑鼓勵章程》有『各衙門候補人員准捐銀儘先補用』一條，已具稿矣，公曰：『儘先可捐，則正途之缺，轉可爲捐班所有。而正途亦非挾貲，不得於官方。吏治所傷實多。』同人以爲然，原議乃寢。時濬九門護城河，以工代賑數萬人。上問：『工竣，如何資送？』公奏：『附近京城之民，無庸資送。其隸外州縣及外省者，應於散工日，給盤川錢二百文，再給印票一張，注明「制錢五百文，回本籍衙門承領」。貧民歸有餘資，散歸必遠。』奉旨允行。調補户部左侍郎，兼署右侍郎，管理錢法堂事務。再調吏部右侍郎，仍署户部右侍郎。時湖廣總督訥爾經額等奏《苗疆屯防變通章程》，命户部議奏。同官因係湖南事情，專屬公具稿。乃援據舊章，體察現在情形，逐條籌覆，准駁相半，總歸於遴選廉能、代謀生計，同官折服，不易其一字。十四年，升都察院左都御史，仍兼順天府府尹事，賜紫禁城騎馬，進工部尚書，仍兼署左都御史。奉命查勘明陵，充經筵講官。十五年，充會試副總裁，教習庶吉士。十六年，奏永杜回漕錮弊，公飭查順天各屬大小水路，繢圖籌緝，始奏定『水次鋪户存貯粗米不得過十石』之例。疊署吏部尚書。十七年，吏部因京察一等人員，有先由御史改官者，已議駁矣。公以不勝御史非不勝外任者比，如此苛繩，有妨言路，援筆改議，遂奉俞旨。十九年春，調補户部尚書，仍署吏部尚書。是年秋，充順天鄉試副考官，時公長子編修紹基亦典試福建，距公使閩時恰二十年。父子同科典京外試者，前此惟乾隆丙子科劉文正公、文清公父子，庚寅科劉文定公、青垣侍郎父子而已，後先濟美，同朝羡之。

公於吏、户、工三部皆久任，遇公議事件，多賴公爲主持，從容正直，熟思利弊，鉅細一無所苟，於政體人才特爲顧惜。當户部假照案發，先後在捐納房司員皆獲咎，嘗爲上言其中人材甚有可惜者，而『准其捐復』之旨，隨下吏部。功司議處有近於文致者，必往復剖論，冀存寬大。於工部司員，拔其樸實任事者，夤緣悉絶，升轉之路遂通。二十年春，值孝全皇后喪，齊集西淀十餘日，歸寓偶病寒，猶力疾趨公。因精神短少，陳請賞假。甫命下，遽不起，口授遺摺而逝。時是年二月五日也，年六十有九。上嗟歎悼惜久之，有『品行端謹、辦事勤慎』等諭。贈太子太保，賜祭葬，謚文安。據《謚法》：『勤學好問曰文。止於義理曰安。』我朝二百年來，得此謚者，自公始。易名之典，洵足與先儒陸文安公、金文安公相媲美云。

公孝友純篤，居恒莊敬刻厲，家範嚴肅，爲時所稱。通籍四十年，未嘗一干吏議。在詞館，攻苦如秀才時，治官書自立程法，國史傳、志手録其子目，以便檢校，於蒙古地名、滿洲人名尤詳。總辦《起居注》，所爲前、後《序》，掌院曹文正公稱爲傑作。未嘗與本衙門撰文。遇誥册文字重大者，多屬公撰擬。以公書法重海内，屬敬書《全唐文御序》付梓。兩次以講官隨圍，和仁宗御製詩甚多。壬申、戊寅大考，皆二等，賜文綺。辛未、甲戌、己卯三爲庶常小教習。其殿廷文字之役，自辛卯迄丁酉，派閲覆試、朝考、散館試差、大考漢教習卷，絡繹無間。前後任京兆最久，凡察吏、安民、弭盜、備荒諸政，不勝書，勘估督修諸要工十餘次。承辦孝穆皇后梓宫，由竇華峪奉移至龍泉峪，奉特旨改派公代賽公尚阿往。每有遷擢，必兼他職。九掌文衡，五權冢宰，四派經筵直講。以京尹而歲賜參、貂，以尚書而賜二等參、頭等貂，六次賜『福』字，皆特命。入乾清宫侍書，寵光稠疊，錫賚便蕃，可謂人臣知遇之最榮矣。著譔詩文爲《雲腴山房集》。所書碑版，學者珍習之。配廖夫人，子四：紹基，丙申進士，翰林院編修；紹業，廕生，候選縣主簿，出爲兄嗣，先殁；紹祺、紹京，皆舉人。孫慶涵，監生；慶深、鼎官、聯官。孫女八。紹基等奉柩歸葬于谷山下九子嶺之陽。將至揚州，先以狀來乞元爲神道碑。元荒耄家居，因與公雅故，又紹基爲余教習庶吉士之翰林，在京嘗以學術相善。謹按狀敘而銘之曰：

自公幼學，經師人師。帝擢魁鼎，館職試詞。册誥鴻文，屬鉅筆爲。文章經史，班韓是追。書法晉唐，寶若鼎彝。奉使衡文，品學兼資。魯齊教行，室生瑞蓍。卿歷五部，職效三司。久任京兆，三輔安治。鋤奸弭盜，儒雅便宜。愛人節用，慎於度支。弼聖敷化，謨慮書思。官四十年，吏議弗罹。循理度義，易名典垂。公子大器，繼昌於時。我衰穎突，勉文此碑。

道光二十有一年歲次辛丑冬十有二月八日丁亥建。

誥授光禄大夫經筵講官刑部尚書贈太子太保諭賜葬祭史公神道碑

宫保諱致儼，字容莊，號望之，又號問山，年七十後自號榕莊老人，又自號樗翁。先世出漢溧陽侯史崇後，傳至諱必相者，於明洪武四年遷揚州之江都縣。曾祖道義，祖積學，父元善，世以學行爲名諸生，以宫保貴，累贈光禄大夫、刑部尚書；曾祖母董、祖母魯、母蔣，皆累贈一品太夫人。元善公生四子，宫保其仲也。八歲讀書，即考訂《周禮》人民物産。室恒不舉火，太夫人以針黹易油，父子一席讀。年十六，入江都學，學使謝金圃先生墉歎爲奇才，詢知家貧，給膏火以助讀焉。家無書，詣學宫，讀所頒書於尊經閣。年二十七，補廩膳生。乾隆甲辰，純皇帝南巡，以學使薦，赴召試。時與試者車馬僕從甚都，宫保囊餘十八錢，薄暮無所投宿，露坐田家石磨上。後嘗述之，謂：『彼時心無所慕，卧觀星斗，頗覺自適。』蓋富貴貧賤恬然匈中，自少已然矣。壬子舉於鄉。嘉慶己未會試，元副朱文正公爲總裁，宫保中式第一名。仁宗問元曰：『會元是汝揚州人？』元對以寒士有品學及居尊經閣讀書狀。殿試，賜進士出身，改庶吉士。是科得人最盛，績學如武進張惠言、高郵王引之、歙縣鮑桂星、全椒吴鼒、福州陳壽祺、棲霞郝懿行、武威張澍；其通顯歇歷中外者，自湯相國金釗、盧敏肅以下，又數十人，而宫保爲之冠。是年五星聚奎，文正因作《五緯聯珠圖》。議者謂國家科目，斯最盛也。辛酉，散館一等，授職翰林院編修。甲子，充順天鄉試同考官。累充國史館協修、纂修、總纂，本衙門撰文。丁卯，視學四川，捐廉修成都考棚，刻《詩韻辨字略》，明音訓之學。所拔皆知名士，有曾爲宫保戒飭者，十餘年忽來謁曰：『吾非師，幾爲名教所不容也。』辛未，充文淵閣校理，教習庶吉士。癸酉，充日講起居注官、咸安宫總裁。京察列一等，復帶引見記名，以府道用。尋陞國子監司業。乙亥三月，進翰林院侍講，轉侍讀，七月進右春坊右庶子，八月命爲河南學政。河南沿十八年李文成之變，羽黨未盡，劫掠燔燒，官捕未凈。仁宗諭宫保『知汝品學兼優，操守自好』，並諭察視地方盜賊及官屬捕緝事宜。宫保以滑縣之亂，總由積習釀成，凡地方吏治、河工情形，小事言之有司，大不便者入告無隱。廉知彰德、衛輝兩府，吏民習教者衆，因將實在情形入奏，兼陳州縣官編察保甲有名無實狀。仁宗諭以『所奏詳悉，告知撫臣、臬司』。商邱廪生陳忠錦，因不濫保，爲童生張鵬翼父子毒毆。知府及經歷某，受賕誣陳，加斥責，陳忿縊死。其弟勉旃訟冤，宫保列知府、經歷罪于朝，分别鐫革。由是上下畏法，兩河肅清。每疏入，仁宗嘉歎，稱爲『實心化導，正本清原』者再。累遷左春坊左庶子、翰林院侍講學士，留學政任，回京轉翰林院侍讀學士。

今上御極之元年，奉特旨充實録館漢文總纂官，七月命爲湖北正主考。累升詹事府少詹事、詹事，文淵閣直閣事，稽察西四覺羅學。壬午九月，升内閣學士，充武鄉試副考官。乙酉，以刑部右侍郎視學福建，旋調禮部右侍郎。福州試院有地溝，運竹筒傳遞，宫保捐廉修號，積弊始清。

漳、泉諸州尚械鬬，上杭生員何某者，强宗也。以争墳地械鬬上控。宫保飭學扣考，何訴之撫軍，撫軍咨送考試，宫保不可，治益急。由是械鬬之風頓減，臨行，生員獻詩者幾千人。己丑，充會試知貢舉，四月，轉禮部左侍郎。命偕侍郎鍾昌馳驛審山西平定州朱葛氏案，究出知州錯擬罪名并門丁受賄狀，人稱明允。是歲，賞紫禁城騎馬，署兵部左侍郎，改倉埸侍郎。壬辰，調刑部左侍郎，命爲順天鄉試副考官。癸巳，進都察院左都御史，充經筵講官。甲午春仲，經筵充直講，進禮部尚書，命爲順天鄉試副考官，調工部尚書。時刑部尚書戴公敦元卒，上以刑部事繁重，調宫保刑部尚書。宫保以人命至重，侵晨進署，書吏、司員未至一人，坐堂上閲視案件，如老諸生。日暮未畢，則攜歸陳几上，燒雙燭審定。遇疑獄，與同僚難論再三，或格於例，則于聖前直陳其情。一事未安，思之終夜。積三年，以爲常。體素健，自是恒不成寐。會丁酉京察届期，制書褒美，謂宫保『刑名詳慎，精力如常』，與今相國湯公金釗同列一等議敘。宫保亦夙夜不敢自安，然用是體亦瘁矣。是年夏至後，病下利，旬餘稍瘥。上召見温諭，宫保力疾視事。冬至前更苦煩躁，十二月陳請致仕，上諭以『安心調理』，不許。次年二月，復固請，上不得已，許之，猶諄諭以『病痊後具摺請安』。蓋是時上倚宫保方殷，每召對廷臣，詢問宫保病狀，至于再三。宫保亦欲以餘生報國，臨終之日，與尚書祁公墳談國事，亹亹如平時。午後嘔吐作，旋坐逝，壽七十有九，時道光戊戌十八年七月之十日也。遺疏奏聞，上嗟歎久之。贈太子太保，降制賜卹，有『品行端醇，學問優裕，明允精詳，克盡厥職』等諭。復於七月三十日，上命禮部尚書吴公椿率太常寺司員諭祭，又有『鞠躬盡瘁，性行純良』等語，可謂知遇之隆而哀榮之備矣。

宫保孝友性成，識度淵懿，丁母憂，以父老，哭不敢出聲，用是失血。痛兄早殁，待弟尤厚。族弟某，少孤，成立之，既殁，養其家。待士以信，寡言笑，喜怒不形於色。年弱冠，即以文爲金先生兆燕、蔣先生士銓、王先生文治所賞，而厭爲迂疏無用之學。生平讀書，實事求是，不爲門户之見。又謂刑所以弼教，近世吏治不如古者，以分刑、教爲二也。故爲學政時，抑豪猾，伸冤獄，勤于有司官。及官刑部，訓飭屬官，循循然如誘子弟。于浙江汪宗炎一案，論大宗小宗，引律據經，作説帖數十紙，曰：『倫常者，弼教之本也。』先後在刑部最久，主試者三，爲學政三，閲會試、覆殿試、朝考卷四，歷遷五部。所居官雖一日，必勤于事。性尤介，爲諸生時，富商某持百金求製壽屏文，鄙其人，不許。其視學福建也，囊空，至不能還京。自兩朝恩賞書籍、珍玩數十種外，殁後家無餘財。其陳請開缺奏有云『卌年京宦，豢養恩深。僑寓京師，家無半畝』，非虚語也。精書法，所書經籍，悉爲人攫去。今所存《十三經》《國語》《國策》《莊子》，皆五十後所書也。所著書惟考訂《爾雅音義》摹刻行世，未刻者有《榕莊詩文集》若干卷，《外集》若干卷，《歷代郊祀考》若干卷。配蔣夫人，先宫保卒。子三：丙榮，道光乙酉舉人、戊戌進士，安徽即用知縣；悠辰，廕生，廣西試用知縣，以芳林渡勦殺猺匪軍功，升直隸州知州；璜，河南試用知縣。女一，許字秀水汪氏，未嫁守貞。

孫三：久開、久恩、久齡。孫女三。以十九年己亥十二月之十日，葬于甘泉縣廟山旁團山之南闞家莊，蔣夫人祔焉。丙榮等來乞爲神道碑銘，元耄矣，猶按狀序而銘之曰：

五星聚奎，爲文之祥。人文大啟，爲邦家光。尚德緩刑，皋陶拜颺。帝用刑官，空冬居陽。故所褒者，學行爲長。一曰明允，再曰純良。以此銘碑，佳城後昌。

移建安淮寺碑

大凡事之鉅艱者，久必變通。其通也，待其時，亦待其人。黄河入海，歲遠必歲高，黄既高，而不能加清，堰同其高，于是蓄清刷黄、借清濟運之説窮。且湖堰横決，上河下河民逃穀没者屢矣。嘉慶末，有爲南北兩運轉搬過黄之策者，未行。又有灌塘濟運之策，遂行之。南河總督麟帥值其時，于是決計平淮消險，上下河田，周回千里，年屢大豐，民安穀熟，石米值銀一兩。此得其時歟，抑待其人而後行也。麟帥不敢居，謂此聖天子定策感召之所致，亦淮瀆神福民靈貺之所昭，天子親書『淮廟』扁，修淮瀆廟。麟帥率屬報祭，遂復周覽泗州，登眺龜山，見有古佛出于水面，察知爲宋無梁殿。于是泗而拯出鐵佛、鐵羅漢、鐵鐘、鐵鑊甚多，移于山麓，别建爲寺曰安淮寺。神佛有靈，應時而出，庶幾昔年饑溺之民，今日得見安瀾有如此。麟帥又建船隖于老子山，行船可避風浪。

復于聖人山下開通舊河，以避馬狼岡之迂險。便民之事，無不爲也。麟帥慶，己巳進士，爲貴大宗伯慶所得士。余己酉進士，又大宗伯己未進士之座主也。戊戌冬，余乞恩致仕，歸來淮揚，親見民生安樂，寺工已成。請爲碑文，磨石以待，銘曰：

禹使庚辰，鎖巫支祁。今淮泗安，加石閟之。宋建古殿，由金臂師。鐵像出水，因泗之卑。泗渦愈卑，民生愈治。人力所通，遭逢盛時。

歙縣江鶴亭橙里二公傳

鶴亭公諱春，字穎長，生時有白鶴之祥，故號鶴亭。姓江氏，徽州歙縣人。祖諱演，僑居揚州，父諱承瑜，皆以鹽筴起家。行仁樂善，周貧乏，修津梁，動費萬金，並以公貴，封贈一品階。公性警敏，爲金壇王太史步青弟子，善屬文，尤長於詩，與程編修夢星齊名。以五經應試，未第，遂出其才治鹺業。上官知其能，檄爲總商，凡重事皆與擘畫。乾隆十六年，上巡幸江浙，揚州迎駕，典禮距聖祖時已遠，無故牘可稽。公剏立章程，營繕供張，纖細畢舉。二十二年南巡，駐蹕金山，召對稱旨，賜金絲荷包[一]，賞加内務府奉宸苑卿銜。三十年南巡，修治紅橋東之浄香園，蒙御書『怡性堂』額，賜『福』字、玉如意。城東南高阜曰康山，相傳明康海舊遊處，有董文敏書扁，公葺新之。四十五年、四十九年南巡，上喜平山之外，得康山近處小憩，遂再幸其地，賜額、賜詩，有『時花二月之中遇，古樹千年以上論』之句，浄香園有『雨過静依竹，夏前香想蓮』之句，皆即御書爲聯。公理鹾務四十年中，凡祗候南巡者六，祝皇太后萬壽者三，迎駕天津、山左者二，最後入京赴千叟宴。國家有大典禮，及工程、災賑、兵餉、河餉，捐輸，上官有所籌畫，惟公是詢。公才裕識超，專心國事，指顧集事，不顧私計，又更事久强記，善用人，苟有益於各省轉運者，知無不爲，規遠利而不急近效。周急濟貧，加意於書院、養老院、育嬰堂諸事。每發一言、畫一策，羣商拱手，稱諾而已。羣商之受指揮，不便其私者或退有怨言。然而兩淮提引案發，逮治羣商，首總黄源德老疾不能言，餘皆自危於斧鑕。公毅然請當其事，欽差讞時，叩頭引罪，絕無牽引。上知公無私，詔釋不問。獄解，所保全兩淮之人甚衆。太監張鳳以銷毀金册，捕逃頗急，鳳至揚州謁公，公於杯酒間縛之。上飭議封疆大吏之失察者，特授公布政使司銜。上深知公誠藎有長才，每跪迎駕時，望見輒加詢問。公貧無私蓄，辦公力絀，上借帑金三十萬兩。公運鹽之號曰廣達，每鹾使者出都，必諭曰：『江廣

[一] 包，甲戌續刊本作『苞』。

達人老成，可與商辦。』前後被賜御書『福』字、貂、緞、荷包、數珠、鼻煙壺、玉器、藏香、拄杖，便蕃不可勝紀，加級累封至光禄大夫。

公偉岸豐頤，美須髯，喜吟詠，好藏書，廣結納，主持淮南風雅。與盧轉運見曾同意趣，水南花墅別業開並蒂芍藥，轉運就公讌賞賦詩。轉運北歸，至召伯埭，舟中賦詩始別。北郊鐵佛寺，荒寒多紅葉，公數招杭太史世駿諸詩老，清齋賦詩終日。三十一年十二月十九日，爲蘇文忠七百歲生日，與諸詩人懸像於小山僧之寒香館，賦詩，一時文人學士，如錢司寇陳羣、曹學士仁虎、蔣編修士銓、金壽門農、陳授衣章、鄭板橋燮、黄北垞裕、戴東原震、沈學士大成、江雲溪立、吴杉亭烺、金棕亭兆燕，或結縞紵，或致館餐，卑節虚懷，人樂與遊，風亭月榭，觴詠無廢，與玲瓏山館馬氏相埒。所著有《隨月讀書樓詩集》三卷。公感重恩，竭力圖報，治公事戴星出入，暇即從事詩酒，不自持籌算私積。言事投書者，數十輩林立，隨方應付，食頃已畢。或曲劇三四部，同日分亭館宴客，客至以數百計，恒以長物付質庫，分給數庖以應之。公以乾隆五十四年積勞致卒，年六十九。卒之日，家無餘財，賜帑未繳，鬻産及金玉翫好以足數。公無子，初以弟昉季子振先爲子，蚤亡，復以次子振鴻爲子。上知其卒後貧，復賜帑，諭振鴻業鹺以繼其父。振鴻始冠，能文，勤謹儉約，力圖起其家，不敢負上垂念舊商之恩也。

橙里公諱昉，號旭東，又號硯農，鶴亭公同祖弟也。父諱承玠，以户部郎中歷知浙江嘉興、台州府事，升浙江鹽驛道，誥授中議大夫，清介多惠政。母宋淑人，早卒。簉室萬淑人，實出公，三年而殁。劉淑人教育如己出，觀察命公事之爲慈母。劉淑人之殁也，公哀毁行斬衰三年喪，請封於朝。不知禮者或議之。然《儀禮·喪服》經傳曰：『慈母如母，死則三年。如母，貴父之命也。』且今國制：『慈母如母，斬衰三年。』謂所生母死，父令别妾撫育者。吾故曰：公知禮制，公之孝也。

公性恬静，幼承觀察清白之訓，内被淑人折葼之教，遠絶靡麗，惟以詩書自娱。所著《晴綺軒詩》，意境清遠，得宋人高格。尤工填詞，慕姜白石、張叔夏之風，故其《練溪漁唱詞》二卷，清空藴藉，無繁麗弱褻之情，除激昂詉號之習，可謂卓然一家矣。又嘗集宋元人七言詞句爲《絶句詩》九十首，妙思清響，如出己手。所居紫玲瓏閣，名士之至揚州者，無不納履。興化任進士陳晉，公之師也。任公子侍御大椿，與公以經術品行爲友。天台齊侍郎召南爲諸生，在敷文書院，觀察遇之極厚，爲觀察門人，與公亦以學相長。錢唐厲太鴻鶚、嘉興王穀原又曾暨鶴亭公諸賓客，多主公家。湖舫山輿，聯吟覥句，殆無虚日。賓至，則下榻拂几，卷軸絲竹，情賞靡缺。故爾時文讌之盛，稱二江公家。

公狀端凝，性仁厚，周急無德色。詩人方介亭和有所陷，公委曲用心，以厚貲免之。汪雪礓本貧，不能出户，公濟以服食，共吟詠，薦於鶴亭公。餘事類此，不勝紀。湖北鹽筴，領之者立致巨富，積弊難釐，鶴亭公薦公領之，公不獲辭，數年歸，囊無餘貲，至鬻田宅以償逋。晚年尤耽山水，有別業在蘇州太湖西磧山，曰西磧山房。嘗扁舟爲梅花往，筆牀茶竈，有天隨之風。乾隆五十八年卒，年六十七。候選知府，誥授通議大夫。子一，振鷺，鹽運同知銜，能詩工書。

論曰：元之王妣江夫人，二公同祖姊也。元幼讀書，罕出户，不知外事，弱冠入京師，甫通籍，二公相繼殁，然元敬聞吾父述二公之事詳矣。鶴亭公矯矯獨出，超轢前後，深識國體，受恩深重，竭心力以終其身。橙里公敬命報慈，通經守禮，有古君子風。又皆讀書禮賢，殁之日，家屢空，蓋不欲藴利生孽，負國恩而墮家聲也。嗚呼！儻所謂忠孝者，非耶？

雷塘自定壽壙記

昔余因先考命，葬前室江夫人於北湖橋鎮西陳家橋，因而記之，引《檀弓》「樂哉瑕邱」之言。彼時因雷塘無餘地也。嘉慶甲子以後，在雷塘阡地祖墓之側，得地數弓，樹木久拱，坐向端正，且切近先祖、考妣墓之右。夫能近依祖、考，豈復樂瑕邱哉？己亥歸里，又再相之，此爲最慰，即以爲余之壽壙。繼室孔夫人殯，將亦附焉。乾隆間，余官詹事時甚貧，江夫人棺木不堅，今必太朽，且遠四十里，斷不能遷矣。卜地之説，余所未諳。此壽壙及所謂瑕邱者，曾有門生内閣中書端木國瑚相之，以爲皆吉，則皆吉矣。此地爲下雷塘，塘水自西北甘泉山九女澗來，注於東南，又有楊家澗水自西北來，會之於辰方。壙前地皆舊松柏，百餘步以南樹少，乃低爲豆麥田，又數十步，更低爲稻田。平圍千畝，形家所謂「明堂」也。雷塘瀦水，漢、唐、宋、元皆然。明時不賴此水濟漕，豪家雖占涸爲田，而仍恃兩澗水以爲灌溉。西漢「雷塘」即「雷陂」，《漢書》寫作「波」。《漢書》云：「江都王建游雷波，使郎二人乘小船入波中，船覆，兩郎溺，攀船，乍見乍没。建臨觀，大笑。」《西征記》云：「雷陂有臺，高二丈，即吴王濞之釣臺。」臺所在無考。考《寰宇記》諸書，最西小新塘即宋紹定滅李全處。水下汪上雷塘，上雷塘轉入中雷塘，由槐子河東流入官河，明舊志：「下塘水廣長皆七里，佃田一千六百餘畝。」漢、唐、宋、元，山水無改。余家墓則在中雷塘，東南望見出水之地之外，下雷塘即槐子河也。昔高堰、荷花塘、馬篷灣決口時，槐子河水皆倒漾，至雷塘田前，近年江湖水大，亦倒漾。槐子河上即古東塘也。即唐高駢檄四方兵討黄巢，駢屯兵不行處，亦秦彦與楊行密戰不利，所奔之東塘也。

予遷揚四世祖尊光公，於崇禎末始葬雷塘阡，六代曾祖宗尹公、七代祖琢庵公，皆繼葬於此，八代考贈大學士，嘉慶十年亦葬此。此阡高臨塘上，阡地在明以前想亦豆麥高田耳。地脉從甘泉山來十餘里，塘水與楊家澗水會于阡東南。元至正年造閘於上雷塘，明成化年於上下塘各造石閘水礎以爲蓄洩，今阡東南隱然尚有閘礎舊基。傳聞廢閘涸塘爲田，始於明仇鸞時。顧九錫詩《序》云：「雷塘烟雨迷離，近被土人開墾爲田。丁未再過之，見昔時鴈影漁帆，忽變爲樵歌牧笛。」此當在明末。隋煬帝墓在吴公臺，即今觀音山，唐高祖時，以帝禮改葬於雷塘，在吾家阡北三里許高岡上。余曾培修之，立碑。伊太守秉綬案舊志，題碑曰『隋煬帝陵』，刻之。阮氏阡西里許爲阮氏墓廬，造廬掘地，得元大德龍王廟碑。蓋廬即廟地，因立碑於門内，即以廬前屋祀龍王，中屋爲觀音堂，後屋爲高樓，東望墓阡，南望蕪城，阡城之間，尚有雙澗，慨然想見漢江都王之游雷波也。焦君里堂題扁曰『阮公樓』。置僧守之，曰『雷塘庵』，自刻『雷塘庵主』小石印。廬西南故冢，爲明南京禮部尚書王軏墓。五代朱瑾墓在雷塘，今覓不得。

嗟乎！壽壙古人多爲之矣！漢趙邠卿中年病，即囑兄之子爲立員石於墓前，曰『漢逸士趙嘉墓』，岐先名嘉。及年九十，在荆州别爲壽藏。去聲。唐司空表聖自爲生壙，引客賦詩飲酒於壙中，客或難之，哂之曰：『何不廣耶？』此外爲生壙者不勝舉。今年夏夜，宿樓上，東望祖、考墓，松柏鬱蒼，泉原交屬。余以衰跛昏耄，得乞骸骨，將依先人而永宅乎此矣。魏傅永登邙山，遠慕杜預，近慕王肅，欲歸於此，曰：『此吾永宅也。』唐姚崇曾孫勖，自爲壽藏於崇墓旁，曰『寂居穴』。

雷塘壽壙孔夫人先葬記

晉杜元凱遺令，自定兆域，法鄭大夫古冢之儉，妻郭氏合葬，且曰：『中古以來，或合或否，各以己意所欲。』杜氏深于《左氏傳》，斯言必禮也。今元妻或合或否，非以意定。江夫人以乾隆六十年，葬于道橋之陳橋，櫬非美櫝，朽不能遷。繼室孔夫人以道光十二年卒于滇，十三年冬到揚州，殯于道橋祠右，可以合。元壙既定雷塘矣，爰于道光辛丑年十二月庚子，先葬此右者。至于元凱妻郭氏，先葬耶？遺令遷殯耶？不可得而知也。祠右之殯，先葬待合，合乎蘧伯玉瑕邱請前之諷。陳橋之殯，不遷不合，合乎宋司馬石槨速朽之譏。子貢願有所息，仲尼曰：『望其壙，睪如也，宰如也，鬲如也，則知所息矣。』今所營，即此所謂壙也。壙亦古矣。壬寅正月來雷塘，壙前積雪初消，松柏皆拱，石楠、海桐亦數十年木也。復乘椅至松南，瞻望麥田，觀雷塘橋水來與楊家澗水會處，元凱所謂『己意所欲，即己心所安』也。書此以示子孫。

項羽都江都考跋

江都縣衙前榜二，其一曰『邑肇荆王』。汪容甫先生據史駁之，謂：『孝景前四年，始徙汝南王，非王江都。荆王劉賈以高帝六年封，至十一年爲英布所殺，無後，其立國至淺，賈都於吴，此地爲其支邑，自名廣陵。至孝景置江都國，賈死已四十三年。江都縣之名，前此絶無所見，疑即託始於此。』按：樂史《太平寰宇記》謂漢景帝立江都，遂因國以立縣，汪氏之説，蓋與之同。近劉孟瞻明經文淇作《項羽都江都考》，據《史記·秦楚之際月表》，知江都之名，項羽時已有此縣。《月表》分二十一格，第一格載義帝事，第二、第三格皆言項羽事，第二格言諸侯尊懷王爲義帝，西楚伯項王籍始爲天下主，命立十八王，都彭城。第三格言項籍自立爲西楚霸王，都江都。以下十八格，分言十八王所都之地。[一]然則項羽曾以江都爲都，是秦楚之間早有江都之名，非始於景帝矣。此説甚爲新異可喜。及檢新《揚州府志・沿革建置門》，有雙註云：『《史記・秦楚之際月表》有「項羽都彭城」，一本又云「都江都」，考諸書，無羽都江都之事，殆傳刻誤。』此蓋嘉慶年間，修志者見有無『江都』之本而致疑也。明人程正揆所刻張守節《正義》本，《月表》脱去『都江都』三字。余檢至此，亦爲之疑，因思余家文選樓有舊本《史記》，檢之，則是元中統二年連《索隱》之板，明明有『都江都』一事，爲之大快。然則《府志》所云有江都者，古人之遺；無者，爲妄人削去也。元中統與宋理宗時相值，則與宋板無異。明閩柯本與宋本同[二]。此書古色古香，恐勝於今單行《索隱》之處尚多，俟再校之。因復思古人如項羽者，滅秦封漢，氣蓋一世，快意之事，正在爲霸王都江都之時，而江都王者，以項氏爲最先。乃此事黯然不彰，緜緜欲絶，幸賴明眼人於旁行斜上、蠅頭細書之《月表》識別而出，而又得此霉爛蠹蝕五百餘年之故紙爲之確證，所以古本之可貴如此。道光二十年。

[一] 篇首至『所都之地』二百五十九字，甲戌續刊本作『劉孟瞻明經文淇作項羽都江都考據史記秦楚之際月表第三格知項羽自立爲西楚霸王都江都』三十九字。

[二] 『明閩柯本與宋本同』八字，甲戌續刊本作『桓字缺筆世所習也』。

校刻宋元鎮江府志序

余家久藏宋嘉定、元至順寫本《鎮江志》二部，乃乾隆六十年宣城張木青學士燾所贈之書。嘉慶間，曾經進呈内府，又録兩副本，一藏家中文選樓，一藏焦山書藏，以待有志者刊之，良以二書有關於京口之掌故甚鉅也。京口自東晉以來，屹爲重鎮，流民僑郡，分併改隸，都督、開府，參佐、從事，寄治版授，建置紛煩，以及宋之差遣，元之掾屬，讀史者憚於鉤稽，往往沿訛襲謬。今詳觀宋《志》，於六朝僑寄郡縣，縷析條分，於節度、觀察等官罷復，紀之甚詳，其刺守歷任年月，於紀傳所不載者，皆稽考得其次序。是故一人之傳，必參酌羣書而後定，如刺史韋損傳，以《唐·地理志》《練塘碑》及李華《復練塘頌序》《招隱大律師碑》參定；都知兵馬使張子良等傳，以新、舊《唐書·李錡傳》《舊唐書·憲宗紀》《通鑑》《太平廣記》參定，此例爲前此作郡志者所未有。至於元至順《志》，本承宋《志》而作，然絶不勦襲其書，宋《志》於刺守辛貳等官，載至嘉定九年止，而元《志》即從嘉定十年起，其例尤爲可法。《土産門》引《説文》《廣雅》《字林》《方言》等書，亦地志中所僅見。又二書於晉宋以來士大夫居宅墳墓，皆詳其坊巷鄉都所在，其作銘作記之人，亦莫不羅列，雖遺跡久湮，而按籍考之，猶可得其仿佛。後人性好簡略，鮮有及此之詳明者。其餘精當處，亦不勝僂指。二書洵海内之秘笈也。乃問之鎮江人，無肯栞之者。余於《送楊忠愍公墨蹟歸焦山記》中已慨乎言之。

去冬，丹徒包景維良丞介吴陶伯孝廉文鑄來謁，余談次及之。景維因言及其考中憲知有是書，欲刻未果，今願刊布，以成先志。余因出家中選樓本，並發焦山書藏本，校竣，仍還焦山。再加繙閲。選樓本爲歸安嚴久能元照所校，焦山本爲烏程張秋水鑑所校，又丹徒戴桐孫守梧亦有籤記，其中精確者致多，然犆引其端，未竟其緒。復屬門下士劉孟瞻文淇暨其子伯山毓崧，詳考全書體例及所徵引各書，正其譌誤，作爲《校勘記》四卷，附刻於後。二書俱不著撰人姓名。《書録解題》有『盧憲《鎮江志》』，《宋志》中稱憲者四條，因共定嘉定《志》爲盧憲所作。而至順《志》則不知出於誰手。適丹徒柳賓叔孝廉興恩以書來告，謂檢《鎮江府志》成化舊序，知至順《志》爲俞希魯所作。余按：俞氏乃元末遺老，爲金華宋濂所推。若非詳撰此《志》，烏知俞氏之學精密若是？則刻書洵有功於古人也。是書初刻時，不知書中載包氏名人甚多，乃校勘後，知包氏爲丹徒舊族，宋、元二《志》『人物門』俱以漢大鴻臚包咸爲首，厥後包融、包何、包佶俱有名於唐代，而元《志》俞庸《修高資橋記》亦言丹徒包氏不墜先業。中憲名祥麟，字厚村，捐賑施藥，頗多善舉，實爲鴻臚之後，雖此書朽蠹而班班可考。然則是書之刻於包氏，固天理當而人心安也。刻既成，余故樂爲序之，以爲刻古書者勸。

大清道光二十二年夏至日。

畢韞齋母郭孺人墓誌銘

母姓郭氏，字蘭崖，甘泉人，詔舉博學鴻詞諱朝松之曾孫，户部廣東司主事諱隆舉之孫，附學生諱增之女子子也。幼習詩書，嫻禮教，事節母以孝聞。年二十，畢蓼村先生聘爲子春原之婦。時三族多虞，家業中落，母躬持節儉，終歲食貧，左右服勞，不遺餘力。念庶士以下皆衣其夫，執枲治繭，以共衣服。教子光琦，嚴而有法，親授經，自《論語》《孟子》《詩》《禮》，皆口授章句，兼詳詁訓，篝燈自課，凡越十年。光琦入泮宫，游藝四方，戒以黜華崇實，敏事慎言，述廣平之節義，陳王屋之清廉，勿忘故實，以玷家聲。母熟繹家乘，以唐廣平太守畢炕，天寶之亂，家覆，贈户部尚書，謚忠，及王屋尉畢坰清廉，見《昌黎集》也。[一]歲庚寅，母劬勞成疾，氣弱體羸，至冬日而疾革。光琦跪於牀下，誨之曰：『儉爲令德，不可不慎，桐棺三寸。』言終而卒，是道光十年十二月十八日也。將以某年月日葬於揚州之原，西倚蜀岡，東界漕渠。光琦乃蕭山湯相國督學時所取佳士，爲余門生門下士也。歲乙未，余入内閣，每宿集賢院，在《經郛》中録出《詩》《書》二經，爲《詩書古訓》六卷，尚須校正删補，蕭山言光琦可任之。歸里晤言，知其經學明敏，閲三年而校刻成書。光

[一]『母熟繹家乘』至『見昌黎集也』三十九字，疑當爲雙行小注。

琦言其母之賢，若不及時求撰誌銘，則不能如昌黎之傳王屋也。以狀來，乃序而銘之曰：

魯敬姜言，見《列女傳》。賢母有子，學行必見。惟訓乃傳，惟勤乃儉。詩書克敦，浮華不染。亦秖以異，富則異掩。

江都春谷黃君墓誌銘[一]

君諱承吉，字謙牧，號春谷。黃氏其先歙人，自晉新安太守積卒於官，葬姚家墩，子孫家焉，因號『黃墩』。唐御史中丞德之季子璋，由黃墩遷黃屯。曾孫芮以純孝著《唐書·孝友傳序》，父歿[二]，北渡潭水，廬墓終身，故名其地爲潭渡。世祀璋爲潭渡始祖，是爲潭渡黃氏。唐以下，代有聞人。曾祖克鱁，祖修溥，歙文學，父其林，國子監生，皆以君官累贈通奉大夫。君幼讀書聰敏，博綜兩漢諸儒論説。府教授全椒金棕亭先生退官時，僑居相近，一見即贈詩曰：『騏驥在東隣，三年不相識。』又曰：『顧我桑榆人，十駕安可及。』其傾許若此。弱冠，補江都學生員，與同郡焦里

[一] 南京圖書館藏《再續集》五卷本，此文在卷四，題爲《江都春谷黃君墓銘志附》，銘文作大字，而志文爲小字。

[二] 歿，甲戌續刊本作『没』。

堂循、李濱石鍾泗、江鄭堂藩諸先生友善，日以經義文事相切劘，當時有江、焦、黃、李『四友』之目。嘉慶戊午科，中式鄉試解元。乙丑科會試中式，賜同進士出身。即用廣西興安縣知縣，再署岑溪縣事，充戊辰恩科鄉試同考試官。君勤於政，在岑溪時，有乙爲甲傭，種山僻地，忽告歸，久不至，而乙妻子則以索乙於甲控，繼乃控甲因鬬斃乙，並有風聞時日及埋尸於水塘側處。君細鞫多次，察甲辭色非殺人者，而乙妻子方固争不已。又訪乙家，則方治喪事，旦暮聞哭泣，長子日荷鋤尋掘父尸。君不肯濫引左證，惟於乙妻子前後所供不符處獨加研詰，胥隸嘖嘖非議，太守廉知，使人規戒之。君既確有所見，益究得實情[一]：匿乙於廣東羅定州，欲以詐甲財。君遣役往獲之，甲始不冤。爲同考官時，偶詣他房閲一落卷，謂其文義精奥古茂，當時冠場，及薦主司，果置解首，揭曉，爲汪能肅，浙江名宿而寄籍粤西者也。然君於公所議事，率以才能屈其坐人，緣是漸爲同僚所詆，上官亦竟以文書過境失落未能遽獲劾罷之。至道光六年，始得捐復，且捐道員需次，復因齒就衰，遂一意發憤著述，無出山之志。所著《夢陔堂詩集》，數十年總五十卷，體物摹景，敷事類情，尤善於樂府古辭。其著述則校證經史，鉤稽貫串，每出曠識，正古文人之是非。嘗以司馬遷爲孟子後尊聖道、明《六經》之第一人，而揚雄謂遷行不副文，是非繆於聖人。班固亦即以其語爲遷《傳贊》，又

[一] 南京圖書館藏《再續集》五卷本『情』下有『則』字。

於《傳》中兩『太史公』牽混其辭，於《百官公卿表》《成帝紀》、張安世、京房等《傳》内抹没增添之，使中書令一官不知何職，助雄抑遷，以爲己地。故《漢書》本不應爲雄立傳，而固欲黨雄，特變史例，全録雄《自序》爲《傳》，遂於仕莽事略不及，因並論雄毁東方朔，致毁柳下惠爲鄉原仁賊，謬指靡麗勸風字貶賦，傾毁司馬相如。於事後追序《甘泉賦》，自謂風戒，其實《甘泉賦》通篇專以崑崙諛頌，獻媚趙昭儀，則比之西王母。又稱賦爲『雕蟲篆刻，壯夫不爲』，至使後生將以文爲詬病。其《河東》《校獵》《長楊》《逐貧》《太（元）〔玄〕》諸賦，辭意雜亂鄙陋，有乖文體。《太（元）〔玄〕》合天應曆，全爲臆説，作《文説》十一篇，以辨正之，總三十餘萬言。蓋謂千古之文人受此誣枉，不辨此第一誣枉，餘可不必言文，不如此力抉其文之非，則不能實求其文之是。此其所以發憤者也。約其所論説，自揚雄有『雕蟲篆刻』之説，致文爲後世詬病，首著其非，以明文章關繫至重，第一；論《法言》内謂『賦爲童子雕蟲篆刻，壯夫不爲』，其『壯夫』乃指壯年，及考雄賦，皆是壯年所爲，第二；論揚雄《漢書》中不當有《傳》，第三；論《漢書》中《揚雄傳》是雄自作，第四；論揚雄《甘泉賦》，賦與序不合，第五；論《甘泉賦》通體皆以崑崙諛頌，第六；論揚雄《河東》《校獵》《長楊》《逐貧》《太（元）〔玄〕》諸賦，第七；論揚雄設『風勸』二字貶賦，就以誣陷司馬相如，乃先誤解《詩序》，兼誤及一切經書，第八；論揚雄因毁東方朔，致毁柳下惠爲鄉原仁賊，並論《法言》中各等辭，第九；論《漢書》中多誣陷司馬遷之語，第十；論《太（元）〔玄〕》自謂合天應曆，其實所説皆臆數，與天曆不合，第十一。凡此十一篇，三十餘萬言，於是千古之誣枉始正，人心之是非始正，人心之忠奸始正，經史之是非、孔孟之指歸是非亦皆正，然則君之不出山，特爲司馬遷、雄、固定此一案也。使君出山，復能辦岑溪等案，官至督撫，終碌碌以歸，不及此數十萬言者，俾世人皆知尊文重道，而相與傳習其説。如不解其所説何事，置其説於若存若亡、可有可無者，則其人適自歸於不讀書之人，於君何損哉！欽定《四庫書》内有《字詁》《義府》二書，爲君族祖黄生撰。君出康熙間家藏鈔本刊之，又加按語，以發明聲音訓詁，又著《經説》若干卷。

君生於乾隆三十六年十一月十七日，卒於道光二十二年七月三日，得年七十有二。君子必慶，爲晚年鍾愛，屢見於詩。斶吉於二十三年十月十六日，奉君殯葬於甘泉西山雙墩。妻江恭人祔焉。恭人召試内閣中書、户部員外郎漣女，以道光十二年卒。側室劉氏生必慶，以貲爲員外郎，例封劉爲宜人。女二，長適儀徵學生程官塝。必慶介王生翼鳳以狀來乞爲銘，銘曰：

黄君之學，在於文説。雄固枉遷，無人能決。孰精古書，其私始訐。誣二千年，其冤始雪。書莽大夫，《綱目》早閲。自餘史情，尚昧曲折。惟君説之，明明布列。既正文章，又正臣節。嗚鼓而攻，盟皆歃血。有不與盟，人必愚劣。我銘佳城，文亦不滅。

北渚二叔墓表

阮元從叔阮公，諱鴻，行二，字逵陽，又字湘南，號北渚，七十後自號蟄室老人。三世祖官榆林衛千户，始卜居揚州北湖。元高祖與公曾祖諱樞忠爲兄弟，始分房。樞忠公通經史，兼善騎射，康熙庚戌科武進士，分發江蘇撫標中軍學習。子三：長諱殿衡，習文舉業，考授州同知，爲公之祖；次諱匡衡，癸未科武進士，官滁州衛守備，以官贈曾祖武德將軍。父諱金堂，字宣廷，儀徵學增生，以公職贈奉直大夫。宣廷公生二子，公其仲也。

乾隆丁酉，六歲，就傅。十一歲，以弱疾輟書，就醫三年，甫愈，仍力於學，從堂伯衣谷明經學。庭訓甚嚴，雖愛憐甚摯，而勖以讀書作文不稍寬，由是益淬於學。丙申冬，宣廷公以痰嗽成疾，公侍湯藥，衣不解帶。公母張太宜人刲股以進，事載焦循《北湖志·節孝》中。逾年，宣廷公卒，公哀毁骨立，愼始愼終，克盡其孝。以家貧，無以爲養，越一年，就館於外，遥師姚雨田廣文，每入城謁師。與程中之、方贊元、方月槎爲師友相砥礪。廿一歲，張太宜人衰病，公不忍遠離，遂移館於本鎮吴氏，恒薄暮至家省視。吴氏以公訓誨嚴勤，延待十年之久，得館地以力學，藉館金以養母。公於胞兄載陽公極友愛，己酉歲，同受知於豫堂胡侍郎，同入學，而宣廷公已下世十餘年，孀親茹苦，得以稍慰。

壬子鄉試，一邀房薦。癸丑，因元官詹事，張太宜人命公入都應順天之試，俄元奉山左學政之命。公之年與元相若，應童子試時即相善，且知公品學優長，以故延請衡文。公偕行至署，按試青、萊等府，静坐高樓，閉門閲卷，不草率，寓今日初心之意。歷城時，幕友未多，元惟公是賴。夏試畢，始與里堂焦君、秋平黄君登岱賦詩，入曲阜聖廟觀禮，有《山左筆記》一卷。二年，元調任浙江學使，與朱椒堂、端木子彝、陳曼生爲同幕。有幕中閲卷稍率者，公微窺之，索落卷置室中，夜燭達旦，披覽再三，偶得佳卷，因嘆曰：『此佳士也，迫促風簷，甘苦吾數嘗焉。微吾又屈矣。』亟持告學使，元果即拔之。時元虚心禮士而内嚴察，因叔公正明察之力，得士無錯悮。至院棚關節，元防杜至密，至金華巡捕搜得小人私書云『衙門内大人叔子一關難過』，可見助力矣。公三十九歲，元撫浙，隨先考光禄公商立義舉，建族祠，修祖墓，立田贍祭，置禮祀，洲蘆息，定規條，族中祠墓、祭埽、婚嫁、喪葬、敬節、養老、義塾、考費等事咸備，數十年矣。公卒日，元往哭奠，書輓聯云：『魯浙試文章，杜絶院棚關節；江湖種蘆稻，籌開祭贍章程。』紀實也。

甲子四十五，欣然赴省試，因瘧未果。乙丑春，先考命元建家廟於揚州，屬叔董其事，公落成之。初，先考憐公與撫署中林季修皆有才，欲公納知縣資，公曰：『吾無資。』毅然不可，且曰：『吾不肯苟合于人，作吏非所宜也。且族無多人，當佐中丞治家政、睦姻諸大端可已。』議遂止。

丙寅冬十月，張太[一]宜人以疾卒，公哀毁如初。己巳，公年五旬，辦江洲事，有鎮江某，恃强争佔，訟於鎮江府，府得賄，倚其丈人之力，後大府委勘，乃服誣。公不忍窮以律制，惟剖明定案而已。繼乃決計歸家，以静爲樂矣，自撰《小歇記》以見意。壬申五十三歲，生長子克。甲戌年，生次子先。丙戌年，生季子充。

公性儉約，惟老屋數椽，積書滿壁。晚年罷舉業，納布政司理問，始得贈其親。道光元年，公六十一，閉門課子。江都陳邑令雲伯，欲以孝廉方正薦，公力辭不就。足跡不入城市二十餘年，有《蟄室集》，旋作旋塗抹之，有句云：『年來養病無他福，興到詩惟信口題。』又有句云：『自見虚懷聊種竹，無多老友但聞鶯。』丁酉，公命次子先赴試春明，『吾老尚健，汝勿以爲念』，促之行。時元已補體仁閣大學士，公命弟先師事元。元視其才，樂教之試。冬，寄札於公云：『四弟先聰明，與之談論學問，頗能領會。即如三場言孔安國卒在漢武帝巫蠱事前，寫入策内，非試官所欲聞也。』公覽書而樂之。戊戌冬，元予告歸田，公已七十有九。正月初二日，公八十壽，元率子稱觴，和公句云：『喜得白頭同壽考，羞將晝錦耀維揚。』相見時，執手言歡，悲喜交集，蓋元時年七十有六矣。己亥春正月，以湖莊久没于水，與公議築隄種柳，成一别墅，以娱二老，因屬公子克、先兩弟

[一] 太，底本作『大』，據甲戌續刊本改。

董其成，顔之曰『南萬柳堂』，繪圖賦詩，時相遊聚，種蓮，忽得並蒂二榦。壬寅春杪，元又置别業於道橋，與公宅通，相聚彌近。夏，于湖王子卿太守來别業，一庭三老，留連竟日，因手書一聯云：『百歲老人談舊事，一庭新緑煮春茶。』癸卯正月廿日，元八十壽辰，先期來别業，與公作竹林茶隱之樂。旋聞賜壽之命，公精神尚健，率族同叩謝天恩，且與元約曰：『俟二月杪，賚賜到揚，予尚可來城，隨跪迎，敬瞻天翰文綺，闔族與邀光寵，甚盛典也。』未幾，身體軟弱，飲食漸減，因召子及甥及壻來，曰：『予年八十有四，不爲不壽矣。汝等讀書者勵志科名，習會計者守以儉約。予以清白之躬，飄然長往，無所苦也。』疾革，元親至橋視公，公以手指曰：『微矣。』時氣息奄奄，不能出聲，然耳尚聰，心尚明也。越一日而逝。嗚呼！以公之才，宜早掇科名，出而爲政，必能展布，乃自安時命，而贊襄家祠，能持大體，宗族鄉黨賴之。經云：『惟孝友于兄弟，是亦爲政，奚其爲爲政？』公之謂也。

公生于乾隆歲庚辰正月初二日，卒于道光二十三年歲癸卯四月廿七日，享年八十有四。元配趙宜人，繼配吴宜人，副室張孺人、朱孺人、孫孺人。長子克，國學生；次子先，肄業生；季子充，國學生，少年工詩畫。孫二人：慶生、瑞生。女九人，婚配皆名族。元，從兄子，不敢銘叔，且嫌銘石藴幽，不若表出于外，故爲阡表，使鄉人族人皆可拜墓而讀也。

文學峙亭[一]王君墓表

君諱家幹，字峙亭，姓王氏，儀徵學生。系出太原，元末有福二者，從明祖起淮右，積功至金吾衛正千户，葬儀徵東鄉烏塔溝，子姓蕃衍，遂著籍焉。君十四世祖復旦，順治辛丑進士，十六世曾祖夢麟、祖洪恩、父元彪，皆列名庠序。君七八歲時，侍母喬孺人寢，恒終夜不敢一展側其身，恐驚母睡云。壯負用世志，奔走四方，屢應省試，不得舉。五十外，始歸而教授鄉里。《九經》皆手寫，授子孫讀。家至貧窶，恃館穀爲生計。君乃節嗇衣食，有餘弆之篋中。既年七十，則出數十年所銖積者，躬自修治千户以下諸祖墓，又整理宗祠，祠田畝分呈官立案，以防侵失。審定祭器儀注，歲時率族人舉饋奠禮，恒恪恭將事，曰：『吾老矣，惟此事不可使稍懈也。』君卒於道光二十二年四月三十日，年七十有八，葬甘泉縣金匱山糙石街原。妻劉孺人祔。孺人順德内修，勤勞好禮，先君十五年卒。長子僧保，生員；次翼鳳，廩生；次慶保。孫五，長建和，生員，餘業儒。翼鳳以狀來乞銘墓之文，余撮其難能者著於篇，爲之銘曰：

孝敬夙成在童穉，髦修宗祠守弗墜。力能奉先否者媿，侍中不廟禮所議。吁嗟王君篤勤志，積久守艱成廟器，孝于惟孝錫爾類。

[一] 峙亭，甲戌續刊本作『家幹』。

程節母秋鐙課子圖記[一]

節母程汪太宜人，爲吾友汪君損之長女。少有才名，嗜究經史，昔黄君秋平與浄因張孺人咸稱之。相禹和贈君能盡禮，贈君逝後，太宜人撫孤教讀，官水部，即癸巳余與曹文正公同取之進士也。計鎮北水部童時寓揚州，而不相聞，後爲周石芳司農賞識，以第一拔入儀徵學。壬辰會試，改歸徽州。丁酉春，鎮北將爲太宜人豫稱六十壽觴於京師，執太宜人《秋鐙課子圖》來索壽楹，余出『欲知春酒娱親意，試讀秋鐙課子圖』句應之。稱觴之日，同年、同官、徽揚同鄉咸集，苦節數十年，今得其慶矣。鎮北其益勵學勤職，以報恩慈焉。節性齋老人阮元書。

晉贈榮禄大夫鄭公墓表[二]

古今士大夫之行，莫重於忠孝，而恒不兩全。有時盡忠則虧孝，盡孝則虧忠，唯誠能畏天，則

[一] 甲戌續刊本無此篇。
[二] 甲戌續刊本無此篇。

天意之仁，亦終有以報之。而父教於先，母教於後，啟者沃者惠迪之，則不徒勸天下之爲人父母，以大慰人子之心已也。及門鄭方伯祖琛，爲督學時所取士。成進士，改縣令，以循廉薦擢至閩藩，此皆封公夙昔輔翼以成者也。初，封公以從嫂方孀，愛祖琛，欲以爲後，許焉。或勸改命，太夫人持之力，封公亦指心以誓，卒不易。至是，太夫人年益高，多病，方伯痛兩兄之殁，不忍使獨子之母無所奉養，且日將擢撫部，乃乙未亟陳情以歸，此人情之所極難。於是吹笙歌華，有終焉之志。道光辛丑年，甬東夷氛不靖，天子特簡制府裕公涖浙籌辦，時方延訪人才，東南民望，實無踰祖琛者。裕公據以入奏，天子允焉。祖琛未決，太夫人詔之曰：『食焉而不避難，汝所知也。今日出爲國家盡力，雖不養，猶養也。若以吾老辭，即養，猶不養也。無以吾爲念。』不得已，飲泣就道。至姚江，定海陷，星夜赴鎮海，未兩日，鎮海復陷，裕公殉節，祖琛亦旋奉辦理糧台之命。浙江撫軍劉公以曹娥江爲扼要，俾徵募兵勇，雪滿曹娥江，防堵甚力，夷不敢渡。自此往來吴越，無有停晷，雖日懸心慈母，弗敢陳。軍事既蕆，揚威將軍爲之請，得旨承閒歸省，源源往來。明年，太夫人九十有四，病轉劇，至六月戊子卒，於是忠孝始兩全。祖琛既卒哭，軍務尚嚴，墨絰在局，詮次其事。來揚，乞文曰：『不肖祖琛，父母行誼久著鄉里，官庶習聞。惟是從政數十載，皆禀承庭訓，今貞珉未鐫，不早爲刊理，恐無以昭志乘，用敢瀝陳，惟師哀而賜之言。』余讀再四，惟忠惟孝，當垂久遠，不可辭。

按狀：公諱遵佶，號柳門，國學生，晉封榮禄大夫。系出浦江義門，再遷湖州歸安雙林鎮。二十二世祖某。父某，生而端慤，初就省試，不售。處家婣睦任卹，繼以祖琛貴，迎養在署，修族譜，著《得閒山館詩集》及雜著百餘卷，刊《湖人詩録》正續數十卷。道光九年十一月丙辰卒，享年八十。配徐太夫人，晉封一品太夫人，系同邑著族。來歸，遭回禄，舍己子，抱其娣婦姚遺子以出，人以爲有魯義姑姊之風。始亦偕封公在署，封公没，即居家不出。其好義樂善尤不懈，而割養教忠，陵、滂之母無以踰焉。夫使封公不教於前，太夫人有昬大義，憂鬱倚閭，則祖琛牽率不復能守曹娥，即守曹娥而入告少後、得旨少緩，則忠孝必不能兩全，故曰：『此其中有天，而臆測者可自反矣。』子三：祖珍，國學生；祖球，舉人，揀選知縣，皆前卒；三即祖琛。孫七：訓逵，通判；訓良，舉人，揀選知縣；訓達，候選員外郎；訓遷，國學生，與訓章皆早卒；訓常，廩生；訓棠。曾孫八。王事靡盬，三月即渴，葬於某某之原，太夫人暨子某某祔。今小善不可殫書，書忠孝之大。天若有意以成全之，不然，何始必出後於人，而復以獨子歸養，又不終養而見奪於金革，此不謂此中有天不可也。因特著其大者，以揭於其阡。

揅經室再續集卷三

四元玉鑑序

向序《測圜海鏡》，謂少廣著開方之法，方程別正負之用，立天元一者，融會少廣、方程而加精焉者也。若四元者，是又寓方程於天元一術焉者也。其理較天元一則無殊，其法視天元一尤精進，蓋天元一之所假借，惟一求數耳，非據今有數，蔑由盡其妙。四元則元各一數，其所假借者，不釐爲所求之數，惟其不釐爲所求之數，故無論有無見數，悉可探賾窮微。凡天元一所能御者，四元固能御之。即天元一所不能御者，四元亦能御之。其神明變化，初非自來算家所可跂及。祖序謂：『用假象眞，以虛問實，又謂不用而用以之通，非數而數以之成，亶其然乎？』顧隱奧艱深，通之者鮮。以梅文穆公之淹雅，能悟西人所譯借根方，即古天元一術，尚不能於朱書無疑詞。甚矣解人之難也！元知天元一術外，更有四元，世罕其書。撫浙時，訪獲朱氏原本，擬演細艸未果。吾鄉羅君茗香，績學之士也，精思神解，研究一紀，補成全艸。間有原術於率不通及布算傳寫之譌，亦悉爲標出。同里易君蓉湖，更爲附增《釋例》一卷，詮次明晰，使學者易於入手，並録元《揅經室外集·四元玉鑑提要》弁諸首，洵足嘉惠藝林、發皇絶業矣。朝鮮人在京師書肆買得《揅經室集》，讀至《四元玉鑑提要》，知中華未見朱氏《算學啟蒙》一書，而朝鮮有之，遂刻之，亦足見遠人嚮學之殷，而全書顯晦有時歟。

割圜密率捷法序

昔元家藏鈔本《割圜捷法》一帙，不知爲何人之書，故《疇人傳》未載。今致仕歸揚州，讀天長岑氏紹周所校刻《割圜密率捷法》四卷，及甘泉羅氏茗香《跋》，始知是書爲滿洲明静庵先生撰于乾隆之時。蓋自八綫表成，推算有成數，而未發其理。墨守者誰復推其所以然？此書則以己意悟明其法，任求何邊之數，不過幾次乘除，一二時即可得之，眞步天捷法也。羅氏又欲補撰《疇人傳》，敘述宋元以來精心求大圜而實事求是之人，於秦、李、朱、趙及本朝明、陳諸公，接補爲傳，使四元諸法，學者得而習之，不其偉歟！夫大西洋人來於明末，乘諸古法失傳之時，所以有功於天學。迨及末流，多習天主邪教，惑誘爲害，所以命其回國。若使今之人益明古法，不但有所接續，且使西法不得擅爲秘術，庶幾中土之書明明布列，步天之士藹藹周行，是所望也。

梅花屋詩序

三十樹梅花屋者，甘泉林氏季修述曾述祖德而出仕及解組歸田之書屋也。屋在郡城西山五十里陳家集，詳於自敘及諸人之詩記。季修爲予表弟，少於予一歲，自予撫浙，即在予署助予治事。予因沿海有交阯盜船，親往台、温，勦辦甚勞，至於在杭傾資以濟賞勵兵將鄉勇火攻諸物之用，則皆季修持籌之力，源源不絶，余不内顧。及余丁艱歸揚，則康山主人江君文叔知季修長於才，邀去助鹺總之事。數年，文叔感其賢勞，遂爲之納知縣資。嘉慶十八年，部選武康縣，在任六年，以官爲苦，不戀，遽告歸。其留别士民詩有曰：『歸家高卧夢魂安，秪仗清風兩袖還。』其清白志趣可知。明年，病卒，年五十有五。長子溥，次子鴻，皆妻吴孺人生。溥讀書能文，道光丁酉，順天中式舉人。鴻少年，工書畫，有大家風。己亥，予家居，兩姪奉其《三十樹梅花書屋》畫卷來。此卷必傳之作，展卷玩讀，棖觸於四五十年前情事，不禁老淚之落。姪等檢其詩稿無多，季修本未力於詩，惟在予幕與吴澹川、孫蓮水、陳曼生、雲伯諸詩人朝夕相友善，耳目濡染，天性本慧，自然成家，予爲之編次成一卷。鴻又鈔畫卷各名家詩成一卷。外祖梅谿公，官大田縣令，以予官貤贈協辦大學士、總督、尚書，西山有祠，祠有閒地，余尚將補種梅花，以詠清白之世芬矣。

節性齋怡泉記

揚城新、舊城之水，皆井汲也。若茶飲，皆以河水爲甘。然一歲中，轉漕十月之久，即清淮亦不潔矣。余家舊城前宅，有二井，一井甚濁，一爲文選泉，味尚清。後宅亦二井，北井味鹵苦，惟小琅環後節性齋前小井，或云此泉甘，汲之烹茶，色極清，味果甘，無城中井水濁鹵之氣。與北井相離數丈，而水高于北三尺，是泉不同脉明矣。適有平山僧送第五泉來者，余以兩泉烹茶兩甌，令不知者嘗之，無以辨淄澠也。于是一家井養，並汲于此，既清且潔。余歸里，兩奉『清愼持躬』之諭，又奉『怡志林泉』之諭，因此井清甘，即名之爲『怡泉』云。

大理石畫雲臺清曉圖記

石寬八寸許，高六寸，天然雲山。山下白雲滃然，雲上有兩峰緑色，東峰鋭，西峰平，其上如人力鑿斷半截，亦畫家插崖法也，故酷似臺。臺西山路，似橋非橋，似有人騎而來將繞臺南登臺者，騎前似有鞚者，後似有抱琴者。東峰之下，似有山林，紅色則初日欲升之影也。西峰之上，似有缺月，淡于曉嵐之中，闇然而彰，與東上紅光相對，是初死霸之月，如此乃與峰東之日光有相距度數之理，在一百五六十度間矣。石之背，則全是雲氣，無山，惟石西微現紅影，則石東之霞透背者也。予鐫一詩于石背，曰：『清曉登高臺，山足白雲静。初陽照東林，缺月淡西嶺。紅樹已騰輝，青霞尚籠影。』石友即畫仙，爲我寫此景。余畫小象多矣，未曾畫雲臺，即索畫者爲之，亦不能有雲、有臺、有日、有月，布景著色如此之天然親切也。此外則『小竹林茶隱』石，能畫『茶隱』二字之意，皆石畫之仙者矣。

揚州畫舫録二跋

揚州全盛在乾隆四五十年間，余幼年目覩。弱冠雖閉門讀書，而平山之游，歲必屢焉，方翠華南幸，樓臺畫舫，十里不斷。五十一年，余入京，六十年，赴浙學政任，揚州尚殷闐如故。嘉慶八年，過揚州，與舊友爲平山之會，此後漸衰，樓臺傾毁，花木彫零。嘉慶二十四年，過揚州，與張芰塘孝廉過渡春橋，有詩感舊。近十餘年，聞荒蕪更甚。且揚州以鹽爲業，而造園舊商家多歇業貧散，書館寒士亦多清苦，吏僕傭販皆不能餬其口，兼以江淮水患，下河饑民由楚、黔至滇城，結隊乞食，訴鄉誼，予亦周卹以送之。李艾塘斗撰《畫舫録》，在乾隆六十年，備載當年景物之盛，按圖而索，園館之成黄土者七八矣；披卷而讀，舊人僅有存者矣。五十年塵梦，十八卷故書，今昔之感，後之人所不盡知也。書此識之。道光十四年，節性齋老人書于滇池宜園，時年七十有一。

自《畫舫録》成，又四十餘年，書中樓臺園館厪有存者。大約有僧守者，如小金山、桃花庵、法海寺、平山堂尚在；凡商家園丁管者多廢，今止存尺五樓一家矣。蓋各園雖修，費只半存，而至道光間，則官全裁之。園丁因偶壞欹者，鳴之于商，商之舊家或易姓，或貧無以應之，木瓦繼而折墜者，丁即賣其木瓦，官商不能禁。丁知不禁也，雖不折墜，亦曳拆之，所謂倚虹園者，共見盡矣。余告歸田里，樓臺雖廢，林泉尚多。十九年夏，每乘小舟出虹橋，一望緑樹，滿野緑草，滿隄新荷有花，蟬聲不斷，直至平山。舟子乞與舟名，余題『緑野』二字扁。又輿登尺五樓延山亭避暑，望平山之松林，聞鐘聲，僧六舟曰：『此間頗似杭之南屏。』余曰：『是。宜曰北屏晚鐘矣。』道光十九年冬至日書。

羅兩峰畫方氏兄弟孝廉春風竝轡圖跋

元六歲，從姑夫賈載清先生天寧學，九歲壬辰由花園巷遷居百歲坊彌陀寺巷。方笠塘先生本爲賈先生弟子，喬書西先生椿齡又笠塘先生弟子。方氏居北柳巷，與百歲坊近，書西先生在笠塘先生家，教先生之二子贊元、仕燮，小名七虎。月槎。士[一]倓，小名八虎。賈先生命元亦從喬先生學，門巷相近，同朝夕焉。二虎與元年相近，友若弟兄，常登堂拜母。笠塘先生時爲廩生，文學名盛，其弟蘭嵎先生谷學亦齊名，皆清癯如鶴。笠塘先生目近視，不離眼鏡。元常記其眼鏡有二小玉垂耳後，興高采烈，言論風生，則耳後玉摇，安之。先生子幼暉三虎兄，亦及見之。書齋中懸『林花著雨燕支溼，水荇牽風翠帶長』，康熙時人書聯，至今如在目前。元復移家花園巷，在家讀書，然與二虎兄弟常相見。元童試時，皆笠塘先生所保。甲辰，與八虎弟同入學。及元官閣學士時，調浙江學政，過揚州，與二虎兄弟爲虹橋話舊之遊，有圖有詩。洎後兩先生同榜舉孝廉，繼捐館舍，二虎兄弟亦以庠生終于鄉，皆不能再見矣。又記笠塘先生家門屏曾書『漫勞車馬，豈有文章』二語。元丁内艱伏處時，知江南名士孫淵如、洪稺存諸君薄遊揚州，詩酒之會，多主方氏。揚州人不知名士爲何等人，所談爲何如事。諸名士同登梁昭明文選樓，拜昭明太子，曰：『笠塘雖好，爭好天天擾？明日初三，打點飢腸吃劒潭，汪先生端光也。昭明太子保佑我們休餓死。』太子開言：『爾與家君大有緣。』此宜載入笑林，可想見彼時風流文采矣。蘭嵎先生才氣遜于兄，而沈穆高尚，潛心道學，以古文爲時文，孝弟簡潔之風，今人不知之矣。辛丑春，蘭嵎先生令嗣文伯三兄仕焕，元之族妹

[一] 士，甲戌續刊本作『仕』。

夫也，以羅兩峰先生此卷屬題，省識舊題，四十八年矣。元近病足却掃，艱于詩文，聊書六七十年前舊事，以係感慨，且示贊元令嗣、白池世兄也。節性齋老人阮元書，時年七十有八。

釋相

余多講文字訓詁，非迂也。凡字不究其來源，則每誤矣。即如『宰相』之『相』字如何講？自唐宋以來，居此職者，未必識此字也。『相』字，許氏《説文》从木、从目，乃以目視木，故本義爲視義。『相在爾室』『相鼠有皮』，是本義也。曷爲宰相也？曰：此『相』字當如《爾雅》訓爲『助也』，『則將焉用彼相』是也。以目視木，曷爲訓『助』？曰：此即六書之假借也。『助[一]』之本字，乃是『襄』字。商周以後，不寫『襄』字，反借『相』字以代『襄』字，而『襄』字遂廢。《書》曰：『贊贊襄哉！』此眞宰相之『相』字，而木目之字爲借也。古人不分平仄，即使分平仄，而宰相之『相』字亦當讀爲平聲，詳見余集《釋相》中。猶之『學而時習』之『習』字，本字爲鳥數飛，而借爲學習也。今人又稱爲揆，何也？曰：此亦誤也。揆，度也，官也。《虞書》『使宅百揆』，《史記》引作『使宅百

[一] 據文意，『助』當作『相』字。

官」，然則「揆」之一字，只可講爲「官」字，不當誤講爲「百官之首」，況數典忘祖，宅揆亦非人臣所當用也。又所謂「端揆」者，亦不過是百揆之端，連「端」「揆」二字而言之或可，以之稱相，若離去「端」字，明人以「首相」爲「首揆」，亦誤。單舉「揆」字，直是「官」字耳。此不究來源，其誤久矣。又漢三公稱府，府惟宰相可稱，開府儀同三司者，非眞宰相，但儀同司徒、司馬、司空耳。即三公。《南史》：「久居端揆，意在台司。」台司，三公也。然則「端揆」但如今吏部尚書，古不以之稱相也。

四知樓説

《大戴禮》曾子曰：「勿謂人不知也。匹夫、匹婦會於牆陰，明日則或傳其言矣。」此聖賢禮學之愼獨也。聖賢之學，皆就庸近樸實處言之、行之。故漢楊震「四知」之説，亦愼獨之學，漢學去古未遠也。若後人務高者，則必曰：「我自天理流行而無欲耳，何至以婦人會牆陰儆也？我自塵埃不染而至潔耳，不必以天地人我四知懼也。此造詣豈不更高於曾子、楊震乎？」然而古《中庸》、禮學「戒愼」「恐懼」不如此也。故曾子但畏「十目」「十手」之嚴，亦即禮學之愼獨也。「禮學」與「理學」異也。至於後代，高僧禪學則色相皆空，静而無欲，乞食之外，不挂一絲，面壁之時，云見本性，豈不高而更高，遠勝於曾、楊乎？然而聖賢《中庸》、禮學不如此也。余在滇所居，舊扁名『四知樓』，因論之如此。

論策問

近三四十年，鄉、會場問策，必有經學一道，經學必有《易》《書》數條，《尚書》中常有『《書》標「七觀」』一條，求其始於何科，竟不可考。意其始，乃發策者無處覓題，覓至王伯厚《困學紀聞》，偶得此條，遂拈爲問。後之發策者，又轉襲於前次之策題，陳陳相因，未必親由王伯厚書中拈來。其實伯厚所説，乃伏生《尚書大傳》之文也。《尚書大傳》及《困學紀聞》中宜於策問者頗多，而『七觀』則已數問不鮮矣。無論『七觀』士子未必能一一全記，即七事無遺，亦無關於優劣。獻子之友五人，孟子忘其三，無損於大賢之學。若有一士，經義大端頗能通達，於『七觀』忘不能對，發策者將以不能全對爲劣矣。殊不知發策問經當問經之大義，若隨手拈浩如烟海中之數事以問士，即以士之不能對者爲劣。試思若許士子亦如此拈數事以問試官，試官能全對乎？善乎孫君淵如之治經也！其説《尚書》曰：『今文《尚書》二十八篇，在百篇内爲尤精，孔子重之，故周、漢之間學者，人人通習，非此二十八篇幸而不亡。故伏生《尚書大傳》，孔子所舉七觀之篇，皆在二十八篇之内。』此誠讀書得間，能發經學之大義矣。此即王伯厚尚不能見及於此，何況士人？若士人不能全對『七觀』，而對及於此，則是眞深於經學之人。但此義士人即有曾讀孫君之書渾舉而對者，又恐發策者但以發策爲了此公令而已，對不對并不寓目。即寓目，或亦不識其爲何説也。《皇清經解》予裒刻成矣，惟慮後之試官不以大義問士，而任拈此烟海中三五事以問士，則余非有惠於士，反有害於士矣。

壬寅上巳東洲得魚歸祀筆記

嘉慶間，先考置儀徵外江洲蘆田，爲祭祀、贍讀、睦婣之用，名禮祀洲。余于道光初，續置丹徒東小洲，名禮東洲，皆歲收蘆葭薄息，以贍諸事。壬寅二月晦，余坐紅船，挈從弟愼齋出江，又坐椅至兩洲，令愼齋行察蘆事，以濟匱乏，遂至東洲之草廬。草廬三間南向，皆以蘆柴爲壁，壁外又縛蘆爲短籬，爲外門，眞柴門也。柴門之外，沙田平遠，葭葉初茁，彌望皆緑，又有新蒲細柳，雜于其間，所見無非緑者，眞緑野也。柳外沙地，潔白可愛，無胡牀可坐，以衣坐卧沙上。隔江五洲、高資諸山，迤邐而西一二百里，列如屏几，嵐靄蒼碧無定，隨雲日爲轉移，大江不波，安流東去，以目送之，及見金、焦。《詩》曰：『淇水滺滺，檜楫松舟。駕言出遊，以寫我憂。』此之謂也。抑《蘭亭序》曰：『俯仰一世，快然自足。』我則皆以恬然安平處之，凡事豈能言快足哉！時惟上巳，惜無柴門月色。日云暮矣，令洲中漁人張網，得白魚，長數尺，用柳貫之，送歸江城，烹以薦家廟，祝告祖考：『此孫子親出江，漁于蘆柳間所得之鮮，以爲潔白之祀。』庶不負禮祀之本義也。

齊侯罍拓篆卷跋

道光十八年閏四月十四日，因病求開缺拜摺，蒙恩賞假，安心調理。五月十三日，仍不愈，再請解任致仕拜摺，是日恩准致仕，加宫太保銜。當四五月之間，遇事健忘，無大呻吟之苦，而喘急心忡，甚于呻吟，兩膝軟痛，愈不能行。若勉强銷假入值，設召見，不能掖至御榻前，進退兩難，大失敬君之禮。自允告致仕後，心始少安。五月初，門生輩或勸勿遽休，及予告開缺後，因余缺而大拜，拜除至翰詹者七八人。余曰：『曷不見諸君之拜除乎？此諸君皆及生于乾隆年間，人各有命，天命早定，特今日始揭曉耳。余能以一人戀官之情違天命乎？』言至此，心中疑側之情爲之定静。《記》曰：『知止而后有定，定而后能静，静而后能安。』此之謂也。揚州寄齊侯罍搨本篆文到京，夏三月，予惟于病榻前朝夕審玩。秋爲《後齊侯罍長歌》，擬東坡『有』字三十韻之《石鼓文》詩，自喜得此長篇，寄經義於詩歌之中，未讓韓、蘇之《石鼓》也。余固曰：『進退不安之時，皆歸于命，則安矣。』《論語》曰：『不知命，無以爲君子也。』此之謂也。壬寅冬識。

嵇文恭公家訓墨蹟跋

元乃嵇文恭公小門生也。元初以詹事入直南書房時，嘗在内閣北門與文恭公及劉文清公、彭文勤公同遇立。文勤公指文恭公，謂元曰：『皆須學。』文清公曰：『弟一先學壽。』其時，元瘦弱，年未三十，愓然自懼。次日，即乞文清公書『學壽齋』三字扁，即今西齋扁也。又曾乞嵇文恭公寫楹聯，至今刊懸，如對古賢。余嘗謂嵇文恭公字體出于唐碑，劉文清公出于晉帖，而世不悟。今讀此幀，當曉然矣。葯園世兄以此『愼言語、節飲食』六字家訓屬跋，敬書數言，且識舊事。道光二十三年，元年亦八十，『學壽』二字，不圖及之。然此跋亦粗劣頹唐，自愧遠矣。

酌雅齋文集序

長洲彭氏仲山，以其叔葦間太守希鄭《酌雅齋集》一卷來請序，仲山亦自有《無近名齋文集》四卷。秋夜霜新，寒蟲不鳴，拭老眼，翦燭讀之，猶慨然想見之也。葦間一家道誼、孝弟、文章，皆於《證學》一書發抒之。其道學出於宋、明諸儒，其文亦歐、曾之所流衍，其爲人皆葦間兄弟所云「躬行心得，語不矜奇」，而皆欲與聖賢之言相稽合，其源則皆出於南畇先生者也。余撰國家《儒林傳稿》，推重南畇先生。先生學出東林，敦崇道理，清修品詣，高尚之風，世不能及。留此爲家法，施及子孫，故皆文雅敦篤，至今不替，豈徒以甲科冠海内哉！余與葦間丙午鄉試同榜，又與其兄樂園太常希涑己酉會試同榜，雖皆同榜，而相聚時少。二公皆早歸道山。又二公之長兄修田少司寇希濂，在京與余相見更稀。然余之季子孔厚，得爲之甥。余慕其人家，與之締親，亦在少司寇故後。今得太守之集，讀而序之，又皆交契重於身後而疎於生前者也。

高郵茆氏輯十種古書序

壬寅歲春莫，元北居道橋之桑榆别業，新緑滿林，獨坐聽鶯，未攜多書。客有送高郵茆魯山明經所輯十種古書來覽者：《世本》一，《楚漢春秋》二，《古孝子傳》三，《伏侯古今注》四，《淮南萬畢術》五，《計然萬物録》六，趙岐《三輔決録》七，司馬彪《莊子注》八，晉《(元)〔玄〕中記》九，唐《月令注》十。凡此十書，昔者廑散見其名於羣書之中，未聞其有成書也。今老儒茆君輯散見者成卷帙，且自刻成十册，余驚喜交集，乘園林小雨之後，洗目帶眼鏡，窮一日之力讀之。老見古書，何其幸也！古書之亡多矣，《四庫》不能盡輯。昔元二十歲外入京，嘗謁邵二雲先生，先生門徒甚多，各授以業。有會稽章孝廉逢源者，元見先生教以輯古書，開目令輯，至今猶記其目中有《三輔決録》《萬畢術》等書。章孝廉力其業，不數年成書盈尺，惜孝廉病卒，書不知零落何處，恐數年之功未必能精博似此。今茆君積數十年之力，博覽萬卷，手寫千篇，裒集之中，加以審擇，編次之時，隨以考據，可謂既博且精，得未曾有。即如《楚漢春秋》内，證《史通》之言。《世本》内齊陳氏兄弟七人，杜元凱取昭子莊充八人之數，《索隱》駁元凱强相證會。與元《齊侯罍跋》莊非八子，元凱因《左傳》内有『兄弟四乘如公』强證爲八，眞杜撰也。且元説『莊』爲『䓣』字之譌，亦似近理，與茆君暗合。高明者讀之，當自得之耳。此十書拾殘成帙，實爲快事，樂爲序之。且聞茆君尚有《孫莘老年譜》諸書，亦必精善，俟再讀之爲幸。若夫老生之談，敝帚自享，老夫耄矣，安能樂之？道光二十二年三月穀雨日，北湖跛叟阮元序，時年七十有九。

張朩未眉壽圖説

余與嘉興張朩未解元廷濟不見者四十餘年矣。癸卯四月，來選樓，相見不相識。其年七十有六，其眉特長出寸許，世間罕見此象，眞眉壽老友矣。因思《毛詩》《儀禮》多言眉壽，《雝》《烈祖》

『綏我眉壽』，《七月》『以介眉壽』，載見同。《閟宮》『眉壽無有害』『眉壽保魯』，《儀禮・士冠》《少牢》皆曰『眉壽萬年』，至於鐘鼎文，言『眉壽』極多，且其文多古文。『眉』字象形爲[illegible]，直是象形畫人面。今欲説經説古文，欲證明古訓，求眉壽之象而實之，則赤未是矣。豈眉壽古多今少，今亦不如古哉？適有畫者，即囑之畫二人象。余壽而眉未長，赤未眉眞長，足註《詩》《禮》。兩人同坐石几，共觀周齊侯罍。赤未又持一漢甎爲余壽，其文曰『千石公侯壽貴』六字，麻布紋，堅細異常，無年月，其字體在黄初以前，是古人特造爲吉祥厭勝之甎，如『常樂』『宜子孫』錢瓦之類。罍二千三百餘年物，甎二千年物，壽哉！道光二十三年四月十三日，頤性老人書于文選樓下。時雜樹陰蓄，鶯聲初來，題曰『眉壽圖』并説之。

高密遺書序

甘泉黄右原孝廉奭以貲爲刑部郎，又因大京兆吴梅梁傑爲舉主，得賜舉人。京兆，余門生也。右原以門下晚學生來謁，己亥後，屢問學。予見其所言《四庫》諸書，大略皆能言之，與講漢學，知其專于鄭高密一家，元元本本，有《高密遺書》之輯。余詫之，以爲其家以貨殖爲事，柳子厚所云『爲世所嫌』，安能知所謂高密鄭公者？詰其所學，必有所來。右原乃言幼讀書爲舉業，入安定書院，曾賓谷先生異之，曰：『爾勿爲時下學。余薦老師宿儒一人，與爾爲師。』乃甘泉江鄭堂子屏藩也。右原以重脩禮延之，館其家，從之學。右原質本明敏，又專誠受教，四年，子屏老病卒，獨學又十餘年，日事搜討，從漢、唐以來各書中得《高密遺書》盈尺之稿，稿本有已刻者：《六埶論》《周易註》《尚書註》《尚書大傳註》《毛詩譜》《箴膏肓》《釋廢疾》《發墨守》《喪服變除》《駁五經異議》《荅臨孝存周禮難》《三禮目録》《魯禘祫義》《論語注》《鄭志》《鄭記》等，爲《高密遺書》十數帙。其《尚書義問》等書及緯書未刻者，尚十數帙。其稿皆巾箱小本，細書狹行，朱墨紛雜，偶得一條，即加注貼籤，且寫且校。其有他人已先輯者，與自所輯者，亦各自有分别。吾于是慨然高密之學矣！高密起兩漢之末，開六朝之先，唐宋且勿論矣。《三禮》之注，《毛詩》之箋，至今全備，炳如日星。高密本有『不能禮堂寫定，傳與其人』之歎，然片言隻字，散在各書，明目細心者，尚可追尋，皆袁紹逼會、司馬屏厠之殘燼，聖經賢傳之緒餘。朱子得其一義，即可正朝廷之大禮，開《禮經綱目》之先路，拾殘補逸，可謂博且勤矣。右原乞爲序，予因子屏爲予早年益友所教之弟子，多年有此成書，耄年猶及見之，是以樂而敘之。

子屏嘉慶初年入京師，予薦館王韓城師相家，備查列御製詩注之事，終落魄歸揚州，饑驅至嶺南，余延總纂《廣東省通志》，數年書成，余調任雲南，遂歸揚州，不再相見。子屏隨手揮霍，雖有陸賈裝，無益也。今其所在粤自刻補惠氏《周易述》，予又刻入《皇清經解》，子屏自刻《漢學師承》。考子屏之師，爲余蕭客仲林，爲惠松厓先生之弟子，《四庫》收其《古經解鈎沈》，曾館子屏家，此子屏昔所告予者，并識之。賓谷先生所謂『老師宿儒』，誠是也。

重刻舊唐書序

有唐三百年，正史所關最鉅。後唐長興中，詔修《唐書》，至後晉開運二年，方纂成奏上。《五代會要》中，但言書付史館，而未述刊版之事。宋嘉祐五年，頒《新唐書》於天下，而舊書遂不甚行。《郡齋讀書志》及《直齋書録解題》雖皆載其書，而不言始刊之歲月，是北宋以前之舊槧，其有無固無從考證。明嘉靖乙未，餘姚聞人詮督學南畿，念舊書刻本漸少，懼其就湮，於是徧加尋訪，得紀、志於吴縣王延喆家，得列傳於長洲張汴家，其書乃南宋紹興初年越州所刻，卷後載有校勘姓氏。《舊唐書》之流傳於明代者，以此爲最古，而卷帙尚有闕佚，復假應天陳沂、長洲王穀祥所藏本，彼此補葺，始爲完書。刻未及半，而詮以奉諱去官。繼其任者，請諸撫按與郡邑各官捐俸倡率，凡歷四年，而後告成。其哀聚與刊布之難，悉詳原《序》。特當時聞本所據之書，止就殘篇斷簡薈萃而成，初非全部，故魯魚亥豕之文，『夏五』『郭公』之句，正復不少，論者惜其未盡善焉。

我朝稽古右文，度越前代。乾隆四年，敕武英殿校刻此書，於聞本脱誤之甚者，逐條釐訂，各附《考證》於每卷之後。及四十七年，編定《四庫全書》，特置此書於『正史』，而庋藏於三閣。閣本之考證，又較殿本而加詳，惟是閣本但繕寫而未發刻，讀者既艱於傳鈔，殿本列於『二十四史』之內，坊肆間罕有單行者，寒素之家，購求匪易，而聞版久亡，其書尤爲難覓。甘泉岑紹周提舉建功，嗜學好書，尤喜鐫刻古籍。其友江都梅蘊生植之勸其重刊此書，遂慨然自諾，獨力任之，延江都沈與九齡、殷時若燠、凌東笙鏞、儀徵黃聖臺春熙分任校字之事。全書字句，悉以殿本爲主，其間有刊刻小譌，爲人所共知者，即隨筆改正，外此則不敢妄改。至於行款書式，則仿照汲古閣史書，蓋毛氏所刻十七史，久已風行海內，而《唐書》有《新》無《舊》，故特補其所未備也。復延甘泉羅茗香士琳、儀徵劉孟瞻文淇及其子伯山毓崧、句容陳卓人立，排列各本，討論羣籍，得《校勘記》共若干卷。凡殿本、閣本之與聞本異者，一一臚列，並登載其考證，而沈氏《新舊合鈔》所辨析者，亦附見焉。若夫北宋初年《太平御覽》《册府元龜》等書，皆成於歐、宋未修以前，其引唐史，確係劉書所據，實最初之本，足以補正聞本者不可枚舉，皆採而集之。他如《通典》《通鑑》《唐會要》《文苑英華》，以及《十七史商榷》《廿二史考異》之類，可以互證參訂此書者，亦廣爲尋校，加以斷制。其體裁義例，悉遵殿本、閣本之成法，而推廣引申，以竟其緒。蓋殿本之總校爲沈歸愚尚書，其自作《考證跋語》云：『蒐羅未備，挂漏良多。』閣本之分校爲邵二雲學士，其集中所載《提要》云：『參核考定，尚有待耳。』誠以官修之書，人心不齊，議論多而成功少，每致卒業無期，故但能略舉大端，開其門徑而已。後人若不由一反三，因源及委，其何以成前賢未遂之志哉？今岑氏捐資既勇，任事亦堅，能集衆長而成鉅業。昔元童時，讀《文選》汲古閣本，每慨然慕毛氏之爲人。毛氏之名，今亦永垂藝苑，此毛氏之福也。毛氏有此名、有此福，而明於事者能效之，則今岑氏是也。揚州有力能刻古籍者甚多，而願者究少，則以此事亦須有讀書之性情嗜好，與辦事之才識福分，談何易哉！是書始刊於道光壬寅九月，告成於癸卯七月，計未及一稘，而粲然大備。衰年見此，洵爲快事，故樂得序之。道光癸卯閏月乙未。

揅經室再續集卷四

己亥正月二日賜坤寧宮祭神肉謝恩摺子

奏爲恭謝天恩事。正月初二日，由内務府傳旨，賞臣祭神肉一方，交臣子刑部候補郎中臣阮祜，差人賫至原籍。臣謹叩頭祗領。伏念臣以年老乞身，戴恩歸里。際韶光之改歲，頌帝澤之如春。遥望闕廷，夙夜每深夫依戀；曾調鼎餗，涓埃無補於隆平。方滋感悚於中藏，乃荷寵頒之下逮。念聖主履端行慶，遍霑寰宇以恩膏；而微臣伏處邀榮，更飫天廚之福胙。既濫叨夫詔禄，自愧虚糜；復拜賜於誠禋，彌殷感戴。臚歡梓里，共切賡軒舞蹈之忱；引跂[一]楓宸，不勝雲日就瞻之慕。所有微臣感激下忱，謹繕摺叩謝天恩，伏乞皇上聖鑒。謹奏。

己亥新正二日晨起，祜方駕車出門，忽有内務府官來傳旨，賞父親坤寧宮祭神肉一方。祜跪接後，始知是日早，于皇子、諸王、内外廷諸大臣食肉外，又諭賞前大學士阮元肉一盤，是

[一] 跂，甲戌續刊本誤作「跋」。

以内務府章京特齎到門，聞命自天，悚感無地。因思父親年年皆蒙派坤寧宫吃肉，今已陛辭數月之久，而聖心記注如此，恩眷非常，誠異數也。因用重鹽包縛，專遣人星夜回鄉，於正月十九日到揚。時父親方與五兄在道橋祭祠墓，聞命之下，迅即返城，叩頭祇領，繕摺謝恩。洗鹽蒸肉後，率闔家跪食沾恩，别差家人敬齎謝摺入京。祜接摺，自捧詣園到奏事處恭遞謝恩。刑部郎中臣阮祜敬記。

恩賞八十壽辰恭謝摺子

奏爲恭謝天恩，仰祈聖鑒事。道光二十三年正月初八日，軍機大臣傳旨，以臣阮元八十生辰，恩賞御書扁額、楹聯、『福』字、『壽』字、佛像、如意、朝珠、蟒袍、大緞、江綢各件，交臣子候補郎中阮福等親齎到家。臣即恭設香案，望闕叩頭祇領訖。伏念臣樗櫟庸材，菰蘆下士。早年登第，受三朝知遇之隆；晚歲歸田，被卌載恩榮之盛。涓埃未效，高厚難酬。何圖馬齒加增，復荷龍章寵賁。象占頤性，符吉語於羲爻；恩許延齡，養耆年而賜俸。荷宸褒而嘉楙績，愧無敡歷之劬勞；迓天寵而錫蕃釐，喜度優游之歲月。仰瞻奎璧，福壽星聯；光映衡茅，吉祥雲護。禮莊嚴之寶相，金鑄長生；握温潤之瓊枝，花開如意。數年尼則珠穿乙乙，襲彩服則絲繡庚庚。卸朝衫而重披在笥之衣裳，還初服而更荷章身之黼黻。以臣庸劣，自揣生平，進不足以酬知，退徒思乎補過。才難體國，忝入贊夫黄扉；禮許乞身，獲卧居於緑野。已幸永依壽寓，長爲下邑之耆臣；何期渥沛隆施，更領尚方之珍品。率子孫而臚拜，慶溢門閭；集童叟以觀瞻，歡騰里社。此皆優蒙眷遇，終始成全。感雨露之涵濡，不遺衰草；俾江湖之游泳，共沐恩波。惟臣膝足軟廢，而不能移行；跬步須人，而皆當負挾。叨得桑榆之景，彌深葵藿之忱。此時偕耕鑿之民，戴堯天而擊壤；他日申崋嵩之祝，依舜日而賡歌。所有微臣感激下忱，謹繕摺具奏，叩謝天恩。伏乞皇上聖鑒。二月二十四日。

癸卯正月二十日，爲父親八十生辰。父親因辛丑萬壽未舉慶典，臣下何敢言壽。又足疾軟廢，跬步須兩人掖負，不能入京，方萬分不安。乃今春正月八日，忽蒙聖恩賜壽。軍機處一片傳户部司官阮福，一片傳刑部司官阮祜，到軍機處祇領。福即與弟祜皆到軍機堂領賞，跪領御書『頤性延齡』扁額一面，『敭歷宣勤嘉茂績，優游養福錫蕃釐』楹聯一副，『福』字一方，『壽』字一方，藏佛一尊，白玉如意一枝，水晶朝珠一盤，蟒袍二襲，大緞袍褂八端，江綢袍褂八端，共成十事。軍機中堂大人指令領取。奉命之下，感激謝恩。亟增僕從，治行裝，措資斧，以二月初吉發京師，越二十有二日，舟抵揚州，泊五臺山之河干，列綵亭九，恭陳天翰珍綺。父親郊迎跪受，奉之歸拜。道旁觀者，咸歡欣贊歎，謂我朝二百年來，邦人所未有之榮。

國恩家慶，有光閭里。福備官户部，無涓埃酬報，以娱親心，今幸膺寵命，邀膝下歡，還鄉親拜父壽，喜莫大焉。户部郎中臣阮福敬記。

端溪古璞石硯山刻琅嬛仙館銘

茂先博聞，夢遊福地。元覯手鈔，琅嬛秘記。石門洞宫，奇書史志。嵯峨玉京，金眞紫字。我名書室，竊慕其意。有犬有童，守此寶笥。問誰來遊，建安從事。共讀此書，銘碑以誌。

端溪石大硯山銘

立之爲摩崖碑，卧之爲巨硯池。雖非下崖西洞，乃在端崖之外、端溪之湄。黄龍走氣連骨皮，鍥墨如泥粗可知。濡染大筆何淋漓，我視同鬱林之石而舟載之。[一]

[一] 此卷畢光琦校《再續集》四卷本、南京圖書館藏《再續集》五卷本有一篇《端溪璞石硯山銘》爲各本所無，迻録如下：『端溪古璞一片，琅嬛仙館以爲硯。』畢校本另有兩《銘》，其一《端溪石小硯山銘》與四集卷二《茶坑硯山銘》内容相同。其二《端溪方璞硯山銘》與四集卷二《粤溪茶坑天然大硯銘》基本相同，唯『書以銘之』畢校本作『刻此銘辭』。

揅經室再續集卷五　文選樓詩存第十九

己亥

正月大雪四日晴昇登文選樓

卅年不見揚州雪，今日登臨老眼花。恍忽頓迷千萬屋，分明還點兩三鴉。晚晴倒聽春簷雨，新霽平開曙海霞。正好日高才睡足，一甌常及舊泉茶。

和北渚二叔八十自壽原韻

新啟珠湖萬柳堂，新在珠湖草堂栽柳三萬株。共來稱舉八旬觴。己亥新正，率子弟同稱二叔父八旬壽誕。廿年我藉茶爲隱，元亦正月生日，廿年來皆謝客爲一日之茶隱。七友誰曾酒作狂。二叔門無雜賓。喜得白頭同壽考，羞將畫錦耀維揚。後來羣從皆賢睦，時三弟克、四弟先、五弟充，皆侍几杖，元之子福、孔厚，亦隨跪獻觴。

桃李春園歲月長。

附原韻

白首欣逢共一堂，蓬門話舊引壺觴。林泉怡志推賢相，耕讀陶情笑老狂。健體敢期同上壽，天恩新許到維揚。余年八十，老姪蒙恩，予告以大學士致休。竹林二老饒眞趣，自綴蕪詞祝壽長。

歸里偶成

不必眞爲丁令威，譬如仙去復仙歸。悠悠五十餘年事，城郭人民半是非。

中秋燃紙塔燈于選樓前桐桂間

揚州古塔失棲靈，舊俗猶傳寶塔燈。林下月將二分占，中秋人算九層登。白香山《與劉禹錫》詩：『得上棲靈第九層。』歸休筋力猶堪在，陶寫桑榆尚可能。八九年來哀樂事，樓前賴此戲孫曾。

南屏八代詩燈嘯溪和尚寓揚州僧院壽八十一九日風雨不能爲看菊之遊

齊己傳衣繼老能，江風海雨對詩燈。秋容澹到無花處，我亦西湖退院僧。

緑野舟雜詠

飯飽天晴出福庭，踰城涉水好揚舲。城邊水榭連茶榭，水夾紅橋遠樹青。

橋外長林緑滿天，夕陽影裏聽鳴蟬。一從瀛海揚帆後，别却煙波五十年。

芳草坡陀點白羊，平山十里古湖長。任伊翦取停舟處，便算裴家緑野堂。

有船何必再笙歌，老去年光澹裏過。碧浪清風隨處好，船闌干外即恩波。

蕭寺長松翠石邊，清溪古木白鷗前。唐詩一句一方畫，皆可收歸緑野船。

大曆年詩話李紳，緑楊城郭看潮生。今年潮水連湖水，得見城中澈底清。

銀杏霜林染夕曛，船頭落葉已紛紛。更將紫禁肩輿去，西上寒山坐白雲。舁坐紫禁城，諭坐之小輿，上山更穩。

龍光寺後樓落成乞書扁余因寺中舊有康熙御書香臺二字請出雙鉤雕造金字扁成恭率紳士暨僧衆叩拜懸之敬成一律

佛寺樓名枉費猜，康熙御筆本香臺。階延日月長年朗，窗透雲霞對景開。蓮座不知有霉溼，旃檀何處見塵埃。微臣生長重熙後，老看太平扶杖來。

庚子

莫春坐宗舫遊萬柳堂復入江回真州看桃花同敬齋慎齋兩弟并孔厚

春深何處古人情，十幅輕帆半雨晴。萬樹桃花萬楊柳，南江春冶北湖清。兄弟相邀共放舟，湖中遊過又芳洲。絶勝聽雨小樓坐，不見一人閒待愁。

揚州北湖萬柳堂詩并序

京師萬柳堂者，元平章廉文正希憲别業，與趙文敏孟頫宴集之地，朱氏《日下舊聞》載之。康熙時，爲馮益都相國之亦園，鴻博名流多集于此，今改拈花寺。嘉慶十五六年，余與朱野雲處士常遊此地，補栽桃柳，頗致延眷。余昔有句云：『妙繪見鷗波，疎齋共聽歌。草堂圍萬柳，驟雨打新荷。』又云：『火城闌不住，付與佛拈花。今日伽藍地，當年宰相家。』道光十八年出都，僧請書『元萬柳堂』四字扁。此京城東南隅之萬柳堂也。余家揚州郡城北湖四十里僧度橋橋東八里赤岸湖，枚乘《七發》：『廣陵濤淩赤岸。』有珠湖草堂，乃先祖釣游之地。嘉慶初，先考復購田莊，余曾在此穫稻捕魚。八年過此，有八詠，曰《珠湖草堂》，曰《三十六陂亭》，曰《湖光山色樓》，曰《魚渠》，曰《黃鳥隅》，曰《龜蓮沼》，曰《菱湄》，曰《射鴨船》，系以八詩，致可樂也。乃自此後二三十年，皆沒于洪湖下洩之水，樓莊多半傾圮。道光十九年春，在揚州，從弟克、先謂昔年水深八九尺，近年水尚五六尺，宜築圍隄，北渚二叔早以爲然。于是擇田之低者五百畝隄之，而棄其太低者。又慮與露筋祠、召伯埭相對，湖寬二十里，宜多栽柳以禦夏秋水波。低田即棄田也，取江洲細柳二萬枝遍插之，兼伐湖岸柳幹插之。且舊莊本有老柳數百株，隄內外每一佃漁，亦各有老柳數十株，乃于莊門前署曰『萬柳堂』，可以課稼觀漁，返于先疇，遠于城俗。前八詠內惟珠湖草堂仍舊貫，今詠萬柳堂稍加移改，復分爲八詠，一曰《珠湖草堂》，二曰《萬柳堂》，三曰《柳堂荷雨》，四曰《太平漁鄉》，五曰《秋田穫稻》，六曰《黃鳥隅》，七曰《三十六陂亭》，八曰《定香亭》。此揚州北湖萬柳堂也。由郡城陸路至草堂四十八里，由水路召伯埭去七十里，須小紅船摺檣。

珠湖草堂

牆户皆爲浪所毁，今修之。老桑高七丈，大十圍，更茂。

三十年前舊草堂，草堂宛在水中央。邱隅有約巢黄鳥，湖水無端没緑秧。隴畝尚存千樹柳，煙波久浸十圍桑。主人萬里勞邊事，那管家中三逕荒。

萬柳堂

舊屋今新立，名老屋。水痕層疊，不加修飾，門外有二石鼓，百年外物。

昔訪野雲堂，元時柳號萬。我非求田園，馮園亦休論。戊年許歸田，鉏犁可操券。耐田盡沈水，望洋又何怨。羣從素明農，有策向我勸。曷不圩此田，可得十餘畹。三十畝爲畹。江洲多細柳，栽之護土堰。翦取二萬枝，在水驗尺寸。亥夏水復來，圩若城受困。圩堅柳復多，農力護勤健。秋田稻已熟，共嘗新米飯。賀監乞湖曲，淵明穫下潠。來年萬柳春，繞堂黄亦嫩。我家居湖鄉，本與城市遠。豈有午橋心，豈有萬柳願。不料竹林賢，一策解舊悶。出門同看柳，春風又繾綣。直待賦歸來，雅學廉希憲。

柳堂荷雨

堂西南種荷。元廉文正、趙文敏讌時，畫紅衣女子送酒歌《驟雨打新荷》曲。今栽秧畢，時恰有雨打新荷之妙。陶宗儀《輟耕録》云：『萬柳堂爲廉野雲别墅，京城外最勝之地。廉置酒招盧疎齋、趙松雪同飲，歌《小聖樂》。趙公喜，即席賦詩。樂乃元好問詞，篇中有「驟雨打新荷」句，俗以名其曲。』

荷葉亭亭出緑蘋，忽飛驟雨撒龍鱗。紅開急棒催花鼓，翠颭欹盤迸水銀。惟此聲中清老耳，問誰風裏染微塵。宛然一幅鷗波畫，只少新歌送酒人。

太平漁鄉

新隄及萬柳之外，尚多深水之棄田。所賴各小莊皆有網船漁具，終年務漁，聊可餬口。是以漁户即佃户，習慣貧樂。又因築隄，得古鏡及宋紹定六年石，知此地爲宋淮南東路江都縣太平鄉。今歸田，眞太平鄉也。

草堂本在北湖前，付與波臣三十年。鼎力已衰憂覆餗，天恩更重許歸田。莫愁老屋滄波底，比似名園渌水邊。杜詩《何將軍》：『名園依渌水。』魚蠏高于人住處，洪湖堰下勢同然。

此間不是捕魚莊，竟把漁莊掩稻場。風定煙波秋罩網，月明野水夜鳴榔。家家連舫成村落，湖中漁船能以風帆拖網，菰田出縱得多魚。日日鮮鱗换米糧。冬日雖寒無盜賊，淮東眞是太平鄉。

秋田穫稻

今人歸田，用張平子賦名耳，不皆有田。余今已亥歸，得先人之田圩而耕之爲幸。七月初，乘小紅船到此，緑稻盈疇，柳陰連陌。堂中高樹，舊有鶯巢，朝暮飛鳴，紅白荷花開落未已。亭中坐榻，采蓮擘菱，魚渠蘋滿，夜螢亂飛。莊中白鷺本多，忽有馴雉集而不舉，眞饒田野之趣。凡此皆『怡志』之恩諭也。八月，湖復大漲，水未破隄。北鄉十六圩，惟太平圩等二三未破耳。

江水性肥仁，其穀最宜稻。我督南八州，皆以稻爲寶。浙江、江西、兩湖、兩廣、雲、貴。所以稻之性，我能知其道。固重勤耕耘，所憂在旱潦。晴雨若愆期，憂心惄如擣。有神靡不舉，竭誠以致禱。旱荒尚罕逢，一旱苗則槁。水災屢遇之，人力難全保。萬頃良苗秀，水過若浮藻。無稻民則饑，百政不能好。今日我歸田，所慮一家小。夏秧已全插，雨多農意惱。柳隄護洪波，倏已報秋早。外水高于田，衆力守昏曉。雖此五百畝，障之如一堡。既穫復速舂，高廩積其草。我于族貧人，食之已不少。今復與苦農，歡樂同一飽。來歲更豐年，應有六穗稾。栽柳又幾千，聊以娱二老。謂元與北渚二叔，叔壽八十一，三弟克字敬齋，四弟先字愼齋，五弟充。

黄鳥隅

庚子五月，乘舟至萬柳堂，看插稻。初五日，天微明，有鶯聲。登黄鳥隅，同愼齋弟聽之。計自黄鳥隅成詠後三十餘年，此鳥長巢草堂高樹間，爲家禽矣。

嘉慶八年名此隅，彼時久有黄鳥居。五十餘年國恩重，報稱尺寸慚皆無。今歸草堂跂病足，扶疏老樹仍吾廬。怡昐庭柯更茂密，五丈桑並四丈榆。老柳在堂新柳湖，百株千株復萬株。東方纔明柳雲暗，鶯聲已是緜蠻初。披衣登隅看睍睆，交交嚶嚶如擲梳。和聲以鳴笙吸呼，百囀過午且及晡。我家喬木歲百餘，鶯亦永與家禽俱。於止知止此一隅，人豈可於鳥不如。

三十六陂亭

三十六陂亭本在草堂西南隅，庚子于堂東北隅築亭，移置陂亭扁。亦有荷柳，而西南隅亭荷柳日多，且生並蒂花四枝，竟用浙學署『定香亭』扁名之，亦佳話也。

新亭東北兩窗推，舊日湖光撲面來。舊有湖光山色樓，全圮，力難復之。此亭基比萬柳堂内舊水跡、珠湖草堂基皆高，倚窗看東北，湖光比杭州西湖遠大，若由堂南過小橋、荷田，登南隄，天晴仍見甘泉山及隔江山色。甓社夕霏明月在，露筋曉色白蓮開。東與露筋祠相對，二十里。久無射鴨勞機事，惟有盟鷗費薄才。亭外林花猶未密，惜教遲却十年栽。

萬株楊柳碧如煙，種得紅蓮間白蓮。陂上冷香姜石帚，姜白石詞：『三十六陂人未到，冷香飛上詩句。』岸邊殘月柳屯田。西湖水似停船見，北固山須背榻眠。高卧此亭談稼穡，長將圖詠記豐年。隄外新柳，日漸高密，溝内菰草、蕁草亦漸多，魚鳧潛集。

定香亭

昔年恩命往杭州，竹裏荷亭過夏秋。乾隆乙卯，赴浙學使任，有荷亭影橋之勝，亭曰定香，取放翁詩『風定池蓮自在香』意。蓮幕久無觀水處，此後各撫督署皆無大池荷竹之趣。選樓難作種花謀。選樓前地狹，不能鑿池種荷。水華今得開三畝，今亭北、亭南皆種荷，約開三畝地，且生嘉蓮。香氣還能定一舟。荷外柳隄，舟來泊此。四十餘年舊詩筆，謂《定香亭筆談》。不圖能卧此滄洲。

既種荷花又種菱，題詩舊日羡吴興。嘉慶二年，余在吴興，喜苕溪風景，曾有句云：『深處種菱淺種稻，不深不淺種荷花。』清中丞安泰喜誦之。今在湖莊，風景竟相似，因再加種菱藕。滄洲畫柳學承旨，休沐尋詩思右丞。船笛參差香自在，蓮莊别業遠難能。吴興趙松雪故居蓮花莊，今爲姚萱田宅。納涼留客皆陳迹，天許衰翁住廣陵。杭署定香亭，楹聯爲錢梅谿書：『竹深留客處，荷净納涼時。』在亭詩文舊友爲端木子彝國瑚、張子白若采、林庚泉道源、程中之贊和、江定甫安、焦理堂循、江補僧鏐、臧在東鏞堂、李尚之鋭、蔣蔣山徵蔚、錢可廬大昭、孫蓮水韶、陳雲伯文述，今惟中之、梅谿、雲伯健在，餘皆古人。每讀《定香亭筆談》，爲之感憶。

畫萬柳堂圖成卷即題

指點揚州赤岸湖，枚乘《七發》『觀濤廣陵，有淩赤岸』之句。此地名赤岸湖，則農夫俗子所通稱也，將毋即漢岸耶？草堂萬柳畫成圖。平章未敢追廉孟，廉公字善甫，畏吾兒人，今吐魯番也。父布魯海牙，隨國主内附，元太祖用爲燕南廉訪使，生希憲，幼侍世祖，好經史。世祖問之，以孟子性善、義利、仁暴對，世祖嘉之，目爲廉孟子，官平章、行省平章。成帝尊番僧爲國師，命廉受戒，對曰：『臣受孔子戒。』問：『何戒？』曰：『爲臣當忠，爲子當孝，如是而已。』大德中，謚文正。佳客誰能比趙子昂盧。盧摯，字莘老，涿人，翰林學士承旨，有《疎齋集》，與松雪同官。淮甸滮流栽早稻，江洲潮水接長蘆。余家祭田，眞州江中蘆洲耳。宋長蘆禪院在洲西，見《東坡集》。可見此地宋即産長蘆。歸田蹤跡何人近，半是農夫半釣徒。

和趙松雪萬柳堂七律原韻

趙松雪爲廉野雲作《萬柳園圖》，自題句于上左方云：『萬柳堂前數畝池，平鋪雲錦蓋漣漪。主人自有滄洲趣，游女仍歌白雪詞。手把荷花來勸酒，步隨芳草出尋詩。誰知咫尺京城外，便有無窮千里思。』余曾見松雪畫并詩，題和一律。

萬柳堂東廿里池，汪汪千頃動晴漪。更無人見鷗波畫，似有鶯歌驟雨詞。稻葉綠時閒避暑，荷花紅處獨題詩。衰年雖得滄洲趣，北斗京華繫夢思。

小暑後乘宗舫入湖遇風雨宿萬柳堂

高檣攝攝水漫漫，縱棹家園門外看。風雨盤旋隨氣轉，煙波空濶比江寬。峭帆破浪披懷易，捩舵歸莊得路難。莊前水草成曲港，須識路人出入，出數十丈外，始可縱棹。童僕歡迎登岸處，柳深荷淨草堂寒。五月江深草閣寒，湖深亦同此意，柳復深。

定香亭清夏

湖莊清夏有心銘，舊有《湖莊清夏圖》硯，并刻四字，今特攜來。今日歸田在此亭。渠繞四圍通小彴，窗開三面透虛櫺。嘉蓮夾岸雙枝碧，細柳迴波萬樹青。一片平田蟬稻秀，早稻名蟬鳴稻。好風清畎善泠泠。

太平圩萬柳堂水退

召伯湖之西北岸，近年農家皆築隄成圩，凡數十圩。庚子七月大暑時，洪湖水驟至，日高五六寸，遠近隣圩皆破，惟萬柳堂太平圩一圩未破。農佃共出苦力，取圩内田泥加爲小隄，至以柴席傅之，水波已過新柳之顛，十六日開下壩，而江都潮頂水仍不落。是夜，東北風起，隄更危，忽有蓴草一片，大如十數畝田，即鳧葵，黄白花。隨風推來，護隄之東北。十八九日，風定潮退，水乃漸落。是時堂西池發並蒂蓮二枝四花，農人祝曰：『如果水必破隄，未必生此蓮，又與稻同没于水。』果不破，仍豐穫。

農夫墨守似公羊，未許陽侯破柳堂。不拔竟留齊即墨，獨存惟見魯靈光。風推蓴草連隄緑，日曬蓮花並蒂香。來歲隣田祝同熟，此閒方是太平鄉。

己亥年敬齋三弟慎齋四弟同予築太平圩成萬柳堂庚子又獲豐收先得並蒂蓮兩幹之嘉兆

四蒂荷花兩榦鮮，共看豐穫又今年。國家上瑞華苹感，田舍農祥相府蓮。萬柳高時接廉孟，奇花來處勝平泉。但觀嘉卉應知悟，人若同心理在天。

辛丑

宿萬柳堂之陂亭

島夷起蛟鱷，病卧積憂懣。何以寫吾憂，出遊竟須遠。松舟泛珠湖，曉掛一帆滿。登圩望我田，我田十七畹。三春傷雨寒，閏半始晴暖。萬柳環湖隄，輕絮競飛散。南池見新荷，菰蔣青尚短。且就高亭宿，鮮魚供晚飯。就船買魚，不必近市。夜氣浮來牟，晨光對嗽盥。高樹早鶯啼，榆林夕陽晚。説耕來老農，説農集羣阮。北渚叔及兩弟、諸姪、姪孫，皆來共飯。刈麥天所貽，分秧稼之本。

畎畝即林泉，花竹成野館。静坐徒煩思，晝眠任倦懶。石硯夏氣清，籃輿補我蹇。長此戀田舍，棲遲竟忘返。

坐椅輿遊草堂西北邨莊回望草堂陂亭似人家池館也

長隄柳陌轉東迴，一片繁林傍水隈。背向自家池館看，居然高卧小樓臺。

三十六陂亭晚坐

堅築陂亭土一堆，更無餘力起樓臺。麥田雨後荷池漲，柳岸風前書幌開。換養鳶羣存鶴意，洗摩桐樹待琴材。柴門月色新如此，翠竹江村船或來。

大暑夜宿草堂

爲避江城暑蘊隆，湖莊脩竹夾梧桐。治平宋寺桑田隔，大德廉園柳樹同。白藕花前滿池月，碧紗帳裏過堂風。連宵夢入清涼地，睡醒鶯聲萬葉中。

秋日再泛虹橋

萬頃江淮共吐吞，邗城處處長潮痕。辛年記取中秋水，水漫慧因禪寺門。

天下第三十二西湖

王晫《西湖志》：『天下名西湖者三十一處，不止杭、潁。』萬柳堂西有湖一曲十餘頃，名西湖嘴，嘴上有燕、趙等莊，慎齋之妹夫王介眉田宅即在此。焦理堂姊夫《北湖小志圖》載燕莊西湖嘴，雖『嘴』字欠雅，但北鄉民所共稱，況煙波清遠，水木明瑟，勝于惠、桂，不得不謂之三十二西湖也。焦氏雕菰樓去此十餘里，老姊健在，年八十餘。陳雲伯言：顏魯公《麻姑仙壇記》王方平與麻姑本姊弟，皆仙者。

漫將杭潁説歐蘇，萬柳堂西又一圖。天下西湖三十一，此應三十二西湖。

焦家樓已老雕菰，本是王方平有嫛。東畔我爲大雷岸，西隣爾是小西湖。示西湖嘴王五妹。

湖光山色阮公樓詩九窗九詠并序

嘉慶年間，元搆二樓，一在雷塘墓廬，一在道橋家祠之右。焦里堂姊夫昔題塘樓曰『阮公樓』。橋樓乃北渚二叔親視結搆，樓方四丈餘，四面共九窗，二叔與星垣姪擬分景：一東南曰曉帆古渡，二南東曰隔江山色，三南西曰湖角歸漁，四西南曰墓田慕望，五西中曰松楸疊翠，六西北曰花莊觀穫，七北西曰夕陽歸市，八北東曰桑榆別業，九東北曰齋心廟貌。桑榆楊柳六十八株，霜後紅葉滿窗，與朝陽落照相掩映。樹外圍牆數十丈，牆外即家中蔬圃，圃外漸近湖，有漁渡船矣。雨後清霽，及見隔江山色，即謂之湖光山色樓，補湖莊之舊樓亦可。湖光山色樓本在赤岸湖先將軍草堂，久毀于水，阮公樓本在雷塘，今此九窗樓，即題曰『湖光山色阮公樓』，七字扁兼之矣。

第一東南　曉帆古渡

曉日紅滿湖，行人各來去。扁舟欸[一]乃聞，古人陸行路。登樓望湖光，何年始僧度？與蘇州度

[一] 欸，底本誤作『款』，據詩意改。

僧橋同意，今俗訛孫大橋，又訛公道橋。

第二南東　隔江山色

隔湖見林表，一抹江南山。雨後黛色濃，不是有無間。青峰閲十萬，老目今拭還。

第三南西　湖角歸漁

西沙欲鎖水，湖光亦漸收。晚渡趁歸人，暮亦歸漁舟。張網即舉魚，復見得鳧鷗。湖水西去漸小，然一路溝澗，遠到大儀之東北。

第四西南　墓田慕望

千户居城南，舊城阮千户巷，俗訛阮秋胡巷。避亂來道橋。明末高傑兵亂。墓田在橋西，松栢寒無凋。子孫登此樓，西望墓不祧。三代祖千户公、四代節孝厲太恭人、五代高祖孚循公墓皆在此。

第五西中　松楸疊翠

墓田多松楸，靄翠濃相疊。繁林二百年，國恩雨露洽。遶樓聚桑榆，夕陽亦黄葉。

第六西北　花莊觀穫

花莊歸阮氏，今亦二百年。環溝爲園圃，百畝餘爲田。天寒種二麥，與姪同耕煙。今日遊樓西二里花園莊，莊乃千户公田叔曾祖頤庵公别業。頤庵公康熙癸未武進士，工詩翰。昔之池亭花木頗佳，荒廢七八十年矣。以木彴過濠，有蔬地十畝，老農餉茶果曰：『耕阮府田十一代矣。余家至我爲九代，吾孫亦十一代矣。』此田百餘畝，頤庵老人後人賣與族中，嘉慶間余又買於族中，未入異姓手，今與少林姪分耕之，余耕三十餘畝。

第七北西　夕陽歸市

訂日以爲市，每逢三、八日爲市。來者無非農。布粟與牛豕，交易在日中。熙熙趁墟者，質儉猶古風。

第八北東　桑榆别業别業與北渚二叔宅相通，乃常氏老圃。桑榆當樓，東北桐桂亦交柯接葉，以二百金買之，余固宿宿，二叔亦可常游。

東隅愼所失，未失亦愼收。衰老戀桑榆，别業當此樓。静攝遠城俗，斯林爲我留。

第九東北　齋心廟貌

勞勞七十載，此心何得齋？老叔壽八旬，竹林同古懷。舊德守孝弟，士農江與淮。

壬寅

壬寅正月居道橋桑榆别業十數日茶隱用丙申年京師南城龍樹寺茶隱詩卷中韻

當年園圃初成日，云是乾隆己丑年。雪後桑榆枝傲岸，春前梅柳勢天然。歲寒圖裏今三友，池北古松一，池西竹林，池南梅十餘株，垂柳二。茶隱林間古二賢。比似小園仙蝡夢，又成三十一年前。

二叔云：『瑶岑十曾叔祖先有園在此，園東北以桂勝。公殁，叔祖同公賣與常翁，已立議矣，同公曰：「吾家多年栽桂，豈與人家香耶？」伐之。常翁遂負氣不買，自築此園。』即今元所名桑榆别業也。桑榆乃康熙前舊物，常翁復栽桂花在乾隆三十四年己丑，二叔親見之，元方六歲。今桂已老，桑榆更古。園八九尺，高六七丈，亭樓共八間。今壬寅歲，叔年八十三，元七十九，同爲竹林茶隱，雅合晉竹林之二，亦佳話也。

夕陽樓

老桑東小樓一間，西向，可望遠林，二僕舁椅登之，余題此名。多年耐暑復耐平讀，同『能』。寒，三十蒙恩亦耐官。向敏中事。今日夕陽樓上望，遲遲耐倚此闌干。

余自二十三歲乾隆五十一年丙午。入都，三十二歲六十年乙卯。官内閣學士，歷兵、禮、户部侍郎，總裁己未會試。三十四歲，巡撫浙江，安南夷寇盪平。四十二歲，嘉慶十年乙丑。丁艱，服未滿，起復福建巡撫，告病。服滿，復任河南、浙江巡撫，蔡逆及羣盜滅。四十六歲，十四年己巳。爲失察劉鳳誥科場舞弊案落職。此二三十年似人生仕己之速，一世也。四十六歲，復入翰林，居蝀夢園。四十八歲，官内閣學士、侍郎，出督漕運，任兩湖、兩廣、雲貴總督。道光十三年癸巳正月七十歲，在貴州途次，三月初入覲，恩賞御書『福』『壽』字，御書『亮功錫祜』扁，塗金壽佛、玉羅漢、竹根麻姑仙象諸物，賀者盈門，不能不待之以酒，不能茶隱矣。旋總裁會試。七十三歲，拜大學士，入都。七十五歲，因足不能行，予告致仕歸田，居别業。此又似人生仕宦之速，又一世也。昔三四十歲時，同年友曾曰：『雲臺如此速遷，以後無官可做。』彼時自懼不壽，後復入翰林，如兩世人，耐官耐老。嘉慶中，蒙『清儉持躬，有守有爲，顯親揚名』之諭，京察議敘。道光十八年，蒙『敭歷中外，宣力五十年，清愼持躬，克盡職守』之諭，前後未嘗少改素[一]操。題《夕陽樓》句成，略識於後。

以清湘道人柳漁小幅借裝爲南萬柳堂隄外漁莊圖

元初入翰林，即蒙王蘭泉少司寇邀聚蒲褐山房。嘉慶初撫浙時，司寇予告歸田，余延主西湖敷文書院，以《三泖漁莊第七圖》屬題，余題有『弱冠登朝謁蒲褐，似公早歲逢歸愚。暮年若許歸湖曲，學畫漁莊到七圖』諸句。前此數十年，絶無賀知章之夢，不意七十五歲，足積溼病不能行，不得不乞骸歸里，恩諭慰留，而火炫脾衰，自揣必不能愈，章再上，始俞歸休。七十六七歲，足病少愈，而足成軟癱，惟可以桑榆楊柳延此餘年，勉慰廑注。辛丑，畢蘊齋通家亦姻家也，贈此石濤《柳漁小幅》，似預爲我畫者。老樹婆娑，尚有生意，裝成小卷，即以爲《柳湖第四圖》，自題二律。

學畫漁莊到七圖，石濤圖我未生初。偶然潑墨知何地，如此荒莊但可漁。萬柳堂隄內老田，可稼

[一] 素，甲戌續刊本作『清』。

者只五百畝。然辛年仍水破没隄外，如金、潘、蔣、鮑等莊，似此老柳，永爲荒莊，農人改爲漁。君子其斿楊及柳，《石鼓文》句，在第三鼓。牧人乃夢衆維魚。婆娑老樹饒生意，罩罩烝然百載餘。

何日清湘畫此圖，先于蒲褐近歸愚。恩波許看漁家樂，仙館還依黄鳥隅。《黄鳥隅》爲《八詠》之一。卅二西湖説杭潁，十千柳樹補桑榆。乞骸豈有知章夢，病得漁莊一曲湖。

附和韻

天然一幅水村圖，眼福來當寄廡初。問字忽逢苦瓜畫，清湘道人亦自號苦瓜和尚。臨流便想坐茅漁。北來戢戢投林鳥，年來避海氛者，多於邗上卜居。東望茫茫縱壑魚。安得牽船隨杖履，太平鄉裏補三餘。

幾輩將身入畫圖，每逢佳處警吾愚。白鷗敢作誰馴想，黄鳥能知所止隅。南北平分萬楊柳，主賓晤對一桑榆。鑑湖底似珠湖好，卅六陂亭卅二湖。

受業梁章鉅謹步韻呈

笑向前人借畫圖，卷中詩格邁黄初。已歸田里何妨隱，如此煙[一]波大可漁。紅藕香中

[一] 煙，甲戌續刊本作『湮』。

停宿鷺，白蘋影裏見行魚。濱湖閒地知多少，添種桃花合有餘。

此是漁莊第四圖，亦如蒲褐溯歸愚。緑楊隱隱疑無路，黄鳥交交樂此隅。尚憶防江思伐荻，未忘籌海話臨榆。深宵正作觚稜夢，敢説勾留是此湖。

受業陳文述謹和韻呈

四野濃陰勝畫圖，勾留春去夏來初。隄臨湖水多栽柳，人是農家亦慣漁。高閣日晴聽好鳥，小池風定看游魚。故鄉舊喜田廬在，怡志林泉樂有餘。

赤岸新成萬柳圖，林泉歸後溯歸愚。沈文慤公年七十七，恩諭歸里，享林泉之樂。長松不改仍三徑，黄鳥依然此一隅。天下已傳衆桃李，夕陽獨占老桑榆。康熙時有清湘筆，預囑珠湖接泖湖。

柳堂隣村世再姪王開益謹呈

宿三十六陂亭

城宅止後樓，北窗鬱不通。夜夢多懊惱，曉起亦悶懵。扁舟來柳堂，陂亭出柳中。北窗四五尺，開闔隨吾衷。北湖在窗外，清遠望不窮。明月廿四橋，换此玻璃風。誰見杭潁湖，摺檣去聲。

掉高篷。波寬壓湖水，杭潁誰雌雄？萬柳趙道人，比似水晶宫。六一居士《自揚州遷潁州開西湖》詩：『都將二十四橋月，换此十頃玻璃風。』趙德隣詩：『欲與杭潁争雌雄。』坡公詩：『未覺杭潁誰雌雄。』松雪碧浪湖較寬，自稱水晶宫[一]道人。

宿柳堂陂亭

平田麥浪已蘄蘄，楊柳風和正捲簾。三十年前舊光景，忽然湧見此窗檐。陂亭新窗外，有柳有麥，忽憶昔遊眞州，白沙翠竹，江邨有扁曰『柳風麥浪之間』，與今窗極相似，因書扁。

再宿柳堂陂亭

放棹入湖莊，高眠此草堂。明窗齊穫麥，淺水細分秧。霉氣長風散，湖光遠水凉。住過芒種後，洗去俗心腸。

[一] 宫，底本誤作『官』，據甲戌續刊本改。

道橋别業愛吾草廬詩并序

余幼年居室雖陋，皆瓦屋也。十歲來道橋，輒愛草廬。歲壬寅，夷盜盜鎮江，而揚州戒兵。余先在道橋穫麥，更愛道橋草屋爲平安矣。癸卯正月二十日，余八十生辰，仍茶隱也。將避俗來道橋别業，秖瓦屋八九間，無草屋。因于池北築草屋四間，在桑榆梅柳松竹之中，止四間者，礙竹木也。余歸田成南萬柳堂，圩田五百畝，歲務農以爲食。此草廬高燥浄潔，在萬柳堂小西湖之西，以數十千錢成之，題『愛吾草廬』，以遂初心，及今恩諭林泉之志而已。城中壽日以屏幛宴樂爲美，惟余四十、五十、六十歲，皆早以茶隱一日却此等事，不待今日。《日知録》曰：『溯言生日，非美事。《小弁》始説「我辰」，《離騷》乃言「初度」，《顔氏家訓》謂生日之禮起于齊梁。逮唐宋後，開筵召客，賦詩稱壽，于昔人反本哀齋之意，失之遠矣。』畢韞齋云：『《文選》六十卷，雖齊梁亦無壽日之文，必爲昭明所删。』故壬秋已預却于衆矣。姑以此草廬自愛，且欲勸俗而矯之，亦追守嘉慶初『清儉持躬』之温諭也。况辛丑萬壽，不舉慶典，而臣下自言壽，謂之無禮；國家多事，卧病無寸勞，而喋喋言壽，謂之無耻。無禮無耻，胡不遄死？言至此，是亦不可以已乎？

人生八十古更稀，古賢論德難與齊。林泉田舍天許歸，草廬安得高榱題？四間新構杉板扉，草簷竹笮塗白泥。繩牀愁夢心息機，夜聾不聞犬與雞。此間佳趣得幾希，紙窗況無風雨淒。春初梅瘦麥葉肥，松竹下壓香茅低。茶隱求是酒則非，夕陽又暖桑榆西。萬條楊柳春依依，絳老後算誰端倪。

揅經室再續集卷六　文選樓詩存第二十

癸卯

癸卯正月二十日居愛吾草廬題竹林茶隱卷用癸未年舊題原韻

春殿三年侍御筵，上元賜玉伴歸田。入閣後，每年上元賜宴，賜玉玩、燈、硯、蟒衣等件。桑榆短景原無失，絲竹陶情況暮年。別業梅花宜老[一]壽，桑榆別業有蜜梅一株，百餘年樹。道橋茅屋證林泉。今朝舊隱仍題卷，莫看衰翁樽酒前。六一居士《平山堂》詞：『樽前看取衰翁。』余素斷樽酒，無從看取。

[一] 老，甲戌續刊本作『考』。

小暑前坐宗舫船遊北湖南萬柳堂宿別業用庚午年雨後遊京師萬柳堂五律韻爲七律

園似將軍淥水名，雙船雨後入湖行。欲知船到帆懸影，使識人來金送聲。每入湖，方過九頃頭，柳堂農人便認紅船帆影，船頭鳴金，即可遠聞。柳爲遮深隄不見，稻因栽畢緑全平。要知祖考留傳意，須是兒孫識此情。

漁莊處處不風波，插稻歌連踏水歌。今年旱，農人車湖水入田栽稻，山田多栽豆。漁樂千家皆傍柳，柳外皆漁莊。蟬鳴五月已開荷。隄外栽蟬鳴早稻。新蒲偏植圍隄短，新栽蒲柳。[一]老荇争長軟浪多。水淺荇多，船行浪軟而滯。擬欲放船當暑夜，湖光正與月光磨。

草堂雖和鷗波句，未似廉家松雪圖。楊柳春風京使到，桑榆愛日老臣扶。正月福兒奉軍機處傳旨，祇領恩賜十賫，二月恭齎到揚，恩降從天，感激無地。[二]嶺南早令嚴夷夏，余在粤，每事多裁[三]抑𠸄夷，教誡粤商預防其亂，防在數十年後，不虞其如此之速。嘗行布政司街，見酒館立板，畫西洋館式，余曰：『此被髮祭野也。』諭府縣立拆

[一] 南京圖書館藏《再續集》五卷本『蒲柳』下有『即巴斗柳』四字。

[二] 『恩降從天感激無地』八字，南京圖書館藏《再續集》五卷本作『又隨余掃墓宿桑榆別業』十字。

[三] 裁，甲戌續刊本誤作『栽』。

毀之。學海深知判釋儒。嶺南學人惟知尊奉白沙、甘泉，余于《學海堂初集》大推東莞陳氏《學蔀》之説，粵人乃知儒道。東莞山長李繡子送行文云：『五百年來儒不入釋者，雲臺先生而已。』爲告杭州老詩友，謂陳雲伯。柳西贏得小西湖。萬柳堂西珠湖一曲，焦理堂《北湖小志》有『西湖』之名，余因雲伯説《西湖志》天下西湖三十一處，題爲『三十二西湖』。

竟是火城闌不住，得來水上看荷花。馮文毅公《佳山堂集》：『京師富貴人，火城闌欲死。』天教病叟拔殘宅，人引仙車遷舅家。大東門北第，祁門張氏造，以板包拱把之木，僞爲方柱，本不堅壯，方愧難奉御筆，余又積書連屋，時虞傾折。是以隣火驟來，癸巳、癸卯兩次，御賚皆得護出，其餘書物皆燼。家人先屢勸改造，余以苟完，無力矯爲。愛吾草廬因天題恩賚謝恩事畢，攜福兒掃墓，遊草廬，方喜宿宿，乃上巳城中幾處夜火，幸而在鄉，否則老夫跛卧，將困鬱攸，此聖恩天恩也。《葛仙翁移居圖畫》只一車，[一]徐林門新第即舅祖江鶴亭方伯未葺康山以前舊宅，今與康山隔絶，此堂堅爽，稱奉天題，勝于北第。方伯乃祖妣江太夫人共祖弟。學畫七圖荷恩眷，余昔《題王蘭泉先生三泖漁莊第七圖》詩：『暮年若許歸湖曲，學畫漁莊到七圖。』天題十賚最高華。一御筆扁『頤性延齡』四字，黄絹，鈐『道光御筆之寶』六字璽。一御筆楹聯，上句『敡歷宣勤嘉茂績』，鈐『清虚静泰』璽一；下句『優游養福錫蕃釐』，鈐『道光御筆』璽一，『剛健中正』璽一。

[一] 南京圖書館藏《再續集》五卷本『車』下有『太清記許真君拔宅上升惟墮車轂』十四字。

三硃箋金龍御筆「福」字。四硃箋金龍御筆「壽」字。五白玉如意一枝。六裝金無量壽佛一座。七[一]水晶朝珠一盤。八緙絲蟒袍二襲。九大緞袍褂八卷。十江綢袍褂八卷。八旬迴憶皆陳迹，竹隱匆匆五度茶。

選樓述懷

卅年膴仕必豐盈，揣我人皆以恕行。獨感聖恩明見底，兩番温諭許之清。

癸卯白露時偕人乘舟出虹橋過蓮花法海橋登東園雲山閣白墖前訪桂秋荷尚茂桂氣未生晚過湖上草堂長春橋虹橋晚飯歸卧選樓

煙雨四橋雙槳還，還登高閣望雲山。法海寺吕申公雲山閣，即東園地，椅轎登坐，北望平山、小金山、蓮花橋。雍正間賀吴村東園有翛然亭等十二景，徵詩畫，今門前牆有「東園」石扁二字，非廣儲門外東園也。每生北斗京華想，都在東園佛墖間。屋似老人猶健在，舟隨釣客共幽閑。自北門茶館至四橋，釣徒不絶，且有二三人共買一舟

[一] 南京圖書館藏《再續集》五卷本「七」下有「黄辮」二字。

垂釣終日者。艸堂題字分明見，故友亡兒淚欲潸。『湖上艸堂』扁，伊墨卿太守同年書。『現壽者相』扁，大兒代予書。

盻庭柯

文選樓前緑滿堂，桂桐平仲《吴都賦》『平仲君遷』，庾子山《小園賦》亦載之。揚州土性最宜，易長易大且多壽，宋、元、明植者甚多。選樓前甲子所植，今年初結實，已四丈有餘，即生祜兒之年。柳垂牆。長孫恩海手植，五年已過樓牆，行人見之。庭柯如此皆怡盻，《歸去來辭》：『盻庭柯以怡顔。』即怡志于林也。何苦蕭蕭種白楊。

送慎齋四弟往長蘆菴

秋風秋雨損秋懷，小阮皆深大阮哀。登岸累君住菴去，洲西長蘆菴，結蘆成菴者。東坡詩長蘆長老，似交六合界。霜降後刈蘆，曰開洲。翦屏爲我穫洲開。蒼葭采采皆霜雪，白露瀼瀼或溯洄。既是蘆農即農事，古今農事不妨緩。北渚二叔四月捐館舍，頓爲古人，詳予撰《墓表》。

癸卯八月十三日遷居新城徐林門新第

舅家尊五福，江鶴亭方伯未葺康山前老私宅，乾隆間被賜五次「福」字，勒于堂中，名「五福堂」。今尊此五「福」高一層，而以元被賞乾隆中「福」字、嘉慶中「福」字、道光「福」「壽」字，共三十二「福」「壽」字，名「總福壽庭」。此屋自先考視之，曰[一]「吾舅家也」，自先祖妣江太夫人視之，曰[二]「吾從弟家也」。宅相竟三台。竹馬早遊處，此宅自予十歲外即常遊，今[三]路逕如舊。籃輿歸去來。山堂遊客廢，康山自陶澍清欠帑後，公私皆没入。舊時翠華臨幸之地，今亭館朽壞，荆棘滿地，遊人限足不到。經室老儒開。認買私宅，久已與康山隔絶。孫輩讀書處，白松黄蠟梅。後館小有池石，白皮松二株，冰心蠟梅四株，皆百年物矣。陶澍追欠帑時，各大商皆有預墊錢糧，江墊足抵欠數，不料陶不准抵，抄江方伯孫爲首，將及其餘，各商通城譁譟不服，令不能行，是以中止。然江已奏抄，又自迴護，江孤弱不能辯，遂成此局。官估定價，王姓領得，乃遠宦粵西十餘年，不交價。督撫查例，延不交價者，另召變賣。乃癸卯二月十二日召變文到，出示。三月初三日我家被火，遂應召認買。此似有數存乎其中。

[一] 甲戌續刊本「曰」下有「此」字。
[二] 甲戌續刊本「曰」下有「此」字。
[三] 今，甲戌續刊本作「此」。

徐林門新宅後書館有雙白皮松後松下有石池前松下有井綆汲二丈濬之清甘與怡泉同

選樓舊栽雙白松，數年不活成枯蓬。嘉慶十年間，補栽冬青。今遷康麓得二松，新宅當康山之西麓。疑年使年百廿冬。其榦多分十八公，日色冷不畏暑紅。有霜有雪其色同，盻柯怡此清陰濃。晚栽黄菊香秋風，康山草堂隔不通。二松爲林怡老翁，山下出泉筮養蒙。九月祜兒舉順天鄉試，海孫蒙恩諭，即選訓導。

癸卯臘月十四夜月

臘月將望，寒白如晝，乘椅至林泉書館，雙松如有雪積，石池薄冰，水無淪漣，黄梅開殘，亦無香氣。惟階前二宣石，白異他石，一石似人端坐，一石似伸足欹卧，與我爲賓客三人。久之，夜静，寒氣漸重，不宜老人，復乘椅辵階而歸卧小煖室。步己丑臘月十四遊滇園詩韻。

滇園寒月下，清境曾獨闢。瞬過十五年，月如曩時白。天使拔宅遷，此地得此夕。冰池影黄梅，隔牆森竹柏。二石梅月間，與我三主客。今之視昔者，眞爲昔視昔。

己丑臘月十四日，霜雪之後，南風減寒，嚮晦月出，清景朗澈。遂乘椅輿出香雪齋，池上林梅初開，仙館牆東，臨池小憩，雜樹葉脱，月光在粉壁池水之間，明潔如畫。復由茶隱亭過宜亭，而南止于射圃，閑田遠敞，得月更多，緑杉影直，雙鶴静立，老梅南枝，向月耀白，城鍾已動，坐賞良久。復回仙館，登北山石臺，東望城中，萬屋鱗次，城外金馬諸山，羅列楚楚，山外流雲横亘，似霞非霞，天宇空碧，肅而不寒。坐待參昴既高，與月同轉，始由山後而返。何地無月，何人不得月？若不記之，則此景付之太虚矣。『夜園月境幽，登臺境更闢。梅月守静虚，雲山廓清白。我見王輞川，近臘愛月夕。我見蘇東坡，月影玩竹柏。我無裴與張，但與月主客。後之視今者，或如今視昔。』

潤州几谷開士爲余畫緑野泛舟圖余效唐人故事報以方竹杖并加此詩

壯年有山便欲登，健脚不用天台藤。不料病足甚于[一]今，仙人九節行不能。卧遊一幅休登臨，几公筆底雲霞蒸。不如棄杖如鄧林，付與潤州甘露僧。静坐不生故步心，生平無一文饒朋。

補辛丑稿。

[一]于，甲戌續刊本作『於』。本卷之中，後文『于』字皆同，不再出校。

甲辰

三月十日約儀徵兩儒學重游泮宫采芹拜聖賢于櫺星門墀下并序跋

春水長蘆夜泊舟，齊肩葭葉滿沙洲。烟江疊嶂尋常見，月色柴門相送不。賞雨茅簷留宿客，重遊芹泮到眞州。青衿六十年前事，感憶先生頌魯侯。謂前少宰督學謝東墅師。

余行半天下，所過之地，佳山佳水，或行或宿，輒爲移情，曰：『如此佳處，將無王晉卿所謂《烟江疊嶂圖》耶？』繼而曰：『予家無此地之景，過而不留而已，何必戀？』昔嘉慶初，先考光禄公節浙俸，買得眞州江邊蘆洲，以爲祭産，名曰『禮祀洲』。夫蘆，薄息也，非田園，非鹽鹺，非質樓，在揚人爲菲薄不足道。惟其治蘆之地，有草廬三五間，名爲『長蘆菴』，《東坡集》中有『長蘆禪院』，其地在眞州、六合之間，産蘆最長，今菴地似不相遠。此地四面臨江，南對丹徒之五洲山、高資山，是山水之間矣。廟祭雖可辦，而家中食口日增，贍讀睦婣不足，復於道光初官粵督時，節俸續買禮祀洲東相連沙地，以繼先志。此洲沙與山水更近，諸山正與相向，如屏如几，江上雲烟疊嶂，風雨嵐靄，時時變遷。若在蘆菴及東洲草廬時，居然佳山佳水在我家門也。兩洲輸蘆課于國，不得謂之非我家門也。甲辰春暮，乘舟來菴，再宿，暮看江月，與愼齋弟及菴中諸客夜談良久。杜子美詩『相送柴門月色新』，眞有此境，不得謂非我柴門也。翌日雨，賞雨于茅屋。晴放舟入舊江口，過梅花院，至眞州，與兩儒學應甲辰六十年重遊泮宫采芹之典。秋八九月，又放舟來，屬林椒生畫烟江疊嶂之景，且將穫蘆。《詩》曰：『彼茁者葭，葭菼揭揭。』又曰：『蒹葭采采，白露未已。』『蒹葭蒼蒼，白露爲霜。所謂伊人，在水一方。』誦此詩，輒有山水之慕。兹乃于寒露時，又領此烟江疊嶂之趣。由杜詩、蘇詩，上及《毛詩·秦風》，至矣！晉卿云乎哉？

二禮洲草廬烟江疊嶂圖跋

王晉卿《烟江疊嶂圖》，蘇公題卷。元奉勅修《石渠寶笈》時見之，眞僞不止一本，丹青盈丈，非百日工不能，然于烟江疊嶂之眞趣，失之遠矣。余所畫新圖，亦不合意。近得明初史痴翁潑墨山水，雖紙僅二尺，草草數筆，然于山水神理畢具。二禮洲草廬初治，二三畝地皆用小杉十餘爲梁柱，縛竹爲椽，蓋草成屋。又用堅荻排縛成壁，用泥糊之，壁乾不濕，密不透風。竹篾爲窗，糊紙加油，晴日照煦，雪不能積。廬外縛荻爲外圍，如籬不塗泥，其南縛荻爲外柴門。春蘆及膝，夏荻及肩，眞緑野也。春燕來巢，呢喃竟日，秋雁落沙，冬印爪雪。裴公之堂，無此荒率眞趣。緑野三里，即到南江，白雲滃起，滿江爲烟，江上疊嶂，晴雨不定。二洲皆活沙，不勝礎砌，雖有晉公晉卿之力，無所施之。二洲皆草廬，東勝于西者，西庵及見眞州鹽船林立，令人不怡；東洲則前有漁人之船，夜宿爲侶，即予壬寅綱魚歸祀之地。後爲還新洲圩稻地，雜農居之，雞犬相聞，即予庚子因水災出錢賑饑之地。此明（宏）〔弘〕治間潑墨小幅，純是寫意。史與沈石田同時名重，今倒借之，即謂之『二禮洲烟江疊嶂圖卷』。四百年前，爲我畫之，其上則嶂，其中則烟江，其下則漁農村樹也，前則草廬柴門也。予歸田，奉諭曰『怡志林泉』，此草廬及此潑墨，全是天眞相對，不多人力，怡怡如也。高江村《銷夏録》『米元暉《五洲烟雨圖卷》』，五洲即今丹徒高資山相連一帶也。

廢宅一律

大東門舊第燬後，無力再造，不忍再窺。癸卯冬，乃以前門未燬之數間，給書坊吴叟住，藏選樓書板，且爲印書紙墨之地。井竈後數間亦未燬，給花苑人住，便養花木。甲辰春初來此，桑榆成列，廢井南栽兩株垂柳，已發新緑，百尺樓吴叟開印《十三經校勘記》矣。廢地不理，將爲小人所竊居爲不善。如此，則慘目之地，改爲怡志之林矣。

已是西隣詫出諠，不堪焦土復來窺。廐焚本自無車馬，甑破何須顧爨炊。留住梓人勤紙墨，復棲學圃務培滋。桑榆又別城中業，先看鵞黃雙柳垂。

去年火後，各處階石皆蘇裂，何況花木？乃四、五、六月雨水甚多，秋草亂生，冬初，草中露牡丹芽，立春更茁壯，至清明見有花朵可數，穀雨居然開紅紫花七枝，與新柳相映帶，特弱耳。梅、桂、玉蘭，焦者亦芽。

畢韞齋在地官第購樓讀書屬書校書樓扁爲奉其廿六世祖文簡公士安因宋太后舊稱爲畢校書也

神仙中人不易見，讀書樓上可仙之。攤書即與古人遇，三五百年非所奇。況是遥華北宋上，又皆四庫西臺辭。碧梧垂柳在樓外，雨霽虹銷同賦詩。

萬柳堂夏日懷古二截句

萬柳堂南治平寺，寺門今在水中央。堂東正與露筋對，一碑猶見米襄陽。

魯公帖裏蔡明遠，邵伯鄱陽相送長。當年此地必經過，泗汴平安到洛陽。

己亥，築南柳堂隄，得六朝鏡、紹熙塼，知此地爲唐、宋由江入淮、泗、汴之孔道。顔魯公帖言：『鄱陽蔡明遠，隨我于邗溝之東至邵伯南埭，承日已過埭，不得重别。』是魯公過邗溝至邵伯埭過埭，埭有南北，由泗北行入汴入洛。此間正我湖鄉萬柳堂邵北埭之間，似有一埭不通水路，故過埭北行。每至此湖鄉，渺然想見古忠賢之跡，此時似在開元間也。揚州劉孟瞻明經，據唐李習之《來南録》『自淮陰至邵伯三百有五十里逆流』十四字，與今水道異。余意隋煬帝時由汴、泗下揚州之水道，即顔魯公由揚州達洛陽之水道，其中必多有换船轉搬之處，宋元沿之，故趙子昂《蘭亭十三跋》中多言『待牐』也。魯公由東南達西北，習之由東北達東南，爲兩路行。孟瞻又云：『宋樓鑰《北行日記》换船之處歷歷可考，自明人始爲直達之法。』

乘二禮蘆洲船宿真州舊江口宋梅花院記蘇公病宋梅二事

宋代梅花得返魂，江船夜宿舊江村。蘇公病卧眞州日，終是回頭儋瘴根。

秋日閒思出遊，呼蘆洲船來徐林門外，命僕從負襆被上船。未時開行，日落過三汊河塔，指眞州，三更宿太子溝，曉至新城舊江口宋返魂梅花院。梅花院者，本有宋時梅花，枯朽盡，粤條復生，今又成大樹，鄉人昔名返魂梅。滇中常有唐宋之梅，枯查之下，粤蘖代生，至數百年，不足爲異，余多載于詩。此院爲江廣北行江口孔道，北渚二叔治洲時常宿此，題『古香閣』扁，余刻『宋返魂梅花院』石扁，加凖提菴上，今愼齋弟亦常居此。因思宋蘇文忠公自嶺南回至眞州，病暑，米元章餽麥門冬飮于東園，子由尚望其回中州，坡公决意歸毘陵，今之所行所宿，必此地也。因思蘇公在瓊、儋不死，而回至江西江南遽卒，此回頭瘴也。余督嶺南，凡用官吏至瓊、儋、泗城者，皆愼之。今此地瘴輕，官吏得選者，余每語布政司：『願者去，不願去者，另商安置。』知此地猶甚瘴，常聞在彼者受瘴時不覺，回至内地病發不治，名『回頭瘴』。今尚如此，宋更宜然。蘇公病暑，不致即卒，過眞州歸常州卒，此必回頭瘴也。六七百年之事，因今事而知古人回頭瘴，與返魂梅各具一理。余督滇，又在嶺南，故筆之。致知格物，一生不了。

雷塘觀稻

雷塘今歲得年豐，寂者先居已四冬。頗爲八兒家計慰，銷寒食米可冬舂。

甲辰夏少雨，雷塘因東壩倒，田上農人力築，余加賞萬錢，令堅築。偶得陣雨，涓滴不洩。

是以塘上之田皆得水，全熟。七月末，來雷塘拜墓，看生壙。凡前後田稻穟垂壓，田農喜其豐。惟是自北澗以後卅里即全旱，無雲雨及之，今塘上存水清深，尚足種麥。槐子橋潮水日來壩下，村村之牛皆閒卧，有待耕麥地之意。塘上惟八兒婦，有田數十畝，今冬舂稻，可供數十日之米。壬年道橋借募鄉勇之債，今歲萬柳之稻始得償之。

石楠

石楠老壙已多株，生壙垂如天竹珠。當日司空圖邀客詠，可曾詠此雪珊瑚。

雷塘四代祖墓壙皆種石楠，生壙新栽更茂。石楠之樹長丈許，積雪不凋，葉如枇杷。立夏後，花如繡毬而小，陰濃避暑。冬至後，青子纍纍，雪中皆變紅色，絶似天竹。生壙周圍九株，將百穟矣。實雖繁，鴉鵲不食，楠下草不茂，貛兔不居，故此樹最宜于墓，北鄉人多栽之。其木堅如黃楊，鄉人音訛，呼爲『石囊』。

題樓楹絶句

康麓霜寒雙白松，三層樓上卧元龍。冬晴可見烟江雪，雪裡希微疊疊峯。

後樓下刻木楹聯云：『山林貞白三層迥，湖海元龍百尺高。』款：林德陽句，成親王書。此木聯乃道光十五六年在廠肆所買，懸選樓不合，今巧懸樓下。

自題近稿

萬柳故依依，江湖草舍低。謂二禮洲草廬、道橋別業草廬、萬柳草堂。四橋烟雨裏，雙槳夕陽西。昔人有『夕陽雙寺外，春水五塘西』之句，各有所指不同。山水眞長在，彭殤自不齊。小金山湖上草堂舊扁，見癸卯秋詩。隨時愛光景，幾處可留題。

自乙巳之後，經史之屬亦少作，而雜記之筆時時有之，隨筆録之。此實集也，故鈔之于再續之後。丙午冬至頤性老人。

孳經室再續集卷七　文選樓詩存第二十一

乙巳

乙巳年茶隱日乘舟宿長蘆菴

乙春欲茶隱，竹林意不娱。本欲往北湖别業，因北渚二叔爲古人，不怡于情，特出徐林門，往禮祀洲。所以駕扁舟，洲菴宿長蘆。蘆菴雖入春，寒氣尚雪餘。何苦出城去，似爲客所驅。淵明詩：『此行誰使然？似爲饑所驅。』青山欲入户，江烟亦滿廬。潮港修行菴，廬又吾愛吾。通潮港前，行菴一所，蘆壁柴門，一如東西菴之式，蘆舟、漁舟皆從此過。栽柳易生，種花竹不生。昔庚子年大水，自金陵漂一地藏木像來，數日又漂木佛座來，老者于葦中次第得而奉之長蘆菴，即以此老者奉香火煮茶，不再設僧。吾廬陋且野，有客皆樵漁。穫蘆即皆樵也。薄暮漁人來，得此二尺魚。夜忽風濤聲，甚于在北湖。一夜高資山，變爲雪山圖。炙炭看煮茶，秉燭方見書。計我蘆菴中，此境昔所無。忽晴忽雨雪，與點蒼不殊。雪止挂江帆，旬日歸城居。若非詩記之，此境亦太虚。

長蘆菴阻雪并序

乾隆癸丑，臣三十歲，正月茶宴，賜《御題杜瓊溪山瑞雪》一軸，御筆詩云：『雪景溪山寫杜瓊，玉爲世界不孤名。老翁驢背循溪路，輸與憑窗望者情。』謹案：此等舊畫，皆辦《石渠寶笈》時，挑落次等之件，御製詩己酉春題此軸，聖旨『留待茶宴時分賞近臣』，而臣適分得此軸。至臣四十歲時，浙江巡撫任内，凡壽日皆茶隱于外，五十隱于漕舟，六十隱于兼粤撫之竹林，七十在黔溪雪舟中，終身避此華囂之境。及今八十二歲，茶隱于長蘆菴，巧遇溪山瑞雪之景，是六十年前聖人隨手分賜之件，即定臣終身茶隱之局，事如預兆，恍然凛然。因作蘆菴雪詩，而孔厚和詩及此，遂再詠，敬識之。正月下旬。

溪山雪景中，老者憑窗望。此時有林泉，此時有疊嶂。臣歸田里閈，恰有此情況。冬春事蘆葦，爲樵亦所尚。誰知六十年，前已受恩貺。杜瓊名畫筆，畫與吴鎮抗。阻雪長蘆菴，宛如此圖上。喜此豐年玉，憑窗氣猶旺。今已歷三朝，太平爲退相。昔年詠茶雪，硯椀三清樣。賜三清茶椀，一梅花、二佛手柑片、三松子仁，太監以雪水烹之。至今椀硯畫，尊藏爲寶藏。藏前府奉恩樓，故不及火。

江洲游登金山三月十七八日

牡丹過穀雨，花事亦已休。各苑數十枝，春興聊可酬。欲看江上春，先呼江上舟。長蘆菴前蘆，萬緑齊平疇。蒲葦敏樹者，𦼮青復濬溝。雨後江帆輕，繞過西北陬。西來風正滿，滄江亦順流。船如天上坐，如坐小紅樓。其南高資山，少東宋五州。夜來有烟雨，疊嶂雲復油。頃時飽自飯，已到東沙洲。東洲昔栽柳，萬柳今同稠。去此入南江，江水晴悠悠。俄見金山墖，薄暮山畔投。一夢入午夜，皓月盈船頭。披衣起看月，貂袖五緎裘。曉昇登金山，落月帆初抽。静攝怡我性，平旦豁我眸。布帆昔江漢，草屋今春秋。江山最勝處，天使跛者遊。

乙巳茶隱後二日過眞州宋梅花院看宋梅

宋代梅花舊返魂，舊言『宋返魂』，未知其始。隔江最近我柴門。由蘆菴至江邊一里，渡江三里，登岸至宋梅花院六里，共十里。但能槎枿無抛掘，多可甹條又子孫。三百年將皮綻蘗，半千載後蘗生根。他時如有丁家鶴，可與滇梅唐竝論。凡滇中二百年外之古梅，其心多朽，而皮不朽，老花之蘗，多綴于老皮綴裂處。滇梅老朽後，但不掘其根，數十年後，或生甹蘗，又成大樹。唐宋之樹，各處皆多，非但昆明，唐梅不足爲異。因思揚州四鄉菴院園圃，朽而復生者必有之，不獨此江邊爲然，特少壽者耐心不掘，静待數十年耳。

乙巳二月，初雪晴後，攜浩孫坐緑野船，出城尋各處梅花，或有代生者。至雲山閣，僧指有三老梅，一梅叢生嫩枝，云其老根枯盡，被僧掘去，此復生者，枝花正茂。又一梅老幹斜倚，旁出粤條，粤條又已壯老，將一丈，而花亦茂。又一株似將百年，特尚未生粤條。因即與僧詳言其理，囑僧善保護之。乃歎余意所欲覓者，而今日竟遇之，然則此不當如儀徵名『返魂梅』，當曰『子孫梅』爲是耳。

立夏後滄江虹舟子以舟來請遊金焦兩山

船出瓜洲眼界寬，豁然不是市塵間。揩平一片中泠水，疊起雙層北固山。日落潮生見揚子，風清浪静指徐關。今年兩到金山寺，縱我優游一棹閑。

眞一壇田氏道籙畫象跋

此各道教皇籙神畫象，末題『崇禎十年右都督田(宏)〔弘〕遇仝妻一品夫人吴氏造』。按《明史》，田妃父(宏)〔弘〕遇，陝西人，好佚遊，交遊結納，女以崇禎元年册禮妃，旋加貴妃，孅妍多才藝。(宏)〔弘〕遇以女貴，官右都督。繼妻吴氏，有才藝，妃似之。(宏)〔弘〕遇交遊結納，園亭聲妓甲都下，朝士附勢，妃曾以此暫被謫。崇禎十年，當即貴盛之日。田氏居揚州新城田家巷，東起東關大街，西至缺口門大街，吴梅村詩有《永和宫詞》，所謂『揚州明月杜陵花』，專詠田妃事也。田貴妃薨于崇禎十五年後，莊烈帝盡節，即用田妃之槨之園陵矣。此所造道教醮籙多軸，非田氏夫妻所能創爲。道教盛于嘉靖，其寫畫莊嚴，必皆傳于京師道藏殿觀。此中眞武帝法身最大，氣象威嚴。世宗以興獻王子入繼，彼時君臣皆以爲眞武，直至明末皆奉醮籙，故多至百軸。載回揚州天寶觀，想在十五年後。甲申、乙酉後，又流落各處，眞一堂道士徐復青今收之。元過眞一堂見之。

書紈扇

有唐三百年，揚州廿四橋繁華甲天下，其飲食奢侈可想。揚州府楊行密、畢師鐸等，城戰不定，城無食，斗米值五十緍。軍掠人入市賣之，驅縛屠割如羊豕，訖無哭聲，血滿市，此多年積孽之劫也。壬寅，余居道橋節性齋，王瑞官方十歲，亦來住前齋。隣有屠户，日日五更殺聲更惡，瑞官惡之，從此不食豬肉。瑞官乃王春厓觀察夫人之孫瑞麟也，生有善根，宜遂其善。

頤性老人乙巳中秋書紈扇付瑞表外孫。

朱石君師梅石觀生圖跋

昔乾隆丁未間，元常侍坐於石君師鄂不書室，習聞教訓。後師出撫安徽，睿宗所以有秋水之思、甘盤舊學之念也。及己未，奉旨驛歸内廷，元亦奉旨，隨師在南書房掌寫御製詩文黄綾稿本，此卷乃前在上書房親撰題句及諸王題句，隨帶安徽，元未得見。及己未，亦未奉師命題，但丁未曾記師命與及門同題此圖，曾有七古一首，末有『欲具袍笏向師拜，世間柱石山中身』之句，今無此稿。惟元八旬以外有《釋眞》一篇，言：『「眞」字《九經》所無，不收此字，而慎、闐、顛、鎭等字，經篆皆從此得聲。』師神在天，必以誠意正心之素力罨列文昌上台，保國相君，在帝左右，俯覽訾説，或哂之也。

近時每肩輿過長春橋外沈家廚房静坐飽飯橋外即舊邗上農桑也，樓室全破，商家久散，只餘看園老人廚三間而已。我以二三十千錢修葺之，居然可以静攝、口食、看書、看竹、聽鶯，宛然賀知章借得鑑湖一曲也。

頗似湖邊賀秘書，長春橋外沈家廚。每炊釜下三升米，常翦牆東四季蔬。廚外菜田，韭、莧、菘[一]、藿，隨可買烹。藿，安豆也。廢圃還將澆芍藥，斷橋仍好種芙蕖。恩教怡此林泉志，合借知章一曲湖。

丙午

丙午正月廿日游長春橋樓肉飯于沈家廚不復尋僧菴茶隱素食聖訓『頤性延齡』，有養老之義，以肉食爲近理。

橋上長春春孟時，優游山水志怡怡。例當林竹仍茶隱，自六十歲竹林茶隱，在京龍樹寺，在揚建隆寺、雙

[一] 菘，底本作『松』，據文意改。

樹菴，多尋僧菴素食，二十五年矣。改向梅花觀朶頤。新多栽梅、杏、桃、棠、茶、柳。雨水澆花重著力，清明栽藕不宜遲。門前羅雀無殘客，何必蘆菴遠避之。乙巳，江上雪，茶隱蘆庵，有『似爲客所驅』之句。

白皮松下黃梅花

銕石心腸宋廣平，梅花冰雪鍊精神。誰知松下黃梅樹，更是橫陳嚼蠟人。乙冬未全開，丙春全開。

四月初花苑未燬牡丹舊台一枝大詫如團扇

花大如槃大可驚，一枝姚紫滿春生。歐公《牡丹譜》本『魏黃姚紫』，今倒訛。居安兒女尚成就，居此廂者，高孫讀書，桂孫女已嫁。看到曾孫我已經。古詩『看到子孫能幾家』，我家新、舊府已見孫曾四五人矣。百數十枝三載見，此台花發甲、乙、丙三年，計百數十枝。幾千葉瓣一台成。古人名花瓣爲葉，故曰『欲書花葉寄朝雲』。羣花苑裏尤多柳，別業西堂花亦榮。廿七日在別業，亦見紫牡丹一枝，歸見西堂馬令所贈洛陽黃白牡丹更多矣。

題沈飴原臺長廿四橋月簫圖

古橋廿四月簫圖，煙雨橋中畫不如。吟老冶春欲消瘦，王尚書漁洋與沈尚書。廿四橋玉簫生住紅橋西北五六里，爲飴原臺長畫紅橋冶春詩。湖上草堂在四橋煙雨之中，蓮花橋在正北，法海橋在西，紅橋在西南，長春橋在西北。長春即余乞借鏡湖一曲地也，與紅橋南北相望二三里。

但雲湖都轉有祖園久失人猶目爲但氏園今購歸修拓之乞句

清芬依祖德，今日復爲園。松菊分三逕，樓臺占一村。山林先據勝，功業待傳論。昔我經行處，曾高但氏門。貴筑我昔屢經，無論何處山水，必佳也。

吴修梅女壻月輪山壽藏記

月輪山壽藏者，錢唐吴修梅自營之壽藏也。修梅方中年，尚將出仕，而遽營地，其志趣可知。前在鬱林州解組歸，有聯句，乞余書之，曰：『萬里功名陸廉石，一家書畫趙鷗波。』修梅乃菘圃協揆之曆子，余九女穉雅之壻，在廣西官直隸州牧，曾署南寧守，到處有政聲。以拘謹之考，降官而歸，惟有石耳。歲乙巳，在錢江進龍浦祖墓之西，開化寺六和塔後之月輪山得一地，上下十餘畝，遂經營之，曰峖臺，曰㻂亭，曰鋘池。栽桂、栽梅、栽松、栽柏、栽杉、栽柳、栽白蓮、栽竹，有石屋竹樓，因樹爲屋，開門見山，可以望月，可以看潮，亭柱刻成句云：『月落江湖白，潮來天地青。』一切古樸，價廉工省，江鄉戚友樂玩之遊之，佳之至矣，雅之至矣。㻂亭梅三百六十株，刻聯曰：『前身應是明月，幾生修到梅花。』不貪言吉卜也。吾女雖常病不愈，得此藏地，亦致佳矣。因修梅請爲記，遂筆之。他年吾爲丁令威，必常由西湖來月輪山，望爾夫婦兒孫花木也。

小門生許瀚從沂州拓一舊墓門石來審是伏生傳尚書古文圖云此石置之王右軍祠内因題此詩

孔壁絲竹不可聞，存者伏生書古文。伏生之年九十外，女老能讀猶齟齬。帝令鼂錯受經勤，女年六十老布裙。即使是老生女，此亦當年六十。鼂出太常才出羣，年二十外。能誦能記文字分。七觀在此傳授殷，濟南潁川語近云。濟南、潁川言語相近。歸至漢京傳寫紛，此事何涉王右軍？任爾秦書竹簡焚，文武方册在典墳，留此一石古畫存。我觀此圖刻墓門，唐宋古繪徒煙雲。下帷車馬形紛紜，勝吴道子眞可欣。惟齊侯罍審出墓，餘書孔鄭空誾誾。

散宜氏大盤拓本説

前予丁憂起復，年鹽院額約齋頗知文墨。揚州大散氏盤在洪商家，我曾訪之，需價千金，我無措。彼時仁宗好古，因勸約齋進貢。洪氏索價四千，他商曰：『阮家已還過一千，何值四千？』約齋曰：『此物無價，但洪商今貧，帮他四千，他即得濟。』于是竟以四千進貢，貢收。余向約齋曰：『但此物本老揚物，若入内廷，外間即斷。我須借仿鑄一盤。』借來多月，仿兩箇盤，一收我家廟，一存府學内，教授李嗇生先生收存。又仿鑄二盤底，江吉雲先生用爲鏡，是以外間頗有拓本。其鑄法有良工，我兩三番教仿而後成。今有原盤拓本，有我當年印本，岑銅士於市中買得，以爲寶。余因令他匠拓仿器，裱一紙，與此相校，眞、仿器在毫釐之間，細察方知。貢器貯于圓明園，道光十幾年間遇火矣。仿鑄法：用好細泥印原盤底，又造蠟盤，待乾而後傾好銅。銅成審之，總有粗細之别。工曰：『此無他，故印泥須乾，乾即細一層。』于是工用細泥爲墨爲硃，用筆領泥，加乾泥安之上，成字即粗矣，再傾仍細，再筆泥，再領，始與今仿器無異。今細説其故，使知仿造之法非容易也。

散氏大盤原器已貢入内府，後此器存于西園内，道光年間遇火患。岑氏銅士得予初拓本于市中，予不能辨，因新拓一本來，竟難辨初本、仿本，再三揣摩始覺異者異。今仿造者，非予手拓本也。散氏即散宜生，買大貝如大車之渠獻紂者。

長蘆菴地藏菴記

禮祀洲長蘆菴，初以蘇詩與長蘆禪院近，因約略臆指之，然元明已一片大江。道光丙午，劉孟詹讀南宋范石湖《吴船録》，以書中有記：『長蘆，襆被宿寺中。范記但云『泊長蘆』，可見人人皆知襆被常宿。此爲菩提達摩一葦浮渡處，寺在沙洲之上，甚雄傑。江渡淙豅，行且及門，寺前舊有居人，今皆蕩去，岸下不可泊舟，潮洗之，不可泊也，移在五里所一港中。寺有一葦堂，以祠達摩。』余洲菴與宋梅花庵相距十里，料即一葦堂，滄桑蕩爲江水，歷宋、元、明，乾隆間又漸成洲也。道光辛丑歲，金陵大水漂一佛象來，止于菴前。翌日，又漂一佛座來，巧同止處。洲中人合奉其象入丹徒裝金，識者知爲地藏象，因即爲地藏龕，祠之長蘆菴中。安知非即達摩之前祠耶？丙午五月，采蘆者采一枝來，清明至夏至，已長一丈三尺矣，寒露出花，一丈四五尺矣，眞古長蘆也。今寺門久蕩去，瓜洲居民之蕩，與之相同，滄桑非麻姑所料也。此與宋梅花菴，北渚叔與愼齋弟數十年皆治洲事于宋梅花院，似古有因緣，當合觀之。

弟子記三葉　孫恩光

丙午六月三十日奉上諭：『王植奏耆紳重赴鹿鳴一摺，致仕大學士阮元品端學醇，勳勤懋著，年逾八衮，重遇鹿鳴，洵屬熙朝盛事。著加恩晉加太傅銜，准其重赴鹿鳴筵宴，並在籍支食全俸，用示朕篤眷耆臣至意。欽此。』王植奏爲：『奏請紳耆重赴鹿鳴仰祈聖鑒事。竊照本年丙午科江南鄉試，值臣監臨。茲據江寧布政使徐廣縉詳稱：「揚州府儀徵縣予告大學士阮，現年八十三歲，由廩生中式乾隆五十一年丙午科舉人，己酉科進士，改庶吉士，授翰林院編修，洊升體仁閣大學士，道光十八年予告回籍，在籍食俸。今恭逢道光二十六年丙午科鄉試，計距中式之期，已經周甲，應循例重赴鹿鳴。」詳請具奏前來。臣伏查予告大學士阮，一代經師，三朝耆舊。策名芸館，早歇歷於卿班；出領封圻，遂洊登夫台鼎。洎乎十載家居，自貞晚節；上荷九重主眷，迭沛新恩。茲當午陛興賢，丙科再啟；恰值亥齡積筭，甲紀重周。扶鳩杖以觀光，用揚聖世作人之化；賦《鹿鳴》而奏雅，洵極儒生稽古之榮。宜與賓筵，以光盛典。除咨明禮部外，理合遵例恭摺具奏，伏乞皇上聖鑒。謹奏。』

王植時爲安徽巡撫，現作丙午監臨。

王植，清苑縣人，丁丑進士，編修，爲己未翰林修撰門生姚文田之門生。姚禮部尚書，謚文僖。

正封函間，適摺弁回，接到京信：『欣知太老夫子中堂謝恩之摺，奉硃批：「覽奏均悉，願卿福壽日增，以待三赴鹿鳴盛事。」王言如鑄，福壽所鍾。從知茂德遐齡，定副九重眷許也。植謹再啟。』此監臨紫筆，時寄至小門生揚州府之函，尚在八月初六前，未入闈封門。硃批、謝摺敬謹存内。

孝子悌弟人家扁跋

孝子魏廷弼事實已公舉，奉旨旌表矣。其季弟廷瑜，得兄家書，即棄官星歸，猶及見兄，是悌且孝也。孝子乃予謝案。案姪季弟乃辛巳蕭山通家，故特表之。

道光丙午，里人八十三歲老人阮元。

京師慈仁寺新立顧亭林先生祠堂碑記

余昔跋顧亭林先生《肇域志》言：『世之推亭林者，以爲經濟勝於經史。』《四庫書提要》論亭林之學，經史爲長。然則徒以經濟贊頌者，非篤論也。夫經世之務，必由於學。《崑山縣志》稱先生生平精力絶人，自少至老，無一刻去書。《提要》稱國朝學有根柢者，以炎武爲最。二書所載，皆推本於學。其自著《與友人論學》篇云，所謂聖人之道者，曰『博學於文』，曰『行己有恥』，自一身以至於天下國家，皆學之事也；自子臣弟友以至出入往來、辭受取與之閒，皆有恥之事也。士而不先言恥，則爲無本之人；非好古多聞，則爲空虚之學。以此觀之，先生之經濟皆學術爲之。道州何太史紹基慕先生之學，以先生在京都曾寓慈仁寺，乃於道光二十四年，匃貲建祠堂於寺西偏隙地，架屋三楹，奉祀先生。落成時，平定張君穆製祭文甚美，且據車、徐兩家所譔年譜，增益付刻，甚博甚精。頃以書來，請余爲作祠記。先是崑山縣紳士于道光二十三年呈請以先生入祀鄉賢祠，經禮部奏准奉旨入祀。今於流寓之地，設位致饗，此亦本古人祠不盡在墓所之意。余願論先生之經濟者，一皆推原於博學、有恥二端，則欲論經濟，舍經史末由也。書此以諗後之謁是祠者。後學阮元謹記。

揅經室再續集卷八

釋眞後篇

余作《釋眞》篇，舉《詩》《書》內有从眞之字，不得以爲無非道書說僊人，以耳目爲階梯。韋昭說偓佺目方，隱身不見，反涉于誕也。余謂匕目爲艮，七目爲眞，此是古說。但『目』字不當作『眼目』解，目者，𠃊字加二，即象人身而言，目是人之身，『頃』字加『頁』有義。頃，頭不正也。卧身有義，躬身有義，呂骨有義，《說文》从眞二十二字，各有義。朱文正師喜言僊人，或非之。嘉慶中年，文正師好言僊，不學無術者，至畫文正公坐椅登雲，以致人傳爲笑。彼時文正公在仁宗前多所獻納，戴蓮士先生、英煦齋先生每舉好僊短之，致眷倚少衰。元助師言之，當許弟子知言也。《說文》『眞』匕、𠁥五筆，其中之『目』，音同身，義亦同。音亦同『申』。《說文》『身』从人，申省聲。丙午十一月小寒夜，悟達此義。

桐城劉少涂乞其父孟涂廣列女傳序

桐城劉君孟涂，余久馨其名，未識其人。嘉慶丙子，余撫中州時，孟涂來見，以詩文就質，其詩才高筆健，接跡前賢，駢體獨出機杼，余甚重之。別後遂不相見，而時以詩文函寄，後聞其客死亳州，亦絶不知其家消息。丙午冬，其子少涂繼來謁，始知其詩文集四十卷為其友姚君伯山所刊。先是，孟涂以其母夫人吴氏撫孤守節之故，輯《廣列女傳》二十卷，藏諸篋笥，尚未付梓。孟涂卒時，少涂甫三齡，病且殆，孟涂之喪適歸，其配倪孺人大慟曰：『吾夫既客死于外，而子之病又甚危篤，吾夫殆無後矣。』即自剄，不殊。至人定後，卒自經死，去孟涂之卒，才百日。今少涂幸得成立，年甫踰冠，即橐筆走京師，節省館穀，刻成此書，以成父志，以彰其君母之烈。劉氏之苦，而有文孫繼之，可謂偉然佳子弟矣。孟涂此書之例，斷至明止。余謂二母之節烈不可没也，少涂當輯二母事實，即以祖母殿諸節婦之後，以君母殿諸烈婦之後，誰曰不宜？孟涂尚有未刻書八種：《論語補注》三卷，《大學正旨》二卷，《中庸本義》三卷，《孟子拾遺》二卷，《續集》六卷，《外集》六卷，《別集》六卷，《詞》一卷，共二十九卷。皆少涂所搜輯，録有清本，為著其目於此。

道光丙午年冬十一月，頤性老人年八十三歲。

羅氏始遷揚兩世先塋碣銘

吾郡羅生茗香，以高材絶學，有聞於時，為元所禮事。歲丁未，其母夫人陳以上壽考終，將與其尊人合祔，禮也。墓在郡城西北司徒廟後之蔡家山，形家以為酉山卯向兼甲庚，云：此為茗香兼祧母、茗香祖父母及所後父母，與其本生父，舊皆同壙，有古冢人正兆域遺意。既諏日，茗香以狀來告，狀曰：

吾羅氏，故歙產也。家素貧，吾祖冶亭公以畫游京師，與諴邸瑤華主人相友善，吾所後父杏塘公，再娶皆於揚。吾生父守淳公，娶於淮。常行賈於淮以自給，故自吾祖母以下，暫徙於淮。淮之居圮於水，則又僦屋於揚，此羅氏去歙之始也。冶亭公以考取謄錄，由州同知借補北城兵馬司副指揮。乾隆五十二年，選授湖北興國州知州。杏塘公重本業，不欲家於官，故留淮揚閒。守淳公則隨侍京師及楚北。明年，迎吾祖母何宜人於揚，而冶亭公方以材謂為上官所任，留省理積案。比何宜人至興國任所，甫數月，冶亭公遽歿。歿後公私交困，守淳公勞勩備至，僅乃得舉殯，就杏塘公於揚而厝焉，以俟力紓歸葬。當是時，不自知其子若孫之將為揚人也。守淳公既奔馳數載，後遂病風痺。杏塘公所業亦日壞，久之，無歸歙望，乃改厝而窆。既窆，未立石。杏塘公旋卒，自是羅氏始入甘泉籍矣。吾祖諱克昭，字斯明，娶何。所後大宗杏塘公諱佑孚，娶秦、程。兼祧本生守淳公諱儒樸，娶陳，即今所爲合祔者也。羅氏祚既薄，而本生母尤終身勞瘁，自守淳公之病，以至於歿，外無期功強近之親，内無應門五尺之童。士琳又遊學於外，其經畫一切，有尋常士行所難能者焉。吾祖生雍正十二年九月二十八日，歿乾隆五十四年六月初八日，壽五十有六。祖母何生雍正十年七月二十三日，歿嘉慶十一年正月十一日，壽七十有五。杏塘公生乾隆十五年五月初六日，歿嘉慶二十年正月二十一日，壽六十有六。母秦生乾隆十九年十一月十四日，歿乾隆五十六年十一月二十五日，壽三十有八。母程生乾隆三十五年四月初三日，歿道光八年正月十四日，壽五十有九。守淳公生乾隆十六年十一月二十三日，歿道光元年七月初三日，壽七十有一。今合祔母生乾隆十九年十一月二十六日，歿道光二十七年三月十九日，壽九十有四。士琳既無似，不能有所振拔，以大其家聲。而又頻年覸食，去墳墓。樵蘇所傷，薪木幾盡。今雖封崇而補植之，猶不能如杏塘公所爲。若使先世遺澤久而湮滅，則罪戾滋甚，故及其未填於溝壑也，乞先生之文以誌焉。以期垂永久。

元不獲辭，又哀羅生之志，重其請，因即所述顛末而爲之誌，系以銘。銘曰：

吁興國君，丹青是資。大用未彰，首邱遂違。其艱其勤，杏塘守淳。遭於迍邅，以逮於遷。矗沒陳君，潛曜於閤。苿莒成終，繐帷斯協。以教其子，有譽觥觥。上壽耄期，天培厥生。華表峩峩，兆域迤迤。由歙而揚，再世妥此。我銘其阡，視羅氏孫子。

林茮生印稿序

余童年用印，倩畢旋之刻一小田黄『阮元印』，攜入京師，隨用六十年，不勝平漫，直至癸卯年燬於火。次則門生陳曼生在余幕刻者最多，曼生與表弟林小溪同幕，同朝夕，宜乎其多得曼石矣。曼生石一時推重，同時奚鐵生、王椒畦之畫，又同重一時。林氏梅花屋畫卷在表姪茮生處，故茮生得奚、王畫法甚高，世忽以印篆一事掩茮生也。即以印論，茮生專法曼生，曼生為余刻『阮氏琅嬛仙館收藏印』，今只此一印存矣。少前董小池洵亦絶佳，而世少傳之，為余刻『灊塘龕主』印，至今入火未燬。上款云：『老客金華舊部民，蕭蕭白髪不憂貧。平生幾度揚州住，惜未逢公作主人。嘉慶庚午冬。』蓋爾時有印皆出曼手，倩小池刻者少也。印首推秦漢，未有宋元。余有漢印五百鈕，半以入貢，只存百鈕，一合癸卯燬於火。入火者，石堅於銅。又存宋元花押、蒙古字印百鈕，在福兒處。每憶舊印，為之惘惘。今茮生之印亦已成名，是以敘之，而倀觸舊懷也。蘇公弔歐公詞云『世間萬事轉頭空，未轉頭時皆夢』，豈獨印哉！

辛丑冬日小支方丈于建隆寺西南隅梅竹中分屋立五代李招討龕位繪圖徵詩因題識之

老境宜歲寒，僧意惜殘臘。況此梅竹間，積雪正蕭颯。支公不愛馬，偈向樵公答。古寺一千年，閒屐始來踏。招討得一龕，香火隨老衲。夷齊與田橫，浩氣在灰劫。林寒鐘梵微，清琴渺相接。此時夷獸凍，將軍雪方獵。揚威將軍奕經。

建隆寺志略跋尾

道光己亥秋，建隆寺方丈僧小支以所修《建隆寺志略》送覽，余覽而善之。越數日，閒遊北郊，入寺，按志徧觀，不勝懷古之感。昔讀汪君容甫《廣陵對》，有曰：『藝祖擢自行間，典兵宿衛。受周厚恩，幸主少國疑，倒戈自立。其有前代懿親，不樂身事二姓，繕兵守竟，孤城援絕，舉族殉之，則李重進以淮南拒命，握節而死，下見世宗也。』乾隆間，揚州諸詩人遊建隆寺者，皆慷慨于李氏一門執節而死。以後來李公庭芝、史公可法竝論，是故事隔異代，久閱滄桑。學者尋古論世，每多持平之語。建隆寺在宋時，故應少褒[一]李氏之人。姜堯章樂府《淮海濁》一章，猶指重進為叛。然而綱常所繫，日月爭光，誰叛誰忠，自有定論。當時建寺者未立李公祠，本為闕典。小支今曷不擇寺中一室，寫立『周同平章事侍中招討使李氏諱重進父子舉族自焚盡節』之神位，猶未為晚。孤厲尚且祭之，況一家忠烈者乎？

兵部車駕司主事許君宗彥配梁恭人傳

恭人姓梁氏，名德繩，號楚生，兵部車駕司主事德清周生許君宗彥配也。駕部年十九，與予同舉丙午科鄉試，予齒長駕部四歲，後十有三年，予副朱文正公典己未科會試，駕部甫成進士，是科得人稱最盛。駕部以經學冠其曹，既分部視事，甫三月，以親老乞歸，不復仕。家事悉弗問，皆恭人主之，以故駕部益得覃研經史疑義，兼精於天文算法。杜門卻埽，優游林泉者，凡二十載。予於駕部相契深，且素重恭人賢，所生女娶為予五子婦，因知恭人之賢而才。又最悉恭人為文莊相國女孫、沖泉少司空之女，雖出於簪纓貴族，而不驕不侈，能以禮法自持，許氏族亦盛。恭人上事姑

[一] 褒，底本誤作『褎』，據文意改。

嫜，下襄夫子，九族之人無閒言。

初，恭人侍其舅方伯公粤東任所，重姑蔡太夫人在堂，性嚴厲，恭人頗得其驩心，方伯公與胡夫人尤愛憐之。既而方伯公告養，僦居杭，不十年，先後俱棄養，經營喪葬，半出恭人贊襄之力。歲戊寅，駕部又不禄，時側室子孟與叔早出繼，恭人命與仲三人分居於德清舊宅，曰：『先人廬墓之所在，子若孫安可違耶？』所生子延敬、延穀與側室子延潤均未逮成童，恭人延名師以教之，所與交，必通名於恭人，察其有器識、文藝者，而後命之交。吴薇客太史甫入泮，恭人即決其不凡，招與伴諸子讀，又申之以婚姻。恭人之識鑒，誠加人一等矣。諸子秉恭人教，咸克自成立，而恭人事事親操持，如駕部在時，不使紛心於家政。食指日繁，家計漸不給，然恭人綜理之，井井有條，裕如也。遇義舉無不贊成，親戚有告急者，恒捐簪珥以助之。延敬屢躓於場屋，援例以府同知赴閩，迎恭人就養。未及一載，歿于官。恭人撫遺孤善長挈歸杭，復如所以教其子者以教孫。庶長子兆奎先登辛巳科賢書，延潤則由錢唐籍以己亥科舉於鄉，延穀及善長竝占仁和籍，為學官弟子，名譽嘖嘖賢士大夫口。恭人顧之有喜色，督責仍不少寬。恭人處富貴若貧賤，安不忘危，積勞數十年，而心力至是蓋交瘁矣。

今歲春，延潤計偕北上，道出廣陵，謁予。問恭人起居，猶健飯，未幾，驟聞訃。延穀旋寓書于予，乞為傳。嗚呼！天何不再使恭人見其子若孫掇巍科、躋清班，而延穀輩思報庇賴之恩當如何。

無忝所生，更有以慰恭人于地下也。恭人平生無世俗之好，唯耽吟詠，自幼隨宦，身行萬里半天下，且得江山之助，著有《古春軒詩草》。恭人有女兄適于汪，早卒，遺女端，恭人鞠養之，授以詩，嘗選明一代人之詩而評定之，足闡明史是非，亦恭人之教也。

恭人生於乾隆辛卯年十月初五日卯時，卒於道光丁未年三月初八日子時，年七十有七。以其年十月二十二日，祔葬於留下花家山駕部之塋，距駕部下世已三十載矣。恭人生子二：延敬，先卒；延穀，今候選訓導。女三：長殤；次適海陽孫氏；三即予五子婦。庶生子四：長兆奎，國子監助教，先卒；次延宷，前宛平縣齊家莊巡檢；次延澤，兩淮臨興場大使，先卒；次延潤，今候選教諭。女一，適同里胡氏。孫十人，曾孫七人。

舊史氏曰：《詩》云：『釐爾女士，從以孫子。』康成謂女而有士行者，天使生賢知之子孫以隨之。予昔聞延敬之官於閩也，初權邵武府同知，繼攝邵武縣事，會水災，議卹民，延敬請恭人命而後行，同僚皆歎服。延敬爰以勤死，民奉以為神。恭人歸，泣而送者數千人。恭人性明敏，有決斷，能識大體，往往論古今事，必窮其端委，而辭不窮，使聽之者每忘疲。若恭人者，可謂女之有士行者矣。『孝子不匱，永錫爾類』，其亦知所勉歟。

艾湖春泛圖題句

扁舟載鶴艾湖濱，曾為清黄直疏陳。知我黄河高遠説，不將淤墊責時人。黄河『日遠』『日高』説，見余《揅經室集》中。

早已歸神向艾湖，阿戎今示昔年圖。圖中故友飄零盡，圖中己未諸公，皆已過去。剩我衰頹一老夫。

直生侍御年兄圖象，來峰世兄屬題，時道光十八年夏。

揅經室外集

文五卷

四庫未收書提要　揅經室外集

家大人在浙時，曾購得《四庫》未收古書進呈内府。每進一書，必仿《四庫提要》之式，奏進《提要》一篇。凡所考論，皆從采訪之處先查此書原委，繼而又屬鮑廷博、何元錫諸君子，參互審訂，家大人親加改定纂寫，而後奏之。十數年久，進書一百數十部。此《提要》散藏于揚州及大兄京邸，福因偕弟祜、孔厚校刻《揅經室集》，請録刊《提要》于集内。家大人諭：此篇半不出于己筆，即一篇之中，創改亦復居半，文不必存，而書應存，可别而題之曰『外集』。道光二年，阮福謹記。

揅經室外集卷一

禮記要義三十三卷提要

宋魏了翁撰。《宋史》本傳稱其有《要義》百卷，據《藝文志》，實二百六十三卷。訂定精密，先儒所不及。方回跋了翁所撰《周易集義》云：『前丁酉歲，以權工部侍郎忤時相，謫靖州，取諸經注疏摘爲《要義》。』《宋史·藝文志》分載其書，而《讀書附志》《讀書後志》《書録解題》《文獻通考》皆不著録。明時已無全本。内閣所藏，據張萱所述，已闕《毛詩》《周禮》。其餘七經，按其册數太少，知亦殘闕之本。今《四庫全書》所采，有《周易》《尚書》《儀禮》《春秋》四經。《周易》乃天一閣舊鈔本，已蒙高宗純皇帝親灑宸翰，昭垂卷首，嘉惠藝林，洵奇遇也。其自《周易》《儀禮》外，率非足本。此書明《聚樂堂藝文目》有之，《經義考》云『未見』。此本從宋刻影鈔，存者三十一卷，《曲禮》上下兩篇，亦以遺佚爲憾，然較諸《春秋》之所存者，固已勝之。案虞集《九經要義序》云：『取諸經注疏、正義之文，據事列類而録之。』與方回之言合。而張萱則謂考究九經中義理制度。今案其書删節注疏，存其簡當，去其煩冗，每段之前，各有標目，以便讀者之省覽。了翁初無己説，萓之所言，蓋未嘗詳核也。諸經注疏自宋遞傳至今，脱文譌字，不可勝舉。了翁所據，猶宋時善本，足資糾訂。而《禮記》孔疏，文繁義富，未易得其厓略，了翁删汰過半，頗爲精允，可以爲研經者之津逮。書中第五卷《王制》篇分上、下，實三十四卷云。

九國志十二卷提要

宋路振撰。案《宋史》本傳，振字子發，永州祁陽人，淳化中登甲科，眞宗時知制誥。嘗采五代僭僞吴、南唐、吴越、前後蜀、東南漢、閩、楚九國君臣行事，作世家、列傳，未成而卒。王應麟云：『書凡四十九卷，其孫綸增入荆南高氏，於治平中上之，詔付史館，實十國也。』《書録解題》則云：『末二卷爲北楚張唐英補撰，合五十一卷。』《文獻通考》《宋史·藝文志》總題爲『路振《九國志》五十一卷』，俱不及綸。蓋綸雖經增輯，而當時所傳播者，則唐英所補也。此書世久失傳，惟曲阜孔氏尚有舊鈔殘帙，用以重録，得列傳百三十六篇，編爲十二卷，而世家之文已不復見。卷帙叢殘，闕佚過半，然藉此以裨《五代史》之漏略，已不少矣。

皇宋通鑑長編紀事本末一百五十卷提要

宋楊仲良撰。案：李燾取北宋九朝事實，仿司馬光《長編》之體，編年述事，爲《續資治通鑑長編》，成書一百五十卷，卷帙最爲繁重。仲良乃别爲分門編類，以成此書。每類之中，仍以編年紀事，太祖七卷，太宗七卷，眞宗十四卷，仁宗二十四卷，英宗四卷，神宗三十四卷，哲宗二十六卷，徽宗二十八卷，欽宗六卷，共一百五十卷。各有事目，目中復有子目。汴京百七十年禮樂兵刑之沿革，制度政令之舉廢，粲然具備，可以案目尋求。李燾而後，陳均之前，煩簡得中，洵可並傳。而今所傳《長編》足本，徽、欽兩朝皆已闕失，藉此得以考見崖畧，尤可貴也。仲良之名，不見於書中。卷端有寶祐丁巳廬陵歐陽守道《序》，亦不言著書人姓名，而陳均《九朝編年》引用書目中有之，云『《長編紀事本末》楊公仲良』，故知此事出仲良手。然其書不見於《宋史·藝文志》，而趙希弁、陳振孫、馬端臨諸家亦皆不著録。近代藏書家，惟季振宜、徐乾學兩家有之，徐《目》云：『闕一百十四卷至一百十九卷。』今此舊鈔本亦闕此六卷，又闕六、七兩卷，而五、八兩卷亦非完衷，較乾學藏本，蓋又多闕佚矣。據守道《序》，此書寶祐元年刻於廬陵郡齋，貢士徐琥重爲校刻，則寶祐五年也。

四書箋義纂要十二卷紀遺一卷提要

宋趙悳撰。悳乃宋之宗室，博學工文，宋亡，遂隱居南昌之東湖，因號鐵峯。是書載朱彝尊《經義考》，此從元泰定間刊本影寫。宋時儒者闡發《四書》之功爲多，趙氏此書一遵朱子，凡《章句集注》所載，一事一言，必詳考其本源，而各箋義於其下，箋義之後，繼以附録，附録之後，繼以注疏纂要。宋淳熙己酉以前，學者確遵舊注，自是以後，幾不知注疏爲何物矣。此册載朱子《論孟序》云：『漢、魏諸儒正音讀，通訓詁，考制度，辨名物，其功博矣。』悳亦以《四書》之學必先觀注疏，而後知朱子發明之精，因作《纂要》。其所論説，本末兼賅，使《章句集注》之義，豁然無遺，較之杜氏之《旁通》，熊氏之《標題》，有過之無不及也。曾翰稱其『二十年之功力，彙箋成帙』，李粲稱其『由是而知朱子之説，由是而通聖人之道』，洵不誣矣。

漢官儀三卷提要

宋劉攽撰。晁公武《郡齋讀書後志》以爲劉敞所撰，非也。《宋史·藝文志》亦沿其誤。此書有攽自跋，謂幼年時所爲，仲原父爲之序，至爲亳州守，因復增損之。此可以證《讀書志》之誤。

案《宋史·劉攽傳》，攽自京東轉運使出知兖、亳二州，守亳時，年逾六十，而自言嬉戲不異昔時。攽與兄敞皆熟精《漢書》，此雖適情之作，而西京職官之制度大備，可以資讀《漢書》者之參考。以之較司馬光《七國象戲》，似爲勝之，宜公武稱其書爲雅馴。其法先置盆入金，以象口錢，非劉氏不得王，爲宗正及尚公主，以象一姓。漢爲土德之運，其數五，五五二十五，故率二十五擲，乃一終局。有免貼例，有納貼例，有得盆例，有雜例，而遷資、降資、賜爵比視之道備也。末附亡是公、翰林主人二傳。又案《遼史·國語解》『堂印』『博采』之名，此書亦有之，則知『堂印』不獨爲遼人語矣。此從影宋鈔本繕寫，書後有一行云：『紹興九年三月臨安府雕印。』知爲南宋初刻本也。

嘉定鎮江志二十二卷提要

宋盧憲撰。《宋史·藝文志》有熊克《鎮江志》十卷，而無憲此書。《書録解題》云：『《鎮江志》三十卷，教授天台盧憲子章撰。』《文獻通考》亦著録之。此書中稱憲者四條，稱盧憲者一條，故知是憲之書。書中所載事蹟，惟史彌堅最詳，趙善湘次之。考彌堅以嘉定六年九月守鎮江，八年九月請祠；善湘以嘉定十四年十二月守鎮江，十七年召還，寶慶二年再任。案元《至順鎮江志·學校門》載教官盧憲嘉定癸酉謁廟事，癸酉爲嘉定六年，正彌堅守郡之日，書當成於此時也。此書不見於近代藏書家著録，所存卷數與《書録解題》不同，中間脱文錯簡，往往而是。案其目録，似於體例間有未協，蓋由原本已多譌脱，經後人重爲編次，小有牴牾，固所不免。然宋人地志之存於今者，十不得一，而鎮江自六朝以後，遞爲重地，南渡以前之遺文墜典，如唐孫處(元)〔玄〕《圖經》《祥符圖經》《潤州集類》《京口集》之類，世無傳本，藉此以存厓畧，零圭碎璧，尤可寶惜。今從舊鈔本校正繕寫之。

至順鎮江志二十一卷提要

此書不著撰人姓名。案：鎮江自東晉以來，屹爲重地，志乘之書，在宋乾道間有熊克所撰者十卷，見於《宋史·藝文志》；嘉定間盧憲所撰者三十卷，見於《書録解題》。今《乾道志》久已失傳，《嘉定志》尚有傳鈔之本，已出後人掇拾。此書體例大致取法於《嘉定志》，而紀載詳備，較爲過之。大約宋《志》主於徵文，此則重於考獻；宋《志》旁稽典籍，務覈異同，此則備録故事，多詳興廢。鎮江在宋爲邊防之地，故其志攻守形勢，网羅古今；在元爲財賦之區，故此書物産土貢，臚陳名狀。其用意各有所在，不得而同也。至於郡守參佐，宋《志》近徵唐代，此則遠溯六朝；鄉賢寓公，宋《志》旁搜隋氏以前，此則詳於兩宋及元，互爲補苴，不可偏廢。然此書自明以來，藏書家絶無著録之者，洵爲罕覯之秘笈。此舊鈔本，編次失當，文字多舛，今重加校定繕寫，俾考京口故實者得以取資也。以之抗行袁桷之志四明，殆無媿焉。

續世説十二卷提要

宋孔平仲撰。取宋、齊、梁、陳、隋、唐、五代事迹，依劉義慶《世説》之目而分隸之，成書十二卷，見於《宋史》本傳及《藝文志・小説家類》，卷袠相同。《書録解題》《文獻通考》皆録其書，而近代儲藏家罕有著録者，王士（禎）〔禛〕《居易録》曾道及此書，云『已失傳』，則士（禎）〔禛〕亦不得見此書也。此書平仲無自序，有紹興戊寅長沙秦果序。序言『平仲書成未刊，從義郎李敏得善本於前靖守王長孺，相與鏤版，王親受於孔，知其不繆。丁丑之春，雒陽王濯來守沅之明年，李氏以其書版來售，即加是正鑱刻，以補其不足』云云。後有沅州公使庫總計紙版數目，并印造紙墨裱褙工食錢數目，後又有右迪功郎司法兼監使庫翁灌、右從事郎軍事判官閔敦仁、右迪功郎州學教授胡搏、左朝奉郎通判軍州事秦果、左朝散大夫知軍州事王濯五人題名，皆沅州官也。此從宋沅州刻本傳寫者，卷袠完整無闕，特書中部次錯雜，有兩條合爲一條者，抑且時代先後往往倒置，蓋校勘之時不免有私爲竄改之弊，必非平仲元本之誤也。

嚴氏明理論三卷後集一卷提要

宋嚴器之撰。取寒證分爲五十門，詳爲之論。又取仲景一百二十方之中，擇其世人所常用者二十方，各係之以論，別爲《後集》一卷。其説類多精詣，可爲讀仲景書者之津筏。《讀書志》《讀書附志》《書録解題》《文獻通考》皆無其書，諸家著録惟見於《讀書敏求記》。案錢曾云：『此書尾斷爛，序作於開禧改元，稱「成公當乙亥、丙子歲，其年九十餘」，則必生於嘉祐、治平之間。成公不知誰何，蓋北宋時人也。』曾之言如此。今此書首尾完好，無斷爛處，而失去開禧中之序，蓋曾所藏本非宋刻也。案《宋史·藝文志·醫家類》有嚴器之《傷寒明理論》四卷，書名、卷數若合符節。此本從宋版影鈔，雖不著撰人姓名，其爲器之之書，當無可疑。成公與器之之名，厥義相配，殆即器之之表德也。

陸士衡文集十卷提要

晉陸機撰。案《隋書·經籍志》載機集十四卷，又云：『梁四十七卷，録一卷，亡。』《唐書·藝文志》云十五卷，較《隋志》反羸一卷，殆傳寫之誤。《郡齋讀書志》《書録解題》《文獻通考》《宋史·藝文志》皆云十卷，則即此本也。宋慶元庚申奉議郎知華亭縣事信安徐民瞻曾合刻二陸文集，取張華之語，目之曰《晉二俊文集》。此即影鈔民瞻之本，與七閣所收《陸士龍集》相合。計賦二十五篇，爲四卷；詩五十八篇，爲二卷；樂府十首，百年歌十首，爲一卷；《演連珠》一首，《七徵》一首，爲一卷；頌、箴、贊、牋、表文、誄、哀辭共十五篇，爲一卷；議、論、碑五首，爲一卷，共一百七十四首。案晁公武云：『機所著文章凡三百餘篇，今存詩、賦、論、議、牋、表、碑、誄一百七十餘首。』厥數正同。則民瞻所刻，即公武之本也。公武又云：『以《晉書》《文選》較正外，餘多舛誤。』今案卷末《周處碑》中有『韓信背水之軍』一段，乃以他文襍厠，文義不相屬，公武所指，殆謂此類。其它文句譌脱，未容枚數。然北宋時已如此，而機集之傳於今者，亦莫古於此本矣。

註解章泉澗泉二先生選唐詩五卷提要

宋謝枋得撰。案：章泉者，趙蕃，字昌父；澗泉者，韓淲，字仲止，皆江西上饒人，爲清江劉子羽之門弟子。當時名人魁儒如葉適、湯漢，皆推重之。此書五卷，自韋應物至吕洞賓共五十四人，計詩一百單一首，皆七言絶句也。而李白、杜甫、韓愈、元稹之流，皆不在選。惟劉禹錫選至十四首，爲最多。其於諸家皆寥寥，蓋其體例出於唐人，故與《極（元）〔玄〕集》之類相似。枋得之註，能得唐詩言外之旨，可以爲讀唐詩者之津筏。卷端有枋得自序，序爲建安王道可而發。此書世罕傳本，惟錢曾《也是園書目》有之，而不載於《敏求記》。枋得之書，傳世甚少。《宋史》本傳、《藝文志》皆不載。書以人重，不僅以罕覯爲珍也。

續復古編四卷提要

元曹本撰。本字子學，大名人。嘗爲都昌丞，後出外佐信州幕，與太樸危素相友善。素撰《三皇饗禮樂章》，本爲之書，詔藏祕閣。本好古篆，年十七八時，輒喜作《石鼓》《嶧山》篆，師籀、斯而主《説文》，故下筆深穩圓動。平生志事功而不究其用。是書著録家絶不收采，蓋補宋吴興張有《復古編》而作。張氏之書，舊分類爲六：一曰聯緜，二曰形聲相類，三曰聲相類，四曰形相類，五曰筆跡小異，六曰上正下譌。本因其類而加二焉：曰字同音異，曰音同字異。自序云：『題曰「續復古編」，非敢增多以爲功，亦以發隱君之志，備拾遺耳。姑存篋笥，尚俟博雅君子正是之。』是稿也，四卷一十三類，六千四十九字，起於至順三年秋八月，成於至正十二年閏三月，蓋其一生精力所萃，歷十九年之久而後成，亦可謂勤矣。此從吴江潘耒家所藏舊鈔過録。前有危素、宇文公諒、楊翮、蔣景武及楊桓諸人之序，惟尚缺『上正下譌』一類，無從補掇，爲可惜也。

四書待問二十二卷提要

元蕭鎰撰。鎰字南金，臨江人。是書因當時取士，以經疑爲試藝之首，歷採宋元諸儒如朱晦菴、張南軒一十三家之説而折衷之，亦閒取時文之不倍師説者，設爲問答之義。書前有邵陵冷掾季存所爲《薈蕞述》及《續抄》兩序，稱其於甲寅賓興之初，嘗貢於鄉，既而以漏字黜。則此爲其發科決策之作，大旨以新安朱子之説爲主，而以己意貫串之，於四子書意，頗多發明。近時目録家所載甚少，惟黄虞稷《千頃堂書目》中有『蕭鎰《四書待問》二十二卷，泰定甲子序』，即是此本。兹就元時刻本影鈔，前有《四書互義》，後分列《論語》《大學》《中庸》《孟子》，凡五百四十問、七百一十七則。書中各條之下，有注『薈蕞』者，即鎰自作；有注『自修』者，則爲龍江歐陽蒙所作。鎰序所謂『比客建城，與友人歐陽養正讀書之次，隨時采集，因成是編』，即其人也。

道德真經集解八卷提要

唐岷山道士張君相撰。君相事蹟不可考。此書舊本皆題爲『吴徵士顧歡述』。考顧歡齊時人，《隋書·經籍志》載《老子義綱》一卷、《老子義疏》一卷，又《唐書·藝文志》有《道德經義疏》

四卷、《義疏治綱》一卷，不特書名、卷數均與此不合，不應齊時人而先引及陶隱居、成(元)〔玄〕英諸人。惟晁公武《讀書志》、王應麟《玉海》有岷山道士張君相《三十家道德經集解》：一河上公，二嚴遵，三王弼，四何晏，五郭象，六鍾會，七孫登，八羊祜，九羅什，十盧裕，十一劉仁會，十二顧歡，十三陶(宏)〔弘〕景，十四松靈仙，十五裴處恩，十六杜弼，十七節解，十八張憑，十九張嗣，二十臧(元)〔玄〕静，二十一大孟，二十二小孟，二十三竇畧，二十四宋文明，二十五褚糅，二十六劉進喜，二十七蔡子晃，二十八成(元)〔玄〕英，二十九車惠弼。公武又言：『書稱三十而列名止二十九，蓋君相自爲一家言，並數之尒。』今以其言考之，頗與是書合，則爲君相所集無疑。至書中兼有引唐(元)〔玄〕宗御疏，則又爲後人所羼入。而所稱『陳曰』『榮曰』者，殆杜光庭所云『任眞子陳榮』也。兹從《道藏》本録出，與天一閣所藏相同。究係唐人所纂，六朝人遺説，賴以不墜。著録家往往失之，爲可惜也。君相不知何時人，晁氏以爲成玄英爲皇朝道士，則天寶以後之人。案：杜光庭《道德經廣聖義序》引著述人名有『岷山道士張君相《集解》』，在(元)〔玄〕宗御疏之前，則不在天寶後矣。且晁氏之言，書中亦不見，未知何據。

聱隅子二卷提要

宋黄晞撰。晞字景微，蜀人。嘗聚書數千卷，學者多從之游。案趙希弁《讀書附志》：『晞好讀書，著《聱隅歔欷瑣微論》。石介爲直講，聞其名，使諸生如古禮，執羔鴈、束帛就里中聘之，以補學職，固辭不就。故歐陽文忠爲徂徠先生詩有「羔鴈聘黄晞，晞驚走鄰家」之句。嘉祐中，韓魏公爲樞密使，薦之以爲太學助教。』而朱子《近思録》中亦嘗稱之爲『聱隅黄先生』，洵乎儒者之流也。《書録解題》嘗載此書。至《宋史·藝文志·褉家類》又有《歔欷子》一卷，亦疑即此本。此從宋刻本影鈔。國初時曾收藏於泰州季振宜、崑山徐乾學兩家書目。書凡十篇：曰生學，曰進身，曰揚名，曰虎豹，曰仁者，曰文成，曰戰克，曰大中，曰道德，曰三王。每篇冠以小序，卷首又有自序，述十篇相承之旨。晞之文學，在宋初能見重於名臣大儒，其辭受不苟，殆有足稱者。故書中言論，不詭于正，體裁、文句皆規橅揚雄《法言》。王應麟《玉海》直著爲『儒家』，似可無愧也。

嘉量算經三卷提要

明朱載堉撰。載堉，鄭恭王厚烷世子。所著《樂律全書》及《聖壽萬年書》等，已著録。其

《律吕精義》内有『據《㮚氏》爲量，内方尺而圜其外』之文，謂圜徑即方斜，命黄鍾正律爲尺，而用句股法相求。此書蓋即其意而推衍之。其所異者，正論則主縱黍，《算經》則主横黍，其實亦互相發明也。首載《算經答問》。上卷先著圖説，次乃推明周徑容積相求之理。中卷由開方以及十二律、通長、面幕、容積、周徑。下卷則因旋宫而兼識琴調，大旨謂聲生於器，而以度定量，以量定權，必參相得而後黄鍾之律可求。數學之妙，出於天地自然，非由人力所能杜撰也。載堉學問已詳於《樂律全書提要》之内。此則成於庚戌，在載堉二十三年進《律書》之後，成書較晚，足與前書相輔而行。兹本卷數與《明史·藝文志》及《千頃堂書目》所載相同，猶是原本。其設術皆得諸心解，固非空言無徵者所能及也。

分門纂類唐宋時賢千家詩選二十二卷提要

宋劉克莊撰。克莊有《後村集》五十卷及《詩話》十四卷，《四庫全書》已著録。兹其所選唐、宋時賢之詩。題曰『後村先生編集』者，著其别號也。是書爲向來著録家所未見，惟國朝兩淮鹽課御史曹寅曾刻入《楝亭藪書》中，前後亦無序跋。案《後村大全集》内有《唐五七言絶句選》及《本朝五七言絶句選》《中興五七言絶句選》三序，或鋟版於泉，於建陽，於臨安，則克莊在宋時固有選詩之目。此則疑當時輾轉傳刻，致失其緣起耳。書分時令、節候、氣候、晝[一]夜、百花、竹林、天文、地理、宮室、器用、音樂、禽獸、昆蟲、人品十四門，每門附以子目，大致如趙孟奎《分類唐詩歌》，所選亦極雅正，多世所膾炙之什。惟中多錯謬，如杜甫、王維、趙嘏諸人傳誦七律，往往截去半首，改作絶句，甚至名姓不符。然考郭茂倩選古樂府，如『風勁角弓鳴』一律，截其上四句，題爲《戎渾》；『莫以今時寵』一絶，加作八句，題爲《簇拍相府蓮》。則古人多有此例，不足以掩其瑜也。

梅花喜神譜二卷提要

宋宋伯仁撰。伯仁字器之，湖州人，所著有《西塍集》一卷，《四庫全書》已著録。此書《宋史·藝文志》及諸家書目皆不載，惟錢曾《述古堂書目》中有之。寫梅花百圖，上卷分五類：一蓓蕾四枝，二小蕊十六枝，三大蕊八枝，四欲開八枝，五大開十四枝；下卷分三類：一爛漫十八枝，二欲謝十六枝，三就實六枝，每圖各綴五言絶句。曰『喜神』者，殆寫生之意。考伯仁於嘉熙中曾

[一] 晝，底本誤作『畫』，據甲戌續刊本及《宛委别藏》所收此書改。

爲鹽運司屬官，故末首云『商鼎催羹』。其平日多與高九萬、孫季蕃倡和，自號『雪巖耕田夫』，所吟亦見於陳起《江湖小集》、《千頃堂書目》并載其《烟波圖》一卷，蓋江湖派中人也。兹從宋板影鈔，前有伯仁自序，後有向士璧、葉紹翁序、跋。書初刻於嘉熙戊戌，此其景定辛酉金華雙桂堂重刻之本也。

晁具茨集十五卷提要

宋晁沖之撰。沖之字叔用，鉅野人，即侍郎公武之父。考晁氏於咸平、景德中爲天下甲門，一時羣從之盛，多在黨中，其富貴亦莫與倫比。故著述之多，如詹事以道之《景迂集》，朝請之道之《崇福集》，進士伯宇之《封邱集》，吏部無咎之《雞肋集》，皆與沖之爲同輩。沖之以文莊爲曾大父，以文元公爲高祖，是以其學具有淵源。然公武作《讀書志》，載喻汝礪序言：『叔用棲志林澗曠遠之中，遇事寫物，形於興屬，淵雅疎亮。』則其不溺於聲色之場可知。今《景迂》《雞肋》兩集，七閣已著録，而此集流傳甚少。卷首有喻序，正與《讀書志》合。得古今體詩共一百六十七首。劉後村曰：『喻汝礪所作序，筆力浩大，與叔用之詩相稱。余讀叔用詩，見其意度宏濶，氣力寬餘，一洗詩人窮餓酸辛之態。其律詩云：「不擬伊優陪殿下，相隨于蔿過樓前。」追書承平之事，未有悲哀警策於此句者。晁氏家世顯貴，而叔用不肯陪伊優之列，甘隨于蔿之後，可謂賢矣。他作皆激烈慷慨，南渡放翁可以繼之。』克莊所稱挹如此。此詩今具載集中，題作《次二十一兄季此韻》，則爲原編無疑。視《北山律式》後附沖之之詩僅數首，則是爲足寶矣。其注不知何人所作，引書內有《一統志》及《韻會》《韻府》等書，當爲明時人。

詳註周美成片玉集十卷提要[一]

宋周邦彦所撰。《片玉詞》二卷，《四庫全書》已著録。此宋陳元龍註釋本。元龍，字少章，廬陵人。是書分春、夏、秋、冬四景及單題、雜賦諸體，爲十卷。元龍以美成詞借字用意，言言俱有來歷，乃廣爲考證，詳加箋註焉。

[一]『提要』二字原缺，依全書體例，『十卷』後當有之，底本卷首目録中亦有，據補。

琴操二卷提要

漢蔡邕撰。邕字伯喈，陳留圉人，事載《後漢書》列傳。案：《唐史·藝文志》有桓譚《琴操》二卷，無蔡邕《琴操》。然《桓譚傳》云：『譚好音律，善鼓琴，著書號曰《新論》。《琴道》一篇未成，肅宗使班固續成之。』今《文選注》引《琴道》甚多，俱與此不合，則非譚書可知。又隋、唐兩《志》有孔衍《琴操》一卷，《宋史·志》作三卷。《崇文總目》曰：『晉廣陵相孔衍撰。述詩曲之所從，總五十九章。』《書録解題》曰：『止一卷，不著氏名。《中興書目》云：「晉廣陵守孔衍以琴調周詩五篇，古操、引共五十篇，述所以命題之意。」今周詩篇同，而操、引財二十一篇，似非全書也。』與此頗相近。兹從徵士惠棟手鈔本過録。上卷詩歌五曲、一十二操、九引，下卷雜歌二十一章。今《文選·長笛賦》李善注引《琴操》曰：『伏羲作琴，以修身理性反天眞也。』又《演連珠》《歸田賦》注引蔡邕《琴操》曰：『伏羲氏作琴，弦有五者，象五行也。』俱與此同，則在唐世已然，其爲舊題無疑。雖中引事實，閒有如周公奔於魯之類，未免似沈約之注《竹書》，然《越裳操》見於《大周樂正》，《思親操》見於《古今樂録》，其遺聞佚事，均足與經史相證，非後世所能擬託也。

詩傳註疏三卷提要

宋謝枋得撰。枋得著有《疊山文集》，《四庫全書》已著録。是書《宋史·藝文志》不載，朱彝尊《經義考》則云『已佚』。惟元人解經，如劉瑾《詩傳通釋》、朱公遷《詩經疏義》、胡一桂《附録纂疏》、徐與喬《初學解體》中互相徵引，而陸元輔云：『疊山《詩傳》，發明透暢，其書爲當時所重。』兹本通計三百零一則，分上、中、下三卷，似係後人編輯而成，已非原書卷帙。考枋得生丁板蕩，故其説詩見志，每多《小雅》憂傷哀怨之思。然據理解經，亦絶非横發議論若胡安國之《春秋傳》可比。今書中如《無衣》之『與子同仇』，隱然見高宗南渡之事；如皇父之『不遺一老』，輒復刺似道誤國之事。至於《蓼莪》四章，尤詳明愷切。然則《禮》之所謂『温柔敦厚』與《論語》之所稱『興觀羣怨』者，於枋得實無愧焉。

尚書要義三卷提要

宋魏了翁撰。了翁《尚書要義》，《宋史·藝文志》本二十卷，其十七卷《四庫全書》已著録，此即其中所佚之三卷。考了翁在靖州時，著《九經要義》，凡二百六十三卷。近惟《周易要義》十卷、《儀禮要義》五十卷尚爲全書。其餘如《春秋左傳要義》三十一卷，内缺二十九卷；《尚書要義》十七卷，内缺三卷。蓋自明張萱重編《内閣書目》時，載《九經要義》止存七種：《儀禮》七册，《禮記》三册，《周易》二册，《尚書》一册，《春秋》二册，《論語》二册，《孟子》二册，已率非全本。今《論語》《孟子》尚未見著録，而《禮記》已得三十三卷，較明人所見卷帙，已不啻倍之矣。此本從舊鈔傳録。第七卷自《甘誓》至《(允)〔胤〕征》，八卷自《湯誓》至《咸有一德》，九卷自《盤庚》至《微子》，與七閣中原載山陰祁彪佳家所藏本悉合，洵足以補從前之缺佚。且所據疏本乃宋時善册，如卷七弟九則『烏焉解羽』之『焉』，弟十二則『器用既具』之『用』，弟十三則『故政由羿耳』之『故』，卷九弟七則之或稱『商』、或稱『殷』，弟十二則『夏惟作祫不作時祭』之『時』，弟十九則『故絶其惡類』之『惡』，並足補明以來刊本之脱。如卷八弟十則『上故更致社稷』之『致』，弟十一則『從謂逐討』之『逐』，弟十六則『故用(元)〔玄〕牡』之『用』，卷九弟三則『亳殷在河内』之『内』、『治皆作亂』之『治』、『從河南亳地遷於洹水』之『南』，弟十三則『延之使前而教告之』之『教』，弟廿六則『且云我徒也』之『且』，亦足訂明以來刻本之誤。不特其書採摘注疏中精要可爲讀經之助，而了翁諸經《要義》從此珠聯璧合，亦佳事也。

左氏摘奇十二卷提要

宋胡元質撰。元質字長文，吴郡人，官給事中。考《宋史·藝文志》於『史部』下載《西漢字類》五卷，注『胡元質撰』；而於『經部春秋類』下載《左氏摘奇》十二卷，則注『不知作者』。此疑當日或傳刻者失之。惟陳振孫《直齋書録解題》中載此稍爲詳悉，其姓氏爵里，實與今本相合。此本從吴中藏書家影宋鈔録，卷後有元質自記一條云：『《左氏摘奇》皆手所約，鋟木於當涂道院，與同志者共之。乾道癸巳元日書。』當係原刊所識。書中摘録經傳一二字，必兼採杜預《集解》，其謹嚴處，視林鉞《漢雋》、蘇易簡《文選雙字類要》爲勝。《宋史·志》入之『經類』，似不爲過。至《文獻通考》竟列於『類書』之中，猶未盡此書之要也。

回溪史韻二十三卷提要

宋錢諷撰。諷字正初，本錢塘人，爲吴越王之裔，後卜居於嘉禾之回溪，故自號『回溪』。其書爲近時著録家所罕見。惟宋趙希弁《讀書附志》以爲『依唐韻分四聲，以十七史之句注於下』，而陳振孫《書録解題》亦云：『其附韻類事，頗便檢閲。』蓋宋人兔園册，類摘雙字、編四聲以便尋檢，而回溪獨采成語，多至三四句，未嘗割裂原文，洵著書之良法也。秀水朱彝尊跋此云：『予嘗見宋時鈔本於京師，僅存七册，嫌其殘缺，未之録也。歸田後，始大悔之。從琴川毛氏、長洲何氏訪其所藏，合之才十七卷，亟寫而存之笥。天下之寶，離者會有合時。安知後來所求，不適少此十七卷耶？』兹從影宋本傳録。卷首衹存『慶元五年四月既望郡人鄭僑』一序。而《讀書志》所云『錢文子序』，已無從復得。據《明成祖實録》，纂《永樂大典》時，諭解縉等稱『嘗觀《韻府》《回溪》二書，事雖有統而採摘不廣，紀載太畧，爾等其如朕意，凡書契以來經史子集百家之書，備輯爲一書，無厭浩繁』，則此在明時曾入祕府。今書平韻自『一東』至『四江』、『七之』至『十一模』共五卷，上聲『一董』至『三十六養』共八卷，去聲『十四泰』至『五十九鑑』共六卷，入聲『十二昔』至『三十四乏』共四卷，通計二十三卷，較彝尊見時已多五卷，安知後日不更有多於此者？是可以寶也。

梅花百咏一卷提要

元韋珪撰。珪字德珪，山陰人。案：《四庫全書》所收《梅花百咏》，乃元馮子振、釋明本倡和之詩。德珪此作，始以李仲山之命，成《咏梅》二十六首，繼又摭拾見聞，更成百首，復以梅花未入《楚詞》，作《補騷》一章，以附於後。又嘗自署其讀書處曰『梅雪窩』，蓋其平生有嗜梅之癖矣。首有楊維禎手書序文，此從元刻摹寫者。

通(元)〔玄〕真經注十二卷提要

《文子》二卷，《四庫全書》已著録。此注『唐徐靈府撰』。靈府號默希子，錢塘人。爲(元)〔玄〕宗時徵士，隱修衡嶽，注《文子》書上進，遂封通(元)〔玄〕眞人，名其書爲《通(元)〔玄〕眞經》，見杜道堅《通(元)〔玄〕眞經讚義》及《全唐詩傳》。又《西天目志》載靈府由天目趨天台，憩雲二十餘年，作言志詩辭武宗之徵，著《元鑑》五卷及《三洞要畧》，則靈府又嘗作天台道士矣。案：《唐書·藝文志》有『《注文子》十二卷，徐靈府著』，而《崇文總目》又云：『《文子》十一卷，徐靈府注，闕。』則徐注在宋時傳習已少。《四庫全書總目》云：『自北魏以來，有李暹、徐靈府、朱元三家注，惟靈府注僅存，亦大半闕佚。』兹從明《道藏》本過録。題曰『默希子注』者，據晁公武《讀書志》、王應麟《玉海》皆云『墨希子』，即徐靈府自號，『墨』與『默』通也。今觀是注，清靈婉約，而《文子》正文亦尚是舊時之本。其自序云：『默希以元和四載投蹟衡峯之表，考室華蓋之前，迨經八稔。夙敦樸素之風，竊味希微之旨。』則是書當成于居衡嶽之時。据錢曾《讀書敏求記》曰：『《子彙》云，吴中舊刻僅十餘葉，近得默希子本，始覩其全。不知何故不照原書翻刻，又盡削靈府之注，殊所不解。此是太原祝氏依宋板摹寫者，亦希有之本也。』是明時尚有仿宋槧本，今則捨此無從考核矣。

古逸民先生集三卷提要

宋汪炎昶撰。炎昶字懋遠，婺源人。幼有奇志，於書無所不讀，鈎深探賾，洞極淵奥。其學原本六經，得程、朱性理之要。宋末，嘗從太學生孫嵩元[一]遊，遂不仕，自號『古逸民』，學者稱爲『古逸先生』，得年七十有八。其門人東山趙汸爲之《狀》，而金華宋濂爲之《銘》，皆極力推重。此本詩一卷、文一卷、附録一卷，爲近時藏書家所罕覯。惟黄虞稷《千頃堂書目》有之，作五卷，蓋

[一] 按：宋濂《宋學士文集》卷六四《芝園續集》卷四《汪先生墓銘》云：『初，元既滅宋，宋太學生孫公嵩悲哀不自勝，歸隱海寧山中，誓不與接。』可知孫氏名爲孫嵩。而趙汸《東山存稿》卷七《汪古逸先生行狀》云：『宋太學生孫公嵩元京，國亡歸隱海寧山中。』可知孫嵩爲名，元京乃其字。阮元將《行狀》中『京國亡』連讀，遂致誤認『孫嵩元』爲名。據《〔弘治〕徽州府志》卷九載：『孫嵩，字元京，休寧埜山人。貌怪奇趣，尚幽潔，以薦入太學。宋亡，歸隱海寧山中。』可確證此太學生名孫嵩，字元京。

與趙汸所作《行狀》相合。此則係後人所編輯，非當時原本。然詩文簡浄古穆，具有法度，非明人叫囂者所及。元代文章遒上，實源於此，則猶有宋季學者之風也。

漢文鑑二十一卷提要

宋陳鑑編。按：鑑，建安人，自稱『石壁野人』，乃南宋遺民。此書不載《宋史·藝文志》，惟見明人《百川書志》及《千頃堂書目》。前有端平甲午鑑自序，其文皆採自史傳，不無删節之病。然就西京文纂録其要，可以爲讀史之助，與前次所録《東漢文鑑》，同爲宋時巾箱本，合之成全璧云。

蘋洲漁笛譜二卷提要

宋周密撰。密著有《癸辛雜識》，《四庫全書》已著録。是書乃其所作詩餘。秀水朱彝尊撰《詞綜》，以爲《草窗詞》一名《蘋洲漁笛譜》。今考《草窗詞》比斯譜實增多數闋。則知《笛譜》是其當日原定，《草窗詞》或後人掇拾所成，特以此爲藍本耳。是書從長塘鮑氏知不足齋舊鈔傳寫。前有吴文英題詞，後附《徵招》《酹月》二闋並王櫄識尾。據琴川毛扆舊跋云：『《西湖十景詞》，嚮缺末二首。偶閲《錢塘志》中載此，亟命兒鈔補之。』然其脱畧，仍無從搜輯也。

兩京新記一卷提要

唐韋述撰。原本五卷，見《宋史·藝文志》及程大昌《雍録》。明郎瑛《七修類稿》亦嘗及之。朱彝尊《書熙寧長安志後》云：『《東西京記》，世無全書。』則彝尊所見已非完本矣。此一卷在原書爲第三卷，所載坊寺宅觀園祠，於東西南北比次頗詳。日本人採在《佚存叢書》中。唐人著述，現存者少，兹遵《四庫全書》採録莫休符《桂林風土記》之例，爲録存之。

洞霄詩集十四卷提要

宋道士孟宗寶撰。宗寶字集虚，嘗築室於苕溪之上，曰『集虚書院』。爲詩文咸有法度。煉（元）〔玄〕養素，居九鎖山中，三年，積書至數千卷。與鄧牧相友善。牧爲《洞霄宫圖志》，曾載其人。考今《道藏》中《大滌洞天記》有至元三年吴全節序云：『道士孟集虚出所編《洞霄圖記》，山川之奇秀，巖洞之深杳，宫宇之沿革，人物之挺特，昔耳目之未及者，今一覽無遺。是編行乎世，集虚於兹山之功亦懋矣。』《大滌洞天記》者，即今《洞霄圖志》也。《記》本鄧牧著，而序以爲孟宗寶者，疑當日兩書本合行耳。是本明有高以謨刊，近亦不可得見。此從舊鈔過録，中有殘缺處。宗寶後跋云：『宋紹定間住山，沖妙龔先生與道士王思明裒類大滌留題，刻版行世。迄今大德壬寅，且三十年，廢勿舉，名勝入山，咸謂闕典。宗寶以介石沈公命，取舊集洎家藏詩，與本山葉君、牧心鄧君暇日討論，删定唐宋賢及今名公題詠，命工重刻，與好事者共之。』則其用力亦勤矣。書中所載篇什，至元時元貞、大德之間，而於王思明則載入『宋本山高道類』，因仿《四庫全書·伯牙琴》之例，歸諸宋人焉。

燕喜詞一卷提要

宋曹冠撰。冠字宗臣，號雙溪居士，東陽人。見《縣志》。此本有淳熙丁未長樂陳㦷及釣臺詹效之二序，文云：『檢正曹公，臺省舊人，來游宣幕，太守大監詹公歎賞其文，刊諸宣城學宫。復以所著樂府析爲别集，名曰「燕喜」。』今從毛氏汲古閣舊藏本録出。

醉翁談録五卷提要

宋金盈之撰。案：盈之家世汴京，南渡後官從政郎、衡州録事參軍。此書載黄虞稷《千頃堂書目》。第一卷名公佳製，載宋以來名卿大夫詩文各體。第二卷榮貴要覽，畧述唐宋中恩榮遺制。第三、四卷則爲京城風俗記，備載宋室全盛時汴京風物繁華之盛，凡所見聞，案月搜記，如四時風俗好尚，無不畢載。第五卷瑣闥記聞，載唐時遺事爲多。書中所載詩文雜事，雖屬瑣碎，然博聞洽見，足資談助，可與《夢華》《夢粱[一]》等録並傳也。

重修琴川志十五卷提要

元盧鎮撰。鎮字子安，淮南人，至正間以領兵副元帥兼常熟州知州事。按：琴川，常熟别名。齊以南沙爲常熟縣。升縣爲州，始于元元貞二年。明洪武三年，復改爲縣。舊志刱始于宋慶元間縣令孫應時。至淳祐辛丑，鮑廉更加飾焉，旁搜博採，列爲十門，而書乃詳。其後時久人殊，卷帙

[一] 粱，底本誤作『梁』，據《夢粱録》書名改。

散佚，百餘年間，未有取而續之者。元至正時，鎮宰是地，乃屬耆老顧德昭等搜求孫、鮑舊本，復參考異同，重付諸梓。凡所未載，並附卷末。書中云『晉案』者，惜佚其姓，疑德昭名也。其于城池之形勢，山水之崇深，與夫兵賦之多寡，文獻之昭垂，罔不記載詳明，了無餘蘊，是可與施宿《嘉泰會稽志》、梁克家《淳熙三山志》抗衡，非明人全用己説者可比。鎮後序所云『其續志則始于有元』，今闕佚已久，無從補録。是册從汲古閣毛子晉舊校本影寫。著録家惟見於黄虞稷《千頃堂書目》，亦不詳其姓氏。崇禎間，邑人龔立本跋此書云：『邑中邵兵部麟武得於興福寺，僅半部，後歸許文學竢美。竢美復于南都書肆購其所佚之半，始成全帙。』則此書在前明已稱難得，今復二百餘年，宜倍珍惜也。

南華真經注疏三十五卷提要

唐成(元)〔玄〕英撰。(元)〔玄〕英字子實，陝州人，隱居東海。貞觀五年，召至京師。永徽中，流郁州。書成，道士王元慶遺文學賈鼎就授大義。嵩高山人李利涉爲序。考《唐書》無(元)〔玄〕英傳，其見於《藝文志》者如此。諸家著録，卷帙多寡不同。《唐志》十二卷，《書録解題》三十卷，《郡齋讀書志》《文獻通考》皆三十三卷，《宋史·藝文志》十卷，《讀書敏求記》二十卷。今依明《道藏》本抄録，爲卷三十五。據《敏求記》，錢曾所藏爲前明南京解元唐寅家北宋槧本，蓋當時單行之書，不與《道藏》本同也。唐人著書，傳世日少，此唐初之書，至今首尾完具，尤爲罕得。疏之所本，爲郭象注。象注掃除舊解，標新領異，大半空言，無所徵實，不免負王弼注《易》之累。（元）〔玄〕英此疏，則稱意而談，清言曲暢。至序文云：『莊子字子休，生宋國睢陽蒙縣，師長桑公子，受號南華仙人。』殆出《眞誥》之類，殊可以廣異聞。（元）〔玄〕英於貞觀中加號『西華法師』，見於《讀書志》。

華陽隱[一]居集二卷提要[二]

梁陶（宏）〔弘〕景撰。（宏）〔弘〕景有《眞誥》，《四庫全書》已著録。此其生平雜文及與武帝往復論書之劄。據集中《尋山誌》云『先生去世後，久無人編録文集。至陳武帝貞明二年，勅令侍中尚書令江總始撰文集。先生以梁大同二年解駕，至是五十二載矣。文章頗多散落』云云。然

［一］隱，甲戌續刊本作『陶』。而《宛委別藏》所收，書名作《華陽陶隱居集》，與二本提要書名皆異。

［二］底本『提要』二字後有『之隱』二字，今據全書體例及甲戌續刊本删。

考《隋書·經籍志》『梁隱居先生《陶(宏)〔弘〕景集》三十卷』，又『《内集》十五卷』。至宋人作《唐書·藝文志》，僅載《陶(宏)〔弘〕景集》三十卷，則疑其所作《内集》已佚。自是以後，傳述愈微。晁公武、陳振孫皆未著録。是本從明《道藏》本録出。卷首載『昭臺弟子傅霄編集、大洞弟子陳桷挍勘』，蓋亦道家者流。惟集前有江總序一首，似尚存其舊，餘則存什之一二而已。若夫殘膏剩馥，實足以沾溉後人。蓋(宏)〔弘〕景在道家亦號學者，其著述與抱朴抗衡，所謂列仙之儒也。

三術撮要一卷提要

不著撰人名氏。案陳振孫《書録解題》云：『《三(術)〔曆〕掇要》一卷，無名氏。又一本名《擇日撮要(術)〔曆〕》，大畧皆同。建安徐清叟眞翁云，其尊人尚書公應龍所輯，不欲著名。』疑即此書。此從影宋版鈔録，亦無刊刻年月，惟中引周謂《彈冠必用》及沈括《夢溪筆談》，當是南宋閒人手筆。蓋陰陽家言，爲術士所祕，六壬遁甲古法，除《太白陰經》《武經總要》之外，載者寥寥無幾。宋以前《百忌》《萬年具注》《集聖》《廣聖》諸書，非此並無從舉其名目。故雖五行選擇家所用，而司天監據以鋪注頒朔者，實不越此，亦足資考鏡也。

蕭冰厓詩集三卷提要

宋蕭立之撰。立之，寧都人，字斯立，一名立等，號冰厓。登方逢辰榜進士，仕至通守。歸隱後，自放於詩，大旨宗江西派。《宋詩紀事》嘗採其詩。此三卷僅有五七言、古體、五七律及七絶，乃其九世從孫敏所訪求而得者。其原跋稱『向有詩集二十六卷』，然則立之詩佚者多矣。此集雖僅存什一，但明羅倫序稱其『納交吴氏艸廬，見知謝氏疊山』，是詩以人重，一鱗片羽，亦可珍貴云。

徐文清公家傳一卷提要

宋朱元龍、葉由庚、龔應之等同撰。按：文清，名僑，字崇甫，婺之義烏人。《宋史》有傳。此則僑門人等所撰，至僑九世孫彰，刊以行世。與《宋史》相勘，大段相合，唯謂僑於紹定二年，理宗新政，思得宿望以新大化，中外延頸以俟，登用者惟僑與眞德秀、魏了翁三人，考《宋史·理宗本紀》，不載僑名，未免蹈家乘溢美之習。然《本紀》言：『端平二年甲寅，詔議胡瑗、孫明復、邵雍、歐陽修、周敦頤、司馬光、蘇軾、張載、程顥、程頤等十人從祀孔子廟庭，升孔伋十哲。』据《家傳》，則僑與李𡎺實主其議。又《本紀》言:『是年三月,詔進士陳文蔚著《尚書解》,並補迪功郎。』据《家傳》,則僑實以考亭門人薦其曾著傳『可爲傳心建極之要』,并言『其人宜置直講』,所述事蹟甚詳,可補《宋史》之缺。此《傳》諸家書目皆未著録。《傳》後所附《毅齋詩集別録》一卷,亦流傳絶少。錢塘厲鶚著《宋詩紀事》,於僑小傳下僅言『有集』,而不能舉其名,所選《毅齋即事》一首,今存集中,而注云『《濂洛風雅》』,則亦未曾親見是集,轉從選本録出耳。

鐵崖賦稿二卷提要

元楊維禎撰。按:《四庫全書》録維禎《麗則遺音》四卷,計賦三十二首。此則未刻稿也,賦凡四十八篇,書爲洪武三十一年海虞朱燧子新氏手録。《文瑞樓書目》有《鐵崖賦》一卷,即此本也。

日湖漁唱一卷提要

宋陳允平撰。允平字君衡,鄞縣人。德祐時授沿海制置司參議官。祥興元年,允平與蘇劉義書，期九月以兵船下慶元，當内應。爲怨家所訐，同官袁洪解之得釋。事見《袁清容集》。其詩詞與吴文英、翁元龍齊名。張玉田嘗論其所作平正。《千頃堂書目》載《日湖漁唱》二卷，此作一卷，或爲後人所併歟？

重編海瓊白玉蟾文集六卷續集二卷提要

宋葛長庚撰。按：長庚字白叟，福之閩清人。七歲能詩賦，父亡母嫁，棄家遊海上，號海瓊子。至雷州，繼白氏後，改姓白，名玉蟾。傳以爲仙去。所著詩文集凡四十卷，具詳《事實》中。此本乃明正統間南極遐齡老人臞仙重編，前有宋端平時推官潘枋原序及嘉熙元年耜所書《事實》一篇。黄虞稷《千頃堂書目》載是集。臞仙序中述及玉蟾有《上清》《玉隆》《武夷》三集，内未入者皆收之。今重新校正，定爲八卷，附録一册及霞侣奉酹之元簡，仍綴諸卷末而壽諸梓，以永其傳焉。臞仙乃明太祖第十六子寧獻王朱權之號，博古好學，凡羣書有秘本，莫不刊布，著述之富，一時無有及者。

説文解字補義十二卷提要

元包希魯撰。按：希魯字魯伯，進賢人。《江西通志》稱其穎異，嘗授今、古文《尚書》于吳艸廬，動履端嚴，爲後進楷法。其教人先德行後文藝，士習爲之一新。所著有《四書凡例》《易九卦衍義》《詩小序辨》《説文解字補義》及《原教》《説儒》等篇。此書從至正刊本影寫。錢大昕《元藝文志》載之。書中體例悉依徐鍇《韻譜》，間于補注、補音之後增加『補義』云云者，皆希魯作也。其議論多宋學，然於古人制字審音之法，時出新意，補前人所未及，似亦小學中可存之書。

孶經室外集卷二

支遁集二卷提要

晉釋支遁撰。遁字道林，姓關氏，陳留人，或云河東林慮人。太原王濛甚重之。案：《隋書·經籍志》云『《支遁集》八卷』，注云『梁十三卷』。《唐書·藝文志》則作十卷，《宋志》不著録。《讀書敏求記》及《述古堂書目》作二卷，知缺佚多矣。是編依毛扆汲古閣舊鈔本過録。上卷詩，凡十八首；下卷書、銘及讚，凡十五首。錢遵王跋稱『支公養馬，愛其神駿，胸中未必無事在。皎然云「山陰詩友喧四座，佳句縱橫不廢禪」』云云。晉代沙門多墨名而儒行，若支遁，尤矯然不羣，宜其以詞翰著也。

五行大義五卷提要

隋蕭吉撰。吉字文休，梁武帝兄。江陵陷，遂歸于周，爲儀同。及隋受禪，進上儀同。煬帝嗣位，拜太府少卿，加位開府。事迹具《隋書·藝術傳》。是編日本人用活字板擺印。前有自序，稱『博采經緯，搜窮簡牒，畧談大義，凡二十四段，别而分之，合四十段。二十四者，節數之氣。總四十者，五行之成數』云云。考《隋書·經籍志》《唐書·藝文志》，均未著録。本傳述吉所著書，亦無是册。然史稱『吉博學多聞，精陰陽算術』。今觀其書，文義質樸，徵引讖緯諸籍，有條不紊，且多佚亡之祕笈，尤非隋、唐以後所能僞爲也。

羣書治要五十卷提要

唐魏徵等奉敕撰。徵字(元)〔玄〕成，魏州曲城人。官至太子太師，謚文貞。事蹟具《唐書》本傳。案宋王溥《唐會要》云：『貞觀五年九月二十七日，祕書監魏徵撰《羣書治要》，上之。』又云：『太宗欲覽前王得失，爰自六經，訖于諸子，上始五帝，下盡晉年。書成，諸王各賜一本。』又《唐書·蕭德言傳》云：『太宗詔魏徵、虞世南、褚亮及德言，裒次經史百氏帝王所以興衰者上之，帝愛其書博而要，曰：「使我稽古臨事不惑者，卿等力也。」德言賚賜尤渥。』然則書實成于德言之手，故《唐書》于魏徵、虞世南、褚亮《傳》，皆不及也。是編卷帙與《唐志》合。《宋史·藝文志》即不著録，知其佚久矣。此本乃日本人擺印。前有魏徵序，惟闕第四、第十三、第二十三卷。今觀所載，專主治要，不事修辭，凡有關乎政術、存乎勸戒者，莫不彙而輯之。即所采各書，并屬初唐善策，與近刊多有不同。如《晉書》二卷，尚爲未修《晉書》以前十八家中之舊本。又桓譚《新論》、崔實《政要論》、仲長統《昌言》、袁準《正書》、蔣濟《萬機論》、桓範《政要論》，近多不傳，亦藉此以存其梗概，洵初唐古籍也。

文館詞林四卷提要

唐許敬宗等奉敕撰。敬宗字延族，杭州新城人。官至太子少師，咸亨初，以特進致仕。事蹟具《唐書·姦臣傳》。案宋王溥《唐會要》云：『顯慶三年十月二日，許敬宗修《文館詞林》一千卷，上之。』與《唐書·藝文志·總集類》卷帙合。《志》又云：『崔元暐注《文館詞林·策》二十卷。』又《雜傳類》載『《文館詞林·文人傳》一百卷』。《宋史·藝文志》載『《文館詞林·詩》一卷』。《崇文總目》載『《文館詞林·彈事》四卷』。皆全書中之一類。是編亦僅存六百六十二及

六十四、六十八、九十五四卷，皆漢魏以來之詔令，日本人用活字版擺印者。《會要》又云：『垂拱二年二月十四日，新羅王金政明遣使請唐禮并雜文章，令所司寫《吉凶要禮》，并于《文館詞林》内采其詞涉規戒者，勒成五十卷，賜之。』是當時頒賜屬國之本，原非足册。此雖斷簡殘篇，而詔令則皆甚古，且全書之體例，亦可得其一斑矣。

臣軌二卷提要

唐武則天撰。《唐書·藝文志》及《崇文總目》、鄭樵《通志·藝文畧》所載卷帙並同。《宋史》不著録。案《唐會要》云：『長壽二年三月，則天自制《臣軌》兩卷，令貢舉人習業，停《老子》。』又云：『中宗神龍二年二月二日，赦文天下停習《臣軌》，依前習《老子》。』書分國體、至忠、守道、公正、匡諫、誠實、慎密、廉潔、良將、利人凡十章。是編著録久佚。此册日本人用活字板擺印。卷末題『垂拱二年撰』，乃日本人妄增也。

樂書要録三卷提要

唐武則天撰。是編《唐書·藝文志》著録十卷，《宋志》即未見，闕佚久矣。此日本人用活字版擺印，僅存第五、第六、第七三卷。其中所引古籍，如《月令章句》《五經通義》《三禮義宗》、信都芳《删注樂書》、蘇夔《樂志》，皆世所罕覯，未嘗不藉是以存其崖畧。至所列旋宫之法、十二相生之圖，尤足以備參考。則天尚有《紫宸禮要》十卷，當時與此并行，今亦未見其書矣。

膳夫經一卷提要

唐楊（煜）〔曅〕撰。（煜）〔曅〕官巢縣令。是書成于大中十年，詳西樓跋。《唐書》《宋史·藝文志》並作『《膳夫經手録》四卷』，《通志·藝文畧》同。王堯臣《崇文總目》亦作四卷，『手録』則作『手論』，爲轉寫之譌。此從舊鈔本依樣過録。書僅六葉，似後人捃拾成編。惟所載茶品甚詳，分所産之地，别優劣之殊，足與《茶録》《茶經》資考證也。

岑嘉州集八卷提要

唐岑參撰。參南陽人，爲文本曾孫。天寶三載，趙岳榜第二人及第，累官右補闕、起居郎，出爲虢州長史及嘉州刺史，杜鴻漸表薦安西幕府，拜職方郎中兼侍御史。事蹟詳《唐才子傳》。案：岑詩律健整，非晚唐纖碎可比。方回云：『學杜詩，當先觀《工部集》中所稱詠敬歎及交遊倡酬者。其稱詠敬嘆，則如蘇武、李陵、陶潛諸人；其交遊倡酬，則如李白、高適、岑參之類。』杜確序亦稱『岑每一篇絕筆，則人人傳寫，雖閭里士庶，莫不諷誦吟習焉』。其卷帙之數，《唐書·藝文志》及《崇文總目》《通考·經籍考》《通志·藝文畧》、焦竑《經籍志》並云『十卷』，《文淵閣書目》則云『四册，闕』。是編與杜確序合。然如《瀛奎律髓》所載《同崔十三侍御灌口夜宿報恩寺作》，爲此本所佚，疑非唐人舊册矣。

列子注八卷提要

唐盧重(元)〔玄〕撰。重(元)〔玄〕，范陽人，官司勳郎中，爲思道(元)〔玄〕孫。詳《新唐書·宰相世系表》。《列子》注本甚希，伏讀《四庫全書總目》云：『《老》《莊》二子作注者，不下百家。

《列子》今尚僅存注本之行于世者，張湛、殷敬愼以外，惟林希逸《口義》及江遹《解》而已。』是編唐、宋《藝文志》皆未著録，鄭樵《通志》、焦竑《經籍志》始見其目。此則從《道藏》中和光散人高守元《沖虛至德真經四解》之内録出發刊。依張湛注分卷，足以羽翼湛注，即所徵引各籍，亦多與古本相同。惟《楊朱》一篇注佚其半，惜無别本可補耳。

讒書五卷提要

唐羅隱撰。隱有《兩同書》，《四庫全書》已著録。晁公武《讀書志》所載卷帙與此同。陳振孫《書録解題》云『求之未獲』，蓋佚已久矣。是編依舊抄本影寫。方回跋稱：『隱在京師，舉進士，留七載不第。咸通八年丁亥，著《讒書》，皆憤悶不平之言，不遇于當世而無所以泄其怒之所作。』今觀是編，益信回言之不虛。然隱既仕吴越，能請舉兵討梁，勸伐無道，侃侃大義，又豈僅以文士見稱哉！

中興兩朝聖政六十四卷提要

此書不知編集人姓名。起建炎元年，訖淳熙十五年。書内標題謂之『增入名儒講義皇宋中興兩朝聖政』。其所采《中興龜鑑》《大事記》等書，各低一格附後，所謂『增入講義』是也。其書編年紀事，體例一倣《資治通鑑》爲之。卷端有分類事目，列十五門：興復一，任相二，君道三，治道四，皇親五，官職六，人才七，禮樂八，儒學九，民政十，兵事十一，財用十二，技術道釋十三，邊事十四，災祥十五。每門各有子目，共三百條。案：《書録解題·典故類》有《高宗孝宗聖政編要》二十卷，陳振孫云：『《高宗聖政》五十卷，《孝宗聖政》五十卷，乾道、淳熙中皆有御製序。此二帙書坊鈔節，以便舉子應用之儲者也。』據振孫所述，知此即彙合兩書而冠以『中興兩朝』之名者。所有御製序亦不復存，蓋亦書坊所刻，故有增入講義，非進御之原本也。此書流傳絶少，今借宋刻本影鈔。自三十卷至四十五卷，惜已闕佚，無從訪補矣。

建炎筆録三卷提要

宋趙鼎撰。鼎字元鎮，聞喜人。登崇寧五年進士第，官至右僕射、同中書門下平章事，安置潮州。事蹟詳《宋史》本傳。是編藏書家目録未見。此從舊鈔本過録。所記自宋高宗建炎三年正月車駕在維揚起，訖于紹興七年十二月十二朝辭上殿，本末粲然。蓋鼎耳目所親，見聞自確，宋南渡雜史中之最有典據者也。

寶祐四年會天曆一卷提要

宋荆執禮撰。執禮字里未詳。是編藏書家未見著録。此從曝書亭舊鈔依樣影寫。卷首有寶祐三年十月中書省劄子，末載造算各銜，自荆執禮、楊旂、相師堯而下，凡六人。案《宋史·律曆志》稱『南渡以後，繼作曆者凡八，曰《統元》《乾道》《淳熙》《會元》《統天》《開禧》《會天》《成天》是也。』又云：『今其遺法具在方册，惟《會天》之法不全。』此則譚玉等依《會天曆》推算，故朱彝尊云：『由丙辰一歲推之，曆家可忖測而知其故已。』

辨誣筆録一卷提要

宋趙鼎撰。鼎有《建炎筆録》，已鈔録。是編前有自序，稱『學術迂僻，與衆背馳。所上前後數千章，其間豈無傳播失實、風聞文飾之誤？不得不辨。其他細故，無足深較」云云。所辨『張邦昌僭竊，干王時雍權京畿提刑，有「新奉玉音」之語』，即《史》所稱『檜惡其逼己，徙知泉州。又諷謝祖信論鼎嘗受邦昌僞命』。辨『盜用都督府錢十七萬』，即《史》所稱『檜忌鼎復用，諷王次翁論其乾没都督府錢十七萬，謫官居興化軍』。辨『資善堂汲引親黨』，即《史》所稱『封瑗爲建國公，就學資善堂，薦范仲爲翊善，朱震爲贊讀，朝論謂二人極天下之選』。蓋定國本莫先于教，徽、欽以前，未見史册，並足以資考證。雖篇帙寥寥，亦讀《宋史》者所不能廢也。

南嶽總勝集三卷提要

宋道士陳田夫撰。田夫字耕叟，居南嶽九眞洞老圃菴。是編從明人影宋本依樣過録。首卷列總圖一、分圖五及五峯靈迹，又洞天福地以至歷代帝王，爲類二十有七。中卷叙寺觀及所産珍禽、雜藥、異花、靈草、靈禽、異獸，纖悉畢載。下卷叙唐宋異人、高僧，末附以隱逸之士。徵引博而叙述簡，深有體要。前有隆興甲申拙叟序，稱『耕叟居南嶽，往來七十二峯間三十餘年，訪求前古異人、高僧靈蹤祕迹，考其事而紀之』云云。案宋史地志，傳者頗希，此則較唐李沖昭《南嶽小録》更爲詳備，尤足以證《文淵閣書目》作『《南嶽集》三册』乃轉寫脱誤耳。

自號録一卷提要

宋徐光溥撰。光溥，錢塘人。是編依錢遵王所藏元孫道明鈔本過録，有淳祐丁未譚聞友序。凡宋時墨客騷人以及名公鉅卿之號，彙爲一書，自處士以及村莊，分類三十有六，附雜類于卷末。事涉瑣屑，然亦有資考鏡也。

衢本郡齋讀書志二十卷提要

宋晁公武撰，姚應績編。應績，公武門人。此書在宋時已兩本並行，淳祐庚戌鄱陽黎安朝守袁州所刻，謂之『袁本』，《四庫全書》已著録。是編淳祐己酉南充游鈞知衢州時所刻。其所收書，較之袁本幾倍之。馬端臨作《經籍考》，全據是册，如《京房易傳》《宋太祖實録》《太宗實録》《建康實録》之類，悉與之合。其文亦多至數倍。伏讀《四庫全書提要》云：『衢本不可復見。』此從舊鈔依樣影寫。經凡十類，史凡十三類，子凡十八類，集凡四類，次序有法，足爲考核之資。

友會談叢三卷提要

宋上官融撰。融，華陽人，其字未詳。陳振孫云：『不知何人。』案：書中稱其父嘗宰建之浦城縣，是編前有天聖五年自序，卷帙與《宋史·藝文志》《通志·藝文畧》、焦竑《經籍志》並同。觀《文獻通考》所載，則作『一卷』，疑轉寫之譌。但序稱『記在人耳目者，六十事』，此則僅及其半，非有缺佚，或『六』爲『三』之誤字。核其所紀，皆宋代故事，多言報應，示勸戒，纖悉臚載，間傷猥雜。然如紀呂端出使高麗，與《宋史》端本傳合。紀太平興國三年以定陶地建爲廣濟軍，與《宋史·地理志》亦同。要非絶無依據者可比也。

孔叢子注七卷提要

舊本題曰孔鮒撰，宋宋咸注。咸字貫之，建陽人。天聖二年進士，仕至都官郎中。詳何喬遠《閩書》。是編依宋巾箱本影鈔，與晁公武《郡齋讀書志》、陳振孫《直齋書録解題》卷帙相合。以世所傳三傳之本校之，敻然不同。如《小爾雅·廣言》，俗刻作『俘，罰也』，此作『浮，罰也』，《禮記·投壺》『若是者浮』，正義所引可據也。咸注亦典核簡潔。卷首載自序併進書表。王伯厚《玉海》稱『咸上所注《揚子》《孔叢子》，賜三品服』，今所注《揚子》更不可得矣。

孫子十家注十三卷提要

宋吉天保撰。保字里未詳。《孫子》一卷，《四庫全書》已著録。伏讀《四庫全書總目》云：『此書注本極夥，如《隋書·經籍志》《唐書·藝文志》、馬端臨《經籍考》所載諸家。然至今傳者寥寥，應武舉者所誦習惟坊刻講章，鄙俚淺陋，無一可取。故今但存其本文，著之于録。』是編依華陰《道藏》本録出。十家者，魏武一，梁孟氏二，唐李筌三，杜牧四，陳皥五，賈林六，宋梅堯臣七，王哲八，何延錫九，張預十也。十家之内，多出杜佑，乃佑作《通典》時引《孫子》而訓釋之，非爲《孫子》作注也。案：自魏武後，注者莫先于孟氏，《隋志》可考，而晁公武則誤以爲唐人。《道藏》原本，題曰『集注』。明人所刊，又作『注解』。此作『十家注』，依《宋志》改，末附《孫子遺説》，乃鄭友賢所撰也。

千金寶要十七卷提要

唐孫思邈原本，宋郭思采録刻石。案：《舊唐書》思邈本傳，止載《千金方》三十卷。葉夢得《避暑録話》稱其『作《千金方》時，已百餘歲。後三十年，又作《千金翼方》』。《郡齋讀書志》《書録解題》並載兩書，云『各三十卷』。今俗閒傳本《千金翼方》九十三卷，兩書淆溷，不復可別，不知何人所定也。郭思刻石，在宋宣和閒。其所依据，當是思邈原本。刻石在華州公署，明正統、景泰閒，又重刻石本。又有木刻本。至隆慶時，燿州眞人祠復有石刻。案：《酉陽雜俎》謂昆明池龍宫有仙方三十首，思邈以療龍疾得之，乃著《千金方》三十卷，每卷置一仙方，信爲方書中之最可寶貴者。書中稱『痘瘡』爲『小兒丹毒』，即元人《奇効良方》所謂『痘疹』也。或謂此疾出自近代者，殆不可從。今從石本録副，以備唐人方書之厓畧云。

一切經音義二十五卷提要

唐釋(元)〔玄〕應撰。釋智昇《開元釋教録》稱『(元)〔玄〕應以貞觀之末，捃拾藏經，爲之音義，注釋訓解，援引羣籍，證據卓明』云云。案：齊沙門釋道惠爲《一切經音義》，《宋高僧傳》云

『唐釋慧琳爲《大藏音義》一百卷』，二書今皆不傳。是編《唐書·藝文志》著録，名《衆經音義》。此從《釋藏》本刊印。其中所引羣籍，如鄭康成《尚書注》《論語注》，三家《詩》，賈逵、服虔《春秋傳注》，李巡、孫炎《爾雅注》，以及《倉頡》、《三倉》，葛洪《字苑》、《字林》、《聲類》、服虔《通俗文》、《説文音隱》，多不傳之祕册。(元)〔玄〕應通曉儒術，著書該博，惟昧漢人之通轉假借，泥後代之等韻，是其所短也。

古清涼傳二卷廣清涼傳三卷續清涼傳二卷提要

唐釋慧祥撰《古清涼傳》。宋釋延一撰《廣清涼傳》。《續清涼傳》，宋張商英、朱并所撰。《廣》《續》二編，藏書家多未著録，惟《古清涼傳》見《宋史·藝文志》，凡方域名勝及高僧靈跡，莫不詳載。延一收摭故實，推廣祥《傳》，更記寺名勝蹟，以及靈異藥物，其中多涉及儒家，且有六朝人文，如晉釋支遁《文殊像贊序》，又殷晉安、郄濟川《讚》，并世所希見，而遁《序》尤足補本集之所佚。若王勃《釋迦如來成道記》《釋迦佛賦》，今《四傑集》《文苑英華》俱無之。是編或以爲金大定時寺中藏板，末附《補陀傳》《峨嵋讚》，乃元人所集，明釋又從而附綴之也。

道德真經傳四卷提要

唐陸希聲撰。案：希聲，吴郡人，景融四世孫。《唐書》本傳稱其『善屬文，通《春秋》《易》《老子》，論著甚多』。此書見于《唐書·藝文志》，卷帙相符。趙希弁《讀書附志》、陳振孫《書録解題》，皆不著録。凡儲藏家亦皆無之。唯見于《道藏》『必』字號。明白雲霽《道藏目録詳注》稱其『以事理(元)〔玄〕會，通變機宜，探至精之賾，可謂神解』，其稱許如此。今考此書，發明老氏之旨，條達曲鬯，視宋人之援老入佛者，大不侔矣。唐人遺書，傳世日少。今從《道藏》校録，卷帙完善，洵可寶也。

泰軒易傳六卷提要

宋李中正撰。中正字伯謙，清源人。案：《宋史·藝文志》不著録，諸家書目亦未載其名。是編日本人用活字板擺印。凡言《易》者，非泥陰陽，即拘象數。此則專明人事，于起伏消長之機，隨事示戒，非空談者可及。惜《繫辭》以下本闕，卷首《乾》卦九三以上及卷二之《觀》卦亦闕。然宏綱巨指，尚可推尋。如解『否之匪人，不利，君子貞』云：『「不利」作一讀，而君子則無往而不貞也。』于《益》卦六二云：『「或益之十朋之龜，龜弗克違」，天助之也，天人兩助而能永貞，以盡臣節。』録存其説，以備讀《易》者之參考焉。

春秋集傳十九卷提要

宋張洽撰。洽有《春秋集注》及《綱領》，《四庫全書》已著録。洽爲朱子門人，《宋史》載《道學傳》。伏讀《四庫全書總目》云：『《集注》遺本僅存，而所謂《集傳》，則佚之久矣。』是編元本二十六卷，元延祐中李教授萬敵刻于臨江路學，洽曾孫庭堅挍正者。卷首有宋端平二年繳省投進狀。《經義考》載庭堅後序云：『副使臧公移文本路總府下學刊刻《集傳》《沿革》二書。《集傳》雖成，而章卷倒亂，文字差訛。迨癸丑，江南諸道行御史臺行移各路，《春秋》用張主一《傳》。延祐庚寅詔興科目，而遠方士友購求者衆，李廣文補刊《集傳》，始爲全書云。』惜此本缺卷十八至卷二十，又卷二十三至二十六，共七卷。然全書崖畧，尚可推尋。如云魯公朝聘之禮不行于王室，及論衆仲言樂之失，當以劉氏之説爲宗；論聖人書初之旨，當以《公羊》程氏之説爲正；云文公不會伯主以取晉怒，云諸侯不得越境親迎，辨《穀梁》言恒事之非，能集衆家所長，討論歸于至當，固《春秋》家所不廢也。

九經疑難四卷提要

宋張文伯撰。文伯字正夫，樵陽人，時代未詳。朱彝尊《經義考》列之錢承志之後，疑宋末人。是編《千頃堂書目》《經義考》並作十卷。此從澹生堂鈔本依樣過録。僅總序及《易》《詩》《書》三[一]經，餘皆闕佚。自序云：『嘗取《五經》《三禮》與夫《論》《孟》，究其大概。凡平日得于先儒之議論者，寸長片善，靡有不録。』又云：『開卷一覽，九經大旨瞭然胸中矣。』雖其書專爲場屋而設，然唐宋諸儒説經之文，捃拾不少，可以廣見博聞，足資考訂也。

爾雅新義二十卷提要

宋陸佃撰。佃有《埤雅》二十卷，《四庫全書》已著録。伏讀《四庫全書總目》云：『《爾雅新義》僅散見于《永樂大典》中，文句譌闕，亦不能排纂成帙。』案朱彝尊《經義考》則云『未見』。陳振孫《書録解題》云：『頃在城南傳寫，凡十八卷。其曾孫子遹刻于嚴州者，爲二十卷。』是編

[一] 三，底本原作『二』，據文意改。

從宋刻依樣影抄，凡二十卷。殆即子遹之所刻歟？陸宰爲其父作《埤雅序》云：『注《爾雅》畢，更修此書，易名《埤雅》，言爲《爾雅》之輔。』然二書體例，絶然不同。此則不若《埤雅》之貫穿諸書，旁通曲證也。而自序以爲：『雖使郭璞擁篲清道，跂望塵躅可也。』陳振孫云：『以愚觀之，大率不出王氏之學。』至句逗亦多不同，如《釋木》『樸枹者謂檖采薪』，佃則以『謂』字絶句，注云『謂之而後知』。《釋蟲》『蠸蚼蛪蠶』，佃則以『蠶』字連下『莫貈』爲句，注云『蠶老而後眠』，不知《經典釋文》讀『蠶』爲『他典切』。又『莫貈螳蜋蛑』，佃則連下文『虰』字爲句，雖本之《方言》，然邢昺已引《説文》辨其失指。惟所據經文乃當時至善之本，如《釋言》『搘拄也』則作『楮柱也』，『皇華也』則作『華皇也』；《釋天》『四時和謂之玉燭』則作『四氣和』，『河鼓謂之牽牛』則作『何鼓』；《釋(邱)〔丘〕》『堂途梧(邱)〔丘〕』則作『當途』；《釋水》『河水清且瀾漪』則作『瀾漪』；《釋草》『苹蓱』則作『苹蓱』，『莩麻母』則作『莩麻母』，『蕭荻』則作『蕭萩』，『卷旆草』則作『卷施草』，『樓棗含』則作『欋棗含』；《釋木》『座接慮李』則作『痤接慮李』；《釋鳥》『楊鳥白鷢』則作『鸉白鷢』，『烏鵲醜』則作『烏鵲醜』，並足以資考訂，亦讀經者之所不廢也。

集篆古文韻海五卷提要

宋杜從古撰。從古字唐稽，里居未詳。陶宗儀云：『從古官至禮部郎。』自序稱『朝請郎、尚書職方員外郎』，蓋指其作書時而言。是編藏書家未見著録。此依舊鈔影摹。從古以郭忠恕《汗簡》、夏竦《古文四聲韻》二書闕佚未備，更廣搜博采以成之。序云：『比《集韻》則不足，較《韻畧》則有餘，視竦所集，則增數十倍矣。』案《書史會要》云：『宣和中，從古與米友仁、徐競同爲書學博士。高宗稱先皇帝喜書，設學養士，獨得杜唐稽一人。』今觀其書，所譽良不虚也。

太常因革禮一百卷提要

宋歐陽修等奉敕撰。案：宋自太祖始命儒臣約唐之舊，爲《開寶通禮》。至仁宗初年，禮官王皞復論次太宗、眞宗兩朝已行之事，名曰《禮閣新編》，止于天禧五年。其後賈昌朝等復加編定，名曰《太常新禮》，止于慶曆三年。嘉祐中，修奉敕重定此書，至治平中，上之于朝，英宗賜名《太常因革禮》，見于修之自序如此。然書後有淳熙十五年李壁跋，以爲此老蘇先生奉詔所修。考歐公爲老泉《墓誌》云：『會太常修纂建隆以來禮書，乃以爲霸州文安縣主簿，使食其禄，與陳州項城縣令姚闕同修典禮，爲《太常因革禮》一百卷。』則此書雖爲修所上，其體裁出于蘇洵居多。書中分總例二十八卷，吉禮三十三卷，嘉禮九卷，軍禮三卷，凶禮三卷，廢禮一卷，新禮二十一卷，廟議十二卷。總例内子目二十八，吉禮子目三十七，嘉禮子目十七，軍禮子目六，凶禮子目二十五，廢禮子目九，新禮子目三十七，廟議子目二十六。計共百卷，八門，一百八十五目。《郡齋讀書志》《直齋書録解題》不載此書，儲藏家亦絶無著録者。兹從舊鈔本影寫。失去五十一至六十七，凡十七卷。書中亦多闕文，無從訪補。其書所采擇者，自《開寶通禮》《禮閣新編》《太常新禮》三書之外，復有《會要》《實録》《禮院儀注》《禮院例册》《封禪記》《明堂記》《慶曆祀儀》等書，至爲賅備。蓋治平之際，正宋室最盛之時，而又出于名臣名儒之所訂定。汴京四朝典禮粲然具備，足以資考鏡者固不少矣。

肇經室外集卷三

難經集注五卷提要

周秦越人撰。越人即扁鵲，事迹具《史記》本傳。明王九思等集注。九思字敬夫，鄠縣人，（宏）〔弘〕治十才子之一，丙辰進士。由庶吉士授檢討，調吏部主事，陞郎中，坐劉瑾黨，降壽州同知，尋勒致仕。事迹附《明史·李夢陽傳》，餘則未詳。《難經》雖不見于《漢·藝文志》，而隋、唐《志》已著録。凡八十一章，編次爲十三類，理趣深遠，非易了然。九思因集吴吕廣、唐楊（元）〔玄〕操、宋丁德用、虞庶、楊康侯各家之説，彙爲一書，以便觀者。案宋晁公武《讀書志》云：『德用以楊（元）〔玄〕操所演甚失大義，因改正之，經文隱奥者，繪爲圖以明之。』然則書中啚説，殆德用所爲。是編日本人用活字板擺印。吕、楊各注，今皆未見傳本，亦藉此以存矣。

脈經十卷提要

西晉王叔和撰，宋林億等校定。叔和，高平人，官太醫令。甘伯宗《名醫傳》稱叔和「博通經方，精義診處，尤好著述」。是編從宋嘉定何大任刻本影抄。前有宋國子博士高保衡、尚書屯田郎中孫奇、光禄卿直秘閣林億等校上序，卷末載熙寧二年及二年進書銜名，又紹聖三年六月國子監雕版札子及各銜名。案林億序云：「臣等博求衆本，據經爲斷，去取非私。」又云「今考以《素問》《靈樞》《太素》《難經》《甲乙》、仲景之書，并《千金翼方》及《説脈》之篇[一]以校之，除去重複，補其脱漏」云云，用力可爲勤摯。世傳叔和《脈訣》一卷，乃後人依託爲之，與此絶不相同也。

類編朱氏集驗醫方十五卷提要

宋朱佐撰。佐字君輔，湘麓人。前有咸淳二年眉山蘇景行序。是編分風、寒諸門，采掇議論，詳盡曲當。凡所載宋代醫書，多不傳之秘笈，又皆從當時善本録出，如《小兒病源方》論長生丸、

[一]「千金翼方及説脈之篇」九字，甲戌續刊本及《宛委别藏》本《脈經》林億序並作「千金方及翼説脈之篇」。

塌氣丸，較影抄本爲詳。

史載之方二卷提要

宋史載之撰。載之，字里未詳。是編傳本甚希。此從北宋刊本依樣過録。上卷之末附載跋語，其文不全。《宋史新編》作「史戰之方」，乃形近之譌。施彦執《北窗炙輠録》稱其治蔡元長疾，以此得名。案所作《爲醫總論》，闡發甚明，各推其因證主治之法，精核無遺。較諸空談醫理者，固有别焉。

書齋夜話四卷提要

宋俞玉撰。玉字玉吾，吴縣人。有《周易集説》，《四庫全書》已著録。是編見《千頃堂書目》，傳本殊希。書中辨字音、字義以及六經子史，莫不考求得失，多前人所未發。如云《周禮·醢人》「箈菹鴈醢」，謂「箈」當作「菭」，从「艸」不从「竹」一條。案經文當作「菭」，故鄭司農訓爲「水中魚衣」，即《説文·艸部》云：「菭，水青衣也。」後鄭始易「菭」爲「箔」，復又誤爲「箈」

字，幾不可解。又經傳之文『耳』即『而已』，『爾』即『如是』一條。案：凡云『而已』者，急言之曰『耳』，古音在第一部；凡云『如此』者，急言之曰『爾』，古音在第十五部，如《世説》『聊復爾耳』，謂『且如此而已』是也。二字音義絶然不同，而唐宋人至今每每譌錯，于古經傳致多難讀。全書援引精確，不可殫數，固非漫無根柢，徒爲臆斷之談者所可及也。

遁甲符應經三卷提要

宋楊維德等撰。維德，附《宋史·方技·韓顯符傳》，字里未詳。顯符稱其能傳渾儀法。是編不見于《宋志》，鄭樵《通志畧》始著録。焦竑《經籍志》、錢遵王《述古堂書目》所載，卷帙並同。惟馬端臨《通考》則作二卷，乃傳寫之誤。此從舊鈔本依樣過録。卷首有宋仁宗御製序，末載永樂間欽天監五官司曆王巽序。其書以遁甲論行軍趨避之用，如言『九天之上，九地之下』即《孫子·形篇》所謂『善守者，藏于九地之下。善攻者，動于九天之上』，亦即李筌所云：『以直符加時于後一所臨宫爲九天，後二所臨宫爲九地。地者，静而利藏。天者，運而利動。』巽云『其書立術精密，考較詳明』，宜五行之家所不廢也。

六壬大占一卷提要

宋祝泌撰。泌字子涇，德興人。以進士授饒州路三司提幹，年老乞休。元世祖詔徵，不赴。事蹟詳《江西通志》。是編《宋志》不著録。鄭樵《通志畧》所列六壬，多至八十二家，焦竑《經籍志》凡八十九家，錢遵王《述古堂書目》凡一十八家，皆無是册。蓋佚已久矣。此從宋刻本依樣影鈔。卷首有泌進書序及六壬起例。案泌云：『六壬立名，古今不宣其旨。惟《周禮》「哲蔟氏掌覆夭鳥之巢，以方書十日、十二辰、十二月、十二歲、二十八星之號」，即壬盤之體。三代之壬書，惟此一證。』與術家以五行始于水，水生于一成于六之説異，録而存之，以資參考焉。

夷堅甲志二十卷乙志二十卷丙志二十卷丁志二十卷提要

宋洪邁撰。影宋鈔本。案：《夷堅志》十集，每集二十卷。《支志》十集，每集十卷。《三志》十集，每集十卷。《四志》甲、乙二集，二十卷。共四百二十卷。小説家唯《太平廣記》爲卷五百。然卷帙雖繁，乃搜輯衆書所成者。其出于一人之手，而卷帙遂有《廣記》十之七八者，唯有此書，亦可謂好事之尤者矣。邁每集各自爲之序，唯《四乙》未成，不及序。計序三十一篇，篇各出新意。

趙與時嘗撮各序大指，載于《賓退録》。此本《甲志》序已佚，餘三序存，與《賓退録》所舉相合。每卷之下，注明若干事，每事亦必注明某人所説，以著其非妄。書中神怪荒誕之談，居其大半。然而遺文軼事，可資考鏡者，亦往往雜出于其間。《四庫全書》所收者，乃《支志》五十卷，與此不相涉。此本卷首有元人沈天祐序，稱『建學所存舊刻閩本殘闕，承本路府判張紹先之命，以浙本補全』者。邁與兄适、遵皆皓之子，名位著述皆相埒，世所稱『鄱陽三洪』是也。邁亦有弟二人，一景裴，名邃；一景何，不知其名，皆見于此書。

策學統宗前編五卷提要

此書標題『新刊精選諸儒奥論策學統宗』，其下列名心易譚[一]巽中叔剛挍正，存理譚金孫叔金選次，桂山譚正叔孫端訂定，三譚皆冠以『古雲後學』。三人姓名既不經見，『古雲』亦不知其何地。書中采輯劉子翬、吕祖謙、陳傅良、楊萬里諸家之文議論堯、舜、三王、伊、周、孔、曾、顔、孟、老、韓者共三十三篇，爲《前集》五卷。《四庫全書提要》載《後集》八卷、《續集》七卷、《别集》五

[一] 譚，底本作『談』，據《宛委别藏》本《策學統宗前編》一書卷前目録及下文改。

卷，共二十卷，而闕其《前集》。今從元板影録，以成完書。

斜川集六卷提要

宋蘇過撰。案《宋史》本傳，過有《斜川集》二十卷。《藝文志》則云『十卷』。《書録解題》《文獻通考》卷數與《藝文志》同。其書久已失傳。世間行本，大率因劉改之過《龍洲[一]集》名與蘇過叔黨同[二]，竄改集名，聊以欺世。据明王世貞《弇州題跋》，則知以劉集充叔黨之書，自元季已然。眞本散佚，蓋已甚久。王士(禎)〔禛〕《香祖筆記》記康熙乙酉，『有書賈以此集兩册求售，索直二百金，惜未之見』。不知士(禎)〔禛〕所述者，果屬眞本否也。乾隆朝仁和吴長元得舊鈔殘本，復從各書纂輯詩文若干，其《思子臺賦》《颶風賦》二篇見于本傳者，從《東坡集》校補。又益以《宋文鑑》《播芳大全》所選者，合之猶可成袠。然竟未及鈔入《四庫全書》，深可惋惜。兹從舊鈔本重加繕録，釐定詩文六卷，雖未能盡復舊觀，亦庶幾可慰藝林之跂想矣。

[一] 洲，底本作『川』，今據劉過實際書名改。

[二] 『大率因劉改之過龍川集名與蘇過叔黨同』十七字，甲戌續刊本作『大率因謝幼槃劉改之二人之名與叔黨同』。

增廣箋注簡齋詩集三十卷無住詞一卷提要

宋陳與義撰，胡穉箋。《簡齋集》十六卷，《四庫全書》已著録。此本作三十卷，末附詞一卷。蓋穉作注時，去雜文，每卷復釐爲二卷。首有樓鑰序併穉自序。又穉所編《與義年譜》及《續添詩箋正誤》，鑰序稱穉『約居立學，日進不已。隨事標注，遂以成編。貫穿百家，出入釋老』云云。今觀所注，多鉤稽事實，能得作者本意，絶無捃拾類書、不究出典之弊；凡集中所與往還諸人，亦一一考其始末，固讀與義集者所不廢也。

史詠集二卷提要

宋徐鈞撰。鈞字秉國，蘭谿人。與金履祥友善，履祥嘗延致以教授諸子。是編卷首載許謙序，末有張樞、黄溍及其子津後序。謙、溍並稱鈞『取《通鑑》所載君相事實，人爲一詩，總一千五百三十首』。此本所存，僅三之一，止于唐而不及五季，即唐以前諸詠，逸失已多。然意存勸戒，隱發姦諛之旨，溢于言表。雖殘闕之餘，猶爲藝林所重也。

平安悔稿十二卷提要

宋項安世撰。安世有《周易玩辭》，《四庫全書》已著録。案：《文淵閣書目》『日』字號載『《丙辰悔稿》十五册』，又『月』字號載『《悔稿》三册，又一部六册，並殘缺之本』。《宋史·藝文志》載《丙辰悔稿》四十七卷。近日傳本殊希。厲鶚《宋詩紀事》僅從《后[一]村詩話》《方輿勝覽》《后村千家詩》蒐采數首。此則依舊鈔過録。合前、後集，凡一千二百八十五首。分卷與《宋志》不合。即《后村詩話》所録《春日堤上》《吹帽臺》《抛毬》《糟蟹》《永州》諸作，皆未見于是編。卷六以下，乃慶元丙辰謫居江陵後所作。缺佚雖多，然就存者觀之，固紹熙、嘉泰間一作者也。

雲莊四六餘話一卷提要

宋楊囦道撰。囦道字深仲，里居未詳。是編藏書家目録未見。此依宋刊本過録。凡宋人説部中之言四六者，若《玉壺清話》《容齋隨筆》《能改齋漫録》《文章叢説》之類，莫不廣搜博採。

[一] 后，底本如是，當作『後』字爲佳。本條下『后村』皆同。

其論四六，多以翦裁爲工，又云：『制誥牋表，貴乎謹嚴；啟疏雜著，不妨宏肆。』持論精審，固習駢體者之所必資也。

分類唐歌詩殘本十一卷提要

宋趙孟奎編。孟奎字文耀，宋太祖十一世孫。寶祐丙辰文信國榜進士，官至祕閣修撰。是編元書凡一百卷，分門纂類。孟奎自序云：『得一千三百五十三家，四萬七百九十一首。』此本依絳雲樓舊藏過録，僅存天地山川類五卷，草木魚蟲類六卷。據毛扆跋稱『葉文莊集謂從雷侍講録殘本，完者僅二十七卷。公爲英宗朝名臣，前此且二百年，尚止乎此』云云。缺佚雖多，然全書體例由是可推。且唐人隱僻姓氏，如毛扆所記『文丙』『詳大』諸人，亦未嘗不藉是以存也。

詩苑衆芳一卷提要

此書影元鈔本。首題吴郡梅谿劉瑄伯玉編。所選諸家詩，潘牥、章康、黄簡、趙汝談、方萬里、鄭起潛、文天祥、李迪、鄭傅之、何宗斗、蔣恢、朱詵、魏近思、張榘、張紹文、張元道、吕江、蔣華子、陳鈞、蕭炎、沈規、吕勝之、江朝卿、吴龍起二十四人。一人之詩，多不過十首，少或一二首，計僅八十二首。每人名著其字號籍貫。所選之詩，近體較多，率皆清麗可誦。蓋《江湖小集》之流亞，而決擇精當，似取法于唐人之選唐詩也。

南海百詠一卷提要

宋方信孺撰。信孺字孚若，莆田人。以蔭補官。開禧中，假朝奉郎使金，三往返。歷淮東轉運判官，知眞州，至廣西漕。所著有《好菴游戲詩境集》，未見。是編乃其官番禺漫尉時所作。取南海古蹟，每一事爲七言絶句一首，每題之下，各記其顛末，注中多記五代南漢劉氏事。所引沈懷遠《南越志》、鄭熊《番禺雜志》，近多不傳。厲鶚《宋詩紀事》載劉后[一]邨序信孺詩文云：『宫羽協諧，經緯麗密。』于此亦足見其一斑矣。

[一] 后，底本如是，當作『後』字爲佳。

聲律關鍵八卷提要

宋鄭起潛撰。起潛字子升，吴縣人。少孤力學，舉進士，官至直學士，權兵部尚書。是編乃其官吉州州學教授時所上，前有淳祐元年正月六日尚書省劄子云：『總以五訣，分爲八韻，至于一句，亦各有法。』是雖專爲場屋而設，録而存之，以見當時學者之所業矣。

觀瀾集注三十卷提要

宋林之奇編，吕祖謙集注。之奇有《尚書全解》，祖謙有《古周易》，《四庫全書》並已著録。是編《宋史·藝文志》著録六十三卷。此從宋本依樣影鈔，僅及其半。甲集凡二十五卷，自屈平以下六十五人；乙集五卷，自揚雄以下凡十九人，分類編輯。祖謙集注，多本舊注爲之，如《離騷經》《文賦》《閑居賦》，即用五臣注釋。捃拾精核，足與之奇書相輔而行也。

梅礀詩話三卷提要

宋韋居安撰。居安，吴興人，景定間進士。是編黄虞稷《千頃堂書目》、錢遵王《讀書敏求記》並著録。所論多南宋時人之作，名篇警句，往往在是，采掇亦復謹嚴。卷末云『余丙子歲司糾三衢。二月十一，宋太后詔諭諸郡歸附，郡將而下，奉詔依應，吏民安堵如故』云云。是居安以宋臣而入于元者也。

樵歌三卷提要

宋朱敦儒撰。敦儒字希眞，洛陽人。紹興乙卯，以薦起，賜進士出身，爲祕書省正字兼兵部郎官，遷兩浙東路提點刑獄，上疏乞歸，居嘉禾。此依毛晉汲古閣舊鈔過録。案《花菴詞選》稱：『敦儒東都名士，天資曠逸，有神仙風致。《西江月[一]》二首，可以警世之役役于非望之福者。』是編《西江月》凡八，即指第五、第六二首而言。又張正夫稱敦儒《月》詞『「插天翠柳，被何人推上

[一] 西江月，底本作『江西月』，據《宛委别藏》本《樵歌》正文改。本條下『西江』同。

一輪明月」，詞意絶奇，似不食烟火人語』。是作今載集中。餘皆音律諧緩，情至文生，宜其獨步一時也。

陽春白雪八卷外集一卷提要

宋趙聞禮編。聞禮字立之，臨濮人。案《文淵閣書目》『月』字號載《陽春白雪》一册，乃闕佚之本。此從舊鈔依樣倣寫。所選凡二百餘家，宋代不傳之作，多萃于是。去取亦復謹嚴，絶無猥濫之習。聞禮著有《釣月軒詞》，周密《絶妙好詞》嘗采其作。是編亦自録一二如《玉漏遲》《法曲獻仙音》《瑞鶴仙》等闋，字鍊句琢，非專以柔媚爲工者可比也。

王周士詞一卷提要

宋王以凝撰。以凝字周士，湘潭人。由太學生仕鼎澧帥幕。靖康初，徵天下兵，以凝走鼎州乞解太原圍。建炎中，以宣撫司參謀制置襄、鄧。是編依毛晉汲古閣書鈔過録，凡三十一首。以凝詞句法精壯，如『和虞彦恭寄錢遜叔[一]』《驀山溪》一闋、『重午登霞樓』《滿庭芳》一闋、『艤舟洪江步下』《浣溪沙》一闋，絶無南宋浮艷虚薄之習，其他作亦多類是也。

詞源二卷提要

宋張炎撰。炎有《山中白雲詞》，《四庫全書》已著録。是編依元人舊鈔影寫。上卷詳論五音十二律律吕相生，以及宫調管色諸事，釐析精允，間系以畠，與姜白石歌詞《九歌》《琴曲》所記用字紀聲之法，大畧相同。下卷歷論制曲、句法、字面、虚字、清空、意趣、用事、詠物、節序、賦情、離情、令曲、雜論、五要十四篇，並足以考見宋代樂府之制。自明陳仲醇改竄炎書，刊入《續祕笈》中，而又襲用沈伯時《樂府指迷》之名，遂失其眞。微此，幾無以辨其非。蓋前明著録之家，自陶九成《説郛》廣録僞書，自後多踵其弊也。

[一] 叔，底本作『升』，據《宛委別藏》本《王周士詞》正文改。

新增詞林要韻一卷提要

此書不分卷，不知撰人姓名。目録標題『新增詞林要韻』，書中標題則曰『詞林韻釋』。其書分一東紅、二邦陽、三支時、四齊微、五車夫、六皆來、七真文、八寒閒、九鸞端、十先元、十一簫韶、十二和何、十三嘉華、十四車邪、十五清明、十六幽游、十七金音、十八南三、十九占炎，共十九部，而以上、去二部依部列于平聲之後，而入聲不獨爲部。凡入聲之作平聲、作上聲、作去聲者，又各依類分隸于平、上、去之後，要皆統于平聲十九部之内。其中每字皆有訓釋，一字數意，備載無遺，而詞句簡妙，精而不支。書縫有『菉斐軒』三字，近人厲鶚《論詞絶句》云：『欲呼南渡諸公起，詞韻重雕菉斐軒。』世人知重此書，實自鶚詩始發之。然自來作長短句者，未嘗不以入聲押韻，而此以入聲分隸平、上、去三聲，蓋後來曲韻之嚆矢。或以曲盛于元，而此書實出于南宋爲疑。今案《書録解題·歌詞類》有《五十大曲》十六卷、《萬曲類編》十卷，則宋時未始無曲也。此影宋鈔録。卷端標題『詞林』，詞林者，猶藝林之謂，非必指長短句而言。以此爲『詞韻』，殆鶚誤會『詞林』二字之義耳。

陳氏小兒病源方論四卷提要

金陳文中撰。文中字文秀，宿州符離人，官太常。明大小方脈，于小兒瘡疹，尤造其妙。金亡歸宋，處漣水十五年，詳鄭全《序》。案：醫科一十有三，小兒爲啞科，其治尤難。是編分養子眞訣、小兒變蒸候，又形證門及面部形圖，皆先論後方。鄭全云：『是書圖其形狀，别其證候，跡其方論，釐爲一卷。』今作四卷，疑後人所分，故書中有稱『陳氏云』者。考諸家目録所載宋代小兒方症各書，今多不傳。此本依宋刻影寫，亦僅存之祕笈也。

歷代蒙求一卷提要

元王芮撰。按：錢曾《讀書敏求記》稱：『《歷代蒙求》一卷，汝南王芮所編。括蒼鄭振孫復爲纂注。』書中歷叙帝王古今世代，文約事該，不繁不紊。鄭注又復援經據史，貫徹古今。較之周興嗣《千文》以字集而或乖其義、《補注蒙求》以事對而多失其序者，其啓迪童蒙之功，似更爲過之矣。此卷刻于元至順中，馬速忽守新安，以其書有資啓發，令郡教授王萱鋟梓，以廣其傳。此從錢曾所藏本影寫，尚是元時舊刻也。

論語叢説三卷提要

元許謙撰。伏讀《四庫全書總目》云：『《元史》許謙本傳載謙讀《四書章句集注》，有《叢説》二十卷。此本凡《大學》一卷、《中庸》一卷、《孟子》二卷，《中庸》闕其半，《論語》則已全闕。』是編從元人刻本依樣影抄。其中有正文而誤似注者，如中卷『晝寢』章、『衣敝』章，下卷『侍坐』章、『驥』章、『爲邦』章、『性相近』章、『荷蓧』章，乃元代刻書陋習，悉仍其舊。案：謙受業于金履祥，故書中引履祥之説，獨稱『先生』。吴師道云：『欲讀朱子之書，必由許君之説。』今考是書，發明朱子之學，旁引曲證，不苟異，亦不苟同。『泰伯』章云：『王文憲謂《集注》朱子因舊傳修入，未及改。』『美玉』章云：『沽，去聲，訓賣。若平聲，則訓買，于此義不相合。』『川上』章云：『舍，去聲，止息也。見《楚辭辨證》，《集注》未及改。』『割不正不食』節則云：『古者燕饗有大臠曰胾。』又云：『其餘牲體骨脊及腸胃肺心，割截各有一定，所謂不正，則不合乎度者。』頗有根據，皆足以資考證也。

讀中庸叢説二卷提要

元許謙撰。案《元史》本傳：『謙讀《四書章句集注》，有《叢説》二十卷。』朱彝尊《經義考》據《一齋書目》收入《總經類》，注云『未見』。《通志堂經解》亦未及編刻。蓋世已久不見其書矣。今《四庫全書》所收，祇《大學》一卷、《中庸》一卷、《孟子》二卷而已。《中庸》本二卷已佚其半，《論語》則已全佚。今除《論語叢説》三卷已從元板影録進呈外，復從吴中藏書家得元板《中庸叢説》足本二卷，又影録副本，以補前收之所未備，而許氏之書遂成完璧。案黄溍爲謙作《墓誌》，載此書卷數二十，與本傳相符。今所録者，俱遵元板，《論語》三卷，《中庸》二卷，合之《大學》一卷、《孟子》二卷，得八卷，皆首尾完整。明《祕閣書目》所載《四書叢説》，亦止四册，殆與今本相同。蓋未可據《墓誌》、本傳而疑其尚有闕佚也。

續古篆韻六卷提要

元吾衍編。有《周秦石刻釋首》一卷，《四庫全書》已著録。是編從舊鈔本依樣影寫。衍以《石鼓文》、《詛楚文》、《比干盤》、泰山、繹山等刻，依韻分纂，即遇無字之韻，亦接書之，非有闕佚。

蓋留以待補，疑爲未成之本，故藏書家目録多未采入。末卷辨疑字，專爲鄭樵、薛尚功兩家《石鼓音義》而作。如云第十鼓中一字，薛作『獻』，鄭作『狩』，衍則云『當作獸，意通』。案《周官·庖人》『賓客之禽獸』注云：『「獻」，古文爲「獸」是也。』録而存之，于小學不無所助焉。

皇元征緬録一卷提要

不著撰人名氏。卷首撮舉大綱，有『臣作政典』云云，蓋即撰《元聖政典章》者。《政典》中稱英宗爲『今上皇帝』，是編似亦成于至治之初。體例謹嚴，非若《政典》之漫無端緒，不足以資考證。所載征緬事，多與《元史·緬國傳》相同。自大德二年以下，更足補正史所未備，蓋明時修史即用此爲藍本。録而存之，以備參考焉。

元祕史十五卷提要

不著撰人名氏。其紀年以鼠兒、兔兒、羊兒等，不以支干，蓋即國人所録。明黄虞稷《千頃堂書目》著録十二卷。明《文淵閣書目》『字』字號云：『《元祕史》一部，五册。又一部，同。』又云：『《祕史續稿》一部，一册。又一部，同。並闕佚之本。』此依舊鈔影寫，國語旁譯，記元太祖、太宗兩朝事迹最爲詳備。案：明初宋濂等修撰《元史》，急于蕆事，載籍雖存，無暇稽求。如是編所載元初世系，孛端叉兒之前尚有一十一世。《太祖本紀》述其先世，僅從孛端叉兒始。諸如此類，并足補正史之紕漏。雖詞語俚鄙，未經修飾，然有資考證，亦讀史者所不廢也。

羣書通要七十三卷提要

不著撰人姓氏。是編藏書家未著録。此依元至正間重刊本影寫。前有大德己亥王淵濟序，稱『蒙翁因嘿齋于君所輯之本，旁搜博采，增至數十卷。凡詩家之一字一意，悉羅致之，視初本殆將十倍。命其子彌高壽梓』云云。所謂『蒙翁嘿齋』，未詳其人。其書自甲集天文至庚集譬喻，凡三十七門，每十卷爲一集，捃摭經傳子史及前人詩文中成語，分類排纂，頗藉以有考。視明人類書餖丁[一]稗販者，大相徑庭。辛、壬、癸三集，即《元混一方輿勝覽》，疑重刊時所增，故淵濟序中未及其書。且有『至元戊寅菖節梅軒蔡氏刊行』啚記。詹事錢大昕云：『《勝覽》于澤州無陵川

[一] 丁，甲戌續刊本作『飣』。

縣，解州無芮城縣，而書中又有冀寧之名，係大德中所改。則書成之後，别有竄易，皆書肆射利者爲之，而不知其牴牾也。』

游志續編二卷提要

元陶宗儀撰。宗儀有《國風尊經》，《四庫全書》已著録。是編繼宋陳仁玉《游志》而作，所載多唐、宋、元人遊覽之作，自樊宗師、柳公權、元結而下，凡四十有八家。選擇精審，並足以資考證。書中有存其目而其書未經採入者，若李格非之《洛陽名園記》、范至能之《驂鸞録》《吴船録》，後人遂疑爲未成之書。案朱彝尊云：『宗儀所著各書，有裨史學。』此其一也。

玉山璞稿二卷提要

元顧瑛撰。瑛字仲瑛，崑山人。事蹟附《元史·陶宗儀傳》後。《玉山璞稿》，《四庫全書》已著録，一卷。是編乃至正壬辰、乙未間所作，凡古今體詩二百七十五首，詞一首。書中《送董參政鐃歌十章》，如《克淮西》《入昌化》《定安吉》諸題，足補史所未備。《元史》惟稱：『秋七月，饒、徽賊犯昱嶺關，及杭州路。』案：是時董摶霄率兵復之，所云『參政』及《送周天蟾》詩中『大參董侯』，皆其人。卷末有云：『水戰甚難，蓋舟檝有遲速，風水有逆順，故不能齊其隊伍。』然則瑛于舟師之法，亦畧窺其一二，非僅以詞語流麗見長也。

桐江集八卷提要

元方回撰。回《桐江續集》、《四庫全書》已著録。皆其元時罷官後所作。其前集名《虚谷集》，見黄虞稷《千頃堂書目》，疑即是編。案：周密極譏回爲人之鄙，全無品行。伏讀《四庫全書提要》云：『集中諸文，居然醇儒之言。就文言文，要不可謂其悖于理也。』如賈似道魯港喪師之後，衆皆慮其復入，回上書數其十罪，繼又言似道與其客廖瑩中皆當即誅，又請罷王爚平章以佚其老，見集中前後上書。本末並確有所見，中外快之。即他文亦多有根據，固宋末元初一作家也。

王徵士詩集八卷提要

元王沂撰。沂字子與，泰和人。博通經史，學者稱爲『竹亭先生』。至正間，嘗試于有司，不偶，遂不復出。洪武初，徵爲諸説書，授福建鹽運司副使，以老辭歸，不赴。是編乃其門人蕭翚所編。梁潛稱沂『與大梁辛好禮、楊伯謙、上元周伯寧、清江彭聲之、豫章萬德躬倡詩道于東南，期以關世教爲務』。今案沂詩于古體多沖淡瑩潔，近體則典麗鏗鏘，宜其淩跨一時矣。

松雨軒詩集八卷提要

元平顯撰。顯字仲微，錢塘人。明洪武初，官廣西藤縣令。案：顯集初刻于滇南，是編乃其裔孫所重刊，今依樣過録。暹序稱『其足跡半天下，有似于子長。學博而行峻，直道而屈身』云云。今觀其詩，及風土之同異、道途之阸塞以及友朋之離合，悉見于篇，蓋得于遠遊之助爲多耳。

蟻術詩選八卷提要

元邵亨貞撰。亨貞字復孺，有《野處編》四卷，見《四庫全書》。伏讀《四庫全書總目》云：『亨貞所著《蟻術詩選》，世已無傳。』此從舊鈔依樣過録。凡古今體三百七十六首，又聯句三首，詩格高雅，絶無元世綺縟之習。案：馮遷、汪稷跋《野處編》，並云其書乃上海陸郯以授稷而刊行。

是編及《詞選》每卷首皆有『新都汪稷校』字樣，是亦郯所授刊之册。跋又云『并所著《蟻術詩選》《蟻術詞選》爲十六卷』，今合三書卷帙觀之，並屬完善之書。惟卷首不著名而著字，乃明人刻書陋習也。

名儒草堂詩餘三卷提要

元廬陵鳳林書院輯本，未詳選者姓氏。自劉藏春以下，凡六十家，皆南宋遺老。選録精允，秀句清言，多萃于是，而黍離之感，有不能忘情者。厲鶚跋稱『弁陽老人《絶妙好詞》而外，鮮焉寡匹。余于此二種，心所愛玩，無時離手』云。案：《千頃堂書目》始著録，一名《續草堂詩餘》，即是編也。

蟻術詞選四卷提要

元邵亨貞撰。亨貞有《野處集》，見《四庫全書》。伏讀《四庫全書總目》云：『亨貞所著《蟻術詞選》，世已無傳。』又云：『其詞世不多見，惟陶宗儀《輟耕録》載所作《沁園春》二首，雋永清麗，頗有可觀，蓋所長尤在于是。惜《詞選》今已久佚矣。』是編從舊鈔依樣影寫。藏書家未見著録。《古今詞話》亦稱其《沁園春》詞『新艷入情』。書中追和趙孟頫十首。案：侯文燦所輯《松雪詞》，已佚其《點絳唇》一闋、《感皇恩》一闋、《蝶戀花》一闋，未嘗不藉是以見其梗概也。

名家詞十卷提要

國朝侯文燦編輯。所選爲南唐二主詞、馮延巳《陽春集》，宋則張先《子野詞》、賀鑄《東山詞》、葛郯[一]《信齋詞》、吴儆《竹洲詞》、趙以夫《虚齋樂府》，元則趙孟頫《松雪詞》、薩都剌《天錫詞》、張野《古山樂府》。文燦自序云：『古詞專集，自汲古閣《六十家宋詞》外，見者絶少。』又稱『孫星遠有唐宋以來百家詞鈔本，訪之僅存數種，合之笥中所藏，共得四十餘家。兹先集十家，付之梓人』云云。是編《子野詞》，《四庫全書》已著録，即《陸安集》。伏讀《四庫全書總目》云：『此本近時安邑葛鳴陽所輯，凡詞六十八首。』此則一百三十首，較爲完善，末附東坡題跋。其餘所選，亦簡擇不苟，要不失爲善本也。

[一] 郯，底本作『剡』，據《信齋詞》題名及《宛委别藏》本《名家詞》目録改。

檕經室外集卷四

五服圖解一卷提要

元龔端禮撰。端禮字仁夫，嘉興人。此書載《絳雲樓》及《述古堂書目》。朱彝尊《經義考》則云『未見』。端禮祖名頤正，宋時宣教郎，充樞密院編修官，常著服圖。端禮是學，淵源有自，又復精勤參考，越十載而後成書。嘉興路牒偁其『有裨世教，厚風俗』，洵不誣矣。其例以五服列五門，每門立男女已、未成人之科，分正、加、降、義四等之服，劃圖分章，展卷釐然，頗足爲參考禮制之助。當元泰定元年，嘉興路呈此書於江浙行省，移咨中書省。此從至治間刊本影寫。錢曾《讀書敏求記》云端禮以布衣上書闕下，蓋有心世道之士也。

律文十二卷音義一卷提要

是編不著撰人名氏。《音義》，宋孫奭等撰。奭字宗古，博平人。有《孟子音義》，《四庫全書》已著録。事蹟詳《宋史》本傳。《宋史·刑法志》云：『宋法制因乎唐，律令格式則隨時增損之。』此書見《藝文志》。其中所載，自名例以至斷獄，凡十二門，與《唐志》悉合。陳振孫《書録解題》亦云『《律文》十二卷。自魏李悝、漢蕭何以來，更三國、六朝，以至隋、唐，因革損益備矣。本朝天聖中，孫奭等又撰《音義》，歷代異名沿革皆著之。』按：奭所著《音義》，爲《唐律》而作，于『治』字下云『唐避高宗諱爲「理」』，『期』字下云『唐避(元)〔玄〕宗諱爲「周」』，今改從舊』。又於名例『杖』字下云：『皇朝建隆四年，始有折杖之制。』『流』字下云：『皇朝建隆四年制：犯徒者加杖免役。』此則宋時所增，並不見于《律文》，故加『皇朝』以別之。至書中字體翻切，皆有補于小學。卷末列孫奭、馮元、宋祁等銜及『天聖七年四月日准勑送崇文院雕造』十五字，據此，則爲北宋所刊無疑矣。

莆陽比事七卷提要

宋李俊甫撰。俊甫字幼傑，莆田人。是編見《宋史·藝文志》。成于宋嘉定間，取唐以來上下千百年間凡莆陽事之可傳者，綺分璧合，釐爲七卷，名曰『比事』。其同邑人陳讜有序，林瑑有跋。此則從明人林兆珂宋本翻刻影抄。莆陽宋人舊志，如鄭僑《莆陽人物志》以及趙彦勵、陸炎所著《莆陽志》，今多散失。俊甫此編，時見采録，且屬辭有法，紀事覈眞，可與《汝南先賢傳》《襄陽耆舊志》並傳也。

黃帝陰符經疏三卷提要

唐李筌譔。按：筌所著《太白陰經》八卷，《四庫全書》已著録。此書載宋《崇文書目》《館閣書目》《通志》《通考》及陳振孫《書録解題》、晁公武《讀書志》，皆作『《經注》一卷』。惟《宋史·藝文志》作『《經疏》一卷』。此本篇帙無多，分爲三卷，已非筌之舊次。上卷演道章，載神仙抱一之道；中卷演法章，載富國安人之法；下卷演術章，載强兵戰勝之術。與《道藏》本分目相符。

中藏經三卷提要

漢華陀撰。分上、中、下三卷。《隋書·經籍志》載『《華陀方》十卷』，唐、宋《藝文志》並載『《華陀藥方》一卷』。鄭樵《通志·藝文畧》同《宋志》，又載『黄氏《中藏經》一卷』，注云『靈寶洞探微撰』，與此别爲一書無疑矣。是編今吴中有趙孟頫手寫本，分上、中、下三卷。《隋志》列有《華陀觀形察色并三部脈經》，蓋即是書之中卷也。其書文義古奥，似是六朝人手筆，非後世所能假托。

玉函經一卷提要

唐杜光庭撰。光庭字聖賓，括蒼人。王建據蜀，除諫議大夫，進户部侍郎，歸老青城山。此書銜係『特進檢校太傅太子賓客主管徽國公』，殆建時加授也。書中辭簡義深，黎民壽注亦多發明。是書藏書家皆未著録。錢曾《讀書敏求記》載有《光庭了證歌》一卷，又與此異。惟明人殷仲春《醫藏目録》曾載是册，列之無上函中。此從宋刻影寫。

三水小牘二卷提要

唐皇甫枚撰。枚字尊美，安定人。唐咸通末，爲汝州魯山令。僖宗之在梁州，枚赴調行在，此其書中可考者也。是書成於天祐[一]四年，枚當旅食汾晉而追紀咸通時事，共得上、下兩卷。明嘉靖時，姚咨曾手鈔之。此從錢曾述古堂藏本影寫。書中所載，雖涉神仙靈異之事，而筆雅詞明，實寓垂戒。又案：天祐庚午時，晉猶稱天祐，而枚亦稱之。

玉堂類藳二十卷西垣類藳二卷提要

宋崔敦詩撰。敦詩字大雅，本河北人，南渡後，遂居溧陽。登紹興進士，官至中書舍人。李心傳《朝野雜記》謂：『吕祖謙《文鑑》既成，近臣密啓其失。因命直院崔大雅更定增損去留，凡數十篇。』《朱子語類》亦云祖謙編録《文鑑》，有『敦詩删定』之語。敦詩，淳熙九年致仕，故宇文价所作告中偁其『才猷敏贍，問學淵深』。是編所載宋孝宗時制誥、口宣、批答、青詞甚詳。諸家書

[一] 祐，底本誤作『佑』，今改。本條下『天祐』皆同。

目皆未著録，而《宋史·藝文志》誤爲周必大所撰。明葉盛《菉竹堂書目》曾列其書，是明中葉尚有傳本。此爲活字板，其文皆必大集中所未有也。

周易經疑三卷提要

元涂溍生撰。按《江西通志》：『溍生，字自昭，宜黄人。邃於《易》。爲贛州濂溪書院山長，著有《四書斷疑》《易義矜式》行世。』朱彝尊《經義考》載溍生《易主義》一卷，注稱『已佚』，並引楊士奇言曰：『《易主義》一卷，元臨川鄉貢進士涂溍生著。專爲科舉設。』此書題曰『經疑』，元以經疑取士，蓋擬之而作也。此書或即《主義》，或即《易義矜式》，不可得而考矣。

詩説十二卷提要

宋劉克撰。克，信安人，事蹟未詳。朱彝尊《經義考》云：『此書《宋·藝文志》、焦氏《經籍[一]志》、朱氏《授經圖》均未之載。崑山徐氏傳是樓有藏本，乃宋時雕刻。前有總説，惜第二、第九、第十卷都闕。』此爲影宋抄本，闕卷皆對，即從徐氏藏本録出者。前有克自序，作於紹定壬辰。壬辰，宋理宗紹定五年，克乃理宗時人也。宋儒説《詩》，有攻《小序》者，有守舊説者。廢《小序》者，朱子也。尊古注者，吕祖謙也。克之學，出於祖謙。其子坦跋稱其書『每篇條諸家之解而繫己意於後，其所纂輯家數，視東萊《詩記》加詳。』克之學本之吕氏，從可知矣。體例雖與《詩記》相同，然互有去取，亦不盡從祖謙之説也。坦以纂輯各家卷帙繁富，未易鋟梓，乃盡删舊解，獨存克説，則是書非克之原本矣。《鄭風·大叔于田》，今本脱『大』字，此書與《唐石經》《注疏》本同，亦可證近世坊本之誤。

書經補遺五卷提要

元吕宗傑輯。事蹟未詳。其自序云：『在錢唐購得唐太宗御製《王右軍執筆圖》，乃東陽陳及時父希元先生授同里趙文淑之家藏者，遂輯成此書。』卷中有陳及時跋，稱其先人『諱夢魁，字

[一] 籍，底本作『藉』，據焦竑書名改。

希元，登咸淳甲戌進士科，大德末，典教嵊庠』，則希元亦元時人矣。第一卷爲《執筆圖》。第二卷《法書本象》，國子助教汶上陳繹曾著。第三卷《書法總論》，第四、第五卷《博古體篆釋》，乃宗傑自著之書，采輯張懷瓘《書斷》諸書，中如『大梵玉字』各體書，頗爲詳贍，亦臨池家之一助也。

漢唐事箋十二卷後集八卷提要

元朱禮撰。禮之事蹟無可考。其書論漢唐政典，凡食貨、職官、禮樂、兵刑，穿穴三書，參稽六典，爲寔是之學，無蕪蔓之辭。論二漢之事，往往有微言精義，可補顔、李二家注義之所未及者。至于李唐典制，但取《新書》，不取《舊書》。蓋《新書》紀傳，不及《舊書》之詳。表、志則《新書》詳贍，《舊書》太略。禮專論大經大法，以表、志爲則，非不用《舊書》也。禮持議平允，措詞爾雅，無繁冗簡陋之弊，學識在鄭樵之上。其論《太初》算術，謂司馬遷與鄧平同定其法，當時以爲最密，而《史記》反去《太初》日分之術，而用古法九日四十分。據《漢書》太初術，建星進退于牽牛之度，知《太初術》踈而不密，故史遷有意不用其法，而淳于陵渠『日月如合璧[一]、五星如連珠』之

[一] 璧，底本作『壁』，據文意改。

説，爲附下罔上。儒生讀《史》《漢》者，皆習焉不察，而禮能詳言之，可稱發前人之所未發矣。

崑山郡志六卷提要

元楊譓撰。按：譓字履祥，自號東溪老人，事蹟無考。前有至正四年楊維禎序，云『與譓同出文公』，則譓乃閩人流寓於玉峰者。崑山本縣治，元成宗元貞二年升爲州，故此書有『郡志』之名。延祐中，移州治於太倉，故《志》中有『新治』『舊治』之别。書法簡要得體，可與《玉峰志》並傳。惟鐵崖序稱『二十二卷』，今據書止六卷，首尾完具，豈成書之後重爲删定耶？

羣書類編故事二十四卷提要

元王罃撰。按：罃姓名見《寧波府志》。明初曾任廣東肇慶太守，事迹無考。其書《明史·藝文志》及藏書家皆未著録。此本從明莫雲卿家藏元刻影寫。其書類分十八門，所采故事，史傳之外，多取唐宋説部，大旨仿朱勝非《五色線》之體，亦類書中之一格也。

釣磯文集五卷提要

唐徐寅撰。按：寅字昭夢，莆田人。乾寧初進士，釋褐授秘書省正字。《四庫全書》採《徐正字詩賦》二卷。恭繹《欽定提要》云：『寅著有《探龍》《釣磯》二集[一]，共五卷。自《唐·藝文志》已不著録。意當時即散失不傳。此本僅存賦一卷，計八首。各體詩一卷，計三百六十八首。蓋其後裔從《唐音統籤》《文苑英華》諸書裒集成編，附刻家乘之後者，已非五卷之舊矣。』此爲錢遵王所藏影宋本。據其族孫師仁序云：『家故有賦五卷，《探龍集》五卷。又於蔡君謨家得《雅道機要》，訪得詩二百五十餘首，以類相從爲八卷，并藏焉。』《宋史·藝文志》載徐寅《別集》五卷，疑即師仁所藏之五卷也。今本乃其裔孫玩所編次。賦五卷，凡五十首，《四庫全書》所録八首，皆在其中，而《全唐文》未採者較多二十一首云。

[一] 集，底本作『卷』，據《四庫全書總目》改。

毅齋別録一卷提要

不著撰人名氏。卷端有正德辛未十一世孫興序一首，云：『先世文清公，號毅齋，嘗從東萊、晦菴，相與倡學於婺。其所著有《讀易記》《讀詩記》《詠文集》等書。以之格君心，淑後學，羽翼吾道，有補於世教也尚矣』云云。考之《宋史》，乃徐僑之詩也。僑字崇甫，婺州義烏人。早從學於吕祖謙門人葉邽，淳熙十四年舉進士，調上饒主簿，始登朱熹之門。熹稱其『明白剛直』，命以『毅』名齋。端平中，官至工部侍郎，以寶謨閣待制奉祠，卒謚文清。僑之學，以眞踐寔履爲尚。奏對之言，剖析理欲，因致勸懲，宏益爲多，乃理宗時之名臣。不以詩名，然無講學家習氣，頗近江湖詩派。興序又云『有文集一十卷，遭回禄煨燼』，今世無傳本矣。

編類運使復齋郭公敏行録提要

無卷次，無撰人名氏。前有古候黄文仲及三山林興祖兩序，疑出二人所編。按：郁有《言行録》一卷，已鈔録。此特其宦游所至，與當日賢士大夫一時投贈之作。江西《饒州府志》稱：『郁知浮梁縣，聘吴仲迂爲後進師，士風丕變，政爲江南諸邑最。』集中《壽老致政嘉議郭公序》，乃胡長孺汲仲作。按：鄭元祐《遂昌雜録》言：『汲仲爲金華三胡先生之一。罷官後客杭，貧甚，以古文倡。人求記碣序贊，稍不順理，雖百金不作也。』又陶宗儀《輟耕録》載：『汲仲特立獨行，剛介有守。趙松雪嘗爲羅司徒奉鈔百錠，爲先生潤筆，請作乃父墓銘。先生怒曰：「我豈爲宦官作墓銘邪！」是日，先生正絶糧，其子以情白，坐上諸客咸勸受之。先生卻愈堅。』汲仲耿介絶俗，而乃肯爲郁父作序，可以知郁之爲政矣。《饒州府志》又言：『郁爲浮梁時，風謡云：「桃李陰陰六萬家，下車民不識州衙。甘棠喜有千年政，美玉終無一點瑕。」』今集中有民謡十首，而《昌江百詠》祇存四十五首，不録此詩。當日之流風善政，遺佚不少。且一時之士，與郁相贈答者如仇遠、汪澤民、鄧文原，皆不輕與人周旋者，則郁之賢益可知矣。

元賦青雲梯三卷提要

無編纂姓氏。從元人墨跡影寫。上卷録賦三十六篇，中卷録賦三十九篇，下卷録賦三十六篇，凡一百十一篇。蓋當時應試之士選録以作程式者。其中黄溍《太極圖賦》、羅曾《石鼓賦》、孟泌《淩煙閣賦》、鄒選《金馬門賦》、蒲紹簡《登瀛洲賦》、莊文昭《蒲輪車賦》、高明《大成樂賦》、謝一魯、孔澮、范琮《荆山璞賦》、尹貫道《靈臺賦》、祝堯《手植檜賦》、歐陽(元)〔玄〕、陳泰

《天馬賦》、邵公任《暘谷賦》、彭士奇《泰堦六符賦》、周鏜《大别山賦》、沈幹《浙江賦》、曾煒《玉燭賦》、方回《孫無逸圖賦》、方君玉《龍虎榜賦》、劉性《石渠閣賦》、王沂《辟雍賦》等二十三篇，已載欽定《賦彙》中。其未采者，尚八十餘篇。又《賦彙》載曹師孔《靈臺賦》逸句，此有全文，皆可補其闕也。

隸韻十卷提要

宋劉球撰。按：宋洪适篤嗜隸古，取兩漢以來碑銘、遺經、殘石、鐙鉦、盆鏡之屬，綜括卷軸，佐證經傳，次其時代先後，成書五種，如《隸釋》《隸續》《隸纂》《隸圖》《隸韻》是也。今世所傳，惟《隸釋》《隸續》二書，他皆未見。《盤洲集》中僅有《隸韻序》一篇，疑洪氏當日尚未成書。其後婁機撰《漢隸字原》，悉依《隸釋》原次，蓋以補洪氏之缺也。今球此書凡十卷，載入《宋史·藝文志》。首存殘本《碑目》一卷及劉球進表半篇，第十卷末行又有『御前應奉沈亨刊』七字，董其昌定爲德壽殿本，似未眞確。然此爲當日奏進後奉刊之本，無可疑者。書中如《孔宙碑》以『畝』作『敏』，《王純碑》以『糜』作『麋』，《荀君碑》陰以『友』作『支』，《校官碑》以『畀』作『卑』，《唐扶頌》以『牽』作『掌』，《郙閣頌》《婁壽碑》以『愛』作『舜』，皆其采録時之失。《碑目》所引諸碑，凡二百六十一種，存於今者，不及四分之一。則球當日採獲之勤，編次之多，闡洪氏之緒餘，導《字原》之先路，爲功亦匪淺也。

編年通載四卷提要

宋章衡撰。按：陳直齋《書録解題》、晁公武《郡齋讀書志》皆載此書，凡十五卷。此宋刊本四卷。前有明『内府文淵閣』印記，考之明《内閣藏書目録》云：『《編年通載》二册，不全。宋元祐間，起居舍人章衡撰進。斷自帝堯，訖於宋治平丁未，總三千四百年，推甲子以冠其首。凡史之訛謬疑誤，皆爲辨證。世數代易，曆統相傳，年名國號，灾祥善惡，具載焉。凡十卷，其第五卷以下皆闕。』據此，則爲明内府所藏宋本無疑也。首有元祐三年章楶刊書序一篇，楶乃衡之族父，又衡進書表一篇。自一卷帝堯起，至四卷西晉世祖太康元年止，歷代興亡分合，開卷瞭如，是誠有裨於史學也。

廣黄帝本行記一卷提要

唐王瓘撰。系銜稱『閬州晉安縣主簿王瓘進』。考之《新唐書·藝文志·雜傳記》云：『王瓘《廣軒轅本紀》三卷。』蓋即此書。此卷首題『修行道德』四字，必每卷各以四字標識。本書『帝吹律，定姓者十二』，注云『在中卷』。又『黄帝有子，各封一國』，注云『具中卷』。可證此爲下卷，佚去上、中二卷矣。此從錢曾舊鈔藏本影寫，恐世間更無足本，《讀書敏求》中具載之。

淳祐臨安志六卷提要

宋施諤撰。按：兩浙古志、《北宋圖經》久已無考。至南宋建爲行都，其志乘傳於今者，則有周淙《乾道志》、潛説友《咸淳志》二種，已經《四庫全書》采録。此志從宋刻殘本影寫，僅存五卷至十卷，無序目可稽。觀書中敘録，皆至淳祐間府尹趙與篙而止，其爲施諤所撰《淳祐志》無疑。所存惟城府、山川二門，前有《總論》一篇，異於他志。其敘城府一，首城社，次官宇，次舊治古蹟，次今治續建，爲第五卷。城府二，首學校，次樓觀，次園館，次廂隅，次軍營，爲第六卷。城府三，首坊巷，次界分，次橋梁，次倉場庫務，次館驛，爲第七卷。敘山川一，首城内諸山，次城南諸山，次城西諸山，次亭館，次古跡，爲第八卷。山川二，首城東諸山，次城内外諸嶺，次諸洞，次諸石，次諸塢，次峪衕關，爲第九卷。山川三，首江，次湖，次河渠，次水閘，爲第十卷。諸門皆爲《咸淳志》所本，而各條下引載前賢題咏詩文，則互有詳畧。此與乾道、咸淳二《志》，備載南宋數朝掌故，藉補史傳之遺，皆未可以殘缺廢也。

賢良進卷四卷提要

宋寶文閣學士龍泉葉適撰。按：適有《水心文集》二十九卷，《四庫全書》已著録。宋人《賢良進卷》甚多，如孫深《賢良進卷》十卷、錢公輔《賢良進卷》十卷，均載《郡齋讀書志》，而適書獨不存，唯前明葉盛《菉竹堂書目·經濟門》有『葉正則《賢良進卷》二册』，即此書也。《萬曆温州府志》載《水心文集》之外，有《制科進卷》九卷、《外稿》六卷。疑此與《外稿》實係一種，故黄震讀文集，《日抄》于適正集外，復著《水心外集》，其篇目摘要與此卷脗合。按：《宋史·孝宗本紀》：『淳熙十一年六月，詔在内尚書、侍郎、兩省諫議大夫以上、御史中丞、學士待制、在外守臣、監司，不限科舉年分，各舉賢良方正能直言極諫一人。』適此卷即于其時所進。蓋適抱匡時之用，故初年輪對即以經世之説進。且觀其《上西府書》及《執政薦士書》所舉陳傅良以下三十四人，如劉清之、陸九淵、章穎、吕祖謙、楊簡、項安世，皆一時賢傑，洵屬有心當世之士。即以文體而論，亦筆力横肆，足以振刷浮靡。唯持論間有不純，如陳振孫譏其所作《習學記言》，歷詆百家而篤信子華子，推崇之以爲眞。黄震亦辨其行官田不能無害。則踳駮處正復不免。故朱子亦嘗移書與之辨論文體。至《日抄》推尊《别集》，以爲論治之書，極論天下之勢牽縮而不可爲，開闔數萬言，蓋能言之士，莫能尚也。

四元玉鑑三卷提要

元朱世傑撰。按：世傑字漢卿，號松庭，寓居燕山，不知何處人。其書未載前人著録。總二十四門，凡二百八十八問，具開方、寔方、廉隅之數。漢卿于九章既熟，于天元一術、正負開方之法又神而明之，是誠算學一大家也。其茭草形段、如像招數、果積疊藏各問，爲自來算書所未及。此從舊抄本影寫。前有大德癸卯臨川前進士莫若序，卷末又有大德登科二月甲子納心齋祖頤季賢父序，稱世傑『嘗游廣陵，學者雲集，編集《算學啓蒙》，與此先後付刊，並行于世』。今《啓蒙》一書，不可復見矣。

運使復齋郭公言行録一卷提要

元福州路儒學教授徐東撰。按《饒州府・名宦志》：『郭郁，字文卿，大梁人。皇慶末，以江浙省都事來知浮梁縣，善爲鈎距，自方趙廣漢，官終福建都轉運使。』又《浙江通志・名宦類》引《至正四明續志》云：『郭郁，泰定二年任明州路總管，有才略，在郡正賦籍，定役法，措置食鹽，綜理倉庫，皆有法。修孔子廟，飭弟子員，徵逋租，損浮費，至學廩不能容。』如兩志所書，則郁之宦蹟有足多也。是録因東適同官，故悉載其所歷任途，由江南、江西、浙江、福建諸處，所在立政立事、愛士愛民、勸善懲惡、興利除害各善政，後復附以建安進士張復題詞，及福建學陳御史臺狀牒文等件，以見當日人情愛戴之誠。各家書目均不著録，唯錢大昕《補元史藝文志》曾採入《史部・傳紀類》。今録之，雖不盡可據，但亦有可備史家之事寔者。

圖解素問要旨論八卷提要

金劉守眞撰，馬重素重編。按：守眞名完素，事蹟見《金史・方技傳》。所著《素問(元)〔玄〕機原病式》一卷、《宣明論方》十五卷、《傷寒直格方》三卷、《傷寒標本心法類萃》二卷等書，皆爲

《四庫全書》所載。此從金板影寫。錢大昕《元史藝文志補》載《素問要旨》八卷，即此書也。其自序以爲『《内經》(元)〔玄〕機奥妙，旨趣幽深，習者苦無所悟。乃撮其樞要，集成斯文，以分三卷，叙爲九篇，繪圖釋音以彰明之』。其徒馬重素又爲之序，重爲編定，分作八卷云。

元風雅三十卷提要

元蔣易撰。按：易字師文，建陽人。焦竑《經籍志》及黄虞稷《千頃堂書目》所著録，卷數皆同。《四庫全書》載《元風雅》有傅習及孫存吾所編，前後二十四卷。易與傅、孫同時，故兩書皆爲道園虞集所序。集序傅書，在至元二年丙子，孫書謝升孫序亦同，此書在至元五年己卯，後于傅、孫之書幾三年，不知道園序何以並不論及傅、孫兩家也。書首取劉因，與傅選合，而壓卷亦取《黄金臺》一篇，宜乎後世汲古之家或疑與傅選同科而略其傳述歟？今計劉因以下至二十七卷止，凡八十五家，人不逮傅、孫兩家之半，而甄録之詩幾倍之。故傅、孫於諸大家所録寥寥，此則選擇古體，較爲詳審。即同録一人一題之詩，題目字句各不相侔，如胡汲仲《題女直驄馬圖》，孫本『題』字下多『崔録事』三字；虞集《李伯時九歌圖》，傅本無『李伯時』三字；《送星上人歸湘中》，傅本無『歸湘中』三字；柳貫《和袁集賢上都雜詩》，傅本『和』字上有『同楊仲(宏)〔弘〕應舉』六字，諸如此類，不可勝舉。其餘字句，如揭傒斯《送淳直子朝發扶桑國》，傅改『扶桑』作『梁』；宋吳師道《黄金臺》『千里風塵馳駿馬』，孫改『風塵』作『强燕』；《銅雀臺》『漢家一片當時土』，孫改『當時』作『如膏』。蓋當日隨抄所得，而又出于各人點竄，不可拘于一律。至于每人篇尾，各著事寔，此則較傅、孫兩家爲勝，存之足以資考證之助。末三卷分雜編，亦與彼選體例略同。錢大昕著《元史藝文志》，既載易著而復載《元風雅》八卷，注云：『無撰人名，或云宋褧。』至于傅、孫兩家所撰，别爲《元詩前後集》，不知何所據也。

檗經室外集卷五

東皋詩集五卷提要

元馬玉麟撰。按：玉麟，吴陵樊川人。仕元，官參知政事。著有詩集五卷，嘗自號東皋道人，故名其稿曰《東皋漫稿》云。此編成于元至正間，當時周伯琦、王宗堯皆爲之序。玉麟當元之末季，仕宦顯要，乃能躭工吟咏，時出清言，且又惕事感時，借抒經濟。今閱其古今體詩，率皆婉麗暢達，可謂有關于名教，有裨于諷諫者矣。卷末附録《東皋先生傳》一首，係洪武中王逐所作，記其生平行事甚詳。

周易新講義十卷提要

宋龔原撰。原字深甫，遂昌人。少與陸佃同師王安石，進士高第。元豐中爲國子直講，官至寶文閣待制。事蹟詳《宋史》本傳。《宋・藝文志》稱原著《易傳》十卷、《續解易義》十七卷。朱彝尊《經義考》則云『未見』。《東都事略》偁原著有《易傳》《春秋解》《論語孟子解》各十卷，并載有鄒浩一序。按：所云《易傳》，疑即是書。晁氏《讀書志》云：『宋王安石《三經義》，當時俱頒學宫，獨《易解》以爲少作未善，不專以取士，故紹聖後，又有龔原、耿南仲註《易》，並行場屋。』考之宋楊時之説曰：『龔原本王學一派，其人其書似無足取。』惟宋時古笈傳世絶少，而此書完善猶存，李衡《義海撮要》、李簡《學易記》、趙汝梅《筮宗》多取其説，且耿南仲書已收《四庫》，兹編續出，亦未可偏廢矣。

通紀七卷續五卷提要

唐馬總撰。總有《意林》，《四庫全書》已著録。史偁總篤學，雖吏事倥偬，書不去前。所著有《年曆》《通曆》，行於世。此書起自太古，訖于隋季，共十卷。中間歷代之事，粗陳其概，展帙瞭然。後荆南孫光憲者，復輯全唐洎五代事蹟十卷，以續總所紀，率多未寔。今自十一卷唐高祖起，閩王審知止，係孫氏所續，然宋時即僅存其五卷矣。晁氏《讀書志》云：『總書纂太古十七氏，中古五帝三王，及删取秦漢至隋世紀興滅，又取虞世南《略論》，分系于末。』今書中自四卷至十卷，有『公子曰』『先生曰』者，當即世南之《略論》也。惜前三卷已闕，無從補録。《玉海》所偁齊推序，更無可考矣。蓋總以史籍繁蕪，故上索《典》《墳》，迄于隋季，以簡暢之筆，成兹一編，事簡而明，辭約而該，亦讀史者所不廢也。

諸葛武侯傳一卷提要

宋張栻撰。栻有《南軒易傳》，《四庫全書》已著録。此《傳》不載《南軒文集》，乃從宋刊單行本影寫。其闡發武侯生平，考證極確。自陳壽作《三國志》，尊魏斥蜀，使後世莫明正僞，且言武侯志大而短于用。司馬光作《通鑑》、朱子作《綱目》，乃正其非。栻更摭拾舊聞，成此一卷，具明才學過于管、樂，稱其有正大之體。且《傳》中述前、後《出師表》，與今所傳字句間有異同。其後跋云『徵自文獻，不敢存疑』，則其所見詳明，必有古書足據矣。

離騷集傳一卷提要

宋錢杲之撰。杲之，晉陵人。所註《離騷集傳》一卷，見《宋史·藝文志·楚辭類》。杲之以爲古詩有節有章，賦則有節無章，乃分《離騷》三百七十三句爲十四節。其名爲『集傳』者，以王叔師曾有《離騷注解》，杲之不敢同于王註也。然其註旁採《爾雅》《本草》《淮南子》《山海經》等書，其旨一稟於叔師。惟不解昭明置《騷》於詩後之意，遂認《騷》爲賦，未免隅見。錢曾《讀書敏求記》中稱之如此。此册借宋板影抄得之。

策要六卷提要

元梁寅撰。寅有《周易參議》，《四庫全書》已著録。其門人黎卓序其文集云：『尚有《方策稽要》，曾鋟梓行世。』即此書也。寅于諸經皆有訓釋，史學亦頗考究。是書元元本本，能撮其要領，宜爲學者所重耳。

慎齋集四卷提要

明蔣主忠撰。按：主忠字存恕，儀眞人。與兄主孝皆以詩名，時稱景泰十才子者，主忠其一也。是集共四卷，詞旨清逸，致爲可誦。考之朱彝尊所著《明詩綜》，曾録其《芙蓉》一絶句，而此編古今各體，計得二百八十餘首，已爲全稿無疑矣。

詩義指南一卷提要

宋段昌武撰。昌武字子武，廬陵人，官朝奉郎。是編諸家目録均未收録，惟見朱彝尊《經義考》。昌武又有《叢桂毛詩集解》《讀詩總説》二書。此册彝尊謂爲舉業發題而作，自《關雎》以至《鳧鷖》，或取詩中一章一節發其義，語簡而深，義約而盡。自『篤公劉』以下，惜未之及耳。

增廣鐘鼎篆韻七卷提要

元揚鉤撰。鉤字信文，臨江人。政和中，王楚始作《鐘鼎篆韻》，薛尚功已重廣之。鉤又博采金石奇古之蹟，益以《奉符黨氏韻》，增補兩家所未備。其篆則夏、商、周、秦之篆，而以象形奇字終之。自琱戈鈎帶以及碑刻古篆，莫不畢載。馮子政序稱『三代禮樂之古文奇字，盡在是矣』，洵不誣也。又云：『自唐開元時，以隸楷易漢本《尚書》，而學者自此不識古文。』是書參訂博采，使古文奇字列列在目，可與薛氏書輔翼而行。卷末有『洪熙侯書籍印』，蓋明時本也。

玉峯志三卷玉峯續志一卷提要

宋凌萬頃、邊實同撰。萬頃字叔度，景定三年進士，本陽羡人，因其父壻於崑山顔氏，因家焉。邊實，陳留人，其高祖始遷崑山，詳前《志·邊惇德傳》，而《續志》又復爲《自序》一篇，詫其家世。玉峰本崑山地，宋南渡時始析爲縣，即今之嘉定是也。《志》中所載沿革、風俗以及人物、古蹟甚悉。宋、元時，崑山志乘世不多得，是册足備一方之文獻也。

長春子遊記二卷提要

元李志常撰。是編志常記其師邱處機西遊事蹟。孫錫序云：『凡山川道里之險易，水土風氣之差殊，與夫衣服、飲食、百果、草木、禽蟲之别，靡不畢載。』卷末附録則載當時詔勅等篇。處機字通密，又號長春子，棲霞人。自幼住蟠溪龍門者十有三年。金大定時，曾自終南召令赴闕，賜以巾冠，待詔天長觀，後放還山。及元太祖時，常召至雪山之陽，眷渥倍至，後復居燕之天長觀，年八十餘，著有《磻溪集》六卷。此册所載，足資考證。即處機各詩，亦清眞平淡，多可誦云。

軒轅黄帝傳一卷提要

不著撰人名氏。見錢曾《讀書敏求記·傳記類》，曾于是編之前，載有《廣黄帝本行記》一卷，亦無著書人姓氏。案：注中引劉恕《外紀》《蜀檮杌》等書，《蜀檮杌》爲張唐英所著，則此卷當是南宋人手筆。書中備載黄帝顛末及其子孫唐、虞三代相承世數甚悉，可補《皇王大紀》之闕。

養正圖解全卷提要

明焦竑撰。竑有《易筌》，《四庫全書》已著録。是編見黄虞稷《千頃堂書目》。萬曆間，竑以修撰爲皇子講官，編此進之。書中備採前言往行可爲則傚者，繪之於圖而詳爲之説。卷首有竑自序及祝世禄序，稱此書繪圖爲丁雲鵬、書解爲吴繼序，並一時知名之士也。

尉繚子直解五卷提要

《尉繚子》，《四庫全書》已著録。《直解》，明劉寅撰。寅所撰書，皆名『直解』，凡六種，見

《林泉筆記》，此則六書中之一耳。每篇下各有小序，發明其義，注中所論，多精審處。如注《威戰》篇『妙勝』之論云『即孫子所謂未戰而妙算勝者，得算多也』，于『受命』之論云『即太公論立將之義』，于『踰垠』之論云『即太公所謂越江河、渡溝塹之義』。寅以兵家言注兵書，猶儒者之以經注經也。惟于《天官》篇『刑德』之説，而不用《淮南子·天文訓》『凡用太陰，左前刑，右背德』，及《兵略訓》注『刑謂十二辰，德十日』之語。又《將理》篇云『壻父曰婚，女父曰姻』，而不引《爾雅》『壻之父爲姻，婦之父爲婚』，未足爲據。然瑕瑜不相掩也。

關尹子言外經旨三卷提要

《關尹子》，《四庫全書》已著録。《言外經旨》，宋陳顯微撰，同時王夷録而傳之者。顯微序云：『《關尹》一書，莊、列不能言，文、程不能道。其言簡，其義詳，似爲《道德經》作傳。』案：是編分上、中、下三卷，自『一宇』以至『九藥』，莫不詳注而發明之。王夷所謂『因言悉旨，轉語明經，設喻以彰(元)〔玄〕，反辭而顯奥，或指意于言前，或顯微於意外』也。尹喜書本屬依託之册，然在僞書中頗有理致，顯微《經旨》，吐屬亦復淵雅，可謂質有其文。

爲政善報十卷提要

宋葉留撰。留字景良，括蒼人。是編見《浙江通志》本傳，凡十卷，此其前編也。其書採取經史各説以及當時宦蹟，録其功在生民、慶留後裔者，以成一編，意取於官師相規，以爲有位者勸。用意忠厚，考證精詳，殊不多見。同時陳相爲注其出處。此從元人刻本過録，惜後編已佚之矣。

東漢文鑑二十卷提要

宋陳鑑編。鑑，建安人，自稱石壁野人，殆南宋遺民歟？是編自光武迄獻帝，凡九朝，大半采從本傳，共得文二百三十餘篇。《宋史·藝文志》不載。惟明人《百川書志》《千頃堂書目》《絳雲樓書目》並載有『宋陳鑑《西漢文鑑》《東漢文鑑》』，而《東漢文鑑》誤作『十九卷』。又《天一閣書目》亦載此書，乃明刻本。此從宋巾箱册録之，以存一代之藝文焉。

道德經論兵要義四卷提要 二册

唐王眞撰。案：眞此書獨取《道德經》所論兵戰之要，摭拾（元）〔玄〕微，本上、下二卷，後更分爲四卷，與鄭樵《通志》所載卷數合。元和間，進之于朝，唐憲宗嘗手詔褒美之，具載篇首。老子《道德經》五千言，備舉大道、至德、修身、理國之要數十章，後乃言及于用兵，其旨微，其言博。自河上公爲之訓釋後，若嚴氏《指歸》、開元《注釋》，固已發蘊指微，而眞所著《要義》，獨于論兵之法經悉言之。夫眞以朝議郎出領漢州軍事，久列戎行，而考其談兵意指，顧深求乎老子之説。唐人之書不多，是宜録也。

遺山樂府五卷提要

金元好問撰。好問有《續夷堅志》，《四庫全書》已著録。伏讀《御定歷代詩餘》載詞人姓氏云：『《遺山樂府》，錢唐淩雲翰編輯。』是編從舊鈔本依樣過録，無雲翰姓氏，疑轉寫者誤脱耳。案《錦機集》云：『僧李菩薩灑酒作花，開牡丹二株，遺山爲賦《滿庭芳》，傳誦一時。』是作今載集中。張炎偁其詞『深于用事，精于鍊句，風流藴藉，不減周秦』，合觀諸作，良非虚美也。

招捕總録一卷提要

不著撰人名氏。是編藏書家未著録，蓋佚已久矣。此從舊鈔依樣影寫。所記元代招捕事宜，起于世祖至元，迄于英宗至治。案：卷末云招捕不止此，是惟取其人名、地名及事與序相干者入注中，分二十九種。其事多不見於正史，而寔有關於正史。雖篇袟無多，而叙述典核，彌足爲信，是亦罕覯之秘笈矣。

詩義集説四卷提要

明孫鼎撰。鼎字宜鉉，廬陵人。永樂中，領鄉薦，任松江教授，擢監察御史，提督南畿學政。是編凡四卷，蓋采取《解頤》《指要》《發揮》《矜式》等書，擇其新義，彙爲一編，仍分總論、章旨、節旨各類，展帙釐然，頗屬精備。其中所引，如彭奇《詩經主意》、曹居貞《詩義發揮》，朱彝尊則云『未見』，謝升孫《詩經斷法》則云『已佚』。考之黄虞稷《千頃堂書目》，知是書成於正統十二年，《經義考》曾列此書，而注云『未見』。此則從原刻影鈔，惜其序文已佚耳。

唐陸宣公奏議註十五卷提要

唐陸贄撰。贄有《翰苑集》,《四庫全書》已著録。是編惟有奏議,宋郎(煜)〔曄〕注。(煜)〔曄〕事蹟無考。卷首載《經進奏議表》,銜題『迪功郎紹興府嵊縣主簿』。(煜)〔曄〕又註《東坡文集事畧》,題銜與此相同。此編所註,惟採經史爲多,無泛搜博引之失,不特選擇得當,節録亦多精審,使讀者易見端倪。兹從元至正甲午翠巖精舍重刊宋本影寫,亦讀史者所不廢也。

雲間志三卷提要

宋楊潛撰。見《宋史·藝文志》。按:雲間即今江南之華亭縣,在宋時兼今松江全郡之地。此志體例繁簡得中,不讓宋人《會稽》《新安》諸志。書成于紹熙四年,而知縣題名載至淳祐八年而止,則張穎以下三十人是後人所續。又進士題名載至寶祐元年姚勉榜錢拱之而止,則慶元五年趙汝詒以下二十四人,亦後人續入也。又載樓鑰等記,並爲後人所增。考之元徐碩《至元嘉禾志》,華亭一縣全取是書中語,知潛此志爲當時所重矣。

司馬法直解一卷提要

明劉寅撰。寅有《三略直解》，《四庫全書》已著録。寅作《直解》共六種，見張綸《林泉筆記》。《司馬法》亦六書中之一也。寅自序云：『是書言辭古簡而義深，中間又有闕文誤字，儒家多不經意，學者由是不得其説，今姑爲之直解。』其言非無所見，而又能不妄改古書舊字，如《仁本》篇『會之以發禁者九』註云：『「發」當作「法」，即《周禮·大司馬》九伐之法也。』《定爵》篇『變嫌推疑』註云：『「變」當作「辨」，辨别人之所嫌也。』又『是謂兩之』註云：『「之」當作「支」，謂兩相支持之道。』《用衆》篇『因其不避』註云：『「避」當作「備」，因其不備，即所謂乘其無備也。』又註《仁本》篇『正不獲意則權』云：『正者，萬世之常。權者，一時之用。湯、武仁義之兵，而濟之以權者。』尤爲切實近理之言矣。

楊氏算法三卷提要

宋楊輝撰，錢塘人。是書成於德祐間，分田畝、比類、乘除、捷法及算法通變本末爲上卷，乘除通變算法爲中卷，算法取用本末爲下卷，末附續古摘奇。於古《算經》若五曹、張（邱）〔丘〕建諸家，多疏通而證明之。如張（邱）〔丘〕建云『不患乘除爲難，而患分子母爲難』，則云：『分子母有二，本不爲難。較其多寡者，則用課分。均不齊之數者，則用平分。斤連銖兩、匹帶尺寸，非乘分除分不能治之。』又於《五曹算經》，亦多正其誤答之處。與秦九韶《數學九章》並爲習算術者之所宜究心者也。

松窗百説一卷提要

宋李季可撰。季可，永嘉人。摭拾古今事實，而各爲論説，凡百條。王十朋極稱賞之，謂其有益風教，比於唐之杜牧。紹興年間，尹大任爲之付梓。考之志乘及各藏書家，均未著録。書中直書所見，以采摭經史爲文，據正排異爲意。同時如葉謙、曾幾、趙居廣諸人，均有題跋。此從舊鈔影寫。

續墨客揮犀十卷提要

宋彭乘撰。乘有《墨客揮犀》十卷，《四庫全書》已著録。此其續編也。宋陳振孫《書録解題》

則前、續二編俱載，共二十卷，而不著撰人姓氏。明商維濬刻《稗海》，題彭乘之作，蓋以書中所自稱名爲據。卷中所載軼事遺聞以及詩話文評，徵引頗爲詳洽，足補前編之所未備。其所議論，多推重蘇、黃，亦與前集相同，合之以爲完書。

陶靖節詩註四卷提要

宋湯漢撰。漢字伯紀，鄱陽人。淳祐間，充史館校書，官至端明殿學士，謚文清。人品爲眞德秀所重，事蹟具《宋史》本傳。淵明詩文高妙，學者未易窺測。漢乃反覆研究，如《述酒》之作，讀者幾不省爲何語，漢能窺見其指，詳加箋釋，以及他篇有宜發明者，亦併著之，清言微旨，抉出無遺。馬端臨《文獻通考》以爲淵明異代之知己。其所稱説，多與世本不同，如《擬古詩》『聞有田子泰』句，《魏志》作『泰』，今本多僞爲『田子春』，惟此與《魏志》無異。其他佳處，尤不勝指。此從宋槧影寫，誠秘笈也。

貞一齋詩文藁二卷提要

元朱思本撰。思本字本初，豫章臨川人。常學道于龍虎山中，貞一其號云。顧嗣立《元詩四集》稱：『思本嘗從吴全節居都下，博洽文雅，見稱於時。』所著詩文稿，世無刻本，僅存范梈、劉有慶、歐陽應丙、虞集、柳貫及全節六序，俱諸人手書，藏吴中劉損抑夫家。此本乃叢書堂吴寬手鈔，凡二卷，上卷爲雜著文，下卷則古近各體詩。思本好學遠遊，遍歷名山大川，幾半天下。嘗以昔人所刻《禹迹圖》《混一六合郡邑圖》皆有乖謬，乃參閲《郡縣》《九域》《一統》等志，考訂古今，校量遠近，成《輿地圖》一書，計里開方之法，至思本而始備。今文稿内有《輿地圖》自序一篇可証也。大約思本之學，地理爲長也。

輿地紀勝二百卷提要

宋王象之撰。《四庫》未著録，惟有《輿地碑記》四卷，云：『象之，金華人，嘗知江寧縣。所著有《輿地紀勝》二百卷，今未見傳本。此即其中之四卷。』今于江南得影宋抄本二百卷，前有象之自序。象之，東陽人。略云：『余披括天下地理之書，參訂會粹，每郡自爲一編，以郡之因革見之編首，而諸邑次之，以及山川、人物、詩章、文翰皆附見焉。東南十六路，則倣范蔚宗《郡國志》條例，以在所爲首，而西北諸郡亦次第編集。』今考其成書之年，在南宋嘉定十四年，故其所指『在所』，以臨安府爲首，而一切沿革亦準是時。又『宫闕殿』門『壽康宫』下引《朝野雜記》云『寧宗始受禪』云云，則是作序在嘉定，全書之成又在理宗時矣。是書自卷一『行在所』起，至『劍門軍』訖，共府廿五、軍卅四、州一百零六、監一，共府軍州監一百六十六，内或有一府一軍而分爲上、下二卷，故與總數不合。其卷數全闕者，自十三至十六，又自五十至五十四，又自一百卅六至一百四十四，又自一百六十八至一百七十三，又自一百九十三至二百，共闕三十一卷。至其餘[一]各卷内之有闕葉，又皆注明于目録卷數之下。

右提要五卷，計書一百七十五種。其中《元祕史》十五卷，因詞語俚鄙，未經進御。又趙元鎮《建炎筆録》三卷、《辨誣筆録》一卷，已見趙氏《忠正德文集》，即《欽定四庫全書總目》所云『筆録七篇』是也，亦未進呈。又《皇元征緬録》一卷、《招捕總録》一卷，乃《元文類》中所載《征緬》《招捕》二篇，並采訪者未覈其實而誤録之也。錢塘嚴杰附識。

[一] 餘，底本誤刻作『餘』，據甲戌續刊本改。